푸코와 철학자들

푸코와 철학자들

동반자 또는 경쟁자와

함께 읽는 푸코

김은주 · 진태원 엮음

20세기 후반에 등장한 사상가 중 영향력 면에서 미셸 푸코에 견줄 만한 사람이 있을까? 드물 것이다. 『광기의 역사』, 『말과 사물』, 『감시와 처벌』, 『성의 역사』와 같은 저작들로 푸코는 생전에 이미 프랑스 안팎에서 큰 반향을 일으켰다. 1984년 58세의 나이로 생을 마감한 이후에도 그의 존재감은 여전하다.

생전에 출판된 저작들을 넘어 푸코가 남긴 다양한 인터뷰와 글을 엮은 네 권짜리 『말과 글(Dits et écrits)』, 1997년 『"사회를 보호해야 한다"』(1975~1976년 강의)에서 시작해 2015년 『형벌 이론과 제도』(1971~1972년 강의)로 마무리된 총 13권의 콜레주드프랑스 강의록 출간에 힘입어 푸코는 오히려 살아 있을 때 이상의 큰 영향력을 발휘하고 있다. 여기에 『성의 역사』 1권 '앎의 의지' 다음에 집필되었던 유작 『성의 역사』 4권 '육체의 고백'의 출판(2018) 역시 덧붙일 수 있겠다. 이 방대한 기록들을 통해 푸코는 그의 관심 영역이었던 정신의학이나 범죄,

통치 현상, 문학만이 아니라 질병학, 노년학, 장애학, 여성학 등 현대적 맥락에서 부상하는 거의 모든 새로운 학문 영역에서 건너뛸 수 없는 참조점이 되었다. 푸코로 인해 어떤 지식도 권력과의 관계를 떠나 생각할 수 없게 되었음은 말할 것도 없다.

그렇다면 이런 푸코의 학자로서의 정체성은 무엇일까? 푸코는 하나의 정체성을 받아들이는 것은 물론이고 정체성 자체를 거부하겠지만, 통상 '철학자'로 간주된다. 그리고 이 책은 푸코 사상의 철학적 측면을 탐구하기 위해 기획되었다. '철학자' 푸코의 '철학적' 측면을 탐구한다는 것이 하나의 도전적인 기획이 되는 이유는 무엇인가? 이는 푸코가 하나의 철학적 체계를 구축하고자 하지는 않았기 때문이기도 하거니와, 무엇보다도 푸코 자신이 철학에의 소속을 거부하기 때문이다. 강연이나 인터뷰에서 푸코는 자신이 철학자가 아니라고, 자신의 작업이 철학적인 것이 아니라고 굳이 강조하곤 한다. "저는 작가도 아니고, 철학자도 아니고, 대단한 지식인도 아닙니다. 저는 교육자입니다." "당신은 철학적인 질문을 하고 계십니다. 또한 저를, 아마도 너무 후하게도, 철학자라고 가정하면서 말입니다. 그러나 저는 철학자가 아닙니다. 저는 철학을 하고 있는 것이 아닙니다."

이런 부인의 말들은 철학 분야의 정통 코스를 따라 최정점의 지위에 이른 이력과는 대조를 이룬다. 푸코는 파리고등사범학교 준비반에 있을 때 장 이폴리트의 『정신현상학』 강의로부터 큰 감화를 받고, 파리고등사범학교 철학과에 입학해 이폴리트의 지도하에 1949년 석사논문 「헤겔의 『정신현상학』에서의 역사적 초월성 구성」을 집필한다. 1951년 철학교수자격시험을 통과하고, 콜레주드프랑스에서 이폴리트의 후임으로 전임교수직을 맡으면서 생애 마지막 시기까지 연구하고 강의한다. 그러나 그는 철학의 중심부에 있으면서도 늘 다른 한편으로 철학 바깥을 향하는 행보를 보인다. 석사학위 후 헤겔 철학에 흠뻑 빠져 있었을 바로 그 시기에 그는 곧바로 심리학 학사과정에 등록한다. 철학교수자격시험을 통과한 후에도 다른 철학자들처럼 고등학교 철학 교사로 근무하는 대신, 파리고등사범학교의 심리학 복습강사로 학문적 경력을 시작한다. 동시에 생트안느 정신병원에서 심리학 연수의로 일하면서 실험심리학 연구에 참여하고, 1952년 파리의 심리학 연구소에서 정신병리학 학사학위를 취득하는 한편, 같은 해 릴 대학의 심리학 조교를 한다. 1955~1959년 스웨덴 웁살라 대학을 비롯한 북구 대학들에서 연구직을 거친 후, 프랑스 클레르몽페랑 대학 철학과에, 그러나 실상은 그 안에 있는 심리학과 전임교수로 임명되면서 프랑스에 정착한다. 그가 철학과 교수로 재직했던 것은 튀니지의 튀니스 대학에 있었던 1966~1968년, 그리고 1969년 들뢰즈와 함께 참여했던 파리 뱅센느의 실험 대학에서의 1년뿐이었다. 1970년 이후 1984년 사망하기까지 그는 콜레주드프랑스에서 전임교수로 매해 빠짐없이 강의를 하지만, 강좌명을 '철학 사상사'에서 '사유 체계의 역사'로 바꾼다.

　　내용상으로도 푸코는 1960년대 구조주의 대두 이전까지 프랑스를 지배하던 현상학과 실존주의 철학에서 벗어나고자 했으며, 철학 안에서 철학을 일신한 데리다나 들뢰즈 같은 다른 포스트 구조주의 철학자들과도 달리 학문 분야로서의 철학 자체와 거리를 두고자 했다. 그는 철학 텍스트나 철학적 개념 대신에 광기, 질병, 인간 과학, 섹슈얼리티, 처벌, 통치 현상처럼 사회학에 가까워 보이는 주제를 탐구 대상으로 삼는다. 첫 저작과 마지막 저작의 제목인 '광기의 역사'와 '성의 역사', 대표작 『감시와 처벌』의 부제인 '감옥의 탄생', 나머지 두 대표작의 부제에 포함된 '고고학'(『임상의학의 탄생』의 부제인 '의학적 시선의 고고학'과 『말과 사물』의 부제인 '인간 과학의 고고학')이라는 단어가 지시하듯 철학적이기보다 역사적인 탐구 방법 역시 마찬가지이다. 물론 고고학이나 계보학이라 불리는 역사적 방법은 철학자 니체를 원조로 한다. 그러나 푸코는 니체를 영감의 원천으로 삼았을 뿐 니체에 대한 철학이나 니체적인 철학을 하려고 하지는 않았다. 철학 텍스트를 다룰 때도 그것은 대개 의학, 과학, 사법, 행정 등에서 찾을 수 있는 다양한 형태의 담론 중 하나에 불과했다. 물론 후기의 윤리 계보학에서 푸코는 스토아, 에피쿠로스, 견유학파 같은 고대 철학을 긍정적으로 평가한다. 그러나 고대 그리스와 로마의 철학 텍스트나 칸트의 '철학적 저널리즘'('지금 우리에게 일어나고 있는 일'을 묻는 텍스트) 역시 오늘날 윤리의 계보를 탐구한다는 맥락 안에 있다.

그러나 이 모든 정황에도 불구하고 사람들은 푸코를 역사학자, 사상사가, 사회과학자, 문학평론가가 아니라 철학자라 부르기를 주저하지 않는다. 오히려 철학에 대한 그의 거부마저 탁월한 철학적 제스처로 보이는 것이 사실이다. 실로 푸코는 다른 위대한 철학자들과 마찬가지로 철학을 심원하게 변화시켰다. 광기, 감옥, 섹슈얼리티와 같이 철학이 다룰 만한 대상이라고 여겨지지 않았던 것들이 우리 시대의 가장 중요한 철학적 주제가 되었다. 철학의 외연만 변화된 것이 아니다. 푸코의 사유를 거치면서 이성, 권력, 언어, 주체, 윤리, 진리 같은 철학의 가장 오래된 개념들도 더 이상 이전과 같은 의미를 가질 수 없게 되었다. 이는 어떻게 가능했을까? 푸코는 철학과 어떤 관계를 맺으면서 이런 심원한 변화를 철학에 일으켰을까? 이것이 '푸코와 철학'이라는 주제가 흥미로운 이유이다.

푸코와 '철학자들'

푸코와 철학의 관계에 접근하는 데에는 여러 길이 있다. 가장 먼저 생각해 볼 수 있는 방법은 일견 비철학적으로 보이는 대상에 대한 푸코의 작업 방식과 산물을 철학적 견지에서 고찰해 보는 방법일 것이다. 실제로 푸코 자신이 사후적으로 되돌아볼 때 자신의 후기 작업 전체가 하나의 주제, 곧 주체와 진리의 문제로 포괄된다고 밝힌 만큼 이는 더욱 해 봄 직한 일이다. 그러나 우리는 이 길을 택하는 대신 푸코가 이런저런 철학자들과 맺은 관계를 다룬다. 그가 당대나 이전의 철학자들과 명시적으로나 암묵적으로 벌인 대결과 그들의 계승을 고찰하는 것이다. 푸코의 유명론적 관점을 고려하건대 여기에는 분명한 이점이 있다. 푸코에게 중요한 것은 하나의 학문 분과나 일반명사로서의 철학이 아니라 특정한 지적 지형에서 부상한 특정한 담론적 사건으로서의 철학이며 개개 철학자들은 이 사건들의 구현체로 다룰 수 있기 때문이다.

우리는 이들을 아래 세 부류로 나누었다. 2017년 한국프랑스철학회 가을 학술대회에서 5개 주제(데카르트, 칸트, 니체, 캉길렘, 알튀세르)가 발표되었고, 이후 4개(고대철학, 니체, 하이데거, 들뢰즈)를 추가했다.

1. 대체로 근대의 에피스테메에 속하면서도 푸코의 전 작업에 걸쳐 명시적으로나 암묵적으로 탐구의 초점과 방법의 길잡이가 된 칸트(허경), 니체(도승연, 정대훈), 하이데거(설민).

2. 푸코가 동시대에 직간접적으로 비판적 대화를 주고받은 데리다(김은주), 캉길렘(주재형), 알튀세르(진태원), 들뢰즈(최원), 그리고 이 대결의 장소가 되었던 데카르트와 마르크스.

3. 푸코 후기를 특징짓는 윤리의 계보학 혹은 대안적인 주체화 양

식의 참조처인 스토아학파나 견유학파 같은 고대 그리스 로마의 철학
자들(심세광).

　이 철학자들을 우리는 철학사의 연대기적 순서와 푸코 사상의 전
개 순서(푸코 저작의 출판 시기나 콜레주드프랑스에서의 강의 순서)를 함께 고
려해 배치했다. 그 결과 철학사적 순서상 가장 먼저이지만 푸코의 작업
순서에서는 가장 마지막에 오는 고대 철학이 이 책에서도 가장 마지막
에 오게 된다. 푸코의 사상의 형성이나 영감의 촉발에 중요한 역할을
하지만 통상적 의미의 철학적 저자는 아닌 프로이트, 라캉 같은 정신분
석학자들이나 앙토냉 아르토, 레몽 루셀, 조르주 바타유 같은 문학가들
역시 제외되었다. 철학자 중에서도 하버마스처럼 푸코와 중요한 철학
적 논쟁을 벌였으나 푸코 철학의 이해에 단지 비판적 참조점을 제공할
뿐 구성적 역할을 한다고 보기는 어려운 철학자는 이 책에서 제외되었
다. 다만 하버마스와의 논쟁 이후 푸코가 하버마스만이 아니라 막스 베
버 그리고 프랑크푸르트학파 전체와 공유한 문제설정인 합리성의 출
현을 적극적으로 고려했다는 점을 감안하면 푸코와 프랑크푸르트학파
와의 관계가 이 책에 포함되지 않은 것은 아쉬운 일이다.

　본문에 들어가기에 앞서 서론「푸코와 철학」에서 김은주는 이 책
의 기획을 이해하는 배경이 되는 푸코와 철학의 관계를 살펴본다. 푸코
는 자신의 작업을 왜 철학의 장 안에 위치시키기를 꺼렸는가? 철학 바
깥을 자처하면서 거리를 두려고 했던 철학들은 무엇이었으며, 그럼에
도 푸코가 추구했던 철학적 기획은 무엇이었는가?

　김은주에 따르면 푸코에게 철학은 일반명사로서의 철학이 아니
라 특정한 역사적 시기 동안 서구인들이 자기 자신을 알아보는 대표적
문화적 양식으로 의미가 있다. 철학에 대한 푸코의 거리 두기 역시 철

학 일반이 아니라 특정 시대의 철학, 특히 넓은 의미의 근대를 겨냥한 것이다. 곧 '인간학적 잠'에 빠져든 칸트적 근대와 철학으로부터 '영성'을 결정적으로 분리시킨 데카르트적 근대(고전 시대)가 그것이다. 전자의 귀결이 현상학을 비롯한 주체 철학이고, 후자의 귀결이 논리실증주의 같은 인식론화된 철학이다. 전자는 경험의 실재적 조건인 사유의 무의식에 접근할 수 없다는 점에서, 후자는 진리에 대한 주체의 경험을 도외시한 채 이미 알고 있는 것을 정당화하는 관점에서 진리를 다룬다는 점에서 문제가 있다. 그러나 푸코는 자신의 작업 역시 기꺼이 역사성 안에 기입하고, 그 자신이 비판하는 바로 이 근대를 자기 철학적 활동의 준거로 삼는다. '현재'를 탈출해야 할 시대로 보는 '계몽'의 윤리적 에토스, 그리고 사유의 고고학을 통해 수행하는 '진단'의 활동, 이것이 오늘날 추구할 수 있는 철학적 태도이고 철학적 지식 형태이다. 그러나 결론에서 김은주는 이런 진단의 활동이 인간 경험의 총체화를 지향하는 철학을 통해 이루어져야 하지만, 또한 다양한 분과를 통해 분산된 형태로 이루어질 수밖에 없다는 점에서 철학의 고유한 자리는 존재하지 않으며 다만 도래할 것으로 남아 있을 뿐임에 주목한다.

1 푸코와 근대 철학자들

「푸코와 철학」에서 보듯 철학을 향한 푸코의 비판이 주되게 향하는 곳은 근대이고, 푸코 자신의 위치를 기입하는 곳도 근대(혹은 '근대' 너머인 '현대')이다. 푸코가 말하는 근대 에피스테메에 속하며, 현재성에 대한 물음을 처음으로 제기한 철학자들이기도 한 칸트, 헤겔, 니체 등이 그들이다.

1부에서는 이 중에서도 푸코 사상의 형성이나 전개에서 특별히 중요한 역할을 한 칸트와 니체를 다루고, 하이데거 역시 비슷한 맥락에서 푸코에게 영감을 준 철학자로 고찰한다.

먼저 허경은 서양 근대의 가장 중요한 철학자로 간주되는 칸트와 푸코의 단순하지 않은 관계를 일관된 시각하에 명료하게 제시한다. 허경에 따르면 니체를 제외한다면 칸트야말로 푸코 사상에 가장 지속적으로 영향을 미친 철학자이다. 1961년 국가박사학위 부논문인 칸트의 『실용적 관점에서 본 인간학』에 대한 프랑스어 번역과 주석에서 시작해 대표작 『말과 사물』, 1984년 사망 직전에 쓴 「계몽이란 무엇인가」에 이르기까지 칸트는 늘 푸코 사상의 여정에 있었다. 이 과정을 분석하면서 허경은 칸트에 대한 푸코의 관심이 "푸코의 사유 조건이자 한계"였다고 대담하게 주장하는 한편 푸코의 칸트가 "늘 '항상 이미' 니체에 의해 해석된 칸트"였다는 해석을 제시한다.

우선 칸트의 『인간학』에 대한 푸코의 주석에서 허경은 이 시기부터 푸코가 니체의 영향 아래 칸트의 사유를 인간의 죽음이라는 관점에서 사라져야 할 것으로 보고 있음에 주목한다. 다음으로 '지식의 고고학' 시기의 대표작이라 할 『말과 사물』에서 칸트는 근대를 열어젖힌 유한성의 분석론을 창시함으로써 근대의 에피스테메, 곧 경험적·초월적 이중체로서의 인간을 발견한 철학자로 그려진다. 동시에 '근대 이후'를 사유하고자 하는 푸코에게 칸트는 사라져야 할 지난 시대의 '인간학적 잠'을 대표하는 인물이기도 하다. 푸코는 유럽 사유에서 언어작용(langage)과 인간의 양립 불가능성을 지적하면서, 인간이 사라진 시대에 도래할 것은 언어작용이리라는 전망을 펼쳐 보이는데, 허경은 이 논의의 배면에도 니체의 사유가 존재함에 주목한다. 마지막으로 푸코가 사망한 해인 1984년 발표된 논문 「계몽이란 무엇인가」에서 푸코는 같은 제목으로 쓰인 칸트의 논문을 분석하면서 칸트를 현재·오늘·당대·현대성을 체계적으로 사유한 최초의 유럽 철학자로 그려 낸다. 그러나 이러한 푸코 해석의 이면에 존재하는 것 역시 힘에의 의지 및 오늘의 문제에 관련된 니체의 계보학적 관심이다. 푸코에게 칸트와 니체는 각각 지나가 버린 낡은 자유의 형식과 도래해야 할 새로운 자유의 형식을 상징하는 철학자들이었으며, 푸코는 그 자신의 시대에 이들의 비판의 작업을 물려받아 새로운 비판의 과업, 곧 "자유를 향한 참을 수 없는 열정"에 형태를 부여하는 과업을 수행했다고 허경은 결론 내린다.

푸코와 칸트의 관계에 대한 질문은 자연스럽게 푸코와 니체의 관계에 대한 논의로 이어진다. 20세기 후반 현대 프랑스 철학에 가장 큰 영향을 미친 철학자로 니체를 거론하는 것은 이제 거의 상식이 되었다. 그중에서도 푸코와 들뢰즈는 가장 니체주의적인 철학자로 간주된다. 다만 들뢰즈가 『니체와 철학』을 비롯한 여러 저술에서 지속적으로 니체의 철학적 독창성과 중요성을 역설했다면, 푸코는 니체를 철학적 연구의 대상으로 삼았다기보다는 오히려 "도구상자"로 활용했다는 점에서 다르다. 실로 1970년대 이후 푸코의 작업을 대표하는 계보학이라는 개념 자체가 니체의 "도덕의 계보학"에서 유래했다는 점을 감안하면 푸코의 작업은 광범위한 의미에서 니체적인 작업이었다고 말할 수 있다. 푸코 사상에서 니체의 중요성을 고려해 푸코와 니체의 관계에 관한 두 편의 글을 수록했다.

첫 번째 글에서 도승연은 니체와 푸코의 공통점을 서구 형이상학 체계의 이성의 독단을 비판함으로써 자기 창조의 실존을 위해 우리의 현재를 새롭게 파악할 수 있는 길을 제시했다는 점에서 찾는다. 푸코는 권력의 계보학 작업에서 니체를 어떻게 활용했는가? 도승연에 따르면 1960년대 고고학 시기의 푸코에게 니체는 근대적인 이성의 한계를 드러내는 비이성적 광기, 디오니소스적 힘으로서의 니체, 위반의 문학가로서의 니체였다. 하지만 1968년 5월 혁명 이후 푸코는 '힘에의 의지'의 철학자로 니체를 활용해 사회적 관계에서 담론적 실천과 장치에 대한 분석으로 나아가는 길을 개척하게 된다. 도승연의 상세한 분석에서 드러나는 특징은 그가 주목하는 푸코와 니체 사이의 미묘한 차이이다. 한편으로 푸코는 인간이 본성상 알고자 한다는 아리스토텔레스적 지식관에 맞서 인식의 기원에 인식과는 다른 증오, 투쟁, 권력관계, 한마디로 권력 의지가 있다는 니체적 의미의 지식 의지를 강조한다. 다른 한편 푸코는 지식과 권력이 어떻게 상호 연계해 인간을 제도나 장치의 공간적 차원에서 특정한 주체로 구성할 수 있었는지의 문제로 이동한다. 이렇게 푸코는 심리적 성향이나 자연주의적 함축을 담고 있는 니체적 의지 개념 대신 장치나 실증성의 측면을 더 강조하며, 그럼으로써 니체의 인간주의적이면서 자연주의적인 뉘앙스를 떨쳐 버릴 수 있었다고 도승연은 주장한다.

　　도승연이 푸코의 니체 활용을 포괄적으로 검토한다면, 정대훈은 좀 더 집중적으로 지식의 의지 개념을 중심으로 니체와 푸코의 관계를 살펴본다. 정대훈에 따르면 푸코는 『말과 사물』에서 특정한 시대의 분과학문의 인식론적 가능 조건을 의미했던 에피스테메 개념에 기초를 두었다가 『지식의 고고학』에서는 더 폭넓은 외연과 실천적인 함의를 지닌 지식 개념을 중심으로 삼게 되었다. 그리고 다시 1970~1971년 콜레주드프랑스 강의록인 『지식의 의지에 관한 강의』에 이르면 니체에게서 유래한 지식의 의지 개념이 전면에 등장한다. 이는 새로운 인식의 발생 및 인식론적 장의 변동이 어떻게 가능한지 설명하려는 의도를 담고 있으며, 또한 68혁명 이후 담론의 실천적 측면에 주목하고 담론과 비담론적 실천의 관계에 천착하려는 푸코의 실천적 지향을 표현한다. 지식의 의지 개념은 고고학에서 계보학으로 이행하는 결정적인 전기가 된 것이다.

정대훈 역시 푸코와 니체의 차이점에 주목한다. 그러나 푸코의 편에서 차이를 읽는 도승연과는 달리 니체의 편에서 차이를 보고 푸코가 어떤 점에서 니체의 문제의식을 비껴갔는지를 평가한다. 특히 여기에서 푸코와 니체 양쪽 모두를 잘 아는 이에게만 보일 법한 이 글의 독창적 논점이 드러난다. 정대훈에 따르면 니체의 지식의 의지 개념에는 두 가지 통찰이 담겨 있다. 하나는 지식을 갈등과 투쟁의 산물이라고 보는 계보학적 통찰이며, 다른 하나는 지식이란 인간의 자기 보존과 공속 관계에 있다는 인간학적 통찰이다. 푸코는 첫 번째 계보학적 통찰에 주목해 권력에 대한 계보학적 분석으로 발전시킨 반면 두 번째 통찰은 도외시했다. 그런데 니체의 인간학적 통찰에는 삶을 위해 진리가 필요하다는 관점과, 그렇기 때문에 진리는 삶을 위한 가상에 불과하고 실제로는 카오스만이 있다는 관점 사이의 양자택일이 놓여 있다. 삶이냐 지적 정직성이냐, 거짓이냐 파멸이냐라는 양자택일의 출구로 니체는 서양 철학의 자기 지양이라는 새로운 길을 제시한다. 정대훈은 푸코가 니체의 이런 인간학적 통찰을 누락시킨 이유를 그가 니체의 사상을 '근대' 에피스테메에 한정시킨 데에서 찾는다.

설민은 푸코와 하이데거라는 쉽지 않은 주제를 다룬다. 쉽지 않은 이유는 무엇보다 푸코가 하이데거의 저작을 직접 분석하거나 언급한

적이 거의 없기 때문이다. 놀랍게도 푸코는 생애의 말년에 니체와 더불어 하이데거에 대한 독해가 자신의 철학적 발전 전체를 결정했다는 인터뷰를 남겼다. 짧은 언급에 불과하지만 이것은 푸코 연구자들의 지적 흥미를 자극하기에 충분한 발언이었으며, 바로 이 언급에 바탕을 두고 양자의 철학을 비교하려는 여러 가지 시도가 이루어졌다. 설민은 선행 연구들을 비판적으로 검토하면서 "철학적 자기 해명"이라는 관점에서 두 사람의 철학을 체계적으로 비교하려는 야심만만한 시도를 감행한다. 설민에 따르면 철학적 자기 해명은 어떤 철학이 자기 자신을 이해하고 해명하는 특유한 방식이며, 이를 통해 어떤 철학의 고유한 정체성이 드러난다.

하이데거는 역사를, 존재가 자기 자신을 드러냈던 제1시원 시대(고대 그리스 사유)와 플라톤·아리스토텔레스에서 니체에 이르는 형이상학의 시대(존재 망각의 시대), 새롭게 존재사건을 사유하기 시작하는 제2시원의 시대로 구별한 바 있다. 푸코의 철학, 특히 그의 고고학은 역사를 연속적인 진보로 이해하는 관점을 거부하고 불연속적인 변환으로 이해한다는 점에서 하이데거와 공통적이다. 하지만 설민은 하이데거와 푸코의 철학 사이의 진정한 쟁점을 파악하기 위해서는 푸코의 고고학을 역사적 존재론으로 이해할 수 있는 길을 찾아야 한다고 주장한다. 이렇게 이해하면 경험이나 지식의 선험적 조건을 우연적인 것으로 보고 역사의 탈주체성을 강조한다는 점에서 양자의 사유에는 또 다른 공통성이 존재하게 된다. 또 한편 양자 사이의 진정한 쟁점은 두 사람의 철학적 자기 해명의 자리에서 드러난다. 형이상학의 시대는 존재사건이 은폐되어 있는 시기인데, 그 시기에 속하는 하이데거는 어떻게 존재사건을 그 자체로 사유한다고 주장할 수 있는가? 마찬가지로 특정한 시대에 속해 있는 사상가로서 푸코는 어떻게 모든 지식의 가능 조건의 역사를 제시한다고 주장할 수 있는가? 더욱이 그는 하이데거의 존재사유와 같은 궁극적 기원이나 칸트의 초월론적 주체의 가능성도 부정하는데, 어떻게 자기 담론을 포함한 모든 담론의 가능 조건에 대한 메타 담론을 제시할 수 있는가? 설민은 바로 여기에서 양자의 진정한 차이점을 발견한다. 하이데거가 전통적으로 철학에 요구된 자기해명의 과제를 받아들이면서 스스로 위대한 철학의 계보에 자신을 위치시키는 반면, 푸코는 이러한 과제를 받아들이기를 거부하면서 어떠한 철학의 계보에서도 빠져나온다는 것이다. 푸코는 철학과 비철학을 오가는 사상가인 셈이다.

2 푸코와 동시대 프랑스 철학자들

2부에서는 푸코의 제자뻘이었던 데리다, 푸코의 스승이었거나 스승뻘인 캉길렘과 알튀세르, 친구 혹은 동지라 할 수 있는 들뢰즈의 관계가 다루어진다. 나이 고하와 개인적 친분의 정도를 막론하고 푸코는 이들과 비판적 기획을 공유하면서도 논쟁적 관계를 유지했다. 2부는 이런 긴장이 푸코 사상에 어떤 영향을 미쳤는지를 섬세하게 보여 준다.

먼저 김은주는 1962년부터 1972년까지 10년의 간격을 두고 이루어진 푸코와 데리다의 논쟁을 고찰하면서 갈등 관계보다는 데카르트가 푸코에게 어떤 의미에서 중요한 철학자였는지를 부각한다. 푸코는 『광기의 역사』(1961년)에서 고전주의 시대의 광기 배제를 입증하는 철학 텍스트로 데카르트의 『성찰』을 짧게 인용한다. 이듬해 데리다는

「코기토와 광기의 역사」에서 푸코를 반박하며 데카르트가 광기를 배제한 것이 아니라 오히려 이성적 절차 내로 이끌어 들인다고 주장했다. 푸코는 10년이 지난 뒤 여기에 답변하면서 데카르트의 『성찰』에서 광기가 수행적으로 배제되고 있다고 다시 반박한다.

김은주는 서로 대립되는 두 독해 모두 설득력을 발휘한다는 사실이야말로 이 논쟁의 매력임을 강조한다. 그리고 두 독해의 시비가 『성찰』의 논증 질서와 수행 태도 중 어디에 강조점을 두느냐에 따라 달라진다고 본다. 논증 질서를 보면 데카르트가 광기를 포괄한다는 데리다가 옳지만, 수행 태도를 보면 푸코가 주장하듯 데카르트가 광기를 배제하는 듯 보인다는 것이다. 이 차이는 주체의 구축에서 타자가 어떤 식으로 구성적 역할을 하는지, 이성의 역사성을 어떻게 사고할 것인지 등의 형이상학적 논점과 직결된다. 그러나 김은주는 이 형이상학적 분기점에 오래 머무르지 않고 푸코가 밝혀낸 데카르트 기획의 독특성에 더 주목한다. 『광기의 역사』가 성찰의 수행을 위한 주체의 광기 '배제'에 더 주목했다면, 1972년 데리다에 대한 푸코의 답변, 더 주요하게는 1982년 콜레주드프랑스 강의록 『주체의 해석학』에서 푸코는 '성찰(meditationes)', 즉 명상의 수행적 측면과 그것이 불러내는 인식의 영적 전통을 밝혀낸다. 바로 중세에 잊힌 고대의 자기 배려 및 초기 기독교의 영적 실천의 전통이다. 그 결과 데카르트는 영적 실천의 전통과 과학적 인식의 분기점에 서 있는 철학자로, 『성찰』은 과학적 인식으로 넘어가기 위해 영적 실천의 전통을 이용하는 독특한 텍스트로 나타난다. 따라서 광기를 배제하는 태도는 영적 실천과, 광기를 받아들이는 태도는 과학적 인식과 관련된다고 할 수 있다. 이 때문에 데카르트는 광기를 껴안는 듯 보이더라도 결국 광기와 거리가 먼 철학자로 남는다.

다음으로 주재형은 과학, 생명, 주체라는 주제를 중심으로 푸코와 캉길렘의 관계에 대해 꼼꼼하고 날카로운 분석을 제시한다. 프랑스 과학철학의 전통에 관심이 있는 사람이라면 흔히 바슐라르, 캉길렘, 푸코 (그리고 알튀세르) 사이에 일정한 계보 관계가 있음을 발견하게 된다. 더욱이 푸코 자신이 캉길렘에 관한 글에서 20세기 프랑스 철학을 경험, 의미, 주체의 철학(사르트르, 메를로퐁티)과 지식, 합리성, 개념의 철학(바슐라르, 카바이에스, 캉길렘)으로 구별하면서 자신을 후자에 위치시킨 바 있다. 하지만 주재형은 두 사람이 함께 만들어 간 지적 여정을 단지 개념의 철학이라는 계보로 한정하는 데 반대하면서, "생명주의로서의 개념의 철학"으로까지 나아가기까지 둘 사이의 긴장 어린 소통의 과정을 들여다본다.

주재형은 푸코의『임상의 탄생』을 캉길렘의『정상적인 것과 병리적인 것』에 대한 비판으로, 그리고 캉길렘의『말과 사물』에 대한 서평을 푸코의 사유에 대한 문제 제기로 읽으면서 양자 사이의 공통점 내부의 쟁론을 흥미롭게 분석한다.『정상과 병리』에서 캉길렘이 질병을 구체적 개인의 의식에 준거시킴에 따라, 푸코는 그를 자기 의식적 인간 주체를 상정하는 근대 에피스테메에 귀속시킨다. 한편 캉길렘은『말과 사물』에 대한 서평에서 푸코의 에피스테메 개념이 오류로부터 진리로 나아가는 진리의 규범성을 제거해 버린다고 비판한다. 그러나 둘은 결국 '죽음'(『임상의학의 탄생』의 비샤 해석)과 '오류'(『정상과 병리』에서 다룬 분자생물학의 DNA 구조)가 생명의 핵심에 있다고 보기에 이르면서 공통의 생명주의 철학으로 나아간다. 주재형은 이를 '방황의 생명주의'라고 이름 붙인다.

푸코와 관계한 또 다른 동시대인으로 알튀세르를 들 수 있다. 파리고등사범학교나 프랑스 공산당을 매개로 푸코와 알튀세르는 인간, 제도, 사상적으로 매우 밀접한 관계를 맺고 있었으나, 두 사람은 서로에 대해 거의 아무런 언급을 남기지 않았다. 사상의 면에서 푸코는 보통 니체주의자로 간주되어 마르크스 및 마르크스주의와는 대립적이거나 갈등적인 관계에 있는 이론가로 해석되었을 뿐이다. 이것은 사실 1980년대 이래 영미 사회과학계에서 통치성 학파로 불리는 일군의 학자들의 푸코 해석과 궤를 같이하는 것이기도 하다. 하지만 진태원은 최근 출간된 1970년대 콜레주드프랑스 강의록들(『형벌 이론과 제도』 및 『처벌 사회』)을 바탕으로 읽으면 푸코가 단순히 마르크스를 대립하거나 배척하기보다는 오히려 더 심화하면서 자기 나름대로의 역사유물론으로 전환하려는 작업을 수행하고 있으며, 그 비판적 출발점에 알튀세르의 이데올로기론이 있다고 본다.

양자 사이의 쟁점은 우리말로 '예속화'로 번역될 수 있는 프랑스어 assujettissement 개념을 둘러싸고 형성된다. 진태원에 따르면 푸코는 마르크스의 『자본』 2권의 분석을 통해 자본주의 생산양식의 성립 조건으로 시간의 통제를 핵심으로 하는 규율 기술이 있으며, 정상적 주체를 만들어 내는 계급적 예속화 외에 다양한 형태의 더 근원적인 예속화가 있음을 폭로한다. 진태원은 여기에 알튀세르에 대한 두 가지 비판적 논점이 포함되어 있다고 본다. 하나는 알튀세르의 이데올로기론이 국가 장치를 중심으로 삼기 때문에 규율 기술 같은 권력의 미시적 작동 방식을 해명하지 못한다는 점이며, 다른 하나는 광인 같은 비정상적 인간을 예속화하는 권력의 작용에 무관심하다는 것이다. 그러나 알튀세르의 관점에서 보면 또다시 푸코에 대해 두 가지 비판을 제기할 수 있다. 하나는 푸코가 알튀세르의 이데올로기적 국가 장치에서 이데올로기의 상상적 차원(스피노자적인 의미에서)의 중요성을 간과한다는 점이며, 다른 하나는 푸코의 미시 권력론이 지배계급과 피지배계급의 권력의 비대칭성을 놓치고 있다는 점이다. 끝으로 진태원은 알튀세르와 푸코의 말년의 행보에서 다시 둘 각자에게 다시 자기변호의 여지를 읽어 내면서 둘의 암묵적 대화를 마르크스주의에 대한 심오한 대안을 형성하는 과정으로 해석한다.

마지막으로 최원은 푸코와 들뢰즈와의 관계를 다룬다. 두 사람의 관계는 동시대의 프랑스 철학자들 가운데에서도 가장 돈독한 우정으로 맺어진 것이지만, 갈등으로 끝맺는다. 이 갈등은 1977년 독일의 테러리스트 안드레아스 바더에 대한 정치적 견해의 차이로 표출되었다. 그러나 최원은 그 심층에 쉽게 양립하기 어려운 이론적·철학적 차이가 작용하고 있었으리라는 가정하에 이 차이를 박진감 있게 추적한다. 들뢰즈의 『푸코』와 「욕망과 쾌락」을 꼼꼼하게 검토하면서 푸코와 들뢰즈 사이의 차이를 '바깥의 위상학'이라는 개념으로 파악한다.

들뢰즈가 자유간접화법에 따라 철학자들을 독해한다는 사실은 잘 알려져 있다. 이는 푸코 독해에서도 마찬가지였다. 들뢰즈는 고고학(『지식의 고고학』)에서 계보학(『감시와 처벌』)으로 나아가는 푸코 사유의 이행을 언표와 가시적인 것의 이접적인 관계로 해석하면서, 둘의 분리와 접합을 푸코가 단 두 번 사용한 '다이어그램'이라는 용어를 활용해 설명하고자 한다. 칸트에게서 지성과 직관을 매개하는 상상력의 도식처럼 다이어그램이 언표와 가시성의 매개 역할을 한다고 본 것이다. 여기에서 들뢰즈는 지식으로부터 권력의 다이어그램을 분리하고, 다시 다이어그램에서 권력 그 자체를 분리하면서, 그것을 순수한 바깥의 힘으로서의 생명(생기론)과 등치시킨다. 들뢰즈는 이 힘-생명이 저항의 원천이라고 주장하면서 그 힘이 저항적 주체들의 생성으로 이어지는 내부화의 과정을 설명하기 위해 "주름"이라는 개념을 고안해 낸다. 이런 "주름의 위상학"을 최원은 발리바르의 논의를 빌려 "외부성의 헤겔주의"라고 비판한다. 반면 푸코 자신은 1970년대에 통치의 문제 설정을 발전시키는 과정에서 바깥에 대한 종전의 사고를 자기비판한다. 권력관계의 절대적 바깥이 아닌 권력관계에 내재적인 바깥의 사유를 통해 저항에 대한 들뢰즈와 매우 다른 관념에 도달한다. 최원은 이 새로운 바깥의 위상학을 "헤테로토피아의 위상학"이라고 명명하고 이를 알튀세르의 입장에 근접시킨다. 푸코와 들뢰즈는 둘 다 '바깥의 사유'를 추구했지만, 그 위상학이 달랐던 것이다. 끝으로 최원은 여기에 다시 라캉과 바디우의 '뫼비우스의 띠의 위상학'을 추가하면서, 바깥에 대한 이 위상학적 사고들에서 초월성에 기대지 않는 저항의 가능성을 찾는다.

3 후기 푸코의 윤리 계보학과 고대 철학자들

고대 철학과 푸코의 관계는 1984년 출간된 『성의 역사』 2, 3권을 비롯해 수많은 강의록으로 이루어진 푸코 후기 작업의 주요 재료이다. 심세광이 지적하듯 이 시기 푸코의 작업은 흔히 '윤리'나 '고대로의 회귀'로 요약되고는 하지만 1960~1970년대 푸코가 연구한 주제와 문제의식의 연관 속에서 고찰되어야 한다. 철학사적 순서상 처음에 와야 할 고대철학과의 관계를 제일 마지막에 배치한 이유이기도 하다.

푸코는 주지하듯 『광기의 역사』에서 『성의 역사』 1권에 이르기까지 지속적으로 16세기에서 19세기에 이르는 서양 근대의 역사를 거슬러 읽기 위해 노력했다. 특히 1789년 프랑스혁명을 우리가 아는 서양 근대, 더 나아가 전 지구적 근대의 가장 중요한 분기점으로 이해하는 통상적인 역사학적 시대 구분에 맞서 푸코는 프랑스혁명 및 계몽주의가 근대를 만들어 낸 원인이 아니라 모종의 다른 원인들의 효과이며 그것도 굴절된 효과라는 점을 보여 주기 위해 노력했다.『광기의 역사』에서 프랑스대혁명 이후 광인들에 대한 인도주의적 치료법이 처음 도입되었다고 보는 정신의학의 관점을 반박하는 것이 그렇고,『말과 사물』에서 데카르트에서 칸트, 헤겔로 이어지는 근대적 주체의 철학적 계보에 관한 통념을 비판하면서 인간이라는 형상이 18세기 말에 이루어진 에피스테메 변동의 효과로 등장하게 되었으며 20세기 후반 사라질 시점에 이르게 되었다고 말한 것이 그렇다.『감시와 처벌』이나『성의 역사』1권 같은 대표작 역시 근대성에 관한 익숙한 사고방식과 서사들을 뒤집고 있다. 반면 푸코가 사망하던 해에 출간된『성의 역사』2, 3권은 이전과 달리 고대 그리스, 로마와 초기 기독교 시대에 초점을 맞추고 있다. 푸코 사후에 출간된 콜레주드프랑스 강의록으로 푸코 사유의 이러한 변화 이유에 대해 더 정확히 이해할 수 있게 되었다. 푸코가 1980년대에 이르러 지식과 권력이라는 두 축에 주체의 축을 추가함으로써 권력의 테크닉을 진실의 문제와 주체의 문제의 교차 지점에 위치시키게 된다는 것이다. 이로써 윤리가 중요한 관심 대상이 되고, 윤리의 계보학을 수행하기 위해 고대 그리스 로마 헬레니즘 시대로 연구 분야가 이동한다.

심세광은 푸코와 고대철학의 관계에 관해 일목요연하고 풍부한 개요를 제시하면서 그것이 어떤 현재성을 갖는지 웅변적으로 보여 준다. 고대 그리스에서 윤리는 보편적 도덕률을 따르는 것이 아니라 자유의 실천이었으며 이에 따라 실존의 미학과 동일시된다. 이런 실존의 미학의 예증자로 푸코는 스토아의 현자와 디오게네스와 같은 견유주의자를 든다. 흔히 푸코의 윤리 계보학을 그 이전의 역사적, 정치적 문제 설정과 단절시키는 데 반해 심세광은 푸코 후기 사유가 자기 자신과 타자 모두를 대상으로 삼는 보다 넓은 개념인 '통치' 및 '돌봄'을 도입함으로써 오히려 윤리와 정치를 급진적으로 근접시키려 시도한다고 본다.

심세광은 특히 『진실의 용기』라는 제목의 강의록에서 푸코가 제시한 디오게네스와 같은 견유주의자들의 파레시아(παρρησία, parrêsia)를 강조한다. 그들은 자기 삶을 스캔들로 만듦으로써 가짜 실존과 무용한 관습을 도발하는데, '위험을 감수하는 솔직한 말하기'로서의 파레시아는 이렇게 해서 소크라테스에게서와 같은 담론을 넘어 삶 전체의 극화로 나타난다. 이런 견유주의자의 형상은 한편으로 질서와 규율의 형상으로 진실을 체현하는 스토아 현자와 대비되며, 다른 한편으로는 시장 원리를 내면화한 자기 관리의 주체인 신자유주의의 호모 에코노미쿠스와 대비된다. 심세광은 자기 삶을 저항의 거점으로 만드는 견유주의자들의 파레시아가 신자유주의 사회에서 사람들이 새로운 삶의 양식을 발명할 잠재력을 얼마나 잊고 살아왔는지를 환기한다고 강조하며, 이를 고대 사상 연구에서 보이는 푸코의 탁월성으로 꼽는다.

푸코는 철학의 외부자 위치를 자처하지만 이처럼 푸코의 사상은 고대나 당대의 다양한 철학자들이 준 영감, 그들과의 대화나 대결을 거쳐 형성되었다. 푸코와 철학의 관계를 밝히기 위해 푸코와 철학자들을 다루는 이 책의 기획은 푸코가 다룬 의학적, 법적, 제도적 대상들을 다루는 길보다 어떤 의미에서는 더 어렵다. 푸코가 자신의 작업을 철학 분과 내에 위치시키지 않았다는 바로 그 이유 때문이자, 계승이든 대화든 대결이든 푸코의 철학자 참조는 대부분 암묵적이기 때문이다. 이 점이 철학자 푸코의 철학을 다루겠다는 얼핏 보면 극히 일반적이고 진부해 보일 수 있는 기획이 오히려 참신한 도전으로 다가온 이유이기도 하다. 아홉 명의 필자는 오랜 기간 불확실성 속에서 얼마간 모험을 하는 기분으로 작업했고, 독자는 미지의 문제를 풀어 가는 긴장을 느낄 수 있으리라 생각한다. 그러면서 또한 자기 사상을 도구상자로 사용하기를 원했던 푸코 자신이 선대나 당대의 다른 철학자들과 한결같이 긴장 어린 관계를 유지하면서 그들을 어떻게 자기 사상에 스파크를 일으키는 부싯돌이나 연료로 활용하는지를 배울 수 있으리라 생각한다.

2023년 2월
필자들을 대표하여
김은주, 진태원

차례

2부 푸코와 동시대 프랑스 철학자들

3부 푸코의 윤리 계보학과 고대 철학자들

일러두기

— 이 책에서 몇몇 철학적 용어('현재성/당대', '섹슈얼리티/성 현상' 등)는 각각의 글의 집필자들의 학
문적 입장에 따라 상이한 번역어로 표현되었다.
— 인명과 지명은 외래어 표기법을 따랐으며 일부 관례로 굳어진 것은 예외로 두었다.

서론

푸코와 철학

김은주

1 철학 '바깥'에 있다고 말하기

푸코는 늘 동일한 자리에서, 늘 동일한 인간으로 머물러 있기를 거부하는 사상가다. 몇몇 개념이나 문제의식으로 그의 사상 전반을 간단히 종합하기는 어렵다. 자신에게 동일성을 귀속시키지 말라는 말을 입증하듯[1] 푸코는 끊임없이 탐구 영역과 방법의 중심을 옮겨 갔다. 크게

1   "한 사람 이상의 누군가가, 아마도 나일 텐데, 더 이상 얼굴을 가지지 않기 위해 쓴다. 내가 누구인지 묻지 말며 나에게 동일한 자로 있으라고 말하지 말라. 그런 요구는 신상 명세의 도덕이며, 우리 신분증을 정돈할 때나 필요한 것이다. 쓰기가 문제일 때는 우리를 자유롭게 내버려 두기를." 푸코(2000), 41쪽: 번역은 수정/프랑스어 Foucault(1969), p. 29; "질문: 사람들은 당신에게 매우 자주 '철학자'라는 딱지를 붙입니다. 그뿐 아니라 '역사가', '구조주의자', '마르크스주의자'라고도 합니다. …… 대답: "제가 누구인지를 정확히 알아야 한다고 생각하지 않습니다. 삶과 작업에서 가장 큰 이득이 되는 것은 그것들이 당신으로 하여금 처음 당신이었던 바로부터 다른 누군가가 되도록 해 준다는 점입니다. …… 촛불을 켜고 지켜볼 만한 게임이란 오직 그것이 어떻게

는 고고학에서 계보학으로, 그리고 권력의 계보학에서 윤리의 계보학으로. 그뿐 아니라 한 작업이 끝나고 나면 그는 이전 작업에 대한 비판에 돌입한다. 자신의 탐구 방법을 다룬 유일한 저서『지식의 고고학』에서 푸코는 이전 저작들 모두에 대해 이런저런 방법상의 결함을 지적한다.[2] 권력의 계보학 탐구에 이어지는 윤리의 계보학 탐구 시기에 '통치'라는 개념을 도입하면서도 푸코는 자신이 정신병원, 교도소 등을 연구할 때 지배 테크닉만 지나치게 강조하면서 자기 테크닉은 무시했다고 비판한다.[3] 푸코의 오랜 동반자이자 푸코 사후『말과 글』을 비롯한 푸코 아카이브의 편집자인 다니엘 드페르(Daniel Defert)는 한 라디오 방송에서 푸코에 대해 "책을 하나 쓰고 나면 그다음 날 그 반대 책을 쓴다."라고, 그래서 푸코를 배우고 나면 아마도 출발점과 멀어지는 법을, 자리를 옮기는 법을 훈련하게 될 것이라고 말한다.[4] 실로 원래 있던 곳에서 다른 곳으로 옮겨 가기 위해, 애초의 자신과 달라지기 위해 작업했던, 그리고 그런 작업 자체를 철학이라고 보았던[5] 푸코에게 그의 작업이 어떤 고정된 분과에 속하느냐고 묻는 것은 매우 푸코적이지 않은,

끝날지를 모르는 한에서만입니다." Foucault(1988): (2001), pp. 1596~1597.

2 『광기의 역사』는 '경험'에 너무 중요한 비중을 부여했고,『임상의학의 탄생』은 구조적 분석에 호소함으로써 제기된 문제의 특수성을 피해 갔으며,『말과 사물』은 방법적 표지의 부재로 인해 분석이 문화적 총체의 견지에서 이루어진다고 생각할 소지를 남겼다고 말이다. Foucault(1969), p. 28.

3 푸코(2022), p. 43.

4 Adler(2016), 42분 48초~43분/총 44분.

5 그는 '오늘날의 철학' 자체를 "사유의 사유 자신에 대한 비판 작업" 혹은 "어떻게, 그리고 어디까지 다르게 사유하는 것이 가능한지를 알려는 기획," "자기 변형의 시험"이라고 규정한다. 푸코(1997), p. 23(번역은 수정): Foucalut(1984), p. 16.

적어도 별 이득이 되지 않는 물음일지도 모른다. 그러나 푸코가 자기 작업을 철학으로 분류하기를 꺼린 태도에는 좀 더 의미심장한 물음이 포함되어 있는 것 같다.

이 점은 교육받을 때나 가르칠 때나 늘 철학 분과 내부에 있으면서도 줄곧 한발을 철학이라는 환경 바깥에 두고 있었던 푸코의 경력에서도 시사된다. 푸코가 처음 출판한 글도 철학 텍스트가 아니라 실존주의 정신분석학자 빈스방어의 『꿈과 실존』의 서문(1954년)이며, 알튀세르의 의뢰를 받아 최초에 쓴 책 역시 심리학 관련서인 『정신병과 인격』(1954년: 1962년 『정신병과 심리학』이라는 제목으로 수정 출판)이다. 그 이후에 이어지는 푸코의 작업 대상과 스타일도 늘 경계 위에 있었다. 그의 박사 논문인 『광기의 역사』(1961년)에 대해 당시 논문의 심사위원이었던 앙리 구이에는 "푸코 씨는 철학자이기보다는 역사학자 혹은 주석가라고 하는 게 옳겠다."[6]라고 평했다. 데카르트 연구의 대가였던 이 심사자의 평가를 후대 사람들은 강단 철학계의 근시안을 보여 주는 사례로 평가하기도 하지만, 오늘날의 시각으로 보아도 그리 가혹한 것은 아니다. 그는 다른 심사위원들과 더불어 푸코의 독창성, 통찰력, 지적 역동성과 박학, 작가적 역량에서의 출중함에 동의하면서도 다만 이 훌륭한 작품이 과연 철학 논문으로도 최고 평점을 받을 만한지에 유보를 표했을 뿐이다. 이 논문이 '철학적'이 아니라고 할 수는 없지만 분과로서의 철학의 경계를 넘어간다는 것은 이 책의 출판 경위에서도 잘 드러난다. 애초에 『광기와 비이성』이라는 제목으로 제출되었던 박사학위논

---

6 '역사학자'라는 말은 주논문인 「광기의 역사」에 대한 것이고, '주석가'라는 말은 부논문인 칸트 '인간학' 서문 번역과 주석에 대한 평가이다.

문의 출판은 철학자 브리스 파랭(Brice Parain)이 편집자로 있던 갈리마르에서 거절되고, '고전 시대의 광기의 역사'라는 부제가 덧붙여져 폴랭 출판사에서 역사가인 필립 아리에스가 이끌던 '문명과 심성' 시리즈의 하나로 출판되었다는 사실은 이 책이 당대 지식인에게 어떻게 받아들여졌는지를 잘 보여 준다.[7] 스타일만이 아니라 대상에 한해서도 푸코는 광기에 이어 의학, 감옥, 범죄, 성 현상처럼 철학에 이질적인 대상들을 철학보다는 역사에 가까운 방법으로 탐구했다. 철학 자체가 그나마 비중 있게 다뤄진 것은 '인문과학의 고고학'이라는 부제가 붙은 『말과 사물』 정도이다. 여기에서도 철학에 부여된 특별한 역할이 있다면, '인간'을 발견하고 근대의 다른 인간과학과 달리 근대 에피스테메에서 인간이 지닌 문제적 지위를 제시한다는 점 정도이다. 그리고 이 역할조차 철학이 아니라 레비스트로스의 인류학이나 야콥슨의 언어학과 같은 '대항과학'으로 넘어간다. '권력'이라는 주제는 어떤가? 그것은 여느 정치철학의 대상 중 하나로 생각될 수 있지만, 이런 인상 자체가 푸코 '효과'라 해야 할 것이다. 그 이전 정치철학의 주요 대상은 국가나 법, 주권, 정치적 권위, 사회계약이었지 몸이나 영혼에 권력이 행사되는 구체적 메커니즘, 이를 위한 장치와 기술 등은 철학적 주제로는 낯선 것이었다. 우리가 권력의 장치나 기술, 메커니즘을 익숙한 철학적 주제로 여기게 된 것은 바로 푸코 이후의 일이다.[8]

---

7   이 사실은 Beistegui(2014), p. 346을 참조했다.
8   이런 점은 마르크스주의 및 마르크스주의에 대한 알튀세르의 철학적 작업에 대한 비판적 참조를 배경으로 이해될 필요가 있다. 이에 대해서는 이 책의 7장(진태원)을 참조하라. 아울러 푸코 권력론의 철학적 쟁점에 대한 들뢰즈의 해석과 이에 대한 비판적 논의로는 이 책의 8장(최원)을 참조하라.

물론 이런 작업 스타일로부터 철학에 대한 푸코의 입장을 도출하는 것은 무리이다. 실상 철학을 반드시 철학이라는 이름을 내걸고 할 필요는 없다. 푸코만이 아니라 푸코와 동시대에, 적어도 구조주의의 문제의식을 어느 정도 공유했던 철학자들 대부분이 철학에 비판적이었다. "철학자들은 모든 것에 대해 어떤 것이나 말할 수 있는 권리가 있다고 인정되었기 때문에 오랫동안 특권을 누려 왔다. 그들은 이제 많은 연구들이 철학으로부터 벗어나고 있다는 사실을 체념하고 받아들여야 한다."[9] 구조 인류학의 창시자인 레비스트로스의 이런 지적에 위의 철학자들 역시 기꺼이 동의할 것이다. 게다가 광인, 환자, 변태, 범죄자(목소리를 가진 정치범이 아닌 잡범들)의 부재하는 말을 추적하는 '침묵의 고고학' 자체가 이미 이 시기 철학을 특징지은 특정한 철학적 제스처, 즉 이성을 비이성의 영역으로, 사유를 '사유되지 않은 것'의 영역으로 확장하고자 한 (코제브에 의해 해석된) 헤겔 혹은 구조주의적 문제의식의 표현일 수 있다. 더욱이 푸코의 연구 영역이 광기, 인간과학, 처벌, 성현상 등으로 다양하게 퍼져 있다고 하더라도, 그 초점이 '담론'(광기에 대한 의학적 담론, 인간과학의 담론, 처벌에 관한 담론, 성에 관한 담론)에 맞춰져 있었다는 사실 역시 언어 법칙을 이 무의식에 접근하는 주된 통로로 보았던 구조주의 철학의 일반적 경향을 따르면서도 다만 실천으로서의 말(파롤)에 초점을 두면서 역동화했다는 차이가 있을 뿐이라고 볼 수도 있다.

그러나 사유되지 않은 것을 향해 마찬가지 확장을 꾀한 당대 다른

---

9   레비스트로스(1967), 'Entretien avec Raymond Bellour,' *Les Lettres françaises*, n. 1165: 프랑수아 도스(2003), p. 294에서 재인용.

철학자들에 비해서도 푸코의 입지는 특별하다. 철학교수자격시험에 합격한 후 철학에서 인류학으로, 혹은 사회학으로 영역을 옮긴 레비스트로스나 부르디외 같은 학자들을 논외로 한다면, 기성 철학에 대한 이 새로운 철학자들의 우상파괴적 제스처가 철학이라는 분과 내부의 것이었음에는 의문의 여지가 없다. 그렇게 하여 이들은 오히려 철학에 대한 정의를 바꾼다. 가령 알튀세르는 철학을 더 이상 특정 내용으로 규정될 수 없는 하나의 '유물론적 실천'으로, 즉 유물론과 관념론 사이에 끊임없이 분리선을 긋는 작업으로 규정했다. 데리다는 서양철학을 대표하는 주요 텍스트에 대한 내적 분석을 통해 서구 형이상학을 지탱해 온 로고스 중심주의가 어떻게 자신의 타자에 의해 항상 이미 안으로부터 잠식되고 있는지 보여 줌으로써 '탈구축'을 종별적인 철학적 실천의 가능성으로 열어 보였다. 더 적극적으로 들뢰즈는 철학을 '개념 창조'의 작업으로 규정함으로써, 또한 개념 창조를 통해 철학자가 자신도 완벽히 의식하지는 못하는 특정 문제에 응답하고 있다고 봄으로써, 철학은 물론이고 철학사 연구 작업에도 의미를 부여했다. 끝으로 라캉의 작업은 분명 정신분석학적 실천에 바탕을 둔 것이었지만, 그의 공적은 뭐니 뭐니 해도 정신분석학의 철학화라는, 프로이트가 분명 거부했던 기획을 멀리까지 이어 간 데 있다. 이들 모두 전통 철학을 비판하면서도 전통 철학에 대한 '위대한 독자'였을 뿐 아니라, 전통 철학에 대한 비판적 분석 자체가 그들 자신의 철학을 이루는 질료나 골조의 역할을 했다.

반면 푸코의 경우 역사적 탐구 방법에 영감을 준 니체나 하이데거, 캉길렘 정도를 제외하면 철학 텍스트는 문서고를 이루는 숱한 자료들 가운데 하나일 뿐이다. 가령 데리다와의 논쟁에서 푸코는 데리다에게 500페이지가 넘는 『광기의 역사』전체에서 데카르트에 할애된 단 세 페이지만을 다루면서 텍스트 바깥은 없다고 가르치는 선생의 철학이라고 힐난한다.[10] 그러나 역으로 푸코 자신이 500페이지가 넘는 철학 박사학위논문에서 가장 중요한 철학자에 단 세 페이지만을 할애했다는 점은 푸코의 작업에서 철학 텍스트가 어떤 비중을 차지하는지를 시사한다. 더 주목할 것은 철학에 대한 푸코의 명시적인 거리 두기이다. 위 논쟁에서 푸코는 적수인 데리다를 '철학'의 대변자인 양 공격한다. 마치 자신은 그 바깥에 있는 것처럼. 실로 강연이나 인터뷰에서 푸코는 비록 주제로 삼을 만큼 비중 있게는 아니지만 또한 아무렇지 않게 흘려들을 수도 없는 방식으로 기묘한 파토스를 불러일으키며 자신이 '철학자가 아니다'라고 표명하곤 한다.[11] 이는 당대의 다른 철학자들에게서는 찾아볼 수 없는 행위이다.

조금 후에 우리는 이 발언들에 대해 보다 상세히 살펴볼 것이다. 여기에서 짚고 넘어갈 것은 푸코가 이렇게 철학 바깥이라는 위치를 고집할 때 그가 말하는 '철학'의 지시체가 무엇이냐이다. 그가 말하는 철학은 철학 내부의 비판자들인 이 철학자들이 이해하는 철학과 같지 않다. 가령 데리다는 '현전의 형이상학'이나 '로고스 중심주의'라는 이름으로, 들뢰즈는 '초월성의 철학'이라는 이름으로 서구 형이상학의 역사를 하나로 통칭한다. 반면 푸코는 철학을 역사성을 갖는 하나의 활동으

---

10   Foucault(1972): (2001), t.II, p. 1135. 자세한 내용은 이 책의 5장을 참조하라.

11   "저는 작가도 아니고, 철학자도 아니고, 대단한 지식인도 아닙니다. 저는 교육자입니다." Foucault(1988): (2001), t.II, p. 1596; "당신은 철학적인 질문을 하고 계십니다. 또한 저를, 아마도 너무 관대하게도, 철학자라고 가정하면서 말입니다. 그러나 저는 철학자가 아닙니다. 저는 제가 하고 있는 일에서 철학을 하는 것이 아닙니다." Foucault(1969); "제가 철학적으로 엄정한 칸트의 비판 기획을 재파악하려는 것도 아니고, 또 그와 마찬가지로 엄정하신 철학자 여러분들 앞에서, 철학자도 아니고 한낱 비판자에 불과한 제가 그렇게 할 수는 없으니까요." 푸코(2016), p. 50.

로 보고자 하며, 이 역사를 "사건적(événmentiel)"[12] 관점에서 바라보고자 한다. 즉 철학은 동일한 형태로 존재하는 것이 아니라 그 자체 하나의 사건처럼 출현하고 소멸한다. 그렇다면 정확히 같은 논리로 푸코가 철학에 대해 거부의 태도를 표명할 때는 특정 조건에서 특정 형태를 취한 철학을 겨냥한 것이라고 봐야 할 것이다. 다음 인터뷰는 이 점을 잘 보여 준다.

누군가가 제게 철학자냐고 물을 경우, 만일 제가 철학자이고 싶다면, 제가 철학자가 아니라는 사실을 자각할 채비가 되어 있어야 합니다. 철학을 이런 식으로 하지는 않지요. 철학은 하나의 활동, 다양하고 다형적인 활동으로, 어느 특정 시기에 매우 특별한 스타일을 가졌고 매우 특별한 대상을 가지게 되었으나, 이제 자신에게 친숙했던, 자신의 것이었던 특별한 영역, 자기 대상의 특별한 세계를 상실했습니다. 물론 현재의 철학이 자신의 특수성 속에서 소멸하고 있다면, 철학은 아마도 새로이 출현하고 있는 중인지도 모릅니다. 우리가 과연 이것이 철학에 고유한 언어인가라고 의심하는 그런 언어로 말이죠.[13]

철학자이고 싶다면 우선은 철학자가 아니라고 인정할 준비가 되

---

12   Foucault(1965). "여전히 사건들에 대해 말하게 되는데요…… 저는 사건적 역사의 열렬한 지지자입니다. 적어도 철학에 있어서는 말이죠. 사유의 역사는 늘 일반적 구조라는 추상적 견지에서만, 무시간적 이상의 견지에서만 다뤄져 왔지만, 위험을 무릅쓰고 순수하게 사건적인 역사를 감행해볼 필요가 있습니다." 14분 30초~53초/총 30분 39초. 여기에는 하이데거에 대한 암묵적 참조가 있는 듯 보인다. 푸코의 고고학을 하이데거의 역사적 존재론과 비교하는 논의로는 이 책의 4장(설민)을 참조하라.
13   Adler(1969), 0분 30초~1분 33초/총 44분.

어 있어야 한다는 일견 역설적인 푸코의 말에서 우리는 자신이 철학자가 아니라는 푸코의 부인이 철학 활동 일반에 대한 것은 아님을 알 수 있다. 프레데릭 그로는 이를 "진리와의 관계에서, 역사와의 관계에서 푸코가 가진 어떤 불안의 표시이자, 푸코에게서 가장 핵심적인 것으로서의 반교조주의의 표시"[14]라고 해석한다. 그렇다고 푸코가 무조건 주어진 철학장 바깥으로 나아가는 모험을 해야 한다고 주장하는 것 같지는 않다. '철학을 이런 식으로 하지는 않는' 이유, 곧 교조적 방식으로 철학을 할 수 없는 이유는 철학 자체가 시대에 따른 생성과 소멸의 부침을 겪기 때문이다. 철학의 대상도 철학도 영원한 것이 아니며, 특정한 조건에서 유효성을 갖고 또 특정한 조건에서 유효성을 상실한다. 그러면서도 푸코는 그 자신과 철학이 맺는 긍정적 연관을 암시하기를 잊지 않는다. 미래의 가능성이라는 형태로 말이다. 그러므로 푸코가 철학을 거부했다면 그 이유는 철학의 어떤 '본질' 때문이 아니라 바로 이런 역사성 속에서 한때 지배적이었던 특정 형태의 철학이 그 시효가 만료되었기 때문이다.[15]

1965년 '철학과 심리학'이라는 제목으로 알랭 바디우와 나눈 인터뷰에서 푸코는 철학을 소크라테스부터 푸코 당대까지(푸코는 하이데거를 든다.) 서구인이 자기 자신을 알아보고 반성해 온 가장 대표적인 문화

---

14 Adler(1969), 2분 50초~3분 10초/총 44분.

15 푸코의 주체 개념에 대한 심세광의 연구를 그 예시로 볼 수 있을 것이다. "푸코를 연구하면서 우리는 철학적 전통에 따르는 실체로서의 주체와 같은 것은 결코 발견할 수 없다. 우리가 발견할 수 있는 것은 일정한 역사적 시기에 일정한 조건에서 특수한 문제계에 입각해 확인할 수 있는 형식으로서의 주체이다." 이 글에서 그는 푸코가 연구한 주체 개념이 특정 시대마다 어떤 상이한 형식을 띠는지를 총괄하여 보여 주고 있다.

적 양식[16]으로 규정하되, 이 역할은 이제 심리학을 필두로 한 인간과학
으로 넘어갔다고 말한다. 심리학은 철학이 지금까지 다소 신비적인 방
식으로 다루어 온 것을 과학적 방식으로 탐구하며, 그러나 다른 관점
에서 보면 과거에 철학이 대표적 문화 양식의 역할을 하면서 다뤄 왔
던 문제들을 재개하고 있을 따름이다. 푸코가 뚜렷하게 의식하고서였
든 아니든 학문 이력의 초기부터 철학과 나란히 심리학에 관심을 두었
던 이유도 이 때문일 것이며, 이후 자신의 작업을 '철학'이 아니라 '사
유의 역사'를 다룬다고 범위를 넓힌 이유도 이 때문일 것이다.[17] 그렇
다면 푸코가 시효가 만료되었다고 본 철학은 더 구체적으로 어떤 것일
까? 푸코가 이를 직접 진술하지 않은 이상, 푸코가 명시적으로 거리를
표한 철학이 무엇이었는지를 통해 이 문제에 접근해 보자.

2 어떤 철학의 바깥?

푸코가 거리를 둔 철학은 크게 두 가지로 나누어 볼 수 있다. 하나

---

16   Foucault(1965), 5분 13초~5분 45초/총 30분 39초. 여기에서 푸코는 '문화적 양식'을
"하나의 주어진 문화 안에서 어떤 지식이 조직되고 제도화되고 자기에 고유한 언어를 풀어내며,
어떤 경우에는 결국 흔히 말하는 과학적인, 혹은 범과학적인 담론에 도달하게 되는 방식"이라고
정의한다. Foucault(1965), 2분 56초~3분 15초.

17   "제 영역은 사유의 역사입니다. 인간은 사유하는 존재입니다. 그가 사유하는 방식은 [한편
으로는] 사회, 정치, 경제, 역사와 연결되어 있고, [다른 한편] 매우 일반적인, 심지어 보편적인
범주들, 그리고 형식적인 구조들과도 연결되어 있습니다. …… 사회적 역사와 사유에 대한 형식
적 분석 사이에 어떤 길, (아마도 매우 좁은) 어떤 행로가 있는데, 그것이 사유의 역사라는 길입
니다."(Foucault(1988): (2001), t.II, pp. 1596~1597)

는 푸코 당대의 지배적인 철학 조류였던 현상학과 실존주의이고, 다른 하나는 정당화의 관점에서 진리 문제를 다루는 인식론화된 철학이다. 하나는 '경험'을 다루는 철학, 다른 하나는 '진리'를 다루는 철학으로 대별되는 셈인데, 흥미로운 것은 이 둘 다 푸코 철학의 주된 관심사이기도 하다는 점이다. 아래에서는 푸코가 이 둘 각각에 대해 어떤 점을 비판하는지, 그리고 이 비판을 배경으로 푸코 자신의 철학이 어떤 필연성과 더불어 출현하는지를 살펴보자.

1) 사유 안의 사유되지 않은 것에 대한 현상학적 접근의 야심과 한계

우선 현상학을 중심으로 한 주체 철학이다. 푸코 당대 프랑스 철학의 지형은 푸코 자신이 기술한 대로 한편에는 "경험, 의미, 주체의 철학", 다른 한편에는 "지식, 합리성, 개념의 철학"으로 구획될 수 있다.[18] 전자의 대표자로는 사르트르와 메를로퐁티가, 후자의 대표자로 카바이에스, 바슐라르, 쿠아레, 그리고 푸코의 박사학위논문 지도교수인 캉길렘을 들 수 있다. 푸코는 양 진영 가운데 후자에 속하며 여기에는 캉길렘의 영향이 없지 않을 것이다. 그러나 푸코는 1950년대에 현상학을 공부했을 뿐 아니라 빈스방어의『꿈과 실존』에 대한 서문을 쓸 때까지만 해도 현상학, 특히 실존주의 정신분석학에 경도되어 있었다. 최초의 저작인『정신병과 인격』도 마르크스주의와 더불어 이런 실존주의 정신분석학의 영감 아래 쓰였다. 그러다가『광기의 역사』에서부터는 현상학과 뚜렷이 거리를 둔다. 1981년 루뱅 가톨릭 대학의 한 인터뷰에

---

18   Foucault(1985): (2001), t.Ⅱ, p. 1583.

서 푸코는 그 이유를 다음과 같이 밝힌다. 현상학이 '구체적인 것에 대한 분석'을 추구한다고 하지만, 현상학이 관통한 대상들은 영혼이란 무엇인가, 심신관계란 무엇인가, 자유란 무엇인가처럼 "철학적 전통에 의해 미리 결정"되어 있었기 때문이다.[19] 그러나 이 비판은 당시 대학에서 가르치던 모든 철학에 해당되며 현상학은 당대의 지배적 조류로 언급된 것일 뿐이므로, 특별히 현상학만을 겨냥한 것으로 보기 어렵다. 같은 인터뷰에서 푸코가 시사한 또 다른 이유는 현상학이 경험을 한 개인의 내적 경험으로 환원하는 반면, 자신은 광기에 대한 집단적 경험을 탐구하고자 했다는 것이다. 그렇다면 여기에서 말하는 집단적 경험이란 무엇인가? 그리고 현상학적 분석은 왜 이에 대한 접근 방법으로 적절하지 않은가? 이 문제는 『말과 사물』에 제시된 근대 에피스테메의 고유한 아포리아와 관련되어 있다.

앞 절에서 언급한 바디우와의 인터뷰에서 푸코는 소크라테스 이래 서구인의 대표적인 문화적 양식의 역할을 해 온 철학에 일어난 가장 큰 사건을 인간의 등장으로 본다. 『말과 사물』은 인간이 "바닷가 모래사장에 그려 놓은 얼굴"처럼 사라지리라는 예언적 결론으로 유명하지만, 인간이 생각보다 훨씬 최근의 발견물이라는 것 역시 이 저작의 독특한 주장이다. 말과 사물 사이의 유사성의 관계가 설정되던 르네상스 시대까지의 에피스테메, 말과 사물 사이에 표상을 통한 투명한 대응 관계가 설정되던 고전 시대 에피스테메를 거쳐, 19세기 초 근대에 이르러서는 표상의 토대에 대한 물음을 묻게 되고, 이 토대에 말과 사물 사이를 매개하는 제3의 항으로 인간이 등장하게 된 것이다. 물론 인간

---

19   Foucault(1981). 4분 30초~5분 50초/총 37분 39초.

은 늘 철학의 주요 관심사였다. 그러나 자연이나 우주, 무한자와 더불어서가 아니라 유한자로서의 인간 그 자체가 등장한 것이 근대의 일이며, 역설적으로 보이지만 바로 이 유한성과 더불어 인간은 토대의 자리에 놓이게 된다. 즉 인간은 노동, 생명, 언어 등 자신보다 앞서 존재하는 것에 의해 지배받고 제약되는 유한자이지만, 바로 이 유한성 덕분에 노동, 생명, 언어를 대상으로 하는 과학들은 실증적 내용을 가질 수 있게 된다.[20] 철학적으로 말하자면 칸트가 초월적 주체와 경험적 자아라는 이중체로 정식화했듯[21] 인간은 이렇게 표상들의 토대이자 이 표상 중의 하나로, 즉 인식의 토대이자 대상이라는 이중적 지위로 자리매김된다.

문제는 표상의 토대, 곧 초월적 주체로서의 인간이 결코 경험의 대상으로서의 인간과 유사할 수 없고, 따라서 결코 알려질 수 없다는 점이다. 이것이 인간의 등장으로 특징지어지는 근대 에피스테메의 헤어날 수 없는 아포리아가 된다. 그 결과 근대 학문은 콩트로 대변되는 실증주의의 형태를 띠거나(여기에서 담론의 진리는 경험적 대상의 진리로부터, 곧 '환원'으로 정의된다.) 아니면 마르크스로 대변되는 종말론적 형태를 띤다.(인간에 관한 담론은 객관적 진리를 가질 수 있되, 단 미래에 도래할 것으로, 곧 '약속'으로 정의된다.) 그러나 초월적 주체에 도달할 수 없는 이상 어떤 경우든 결국 경험적인 것에서 출발하여 경험적인 것으로 돌아오는 동일자의 운동에 갇히게 된다.

---

20 "이 과학들의 실증적 내용은 인간이 유한한 신체를 가져서 이를 통해 공간성을 배우지 않는다면, 인간이 욕망을 겪음으로 인해 모든 사물들의 가치를 배우지 않는다면, 언어로 소통하면서 다른 모든 담론들을 배우지 않는다면 생겨나지 않을 것이다." Lawlor(2014), p. 340.

21 칸트와 근대 에피스테메에 대한 더 자세한 내용은 이 책의 1장(허경)을 참조하라.

현상학은 바로 이런 인간학적 사유와 함께, 이 사유의 내적 모순과 더불어, 그리고 이 모순에 대한 해결의 야심을 가지고 등장한다. 한편으로 후설의 현상학은 체험(Erlebnis/le vécu/lived-experience)으로서의 사태 자체로 돌아가자고 제안한다. 주지하듯 체험은 경험적 내용들을 제공하면서 이 내용들 일반을 가능케 하는 경험의 본원적 형식이기도 하다. 이 체험의 분석을 통해 후설은 한편으로 진리를 경험적인 것으로 환원하는 실증주의의 순진함과 다른 한편 인간에 관한 객관적 진리가 마침내 도래할 수 있다고 믿는 종말론의 순진함을 극복할 수 있다고 여긴다. 그러나 푸코에 따르면 아무리 체험으로 거슬러 가 본들 결국 경험적인 것으로 초월적인 것을 대신하는 것에 불과하며, 실증주의와 종말론을 극복하기는커녕 그것들과 현상학이 밀접하게 연결되어 있음을 드러낼 뿐이다.[22] 푸코는 실증주의와 종말론을 정말로 반박하려면 체험으로 되돌아갈 것이 아니라 다른 물음, "어쩌면 황당무계해(aberrant) 보일 물음"으로부터 출발해야 한다고 말한다. "인간이 정말로 존재하느냐"라는 물음, 곧 "인간이 존재하지 않는다면 세계는, 사유는, 그리고 진리는 무엇일 수 있을까"[23]라는 물음으로부터 말이다. 이 물음이 '황당무계'하게 보일 수 있는 이유는 이 모든 것이 '인간'의 등장 위에 구축된 것이기 때문이다. 그러나 푸코가 이 물음을 제기해야 한다고 본 이유는 주체를 자기 바깥으로 나가게 하는 경험, 즉 체험될 수 없는 것에 대한 경험, 다시 말해 '바깥으로부터의 사유'를 통해서만 주관성

---

22 Lawlor에 따르면, 현상학의 직관주의는 실증주의의 '환원'을, 그리고 지향성이 함축하는 목적론은 종말론의 '약속'을 반복한다. Lawlor(2014), p. 342.

23 푸코(2012), p. 441.

으로 끊임없이 되돌아오는 동일자의 회귀의 경험에서 벗어날 수 있기 때문이다.[24]

다른 한편 현상학은 이 바깥의 존재를 인정하면서도 여기에 접근할 방법이 없다. 이것은 데카르트적 코기토와 구별되는 근대적 코기토에 공통된 특징이다. 데카르트적 코기토는 모든 사유, 오류, 환각, 꿈, 광기 등을 포함한 모든 사유가 사유된 것임을 즉각적으로 발견한다. 반면 근대적 코기토는 자기 자신에 현전하는 사유 외부에, 사유되지 않은 것(혹은 무의식)[25]에 뿌리내린 사유가 존재함을 인정하고. 그러면서도 그것을 가능한 한 명시적 형태로 관통해 보고자 한다. 헤겔에게서 대자와 마주하는 즉자, 쇼펜하우어의 무의식적인 것, 마르크스에게 소외된 인간, 그리고 후설에서 암묵적인 것, 현행화되지 않은 것, 침전된 것, 실행되지 않은 것 등이 바로 사유 속에서 사유되지 않은 것이다. 나아가 근대적 코기토는 "사유되지 않은 것을 사유하라."를 하나의 명령('법')으로 받아들인다.[26] 그리고 근대 에피스테메에서는 바로 이 명령이 도덕을 대체한다. 현상학은 데카르트적 코기토와 근대적 코기토 사

24   여기에서 우리는 라울로의 해석을 따른다. Lawlor(2014), p. 343.

25   사유되지 않은 것(l'impensé)은 프로이트가 발견한 '무의식'을 포함하며 푸코는 어떻게 부르든 상관없다고 말한다. 다만 전자는 정신분석학이라는 특수 분야에 한정된 후자보다 더 넓은 범위를 포괄하기 위해 사용되는 것으로 보인다. 가령 철학에서 쇼펜하우어가 발견한 무의식이나 사회학의 뒤르켐이나 인류학의 레비스트로스가 발견한 집단 차원에서의 무의식까지 포함하며, 그 원천은 아마도 하이데거에게서 찾을 수 있을 것 같다.

26   "즉자의 내용들을 대자의 형태로 반성하라는 명령, 인간을 자기 자신의 본질과 화해시키면서 소외에서 벗어나라는 명령, 경험들에 직접적 자명성의 배경을 제공하는 지평을 명시화하라는 명령, 무의식의 베일을 걷어 내라는 명령, 무의식의 침묵에 몰입하거나 혹은 그 무한정한 중얼거림에 귀 기울이라는 명령." 푸코(2012), p. 448(번역은 수정): Foucault(1966a), p. 486.

이에 난 이런 심층적 단절에 대한 확인서이다.[27] 그러나 여기에서도 현상학의 한계는 분명한데, 이 무의식에 접근할 수 없다는 점이다. 사유되지 않은 것(혹은 무의식)은 인간 안에 옹송그린 모종의 본성이나 지층화된 역사가 아니라 인간과 함께 태어난, 인간에게 외재적인 타자이다. 현상학이 경험적 분석과의 친연성을 고수하는 한 이런 외재성에 접근하기는 어렵다. 실로 현상학을 비롯한 모든 철학은 그 자신이 발견한 이중체로서의 인간에 대한 정합적 개념을 제공할 가능성을 상실하고 그 자리를 심리학을 비롯한 인간과학에 내주게 된다. 철학이 의식의 수준에서만 작업하는 반면, 심리학의 한 조류인 정신분석학 같은 인간과학은 인간이 스스로를 표상하는 과정에 개입되는 무의식적 기능이나 갈등을 설정하기 때문에 철학보다 형편이 더 나은 것이다.

현상학의 이런 한계는 푸코가 1980년 미국 다트머스 대학에서 행한 강연에서 더 단순명료한 형태로 제시된다. 그는 우선 2차 세계대전 발발을 전후한 프랑스 철학과 유럽의 대륙 철학을 '주체 철학'이라고 규정한다. 그것은 "모든 지식과 모든 의미화의 원리를, 의미화하는 주체 위에 구축하는 것을 탁월한 과업으로 설정"[28]하는 철학이다. 주체 철학이 프랑스에서 대세를 이룬 이유는 프랑스 대학에서 데카르트 철학이 갖는 특권적 위치 때문이기도 하지만, 또한 여러 번의 전쟁과 학살, 독재 정치의 부조리에 직면해 자기 자신의 실존적 선택에 의미를

---

27   라울로는 The Cambridge Foucault Lexicon의 '현상학' 항목에서, 방금 다룬 초월적-경험적 이중체의 문제만을 다루고 근대적 코기토에서 사유되지 않은 것의 문제에 대해서는 다루지 않는다(cf. Lawlor(2014)). 그러나 우리가 보기에 푸코가 생각하는 현상학의 결정적 한계는 바로 이 문제와 관련되어 있다.

28   푸코(2022), p. 36.

부여해야 했던 정치적 상황에 기인한다. 이런 주체 철학이 부딪힌 역설로 푸코는 두 가지를 든다. 하나는 의식 철학이 지식에 관한 철학, 특히 과학적 지식에 관한 철학을 기초하는 데 실패했다는 역설이다. 다른 하나는 의미의 철학이 의미 형성 메커니즘과 객관적 의미 체계의 구조를 설명하는 데 실패했다는 역설이다. 이 두 역설에 각각 대응하는, 주체 철학을 넘어서는 두 가지 가능한 길이 있다. 객관적 지식에 관한 이론을 발달시킨 논리실증주의의 길과 의미 체계를 분석하는 구조주의의 길이다. 푸코는 자신이 택한 길이 첫 번째 길도 아니지만 구조주의도 아니라고 말한다. 라캉이 개인 심리의 차원에서, 레비스트로스가 집단 심리의 차원에서 탐구했던 것처럼 푸코 역시 사유의 무의식적 차원을 탐구하되, 그 자신의 표현에 따르면 "역사를 통한 길"을 따른다. 즉 주체의 의식에 나타난 것을 연구하는 것이 아니라 "주체의 계보를 연구함으로써, 요컨대 현대의 자기 개념으로 우리를 유도한 역사를 통해 주체 구축의 절차를 연구함으로써, 주체 철학으로부터 벗어나려고 시도"[29]한 것이다. 우리는 이 길을 들뢰즈가 말한 "경험의 실재적 조건" 탐구의 또 다른 유형으로 볼 수 있을 것이다. 경험을 가능케 한 조건을 묻는다는 점에서 초월론적 탐구이지만, 경험의 조건으로서 주체의 능력이 아니라 반대로 주체 바깥에서 주체를 형성한 규칙과 사건들을 조회한다는 점에서 말이다.[30] 달리 말해 들뢰즈와 마찬가지로 푸코는 경험의

---

29   푸코(2022), p. 38.

30   질문: "당신의 작업을 어떻게 정의하십니까?" 대답: "제 작업이요? 아시다시피 매우 제한된 작업입니다. 아주 도식적으로 말하자면 그것은 과학, 인식, 그리고 인간의 앎의 역사에서 무의식과 같은 어떤 것을 찾아내려고 하는 것입니다. …… 과학이 스스로에 대해 알고 있는 것 아래에는 그것이 인식하지 못하는 무언가가 있습니다. 그리고 그것의 역사, 변화, 에피소드, 우연들은

실재적 조건을 탐구하기 위해 의식 바깥으로 나가되, 들뢰즈가 이를 철학적 개념들 내에서 수행한다면, 푸코는 이를 개인과 사회 여러 층위에 흔적처럼 남아 있는, 그러나 여전히 우리가 잘 알아듣지 못하는 목소리로 '말을 하는' '문서고'를 통해 수행한다. 이런 초월론적 지향 때문에 푸코가 밟아간 역사적 길은 역사보다는 철학에 가깝다고 할 수 있겠다.

2) 진리에 대한 인식론적 접근과 영성으로부터의 분리

푸코가 거부한 또 다른 철학은 인식론화된 철학이다. 푸코는 "이미 알고 있는 지식을 정당화"[31]하는 관점에서 진리 문제를 다루는 철학에 대한 반감을 종종 표현했다. 『말과 사물』의 출판 이후 이 책에 관한 한 대담에서 질문자가 담론적 실천과 그 대상 사이의 선후 관계를 집요하게 따지고 들자 푸코는 얼마간 격분하여 이렇게 답한다.

> "당신은 철학적인 질문을 하고 계십니다. 또한 저를, 아마도 너무 관대하게도, 철학자라고 가정하면서 말입니다. 그러나 사실을 말하자면 저는 철학자가 아닙니다. 저는 제가 하고 있는 일에서 철학을 하는 것이 아닙니다. …… 저는 인식이란 무엇인가를 묻는 게 아닙니다. 과학적 담론이 참된지 아닌지, 과학적 담론이 객관성과 관계가 있는지 아닌지를 묻고 있는 것이 아니고, 진리란 무엇인지를 묻고 있는 것도 아니고, 그것이 정

일정한 법칙과 결정들을 따릅니다. 이 법칙들과 이 결정들, 바로 이것이 제가 밝혀내려고 하는 것입니다." Foucault(1968): (2001), t.I, pp. 693~694.

31   푸코(1997), p. 23.

합적인 것이냐 단지 편의적인 것에 불과하냐를 묻고 있는 것도 아닙니다. 진리가 실재의 표현이냐 아니냐…… 이 모든 것들은 저의 문제가 아닙니다. 저는 제 책을 '지식과 진리'라는 항목에 넣지 않을 겁니다."[32]

여기에서 푸코는 자신의 관심사가 담론이며, 담론은 말도 사물도 아닌 말과 사물 사이의 제3의 영역에 있음을 강조하지만, 그 자신 진리 문제에 관심이 없었던 것은 아니다. 오히려 앞서 현상학의 주요 관심사인 '경험'이 푸코 자신의 대상이기도 했던 것처럼, 이 인식론적 철학의 주요 대상인 '지식'이나 '진리' 역시 푸코의 주된 관심사이다. 푸코 자신이 적극적으로 이어받고자 했던 프랑스 특유의 철학적 전통이 있다면, 그것은 바슐라르, 캉길렘의 과학사적 인식론이다. 캉길렘의 『정상과 병리』 영문판 서문에서 푸코는 1960년대 "직접적으로든 간접적으로든 모든 철학자들 혹은 거의 모든 철학자들이 조르주 캉길렘의 가르침이나 저작과 관련이 있었으며,"[33] 마르크스주의를 비롯하여 당대 프랑스에서 벌어진 어떤 논쟁도 이들이 인식론을 가지고 한 작업을 배경에 놓지 않고서는 이해할 수 없다고 말한다. 캉길렘의 제자였던 푸코 자신이 받은 영향은 그 이상일 것이다.[34] 앞서 언급한 1981년 가톨릭 루뱅 대학 인터뷰에서 푸코는 『광기의 역사』의 배경이 되는 사상 중 하나로 이성과 합리성에 역사가 있다는 이 프랑스 인식론자들의 문제의식을 든다. 이렇게 볼 때 푸코가 거부한 인식론적 철학은 인식이나 진리

---

32   Foucault(1969). 48분~49분/총 1시간 4분 13초.

33   Foucault(1985): (2001), t. II, p. 1582.

34   캉길렘에 대한 수용과 대결에 관한 상세한 내용은 이 책의 6장(주재형)을 참조하라.

를 다루는 철학 일반이 아니라 이성 혹은 합리성에 역사가 있다는 사실을 보지 못하거나 보지 않으려는 철학, 혹은 이 역사성을 탐구할 방법이 없는 철학이라 할 수 있다.

그런데 푸코의 후기 작업에서는 인식론화된 철학에 대한 또 다른 각도의 비판, 그리고 더 근본적인 비판을 찾아볼 수 있다. 인식론화된 철학은 이미 알려진 것을 정당성이나 실증성을 규준으로 판정하면서 '법'의 위치를 자처하지만, 푸코에 따르면 진리란 실상 의지들 간에 벌어지는 '진리 게임'의 파생물이다. '게임'이라는 표현은 첫째, 진리가 객관적 성격을 띠고 이미 구성된 상태로 우리에게 발견되기 위해 기다리고 있는 것이 아님을 의미한다. 둘째, 모든 게임에 결말이 정해져 있지 않듯이 진리 역시 결말이 정해져 있지 않은 어떤 관계 안에서 의지들에 의해 구성된다는 것, 따라서 진리가 '자유'와 연관되어 있음을 의미한다. 그러나 셋째, 모든 게임에 특정한 규칙이 있듯이, 진리 게임이 벌어지는 장에도 특정한 규칙이 있다.『말과 사물』의 담론 분석의 주된 대상이 바로 이 규칙이라면, 후기 작업의 주된 대상은 '자유'와 관련된 바로 이 의지들이다. 그래서 푸코는 후기 작업의 문제의식을 잘 보여 주는『성의 역사』2권 서문에서 이렇게 말한다. "철학적 담론이 밖으로부터 타인들에게 법을 만들고자 할 때, 그들에게 그들의 진리가 어디에 있으며, 그것을 어떻게 찾는가를 말해 주고자 할 때, 혹은 순진한 실증성으로 그 과정을 가르칠 수 있다고 자부할 때 거기에는 언제나 가소로운 무언가가 있다."[35] 한편으로 주체 외부에서 마치 법인 양 부과될 수 있는 진리, 다른 한편으로는 순전한 실증성으로 가늠되는 진리. 이

---

35   푸코(1997), p. 23: Foucault(1984), p. 16.

런 진리관이 '가소로운' 이유는 그런 정당성이나 실증성이 의지들 간에 벌어지는 '진리 게임'의 파생물임을 도외시하고 그 자체로 중립적인 양 행세하기 때문이다.

　이 글의 주제와 관련하여 주목할 것은 진리와 권력 간의 관계에 대한 니체적 문제 설정[36]보다도 푸코가 후기 작업에서 부각하는 얼마간은 하이데거적인 철학의 상, 곧 '자기 배려'로서의 철학이다. 하이데거가 과학을 특징짓는 이론적 인식을 현존재의 자기 존재를 '배려'('염려')하는 관심의 파생태로 보았던 것처럼 푸코 역시 이론적 인식을 자기 배려의 파생태로 간주한다. 또한 하이데거가 자연물을 객관적인 표상의 대상(기하학적 '연장'의 일부)으로 세우기 시작한 데카르트를 근대적 사유의 시발점으로 보았듯이, 푸코 역시 이번에는 칸트보다는 데카르트를 자기 배려적 전통에서 일어난 단절의 계기로 간주한다. 『광기의 역사』에서 데카르트는 광기에 대한 사회적 대감금에 상응하는 철학적 대감금의 수행자, 광기를 배제하면서 이성을 수립한 철학자로 다뤄졌다. 그러나 『주체의 해석학』에서 데카르트는 영성의 전통과 심오하게 관계 맺고 있는 철학자, 그러면서 또한 철학과 영성의 분리를 완성시킨 철학자라는 이중의 형상으로 제시된다. 한편 『말과 사물』에서 고전 시대와 다른 에피스테메에 속했던, 그리고 유한성의 분석론과 더불어 '근대' 에피스테메를 대표했던 칸트는 여기에서는 데카르트주의의 완성자로 나타난다. 이렇게 해서 우리는 서구인이 자기 스스로를 인지하는 대표적 문화 양식으로서의 철학에 일어난 또 다른 중요한 사건과 관계하게 된다. 곧 철학과 영성이, 혹은 지식으로부터 자기 배려

36　이에 대한 상세한 내용은 이 책의 2장(도승연)과 3장(정대훈)을 참조하라.

의 관심이 분리되고, 철학이 인식론화되는 사건이다. 앞에서 본 철학의 인식론화는 바로 이와 같은 철학과 영성의 분리의 역사의 끝에 일어난 일이다.

'영성'이란 푸코에 따르면 주체가 어떤 존재 양식에 접근하는 데, 그리고 이 접근을 위해 겪어야 하는 변형들에 준거가 되는 것이다. 영성과 철학이 분리되지 않았을 때 세계나 대상은 인식자 앞에 인식되기를 기다리고 있는 것이 아니었다. 앎은 언제 어디서나 일어날 수 있는 것이 아니라, 적절한 때와 기회를 붙잡아야 일어난다. 카이로스의 시간이 있는 것이다. 또한 인식자 역시 자기 자신의 변형 없이는 세계나 대상을 인식할 수 없다. 진리의 시련을 겪어야 하는 것이다. 『정신의학의 권력』에서[37] 푸코는 이런 진리가 아무에게나 아무 때에나 포착될 수 있는 진리가 아니라, 번개처럼 지나가며 특정한 시련에 투신하고 의례를 행하는 자가 기회를 붙잡아야만 포착되는 진리, 항상적이며 누구에게나 발견되는 진리가 아니라, 하나의 사건으로서 산출되는 진리로 기술한다. 그러나 데카르트-칸트를 기점으로 진리는 확증되고 논증되는 진리로 변모한다. 여기에서 진리는 보편적 권리로 구축되며 보편적 인증의 테크놀로지가 존재한다. 그것은 도처에 있고 누구나 접근 가능하며 진리를 말하는 자격을 독점하는 자는 없다. 앞서 말한 사건으로 산출되는 진리의 계열은 이제 항상적이고 누구에게나 발견되는 과학적 논증적 진리 계열에 의해 축출되고 사장된다. 고고학의 과제는 이 확증적 진리의 계열이 사실은 사건적 진리의 계열로부터 파생되어 나왔음을 밝히는 것이다. 그리고 계보학의 과제는 전자가 후자를 어떻게 예속시

---

37   이하 내용은 푸코(2014), pp. 333~341을 참조하라.

키고 지배하게 되었는지를 보여 주는 것이다.

데카르트의 『성찰』이 놀라운 점은 그것이 사건적 진리 계열을 계승하면서도 확증적 진리 계열의 시발점이 된다는 점이다.[38] 주지하듯 '성찰(명상)'이라는 이 텍스트의 제목처럼 성찰의 주체는 진리를 포착할 수 있는 가장 좋은 때를 기다리고, 견지하기 힘든 과장된 의심의 시험을 거쳐 진리를 발견하며, 이 진리 발견의 과정을 이론적 '전투'에 빗대어 말하곤 한다. 푸코는 데카르트가 그리스도교적 영성의 테크닉을 이어받되, 그리스도교가 해 왔던 일과는 다른 일을 하는 데 사용한다고 말한다. 곧 철학적 명상에 그 테크닉을 사용하는 것이다. 우선 그리스도교는 고대의 자기 배려로서의 철학을 종교적 실천으로 흡수하여 이어 간다. 다만 고대 철학이 자기완성을 위해 자기를 배려했던 것과 반대로, 그리스도교는 자기 포기를 위해 자기 욕망과 표상을 분석하고 해석하고 고백한다. 이러한 그리스도교의 영적 테크닉을 이어받은 것은 중세 철학이 아니라 데카르트이다. "영적 테크닉의 황금시대는 중세가 아니라 17세기"[39]이다. 내가 "나 자신에게 속아 넘어가거나, 혹은 내 안의 누군가에게 속아 넘어가는 것은 아닐까"라는 문제를 제기하는 것, 그리하여 "내 생각 속에서 일어나는 일을 살펴보고, 관찰하고 탐색하는 것"[40]. 이런 활동은 데카르트가 발명한 것이 아니고, 철학적 가정도 아니며, 그리스도교 영성의 가장 오래된 전통이다. 그러나 데카르트에게 이러한 시험은 자기 포기라는 의미에서든 자기완성이라는 의미에

---

38 이에 대한 상세한 내용은 이 책의 5장(김은주)을 참조하라.

39 푸코(2022), p. 117.

40 푸코(2022), p. 118.

서든 자기 배려를 위해 행해지는 것은 아니다. 그것은 자기 변형의 금욕적 수행을 거칠 필요 없이 누구에게나 보편적으로 접근할 수 있는 진리가 존재함을 확신하기 위해 행해진다. 데카르트적 성찰의 주체는 영성 없이도 진리에 도달할 수 있는 지점에 도달하기 위해 영성의 테크닉을 사용한 것이다. 이렇게 성찰의 과정에서 산출된 주체는 오로지 인식에 의해 전적으로 정의된다.

3 푸코와 오늘의 철학:
근대적 사유에 대항하기와 근대적으로 사유하기

이렇게 해서 우리는 푸코가 문제시한 철학의 두 부류인 주체 철학과 인식론화된 철학을 살펴보았고, 이 둘은 푸코 자신의 지적 기획 전체를 관통하는 두 가지 문제인 주체 그리고 진리와 관련되어 있음을 알게 된다. 경험의 무의식적 조건을 탐구하는 고고학적 작업이 전자에, 진리를 자기 변형의 실천과 결부시키는 자기 배려 혹은 영적 전통의 재발굴이 후자에 해당된다. 둘 다 과거를 참조하되, 하나는 역사적이고 이론적인 작업, 다른 하나는 실천적인 작업으로 보인다. 그러나 이 작업들의 출발점은 항상 현재, 혹은 푸코에게 우리의 당대를 의미하는 '근대'임을 잊어서는 안 된다.

앞서 우리는 말과 사물의 '유한성의 분석론'에 제시된 근대 에피스테메의 아포리아를 살펴보았다. 인간은 자신이 갖는 모든 표상들의 토대(초월적 주체)이자 이 표상 중 하나(경험적 대상)라는 이중적 지위를 갖지만, 전자가 알려질 수 없는 이상 후자 안에서 경험적인 것에서 출발하여 경험적인 것으로 되돌아오는 동일자의 원환에 갇히게 된다는 것이다. 푸코 연구자 베아트리스 한(Béatrice Han)에 따르면『말과 사물』에서 말한 근대 에피스테메의 이 아포리아는『주체의 해석학』의 관점에서 보면 철학이 영적 차원을 희생시키고 스스로를 인식론화한 결과로 간주될 수 있다. 그리고 푸코는 인식론화한 철학을 다시 영성과 결합시킴으로써 이 아포리아를 돌파하고자 한다. 이런 관점에서 근대 에피스테메에서 더 이상 전망이 없는 것으로 보였던 헤겔, 쇼펜하우어 같은 철학자들이 영성의 철학자로 긍정적으로 평가된다. 그러나 베아트리스 한은 이런 기획이 갖는 한계 역시 지적한다. 철학에서 영성의 전통을 회복하자는 것은 철학을 비합리성과 예언의 영역으로 되돌리는 것이다.[41] 그리고 이와 같은 기획은 베아트리스 한에 따르면 푸코 자신에 의해 수행적으로도 반박된다. 푸코 자신이 어떤 영성에 의해 추동되었든, 그는 인식론화한 담론 형태로 자기 이론을 전개하고, 그의 작업이 갖는 호소력도 바로 이런 합리성에 있기 때문이다.

그러나 베아트리스 한의 이런 염려는 푸코 후기 작업의 지향점을 과도하게 해석한 데 기초하고 있는 것으로 보인다. 물론 푸코는 소크라테스로부터 데카르트로 이어지는 '자기 인식'의 명령이 소크라테스 당대에는 '자기 배려'의 한 부분에 불과했다는 점을 강조하고, 이와 더불어 스토아학파나 견유학파의 다양한 자기 배려의 실천들에 적극적인 윤리적 의미를 부여한다.[42] 후기 푸코가 몰두했던 고대 철학에 대한 탐구는 이런 자기 배려적 전통에 있던 철학의 복권 과정이라고도 할 수

---

41   Han(2006), p. 204.
42   이에 대한 상세한 내용은 이 책의 9장(심세광)을 참조하라.

있겠다. 그러나 푸코는 이를 망각된 철학적 전통의 복권으로 받아들이는 것 역시 경계한다. 한 인터뷰에서 "근대적 사유에 대항하여 고전적 의미의 자기 배려 개념을 활성화시켜야 할까"[43]라는 질문이 제기되자 푸코는 그것을 부정하지는 않으면서도, 망각되었던 어떤 것을 되살린다는 발상에 대해서는 다음과 같이 강한 유보를 표한다. "철학이 어떤 특정 시기에 펼쳐졌고 그러다 무언가를 망각했으며, 그것의 역사 어딘가에, 재발견해야 할 어떤 원리, 어떤 토대가 있다는 발상이야말로 저에게 가장 낯선 것입니다. …… 철학이 애초부터 망각되었다는 식의 근본적 형태를 취하든, '자, 어떤 철학에 망각된 무언가가 있다.'라고 말하면서 훨씬 더 역사적인 형태를 취하든……".[44] 푸코의 후기 작업의 동반자였던 폴 벤느 역시 푸코의 생각을 다음과 같이 정리한다. "오늘날의 문제에 대한 해결책은 다른 어떤 시대에 제기된 문제에서 결코 발견되지 않을 것이다. 그 시대에 제기된 문제는 거짓 유사성을 통해서가 아니라면 동일한 문제가 아니다."[45] 역시 폴 벤느에 따르면 푸코는 가령 기독교 윤리의 대안을 그리스의 성 윤리 안에서 찾지 않았다. 실로 푸코가 일관성을 작업 원리로 삼지 않았고 오히려 오류를 각오하고 "유보와 불안을 견지하면서" 다시 시작하는 것을 더 중시했다고 하더라도, 전기 푸코와 후기 푸코 사이에 나타나는 차이를 강한 단절로 해석하지 않는다면, 영적 실천을 통한 자기 변형이라는 윤리적 문제 설정은 푸코 작업의 커다란 일관성 속에서 해석되어야 할 것이다.

43   Foucault(1984): (2001), t.II, p. 1542.
44   Foucault(1984b), in Foucault(2001), t.II, p. 1543.
45   Veyne(1993), p. 2.

첫째, 푸코의 윤리적 문제설정 역시 각 시대마다 특정한 합리성의 유형이 존재한다는 푸코의 역사적 아프리오리의 문제의식을 떠나 생각되어서는 안 될 것이다. 고대 윤리적 전통의 발굴이 만일 과거의 어떤 전통을 복원하자는 발상이라면, 그것은 우리 의도와 무관하게 우리에게 현재 부과되어 있는 합리성의 유형을 자의적으로 뛰어넘을 수 있다고 가정하는 것이다. 반면 고고학이 밝혀낸 것은 인간의 모든 활동이 특정한 담론 구성체에 속해 있으며, 따라서 스스로 알지 못하는 특정 규칙이나 법칙의 지배를 받는다는 것이다. 그리고 우리가 보기에 어떤 형태로든 푸코의 고고학적 문제의식은 푸코 후기 작업까지 지속된다.[46] 이미 보았듯이 진리 게임이라는 개념은 개입하는 의지들의 '자유'를 가정하지만, 또한 이 의지들이 따르는 규칙 없이는 성립할 수 없다. 진리나 거짓은 주어진 특정한 규칙 안에서, 규칙을 통해서만 말해질 수 있는 것이다. 물론 푸코는 계보학적 작업을 통해 현재를 이루는 인과 계열들의 마주침이 필연적인 것이 아님을 폭로하고 현재를 이루는 조직들의 구속력을 약화할 가능성을 내다본다. 그러나 이것이 특정 행위 양식이 어떤 때, 어떤 장소에서 실현 가능하거나 재현 가능하다는 뜻은 아니다. 푸코 자신을 포함해 근대를 사는 우리가 고대의 담론 규칙을

---

46   전기 푸코에서 후기 푸코 사이의 단절, 이행 혹은 연속성은 물론이고, 푸코 사상의 다면성에 대한 포괄적이고도 섬세한 논의로는 진태원(2012)을 참조하라. 진태원은 특히 최근까지 출간되고 있는 이 시기의 강의록이 "푸코 작업의 전환이 비일관적인 이론적 태도의 결과이거나 권력의 계보학의 규범적 실패로 나타난 결과였다기보다는 오히려 집요하고 일관된 탐구를 배경으로 하고 있음을 잘 보여 준다."(415쪽)라고 하면서 흔히 말하는 '이행'을 '심화'로 해석한다. 거팅 역시 고고학과 관련하여 범하기 쉬운 실수는 "푸코가 그의 후기 역사들에서 고고학을 단지 포기했다고 생각하는 것"이며, "고고학은 푸코의 역사적 작업의 모든 단계에 핵심적인 것으로 남아 있다."(Gutting(2014a), p. 18)라고 지적한다.

살기도 어렵거니와 설사 가능하더라도 효력을 갖기 어렵다.[47]

둘째, 푸코는 실제로 고대적인 자기 배려의 '복원' 대신 자기 배려의 근대적/현대적(modern) 형태를 제안한다. 『주체의 해석학』에 나온 고대인들의 자기 배려와 영성의 문제를 탐구하던 때와 같은 시기에 푸코는 같은 문제 설정하에 근대 철학자로서의 칸트를 다시 다룬다. 근대 '에피스테메'의 대표자로서의 칸트가 아니라, 즉 『순수 이성비판』의 저자나 『인간학』의 저자가 아니라 「계몽이란 무엇인가」의 저자로서의 칸트에 초점을 맞추면서, 이 후자의 칸트가 제기한 '현재성'의 물음을 자기 배려의 현대적 형태로 가져온 것이다.[48] 푸코는 '계몽'이라는 란 물음을 현재성에 대한 물음, 즉 현재란 무엇인가, 오늘날의 우리는 무엇인가의 물음이라고 보고 이것을 근대 특유의 물음으로 적극 평가한다. 그것이 곧 헤겔의 물음이고 니체의 물음이며, 이 점에서 그는 자신이 "칸트주의자, 헤겔주의자, 니체주의자일 수 있다."라고 말이다.[49] 그렇다면 '계몽'의 물음은 '현대성'의 문제와 어떻게 관련되며, 푸코 당

---

47   폴 벤느의 말대로 푸코에 따르면 "오늘날의 문제에 대한 해결책은 다른 어떤 시대에 제기된 문제에서 결코 발견되지 않을 것이다. 그 시대에 제기된 문제는 거짓 유사성을 통해서가 아니라면 동일한 문제가 아니다."(Veyne(1993), p. 2) 역시 폴 벤느에 따르면 푸코는 가령 기독교 윤리의 대안을 그리스의 성 윤리 안에서 찾지 않았다. 끝없이 재분배되는 카드 중에서 완전히 새로운 손에 남은 카드가 "자아의 자기 자신에 대한 작업, 주체의 미학화"인데, "그러나 이는 매우 상이한 두 가지 도덕성과, 매우 상이한 두 사회 안에서 이루어지는 작업"이다.

48   허경은 푸코에게서 '근대' 혹은 '근대성' 개념의 등장과 의미를 초기부터 후기까지 총괄적으로 분석한 글에서 '근대'를 고고학상의 시기 구분상의 한 역사적 지표로서의 근대(에피스테메)와 윤리적 태도로서의 근대라는 크게 두 가지 의미를 든다.(허경(2010), 21쪽) 물론 이 둘 다에서 칸트는 각각 다른 의미에서 중심적 위치를 차지하며 그 세부적 서지사항에 대해서는 허경의 같은 글과 허경(2017)을 참조하라.

49   Foucalut(1981). 3분 10초~4분/37분 57초.

대와는 또 어떻게 관련되는가? 칸트는 계몽을 (미성숙으로부터의) '탈출'(Ausgang/sortie)이라는 시대적 과제로 정의했다. 이로써 "철학이 한 시대를 결정하는 형상이 되고" "한 시대가 철학의 완성이 되며"[50] 그런 의미에서 역사가 철학의 중심 문제가 되기 시작한다. 이런 이유로 다른 한편 계몽의 물음은 독단주의 및 전제주의의 역사를 자기 안에 안고 있는 이성의 자기 해방의 과제로 이어지고, 이것이 푸코 당대까지, 그리고 독일만이 아니라 스타일은 다르지만 프랑스에서까지 이어진다. 독일에서 이 물음은 루터의 그늘 아래 정치적 문제를 중심으로 포이어바흐, 마르크스, 니체, 막스 베버, 루카치를 거쳐 프랑크푸르트 학파에게까지 이어진다면, 프랑스에서 이 물음은 데카르트에 대한 상기 아래 생시몽, 콩트를 이어 과학의 역사라는 '국지적' 영역을 중심으로 쿠아레, 카바이에스, 바슐라르, 캉길렘 같은 과학사가들에게까지 이어지는 것이다. 경험, 의미, 주체의 철학이 한편에 있고 지식, 합리성, 개념의 철학이 다른 한편에 있는 전후 프랑스의 철학 지형에서, 직접적인 정치적 문제에서 동떨어져 있을 듯한 개념의 철학이 오히려 레지스탕스 운동에 적극 참여하고, 대학의 위기일 뿐 아니라 지식의 지위와 역할의 위기이기도 했던 68 운동과 적극 관여한 것을 푸코는 이런 맥락에서 이해한다.

셋째, 그렇다면 현재성의 물음을 탐구하는 철학의 종별적 형태는 무엇일까? 푸코는 "진단의 활동"(une activité de diagnostic)을 든다. 우선 당대의 철학, 적어도 헤겔에서 사르트르까지의 철학은 세계나 앎 전체는 아니라도 적어도 인간 경험의 총체화를 추구했으며, 이로부터 끌어낼

50   Foucault(1985): (2001), t.II, pp. 1584~1585.

수 있는 철학의 적극적인 의미가 "진단의 활동"이다.[51] 다음으로 형이상학의 종언을 고한 니체가 수행한 철학 활동으로 "사유 상태의 진단"을 들 수 있다. 푸코에 따르면 학문 분과로서의 철학이 시작된 것, 혹은 직업 철학자가 등장한 것이 불과 19세기부터이다. "당신도 아시다시피 19세기까지 철학자들은〔철학자로서〕인지되지 않았습니다. 데카르트는 수학자였고, 칸트는 철학이 아니라 인간학과 지리학을 가르쳤고, 사람들은 수사학을 배웠지 철학을 배우지 않았습니다."[52] 철학자가 철학자로서 사회에 등장한 것은 헤겔이 '철학' 교수직을 맡았던 때이다. 그러나 이때는 또한 철학이 이미 그 종말에 이른 때이기도 하다. 형이상학의 종언을 선언한 니체와 더불어서 말이다. 이제 니체와 더불어 철학자는 '사유 상태를 진단'하는 자가 된다. 마지막 사례로 푸코는 구조주의를 든다. "철학의 역할이 진단하는 것임을 받아들인다면," 구조주의 역시 '철학'일 수 있다.[53] 구조주의가 이런저런 사물이 아니라 요소들 전체 혹은 행위들 전체를 지배하는 관계를 분석해서 새로운 과학적 대상들을 출현하게 하거나, 우리 문화를 이루는 관계들을 특정 영역으로 한정하지 않고 정의하려고 노력한다는 점에서 말이다. 철학자란 "문화적 정황의 분석가"인데, 여기에서 문화란 "예술작품만이 아니라 정치 제도, 사회적 삶의 형태, 다양한 금지와 강제들을 포함한 넓은 의미의 문화"[54]를 가리킨다. 푸코가 고대 그리스 로마의 사례를 탐구한 것도 현재에 대한 진단과 밀접히 결부되어 있다. 푸코에 따르면 서구에서 윤리

---

51   Foucault(1968), p. 693.
52   Foucault(1966), p. 581.
53   Foucault(1967): (2001), t.I, p. 611.
54   Foucault(1967): (2001), t.I, p. 610.

는 수 세기에 걸쳐 종교와 결부되고, 또한 법과 사법 조직에 결부되고, 의학, 심리학, 사회학, 정신분석학 등의 과학과 결부되어 왔다. 그러나 이제 종교, 법, 과학이라는 준거점이 약화되고 이것들이 우리에게 윤리를 가져다주기를 기대할 수도 없지만 여전히 윤리는 필요한 상황에 처해 있다. 그리스 로마의 사례는 "이 세 가지 준거점에 의거하지 않고도 큰 중요성을 갖는 윤리가 존재했던 어떤 사회"[55]의 예시로, 새로운 윤리적 대안이 아니라 새로운 윤리의 구축이 가능하다는 "윤리적 상상력"에 자리를 마련해 준다는 의미를 갖는다.

끝으로 이처럼 현재성의 물음을 탐구하고 현재를 진단하는 활동으로서의 철학은 그러나 철학의 고유한 자리를 지우는 것이기도 하다. 푸코는 니체와 더불어 형이상학이 종언을 고한 이후에 남은 철학자의 역할이 두 가지라고 말한다. 하나는 하이데거처럼 사유에 새로운 길을 여는 것이고, 다른 하나는 사유가 펼쳐지는 공간을 탐구하고 사유의 조건과 구성을 탐구하는 고고학적 작업이다. 푸코가 택한 것이 후자의 길인데, 푸코는 이것이 '철학'일 필요도 없고 그럴 수도 없다고 보는 것 같다. 이 작업은 실상 뒤메질이나 레비스트로스 같은 인류학자, 야콥슨이나 마르티네 같은 언어학자, 부르디외 같은 사회학자, 그리고 라캉 같은 정신분석가에 의해 이미 이루어지고 있으며, 여기에서 "통일성을 지각할 수는 없다"[56]. 푸코는 메를로퐁티와 사르트르 이후 삶이 무엇이고 죽음이 무엇이며 신이 존재하는지 아닌지, 자유란 무엇인지, 타인과 더불어 어떻게 행위해야 하는지에 대해 말하는 철학은 시효가 만료되

---

55   푸코(2016), p. 170.
56   Foucault(1968): (2001), t.l, p. 693.

고, 이제 철학은 수학적 장이나 언어적 장, 역사적 영역 등등으로 "분산
되었다"[57]라고 말한다. 실상 앞서 인용한 레비스트로스의 진술이 보여
주듯, 당대 지식과 지식인에 요구되었던 지식의 특수성에 비추어 볼 때
현상학이든 인식론적 철학이든[58] 너무 추상적이고 일반적이라고 할 수
있다. 레비스트로스처럼 푸코 역시 당대에 요구되는 학문은 "훨씬 야
망이 덜하고, 훨씬 제한되어 있고, 훨씬 더 국지적"[59]이라고 본다. 그래
서 푸코는 사르트르의 작업에 대해 "19세기의 인간이 20세기를 사유하
기 위한 노력"[60]이라고 깎아내리는 한편, 프랑스의 철학 환경에서 흔히
모욕적이라 간주되는 '실증주의적'이라는 용어를 사르트르주의자들이
푸코 자신에게 붙인 것에 오히려 환영을 표시하기도 한다.

4 맺으며

이렇게 해서 우리는 다시 자신의 작업이 철학에 속하지 않는다는
푸코의 말로 되돌아가게 된다. 『말과 사물』에 관한 한 인터뷰에서 푸코
는 '인간'이 근대의 발명품이며 그 인간이 죽었다고, 그런 의미에서 휴
머니즘은 우리 시대의 커다란 도착(倒錯, perversion)이며 거기에서 벗어

---

57   Foucault(1968): (2001), t.I, p. 690.
58   캉길렘에 관한 같은 글에서 그는 프랑스의 철학적 지형 전체에 결정적 영향을 미친 캉길렘
이 제한적이고 과학의 세계 안에서도 비천한 학문의 취급을 받은 생물학의 역사만을 취급했다는
사실을 긍정적으로 언급한다.
59   Foucault(1968): (2001), t.I, p. 695.
60   Foucault(1968): (2001), t.I, p. 694.

나야 한다고 말한다. "정직한 사람(honnête homme)이라면 주술에서 깨어나는(se désenchanter) 법을 배워야 한다."[61]라는 베버적 표현과 함께. 이제 우리는 푸코의 철학에 대해서도 마찬가지로 말할 수 있을 것 같다. 푸코에게는 근대 이래 '철학'과 '인간'이 밀접하게 결속되어 있는 만큼 그리고 적어도 이론적 지식 분과로서의 철학은 근대의 발명품인 만큼, 인간의 죽음과 더불어 이런 의미의 철학 역시 자리를 잃게 되었다고 말이다. 그렇다면 자신이 철학자가 아니고 자신의 작업이 철학에 속하지 않는다는 푸코의 부인은 철학의 죽음을 '정직한 사람'의 눈으로 직면하려는 용기의 현시이자, 철학 바깥에 있으면서 도래할 철학을 준비하는 것이었다고 할 수 있다.

---

61   Foucault(1973), 1분 30초~50초/29분.

참고 문헌

도스, 프랑수아. 2003. 『구조주의의 역사』 III. 김웅권 옮김. 동문선.

심세광. 2011. 「푸코에게 '주체'란 무엇인가? 실천 이론으로서 주체 이론의 변모」. 『문화과학』 65호: 86~125.

_____. 2014. '옮긴이 해제'. 푸코(2014), 517 이하.

에리봉, 디디에. 2012. 『미셸 푸코, 1926~1984』. 박정자 옮김. 그린비.

진태원. 2012. 「푸코에 대한 연구에서 푸코적인 연구로: 한국에서 푸코 저작의 번역과 연구 현황」. 『역사비평』 제99호: 409~429.

푸코, 미셸. 1997. 성의 역사 2, 문경자, 신은영 옮김. 나남. 〔1984a. *Histoire de la sexualité*, t.II. Paris: Gallimard〕.

_____. 2000. 지식의 고고학, 이정우 옮김. 민음사. 〔1969. *L'archéologie du savoir*. Paris: Gallimard〕.

_____. 2003. 광기의 역사, 이규현 옮김. 나남. 〔1972. Histoire de la folie à l'âge classique. Paris: Gallimard〕.

_____. 2007. 주체의 해석학, 심세광 옮김. 동문선.

_____. 2012. 말과 사물, 이규현 옮김. 민음사. 〔1966a. *Les mots et les choses*. Paris: Gallimard〕.

_____. 2014. 『정신의학의 권력. 콜레주드프랑스 강의 1973~74년』, 오트르망(심세광, 전혜리) 옮김. 난장.

_____. 2016. 『비판이란 무엇인가/자기수양』, 오트르망(심세광, 전혜리) 옮김. 동녘.

_____. 2017. 『지식의 의지에 관한 강의. 콜레주드프랑스 강의 1970~71년』, 양창렬 옮김. 난장.

_____. 2022. 『자기해석학의 기원』, 오트르망(심세광, 전혜리) 옮김. 동녘.

허경. 2010. 「미셸 푸코의 근대와 계몽」. 『근대철학』 제5집: 5~37.

_____. 2017. 「칸트적 '근대'에서 니체적 '현대'로」. 『개념과 소통』 제20호: 283~321.

Balibar, Etienne. 2015. "Foucault's Point of Heresy: 'Quasi-Transcendentals' and the Transdisciplinary Function of the Episteme." *Theory, Culture & Society* 32: 45~77.

Beistegui, Miguel De. 2014. "Philosophy." In Lawlor & Nale(2014), pp. 344~355.

Foucault, Michel. 1954. *Maladie mentale et psychologie.* Paris: PUF.

_____, 1966b. "Qu'est-ce qu'un philosophe?" In Foucault(2001), t.I pp. 580~581.

_____. 1967. "La philosophie structuraliste permet de diagnostiquer ce qu'est 'aujourd'hui'." In Foucault(2001), t.I, pp. 608~612.

_____. 1968. "Foucault répond à Sartre." In Foucault(2001), t.I, pp. 690~696.

_____. 1972. "Mon corps, ce papier, ce feu." In Foucault(2001), t.I, pp. 1113~1136.

_____. 1979. "Pour une morale de l'inconfort." In Foucault(2001), t.II, pp. 783~787.

_____. 1983. "A propos de la généologie de l'éthique : un aperçu du travail en cours." In Foucault(2001), t.II, pp. 1202~1231.

_____. 1984b. "L'éthique du souci de soi comme pratique de la liberté." In Foucault(2001), t.II, pp. 1527~1548.

_____. 1984c. "Une esthétique d'existence." In Foucault(2001), t.II, pp. 1549~1554.

_____. 1985. "La vie : l'expérience et la science." In Foucault(2001), t.II, pp. 1582~1595.

_____. 1988. "Vérité, pouvoir et soi." In Foucault(2001), t.II, pp. 1596~1602.

_____. 2001. *Dits et Écrits* I, 1954~1975. Paris: Gallimard(Foucault(2001), t.I).

_____. 2001. *Dits et Écrits* II, 1976~1988. Paris: Gallimard(Foucault(2001), t.II).

Gutting, Gary. ed. 2005. The Cambridge Companion to Foucault. Cambridge: Cambridge University Press.

_____. 2014a "Archeology." In Lawlor & Nale eds., pp. 13~18.

_____. 2014b "Ethics." In Lawlor & Nale eds., pp. 136~142.

Han, Beatrice. 2002. *Foucault's Critical Project. Between the Transcendental and the Historical.* Stanford, California: Stanford University Press.

_____. 2005. "The Analytic of Finitude and the History of Subjectivity." In *The Cambridge Companion to Foucault*, ed. by Gary Gutting, pp. 176~209.

Iftode, Christian. 2013. "Foucault's idea of philosophy as 'Care of the Self:' Critical assessment and conflicting metaphilosophical views." *Procedia-social and Behavioral Sciences* 71: 76~83.

Le Blanc, Guillaume. 2013. "Se moquer de la phénoménologie, Est-ce encore faire de la phénoménologie?" *Les Études philosophiques* 106: 373~381.

Lawlor, Leonard & Nale, John eds. 2014. *The Cambridge Foucault Lexicon.*

Cambridge: Cambridge University Press.

Lawlor, Leonard. 2014. "Phenomenology." In Lawlor & Nale eds., pp. 337~343.

Revel, Judith. 2008. *Dictionnaire Foucault*. Paris: Ellipses.

Veyne, Paul. 1993. "The final Foucault and his ethics." *Critical Inquiry* 20: 1~9.

오디오 자료

Adler, Laure. 2016. "L'enigme Foucault: Daniel Defert et Frederic Gros," 〈Hors Champs〉, France Culture. (2016년 3월 16일 월요일 방송). https://www.radiofrance.fr/franceculture/podcasts/hors-champs/l-enigme-foucault-daniel-defert-et-frederic-gros-1784671 (총 44분/마지막 접속일: 2022년 7월 7일).

Foucault, Michel. 1965. "Philosophie et psychologie." Entretien avec Alain Badiou. https://www.youtube.com/watch?v=JUH-Td-nnFc (총30분 39초/마지막 접속일: 2022년 7월 7일).

_____. 1969. 〔Sur Archeologie du savoir〕 "Entretien avec Georges Charbonnier." 〔Artesquieu, audio 자료〕. https://www.youtube.com/watch?v=ysnLSiPaM8o (총 1시간 4분 13초/마지막 접속일: 2022년 7월 7일).

_____. 1973. "Michel Foucalut 「 propos de Les Mots et les Choses." 2020년 1월 7일, 〈Les Nuits de France Culture〉 (최초 방송일: 1973년 1월 1일) https://www.radiofrance.fr/franceculture/podcasts/les-nuits-de-francewww. culture/michel-foucault-a-propos-de-son-essai-les-mots-et-les-choses-6838876 (총 29분/마지막 접속일: 7월 10일).

_____. 1981. "Entretien avec Andre Berten. Interview a l'Universite catholique de Louvain." (Artesquieu, video 자료). https://www.youtube.com/watch?v=CP7ewKdipK8 (총 37분 57초/마지막 접속일: 2022년 7월 7일).

1

푸코와
근대 철학자들

1장

칸트적 '근대'에서 니체적 '현대'로

에피스테메의 변형을 중심으로

허경

"(어떤) 의미에서 우리는 모두 신칸트주의자들입니다."
— 미셸 푸코, 「말없이 남겨진 이야기」[1]

1 들어가며: 푸코의 칸트 해석

푸코에게 미친 칸트(Immanuel Kant, 1724~1804년)의 '영향'은, 아마도 니체와 구조주의를 제외한다면, 어떤 사상가나 사상보다 지속적이고 광범위한 것이다. 그러나 1961년 박사학위 부논문으로 제출한 칸트의 『실용적 관점에서 본 인간학』의 프랑스어 번역과 주석이 이미 잘 보여 주듯이, 푸코에게 미친 칸트의 영향이란 실은 푸코의 칸트 해석에 더 가깝다. 푸코가 사망한 1984년에 작성되었으며 여러 면에서 푸코의 '지적 유언장'이라 불려야 할 논문 「계몽이란 무엇인가?」에서 푸코가 다룬 글 중 하나는 정확히 200년 전인 1784년 발간된 칸트의 「계몽이

---

1   "En ce sens, nous sommes tous néo-Kantiens."(Michel Foucault, "Une histoire restée muette,"(1966) in *Dits et Ecrits*(DEQ), vol 1, Quarto, Gallimard, 2001, p. 574)

란 무엇인가?」였다. 나는 이 글을 통해 푸코의 칸트 해석이 그의 경력 초기부터 말기에 이르는 '지속적인' 것임과 동시에 수동적 수용에만 그치지 않는 '능동적·적극적인 것'임을 드러내고, 칸트에 대한 푸코의 이러한 관심과 해석·비판이 20세기 중후반 유럽 사상가로서의 푸코의 사유 조건이자 한계였음을 드러내고자 한다.

우선 이 글은 무엇보다도 에피스테메(épistémè)의 변화라는 관점에서 푸코의 칸트 해석을 다룬다. 에피스테메는 플라톤이 이미 사용한 용어이지만 푸코가 새롭게 의미를 부여한 용어로 "주어진 특정 시대, 특정 사회에서 모든 지식을 가능케 하는 인식론적 장" 또는 "인식 가능 조건들의 장", 보다 정확히는 '이 인식론적 장이 그것을 중심으로 회전하는 축'을 지칭하는 말이다.[2] 푸코는 자신이 '이미 지나간 시대'로 파악했던 근대의 에피스테메를 끝내고 '도래할 혹은 도래해야 할' 새로운 시대를 앞당기고자 노력했던 사상가이므로, 시대 구분에 관련된 푸코의 입장을 정확히 이해하는 일은 푸코의 사유를 이해하는 핵심적 관건이 된다. 이러한 시대 구분의 문제와 관련하여, 나는 이 글에서 푸코가 칸트를 근대의 초석을 세운 사상가로, 니체를 근대를 끝내고 도래해야 할 '새로운 시대'[3]의 초석을 세운 사상가로, 곧 칸트와는 양립할 수 없는 새로운 시대의 사상가로 바라보고 있으며, 이러한 논리의 자연스러

---

2   에피스테메의 보다 자세한 개념 규정에 관해서는 나의 다음 논문을 참조하면 된다. 허경, 「미셸 푸코의 '에피스테메' 개념」, 《에피스테메》 제1호, 고려대학교 응용문화연구소 2007, 209~232쪽.

3   푸코는 '근대(moderne)' 이후에 도래해야 할 이 새로운 시대를 특정한 명칭으로 지칭한 적이 없지만, 이 글에서는 일반적 용례를 따라 일단 '현대(contemporary)'로 부르기로 한다. 이는 이 글의 제목에서도 마찬가지이다.

운 귀결로 푸코가 자신을 칸트가 아닌 니체의 계열에 선 사상가로 규정하고 있음을 논증할 것이다.[4]

이 글에서 다룰 푸코의 칸트 관련 주요 텍스트는 1961년 「서설」, 1966년의 『말과 사물』 그리고 1984년의 「계몽이란 무엇인가?」이다. 1961년 「서설」은 칸트 인간학의 '발생'과 '구조'를 문헌학적·철학적으로 분석하는 글로 이후 본격적으로 등장하게 될 푸코 칸트관의 기본적 시각을 드러내 보여 준다는 점에서 귀중한 가치를 갖는다. 다음 1966년의 『말과 사물』은 칸트를 '유한성의 분석론'과 더불어 근대 인간학과 이에 기초한 인간 과학 전반을 가능하게 한 인물로 바라본다. 이 시기의 칸트를 바라보는 푸코의 기본적 관점은 칸트의 인간학적 사유에 대한 '구조주의적' 해석이라 부를 만한 것으로, 칸트는 — 이제는 너무도 유명해진 『말과 사물』의 마지막 구절, '바닷가 모래사장에 그려진 얼굴'의 비유가 잘 보여 주는 것처럼 — 푸코가 타파하려는 '근대'의 정초자로 간주되며, 바로 그러한 의미에서 철저한 분석의 대상이 된다. 하지만 이 시기 푸코와 칸트의 관계에는 이렇게 단순화할 수만은 없는 복잡한 철학적 연결과 계승의 지점들이 존재한다. 마지막으로 1984년의 「계몽이란 무엇인가?」에서 푸코는 칸트를 니체주의적 시각에서 완전히 새롭게 재구성하고자 시도한다. 그러나 이러한 푸코 사유의 변천 과정을 알고 있는 오늘의 우리가 세심하게 거부해야 할 것은 이러한 이후의 발전을 통해 이전의 시기를 거꾸로 해석하고자 하는 '회고적' 해석의 유혹이다.

---

4   따라서 시대 구분의 문제를 다루게 될 이 글이 최우선적으로 피해야만 하는 것은 '오늘의 관점에서 이전을 규정하는' **시대착오적 · 회고적 관점**이다. 이러한 오류를 피하기 위해 이 글의 모든 논의는 기본적으로 **연대순으로** 이루어진다.

2 『인간학』, 「서설」: 인간과 위버멘슈

1) 텍스트 비판

1961년 푸코는 소르본에 『고전주의 시대의 광기와 비이성』[5]
을 주논문으로, 칸트의 『실용적 관점에서 본 인간학(*Anthropologie in
pragmatischer Hinsicht*)』(1798)의 프랑스어 번역 및 주석에 해당하는 「칸
트 『인간학』의 서설(칸트 『인간학』의 발생과 구조(Introduction à l'*Anthropologie
de Kant*(Genèse et structure de l'*Anthropologie* de Kant))」, 이하 「서설」)를 부논
문으로 제출하여 박사학위를 받는다.[6] 칸트의 『인간학』에 대한 푸코의
「서설」은 크게 보아 다음과 같은 몇 가지 의의를 갖는다. 우선 이 글은
1940, 1950년대 이래 프랑스 지성계의 지배적 해석이었으며 푸코 역시
크게 영향받았던 현상학과 마르크스주의를 벗어나 니체주의가 혼용된
'구조주의'로 나아가고 있던 푸코의 사상 경향을 짐작하게 해 준다. 다
음으로 1961년 박사학위를 위해 제출된 이 글은 푸코 자신에 의한 칸
트 『인간학』의 프랑스어 번역과 그에 대한 푸코의 주해라 할 「서설」로
이루어져 있으나, 전자가 1964년에 일찌감치 발간된 것에 반해,[7] 푸코

---

5 Michel Foucault, *Folie et Déraison: Histoire de la Folie à l'Age Classique*, Collection "Ci-
vilisations et Mentalités", Plon, 1961.

6 물론 푸코의 첫 번째 저작은 1954년에 발간된 『정신병과 인격(*Maladie mentale et per-
sonnalité*)』이나, 이 책은 이후 푸코에 의해 부정되고 절판된다. 따라서 우리는 이 두 권의 학위
논문을 푸코의 실질적인 첫 저작으로 볼 수 있다. Michel Foucault, *Maladie mentale et person-
alité*, PUF, 1954.

7 Kant, *Anthropologie du point de vue pragmatique*(KA), trad. fr. par Michel Foucault, J.
Vrin, 1964; Kant & Foucault, *Anthropologie du point de vue pragmatique / Introduction à l'An-

의 적극적 해석을 담은 후자는 푸코의 사후인 2008년에 출간되었다. 나아가 이「서설」의 우리말 번역본이 발간된 것은 2012년의 일로[8] 국내외를 불문하고 소수의 연구자들을 제외하고는「서설」의 구체적 내용을 정확히 아는 사람이 거의 없다.

『서설』의 도입부에서 푸코는 우리가 그 최종본만을 가지고 있는 슈타르케(Starke)『인간학』텍스트의 의의와 한계를 간략히 정리한다. 이『인간학』은 칸트가 1772~1773년에서 1797년에 이르는 25년 동안 행한 '인간학' 강의를 모은 것이다. 푸코는 이 25년을 칸트의 "초기 연구가 종결되고, 비판철학(critique)이 시작되는 시기"로 묘사하면서, 인간학 강의가 이 "25년 동안 씌었고 발전되어 왔으며, 칸트의 사유가 새롭게 표명됨에 따라 틀림없이 변형되었을 것"이라고 말한다.[9] 따라서 "바로 이러한 이유 때문에, 이 저작의 분석에서 발생적 관점(perspective génétique)과 구조적 방법(méthode structurale)을 완전히 분리하는 것은 불가능하다."[10] 물론 이 변형과 관련된 우리의 가장 큰 관심은『인간학』이 칸트의 비판철학적 기획(entreprise critique)과 관련하여 가지는 특징

thropologie(FI), Bibliothèque des Textes Philosophiques, Vrin, 2008; Michel Foucault, *Introduction to Kant's Anthropology*(FIE), trans. by Robert Nigro and Kate Briggs, semiotext(e), 2008; 이마누엘 칸트, 백종현 옮김, 『실용적 관점에서의 인간학』(이하 『인간학』), 아카넷, 2014. 이하 칸트『인간학』으로부터의 직접 인용은 백종현의 책을 기본으로 했다. 한편 푸코「서설」의 프랑스어 원문은 다음 사이트를 참조했다. http://www.generation-online.org/p/fpfoucault8.htm

8   미셸 푸코, 김광철 옮김, 『칸트의 인간학에 관하여:『실용적 관점에서 본 인간학』 서설』(이하 『서설』), 문학과지성사, 2012. 나는 이 번역본의 서평을 썼다. 허경,「푸코, 칸트, 니체」,《문학과사회》102호, 문학과지성사, 2013, 430~437쪽. 현 논문의『서설』관련 부분은 나 자신의 이 서평을(특히 본문 인용을 포함한 요약·정리 부분을) **인용·보완·확장**한 것임을 밝혀 둔다.

9   『서설』, 23~24쪽; FIE, p. 19, 22. 이하, 문맥에 따라 번역을 조금 수정한 경우가 있다.

10   같은 책, 27쪽; Ibid., pp. 22~23.

이 무엇인지 그리고 인간학과 비판철학의 관계라는 핵심적 문제를 탐구해 보는 일이다. 1960년대 중반에야 모습을 드러내는 것으로 알려진 '지식의 고고학'이 정립되기 이전인 1961년에 발표된 이 부논문에서 푸코는 지층(couche), 층위(niveaux), 계보학(généalogie) 등의 용어를 사용하며, 우리가 텍스트에 대한 고고학(archéologie du texte)을 수행할 수 있다고 말한다.[11] 이러한 검토와 분석의 결과, 푸코는 다음처럼 결론짓는다. "칸트는 1797년 상반기(아마도 3월 혹은 4월)에 『인간학』의 원고를 최종적으로 교정했을 것이다."[12]

2) 마음, 실용적 인식의 가능 조건

텍스트 비판을 마친 푸코는 칸트 인간학의 내용 분석에 돌입한다. 칸트는 1775년 출간된 『다양한 인종(*Von der Verschiedenen Racen der Menschen*)』에서 인간 앞에 존재하는 세계에는 고찰되어야 할 두 영역, 곧 자연과 인간이 있으며, 이들을 다루는 학문이 곧 자연지리학(physische Geographie)과 인간학이라고 말한다. 인간과 자연은 "우주론적으로(kosmologisch)", 곧 "자연과 인간이 속하는 전체와의 관련성 속에서" 고찰되어야 한다.[13] 따라서 "세계에 관한 인식은 다른 모든 요구되는 학문과 능력들을 위한 실용적 요소를 제공하며, 이를 통해 단지 학교만이 아니라 삶에서 유용한 인식이 된다."[14] 따라서, 세계에 대한 인식

---

11   같은 곳; Ibid., p. 22.
12   같은 책, 32쪽; Ibid., p. 27. 출간은 1798년.
13   같은 책, 37~39쪽; Ibid., pp. 31~33.
14   Kant, *Gesammelte Schriften*(Ak) II, Walter de Gruyter, 1900, p. 443.(『서설』, 37쪽. 옮긴

으로서의 인간학은 '세계 시민으로서의 인간에 대한 인식을 포함하는 한, 본래 실용적(pragmatique, Pragmatisch)'이라 불린다.[15]

따라서 이 강의는 이제 '실용적 관점에서 본 인간학'이라 불리게 된다. 칸트는 『1770년대와 1780년대 인간학 강의 초안(*Entwürfe zu dem Colleg über Anthropologie aus den 70er und 80er Jahren*)』에서 다음처럼 선언한다. "세계에 관한 인식은 인간에 관한 인식이다.(Weltkenntnis ist Menschenkenntnis.)"[16] 나아가 1798년의 『인간학』 최종판에서 칸트는 이렇게 단언한다. "이 세계에서 가장 중요한 대상은 인간이다. 왜냐하면 인간은 그 자신의 최종 목적이기 때문이다. ── 그러므로 종(種)적으로 이성을 갖춘[품수(稟受)한] 지상 존재자인 인간을 인식함은, 인간이 단지 지상의 피조물의 일부를 이룰 뿐임에도 불구하고, 특별히 세계지(世界知, Weltkenntnis)라고 불릴 만하다."[17] 이러한 변화가 가져오는 차이는 명약관화하다. "처음에는 『강의 초안』에서 나타나는 것처럼, 인간학은 자연과 인간, 자유와 사용, 학교와 세계 간에 수용된 분할 속에서 전개되었다. (그러나) 이제 인간학의 균형은 그것들의 승인된 통일에서 찾아지며, 이 통일은 적어도 인간학적 층위에서는 결코 다시 의문시되지 않는다. …… 『인간학』에서 인간은 자연적 인간(homo natura)도 자유의 순수 주체도 아니며, 인간은 그와 세계의 관계에서부터 이미 이루어진 종합 안에서 파악된다."[18] 이제 인간이 인간학적 지식의 대상인 동시에

이 주 24에서 재인용).

15   『서설』, 51쪽; FIE, p. 42.

16   Ak XV, 제2분책, p. 659(『서설』, 68쪽에서 재인용).

17   Ibid., VI, p. 119;『인간학』, 107쪽. 이하 특별한 표기가 없는 한, 인용 내의 강조는 모두 원저자의 것이다.

주체인 만큼 인간학 역시 '결정적' 지위를 얻게 된다.

그런데 우리가 보고 있는『인간학』최종판은 그 마지막 페이지들만을 제외한다면 '대부분의 분석들, 〔특히〕 제1부의 거의 모든 분석은 (세계라는 세계 시민적 차원이 아닌) 마음(Gemüt)이라는 내면적 차원에서' 이루어진다.[19] 푸코는 '만약『인간학』에서 탐구되는 마음이 칸트 연구의 매우 중요한 요소라는 것이 사실'이라면, 다음과 같은 질문을 던져 볼 수 있으리라고 말한다. "(1) 어떻게 마음에 대한 연구는 세계 시민으로서의 인간에 관한 인식을 가능케 하는가? (2) 만약 마음의 근본적이고 환원 불가능한 능력들이 세 가지 비판서의 구성을 지배하고, '인간학'이 자기 관점에서 이 마음에 대해 분석하는 것이 사실이라면, 인간학적 연구와 비판철학적 성찰의 관계는 무엇인가? (3) 어떻게 마음과 그것의 능력에 대한 연구는 이성적 혹은 경험적 심리학과 구별되는가?"[20] 이제 검토되어야만 하는 것은 마음 그 자체이다. 마음은 심리학적 차원의 것인가, 아닌가?

칸트의 답변은 단호하다. 푸코에 따르면, 칸트의 "『인간학』은 어떠한 심리학으로도 대체될 수 없다.『인간학』은 마음에 대한 탐구를 통해서 명백하게 심리학을 거부한다.『인간학』은 영혼(Seele)에 대한 인식을 주장하지 않는다."[21] 왜 그런가? 우선 칸트에게 "마음은 영혼이 아

---

18   『서설』, 66~67쪽; FIE, pp. 54~55.

19   같은 책, 68~69쪽, 51; Ibid., p, 55.

20   같은 책, 69쪽; Ibid., p, 56.

21   같은 책, 71쪽; Ibid., p, 57. 따라서 칸트에게 심리학과 '영혼의 보편적 술어들에 대한 학문 (scientia praedicatoren animae generalium)'으로 규정되는 **영혼론**(Seelenlehre)이라는 용어는 교환 가능한 동의어이다(서설』, 71쪽. 옮긴이 주 11을 참조).

니다. 그러나 다른 한편 마음은 정신(Geist)이기도 하고, 아니기도 하다. 『인간학』에서 정신의 존재는 비록 눈에 잘 띄지는 않지만, 결정적인 것이다."[22] 정신이란 '이념을 통해서 생기를 주는 마음의 원리(belebende Prinzip des Gemüts)'이다. 정신은 하나의 원리이지 어떤 능력 혹은 힘이 아니며, 마찬가지로 규제적인 것도 규정적인 것도 아니다. 그러나 우리는 '이념을 통해서 생기를 주는 마음의 원리', 곧 정신을 통해서 '어떻게 생기 부여(vivification)가 일어나는지', 즉 '정신이 마음에 삶의 형태를 부여하는 운동'을 알게 된다.[23] 푸코는 이념을 통해서(durch Ideen)라는 표현에 집중한다. 이념은 '마음의 구체적 삶을 조직하는(organisateur)' 역할을 수행한다. 이것이 정신의 작용이다. "정신의 기능은 마음에게 생기를 주는 것이며, 경험적 규정이라는 마음의 수동성 안에 이념이 가득한 운동을 일으키는 것이다. 이 운동은 마음속에서 살아가고 소멸하는 삶의 부분들과 같이 만들어지고 해체되면서 생성 중에 있는 총체의 복합적 구조이다. 따라서 마음은 단지 '있는 것(ce qu'il est)'이 아니라, '자신을 형성하는 것(ce qu'il fait de lui-même)'이다.[24] 이러한 논의의 결론격으로 푸코는 다음과 같이 적는다.

우리는 인간학적 성찰의 궁극에서 나타나는 정신이 칸트 사상의 구조에 내적으로 필수적인 요소가 아닌지 물어볼 수 있다. 즉 순수 이성의 핵심이 될 어떤 것, 그것의 초월적 환상의 뿌리 깊은 근원, 그것의 정당한

---

22   같은 책, 74쪽; Ibid., p, 60.

23   같은 책, 74~75쪽; Ibid., p, 60~61.

24   같은 책, 76~78쪽; Ibid., pp, 62~63.

발생지로 복귀한다는 오류 없는 판단, 진리의 모습들이 계속해서 갑자기 나타나는 경험의 영역에서 그것이 활동하는 원리가 정신이 아닌지 물어볼 수 있다. 정신은 초월적 의미에서, 무한자는 절대 눈앞에 나타날 수 없으며 늘 본질적으로 후퇴할 뿐이라는 것을 함축하는 근원적인 사실이 될 것이다. 정신은 경험적인 의미에서는, 무한자가 진리와 그 형식의 끝없는 연속을 향한 운동에 생기를 준다는 것을 함축한다. 정신은 지식의 가능성의 근거이다.(Le *Geist* est à la racine de la possibilité du savoir.)[25]

칸트에 따르면, 인간학은 결코 단순한 과학적 심리학으로 환원될 수 없으며, 오히려 심리학 및 제반 인간 과학의 가능 조건 자체를 탐색하고 근거 짓는 기능을 수행한다. '이념과 정신을 통해 마음을 바라보는' 푸코의 이러한 해석은 정초적인 만큼이나 기능주의적·조작적(操作的, operational) 특성을 갖는다. 칸트의 마음이란 무엇보다도 하나의 원리, 곧 '지식의 가능성을 근거 짓는' 특정 기능을 수행하는 하나의 원리이다.

3) 인간과 언어, 또는 칸트와 하이데거

이러한 논의는 칸트 말년의 저서 『논리학(*Logik*)』(1800)에 등장하는 결정적 질문, 곧 '인간이란 무엇인가?(Was ist der Mensch?)'와 연관을 맺는다. 인간은 '세계 거주민'으로서 '세계에 속하는 인간'으로 간주되며, 따라서 '인간에 대한 모든 고찰은 순환적으로 세계에 대한 고찰로' 되

---

25   같은 책, 80~81쪽; Ibid., pp, 65~66.

돌아간다. 결국 "질문되는 것은 …… 자아와 '나는 존재한다(Je suis)'에 대한 의식의 전개이다. 요컨대 주체는 운동 속에서 스스로 촉발되며, 그 운동을 통해 자기 자신에 대해 대상이 된다. …… 인간으로서의 나는 나 자신에게 외부적인 감각 대상, 즉 세계의 일부이다.(Ich der Mensch bin mir selbst ein äußeres Sinnenobjekt, ein Teil der Welt)."[26] 세계는 인간에 의해 통일되며, 인간은 세계의 거주자이다.[27] 이제 인간은 대상으로서의 세계인 동시에 세계를 바라보는 자, 곧 주체이다. 푸코에 따르면, 이 곳에서 우리는 인간학적-비판철학적 되풂(répétition anthropologico-critique)이라는 근본 구조, 층위에 위치하게 된다.[28] 이 층위는 원천(Quellen), 범위(Umfang), 한계(Grenzen)라는 세 개념을 포함하는 폭넓은 성찰의 영역으로, 이는 각기 '비판' 내부의 세 요소인 감성, 지성, 이성에 대응하는데, 이 성찰은 다시 '철학함(philosophieren)이라는 근본적 물음을 되풀이'하는 것으로 이해된다. 인간학적 질문의 근본 구조는 '사물의 실존의 근거에서부터 전개되는 분리 불가능한 초월성들의 필연적인(근원적인, notwendig(ursprünglich)) 상호 관계'이며, 푸코에 따르면, 바로 그런 의미에서 '초월 철학으로부터 드디어 해방된 언명'으로 우리에게 주어진다.[29] 이제 『인간학』은 인간에 대한 인식이 되고, 더 나아가 『인간학』과 인간은 동일한 끝없는 언어에 종속된다.[30] 『인간학』은 자기 인식, 인간의 인간에 대한 인식이다. 그리고 푸코는 이 지점에서 자신의 칸트 해

26   같은 책, 96~97쪽; Ibid., pp, 78~79.

27   같은 책, 102쪽; Ibid., p, 84.

28   같은 책, 101쪽; Ibid., pp, 83.

29   같은 책, 103~105쪽; Ibid., pp, 84~86.

30   같은 책, 115쪽; Ibid., pp, 84~86.

석에서의 하나의 중요한 전환, 곧 언어작용(langage)으로의 전환을 도입한다. 푸코는 비판 시기의 칸트가 자신의 논의를 특정 라틴어의 해석과 함께 전개했으나, 『인간학』 시기의 칸트는 더 이상 그러한 방식을 따르지 않음을 지적하면서 다음처럼 말한다.

칸트가 비판서들 안에서 끊임없이 세심하게 〔자신의 철학적 개념에〕 대응하는 라틴어 단어들을 언급한다는 사실은 칸트 주장의 보편성이 어떤 암묵적인 라틴어적 특수성과 하나임을 의미한다. 비판서들에서 언급되는 라틴어에 대한 참조는 체계적이고 본질적이다. 『순수 이성비판』에서는 독일어의 사용 자체를 제약과 한정으로 인식한다. …… 아마도 라틴어에 대한 참조는 비판서들에서만큼이나 『인간학』에서 빈번하게 나타날 것이다. 그러나 『인간학』에서의 참조는 더 이상 본질적이지 않으며, 단지 표시와 지표의 가치만을 지닌다. …… 라틴어 형태의 보편성으로부터 철학적 성찰이 분리되었다는 사실은 중요하다. 이제부터 철학적 언어는 주어진 언어 체계(langue) 안에서 자신의 근원적 위치를 발견할 가능성과 자신의 탐구 영역(champ)을 규정할 가능성을 자각한다. 이 철학적 언어작용(langage)이 언어 체계와 연결된다는 사실은 그 언어가 가진 의미를 상대적이거나 제한적으로 만들지 않으며, 그 언어의 발견을 규정된 언어적 영역 안에 위치시킨다. 독일 사상 안에서 매우 결정적인 것이 될 이러한 철학적 의미와 언어 체계의 의미 작용 간의 관계는 『인간학』에서 아직 그 자체로서 숙고되진 않았지만, 매 순간마다 사용되고 있다. 인간학적 경험의 진정한 밑바탕은 심리학적이라기보다는 언어적이다. 그렇지만 언어 체계는 〔그 자체로〕 탐구되는 체계로 주어지지 않으며, 오히려 그 내부에 우리가 처음부터 위치하는 당연한 요구로서 주어진다.[31]

따라서 『인간학』은 '일종의 일반적인 관용어'이자, '이러한 관용어에 대한 해명'이다. 달리 말해 『인간학』은 "독일어 체계가 가지는 표현과 경험의 체계에 뿌리박혀 있다."[32] 마치 우리에게 하이데거 혹은 이미 『말과 사물』의 한 페이지를 읽는 듯한 착각을 주는 이러한 언명은 다음처럼 이어진다.

우리는 『인간학』의 도입부에서 이루어진 '세계시민'으로서의 인간을 연구한다는 약속에도 불구하고, 이 저작이 '마음'의 분석에만 스스로를 제한함으로써 이 약속을 이행하는 것을 포기하는 것처럼 보인다는 사실에 대해 더 이상 놀라지 않는다. 사실 『인간학』에서의 인간은 분명 세계시민(Weltbürger)이다. 그러나 인간이 어떤 사회적 모임이나 어떤 기관에 속한다는 의미에서 세계시민인 것은 아니다. 인간이 세계시민인 이유는 순수하고 단순하게 그가 말하기(il parle) 때문이다. 따라서 언어의 교환 속에서 인간은 스스로 구체적인 보편성에 도달하는 동시에 그것을 실현시킨다. 인간의 세계 안에서의 머무름은 근원적으로 언어〔작용〕 안에서의 거주이다. / 『인간학』이 드러내는 진리는 '언어에 앞서는' 어떤 진리가 아니며, '언어가 전달을 책임질 것'이라는 진리이다.[33]

이러한 해석에 따르면, 『인간학』의 칸트는 하이데거와 니체 또는 언어학적 전회를 미리 예견한, 혹은 보다 정확히는 그러한 전회를 가

---

31   같은 책, 118~122쪽; Ibid., pp, 98~101. 강조는 인용자.

32   같은 책, 116~117쪽; Ibid., pp, 96~97.

33   같은 책, 123~124쪽; Ibid., pp, 102~103. 마지막 문장의 번역을 수정했다.

능케 한 기초를 놓은 인물로 드러나게 될 것이다. 그러나 이는 설령 시대착오적 혹은 회고적 해석이 아니라 할지라도 논문 심사 위원이었던 모리스 드 강디야크(Maurice de Gandillac)의 적절한 지적처럼 '성급한 (rapid)' 해석이다.[34]

4) 인간과 위버멘슈, 또는 칸트와 니체

푸코는 여기에서 그치지 않는다. "사실 인간학은 우리 시대의 철학에 신이 없어진 이후로 모든 고전 철학이 지닌 그림자를 드리우는 질문을 던졌다. 유한성에 대한 경험적 인식은 존재할 수 있는가? …… 인간학에서는 유한성에 대한 인식이 유한성 그 자체를 사유하기 위해 충분히 해방되고 정초되어 실증적인 형태로 인간의 층위에서 존재할 수 있는지를 아는 것이 문제이다."[35] 달리 말해 "『인간학』은 신의 부재를 가리키며, 이 무한자가 남긴 빈자리 안에서 전개된다. …… 그것〔우리가 출발했던 문제〕은 칸트적 문제의 구조 자체와 연결된 다음 같은 끈질긴 물음이다. 무한자의 존재론을 거치지 않고 절대자의 철학에 의해 정당화되지 않는 성찰 속에서 어떻게 유한성을 사유하고, 분석하고, 정당화하고, 정초할 것인가?"[36] 칸트의 인간학은 유한성의 분석론에 다름 아니다. 그런데 푸코에 따르면 오늘날 인간학 혹은 유한성의 분석론

---

34   Didier Eribon, *Michel Foucault: 1926~1984*〔MF〕, 3e Édition revue et enriche, Flammarion, 1989, 2011, pp. 186~189; 디디에 에리봉, 박정자 옮김, 『미셸 푸코, 1926~1984』〔이하 『미셸 푸코』〕, 그린비, 2012, 194~197쪽.

35   『서설』, 140~142쪽; FIE, pp, 117~118.

36   같은 책, 144쪽; Ibid., pp, 120.

과 동시대의 철학은 '오해와 망각의 그물망 속에 서로 얽매여' 있다.

　　'인간학'은 오직 '비판'에 따를 때에만 근본적인 영역으로의 길을 열어 줄 수 있음에도 불구하고, 우리는 '인간학'을 '비판', 즉 편견들과 선험적인 것의 무기력한 부담으로부터 자유로운 비판으로서 내세우길 원했다. 사실 '인간학'은 오직 한계와 부정성의 언어만을 말할 수 있음에도 불구하고, 즉 '인간학'은 엄격한 비판으로부터 초월적 기초로 유한성의 우위성을 전달하는 의미만을 지닐 것임에도 불구하고, 우리는 '인간학'을 모든 인간 과학이 자신의 기초와 가능성을 발견하는 실증적 영역으로 만들고 싶어 한다.(이것은 '비판'에 대한 동일한 망각의 또 다른 양상일 뿐이다.) ······ 유한성의 문제는 한계와 위반에 대한 물음으로부터 자신으로의 회귀에 대한 물음으로, 진리의 문제로부터 동일자와 타자에 대한 문제로 옮겨진다. 유한성은 소외(aliénation)의 영역으로 들어온다.[37]

　　푸코에 따르면, 이러한 인간학적 소외(착란), 또는 『말과 사물』의 표현을 빌려 말하자면 인간학적 잠에 대한 비판을 행한 이가 다름 아닌 니체이다. 논문의 마지막 부분에서 푸코는 이렇게 묻는다.

　　"우리가 이 (니체적) 비판의 모델을 부여받은 지 반세기가 넘었다. 니체의 기획은 인간에 대한 물음의 확산이 마침내 끝나는 지점으로 이해될 수 있을 것이다. 사실 신의 죽음은 절대자(의 존재)에 종지부를 찍으면서 동시에 인간 그 자체를 살해하는 이중적인 살해 행위 안에서 나타

37　같은 책, 145, 147쪽; Ibid., pp, 121.

나지 않는가. 왜냐하면 자신의 유한성 안에서 인간은 그가 부정하는 동시에 미리 알리는 무한자로부터 분리될 수 없으며, 신의 죽음은 인간의 죽음 안에서 완성되기 때문이다. 인간과 관련해서도 무한자와 관련해서도 자유로울 것이며, 유한성은 종말이 아니라 끝이 곧 시작이 되는 시기의 굴곡점과 결절점이라는 사실을 보여 줄 유한성에 대한 비판에 대해 생각하는 것이 가능하지 않겠는가? …… 철학의 영역에서 '인간이란 무엇인가?(Was ist der Mensch?)'라는 질문의 도정은 그 질문을 거부하고 무력하게 만드는 〔니체의〕위버멘슈(der Übermensch)라는 답변을 통해서 완성된다.[38]

푸코는 이러한 '폐기 통보'를 시작으로 '언젠가 칸트 이후 모든 동시대(contemporaine) 철학의 역사를 검토해야만 할 것'이라고 말한다.[39] 우리는 이제『서설』에 대한 검토를 통해 푸코가 (같은 해의『광기의 역사』

38 같은 책, 148~149쪽; Ibid., p. 124. 이는 명백히 니체를 **칸트적 비판을 이은 인물**로 바라보려는 의도에서 나온 것이다. "우리가 **철학함**(Philosophieren)의 진정한 구성을 보지 못하게 만들었던 어떠한 형태의 맹목이 더욱 강제적인 형식으로서, 그리고 자신이 늙은 '쾨니히스베르크의 중국인'〔칸트〕을 계승했으며, 그에 대한 존경을 유지했다는 사실을 아마도 스스로 깨닫지 못했던〔니체의〕사유 안에서 또다시 나타났는가? 아마도 '망치를 들고 철학하기'가 말하려는 바를 이해해야만 할 것이며, '**아침놀**(Morgenröte)'이 무엇인지를 최초의 눈길로 바라보아야만 할 것이다. 〔그리고〕'영원회귀(Éternel Retour)' 안에서 우리에게 되돌아오는 것을 이해해야만 할 것이다. 〔왜냐하면〕이미 요원해진 문화를 위한 선험적인 것, 근원적인 것, 유한성에 대한 성찰이었던 것의 진정한 되풂을 거기서, 즉 우리 세계 안에서 목격해야만 하기 때문이다. 이것이 철학의 종말을 사유했던 사상 안에 여전히 존재하는 철학의 가능성과 새로운 엄격함에 대한 명령이다."(『서설』, 129~130쪽; FIE, pp. 107~108)
39 같은 책, 129쪽; Ibid., p. 107. 나는 이후 푸코가 수행한 작업들, 1966년의『말과 사물』, 1984년의「계몽이란 무엇인가?」는 물론, 콜레주드프랑스 '사유 체계의 역사' 역시 이러한 검토 작업의 일환으로 볼 수 있다고 생각한다.

의 끝부분이 어렴풋하게 보여 주고는 있지만) 이미 1961년 당시에도 일반의 믿음보다 훨씬 더 큰 폭으로 니체의 관점을 수용하고 있었음을 알 수 있다. 오늘 우리는 푸코의 『서설』이 '지금 막 형성 중에 있는 한 사유의 기술',[40] 달리 말해 '인간의 죽음'을 선언한 『말과 사물』을 위한 예비 작업이었음을 알고 있다. 푸코가 바라보는 칸트의 『인간학』에는 인간이 없으며, 오직 이미 예고된 인간의 죽음만이 놓여 있다.

3 『말과 사물』: 근대와 유한성의 분석론

1966년 푸코는 『말과 사물』을 발간한다. 1963년에서 1964년으로 넘어가는 겨울에는 초고가 완성된 것으로 알려진 『말과 사물』은 앞서 살펴본 바와 같이 『서설』에서 드러난 칸트 이해의 연장선상에 놓여 있는 책이다. 그러나 결론적으로 칸트 『인간학』의 부정적인 측면이 강조된 『서설』과 달리, 『말과 사물』은 칸트 사유의 긍정적 영향이 강조되어 있다. 그 핵심적 주장은 잘 알려져 있다시피 칸트가 도입한 유한성의 분석론이 재현 작용(représentation)의 에피스테메에 입각한 고전주의를 끝내고 역사 혹은 경험적-초월적 이중체(doublet empirico-trascendental)로서의 인간을 에피스테메로 갖는 시대, 곧 '여전히 우리가 속해 있는' 시기인 근대(époque moderne)를 발생시켰다는 것이다. 물론 18세기 말 19세기 초에 시작된 근대는 이 책이 발간된 1966년에는 '이미 지나갔

---

40 Michel Foucault, *Les Mots et les Choses. Une Archéologie des Sciences Humaines* 〔MC〕, Gallimard, 1966, p. 189; 미셸 푸코, 이규현 옮김, 『말과 사물』, 민음사, 2012, 196쪽.

으나 여전히 지배하고 있는', 따라서 '지나가야만 할' 과거의 에피스테
메로 간주된다.

1) 인간과 유한성의 분석론

『말과 사물』의 칸트는 무엇보다도 푸코에 의해 근대를 열어젖힌 사
건으로 지칭되는 유한성의 분석론(analytique de la finitude)을 도입한 철
학자이다. 이러한 푸코의 입장은 가히 『말과 사물』을 지탱하는 핵심적
주장으로 근대와 근대 이후를 다루는 2부 전반에 걸쳐 논의되는데 소
략한 논문으로 이 방대한 논의를 모두 검토할 수는 없으므로, 이러한
주장이 간명하게 제시되는 책의 9장 '인간과 인간의 분신들', 특히 '유
한성의 분석론'이란 제명을 달고 있는 3절을 중심으로 논의를 전개하
고자 한다.

푸코에 따르면, 유럽의 18세기 말 19세기 초 "〔퀴비에에 의해〕 자
연사가 생물학으로, 〔리카도에 의해〕 부의 분석이 경제학으로, 특히
〔보프에 의해〕 언어에 관한 성찰이 문헌학으로 바뀌고 존재와 재현의
공통의 장소인 고전주의적 〔보편〕 담론이 사라질 때, 이와 같은 고고학
적 변동의 깊은 동향 속에서, 인간은 지식의 대상인 동시에 인식의 주
체라는 모순적인 입장을 띠고 출현한다."[41] 칸트는 지식의 대상이자 주
체로서의 인간을 출현시킨 인물이다. 말하자면 재현 작용이 지배하는
유럽의 고전주의는 무한의 시대, 달리 말하면 유한이 부정되는 시대이
다. 무한이 긍정되는 한, 유한이 긍정될 수는 없었다. 유한의 긍정은 무

---

41   MC, p. 323; 『말과 사물』, 429쪽.

한의 부정에 의해서만 가능하다. 칸트가 도입한 유한성의 분석론은 무한의 부정을 통한 유한의 긍정이다. 칸트는 무한의 인식 불가능성을 주장하면서, 인간은 오직 유한을 인식할 수 있을 따름이라고 말한다. 푸코는 이를 다음처럼 표현한다. "경험 내용이 재현〔작용〕과 분리되고 경험 내용의 존재에 관한 원칙이 경험 내용 자체에 내포되었을 때, 무한의 형이상학은 쓸데없게 되었고, 바로 그때부터 유한성은 (내용의 실증성에서 인식의 제한까지, 인식의 제한된 실증성에서 내용에 관한 한정된 지식까지) 자기 이외의 다른 어떤 준거도 갖지 않게 되었다. 그때 서양에서 사유의 전 영역이 전도되었다. 예전에 재현〔작용〕과 무한의 형이상학 그리고 생물, 인간의 욕망, 인간의 언어에서 사용되는 말의 분석이 상관관계를 맺고 있던 바로 거기에서 유한성 및 인간의 분석론이 구성된다는 것〔……〕은 이제 누구나 알아차릴 수 있다."[42]

이와 같은 인간과 유한성의 분석론이 가져오는 표면적 효과는 형이상학의 종언이다. "그러나 형이상학의 종언은 서양의 사유에서 일어난 훨씬 더 복잡한 사건의 부정적 양상일 뿐이다. 이 사건은 바로 인간의 출현이다."[43]

2) 칸트, 근대성의 아버지

무한에 기반한 고전주의 사유가 파괴될 때만 유한에 기반한 근대의 사유가 시작될 수 있었다. 푸코가 볼 때 칸트는 사유 일반의 가능 조

42   Ibid., p, 328; 같은 책, 435쪽.
43   같은 곳.

건으로 가정되었던 무한을 파괴하고 유한을 도입한 인물이다. 유한성
의 분석론을 창시한 칸트는 실로 근대성의 아버지이다.

　　더 근본적으로는 유한성 자체에 대한 한없는 참조 속에서 유한성
이 사유되었을 때 비로소 우리〔유럽〕문화는 우리〔유럽인〕가 근대성
(modernité)을 알아보기 시작하는 문턱을 넘어섰다. 상이한 지식들의 층위
에서 유한성은 언제나 구체적인 인간과 인간의 삶에 지정될 수 있는 경험
의 형태로부터 지정되는 것이 사실이라 해도, 각 지식의 역사적이고 일반
적인 선험적 여건을 찾아내는 고고학의 층위에서 근대인, 이를테면 육체
를 지니고서 노동하고 말하는 삶을 영위하게 되는 인간은 유한성의 형상
으로서만 존재할 수 있을 뿐이다.[44]

　　유한성의 분석론, 인간의 출현, 근대성은 모두 동시적·상관적 사건
들이다. 이들은 같은 사건의 분리 불가능한 세 측면들이다. 근대적 인
간, 근대적 유한성의 분석론과 같은 표현은 모두 동어반복일 뿐이다. 근
대의 시기 이외에는 유한성의 분석론이 가능하지도 않고, 인간의 개념
을 사유할 수도 없기 때문이다. "〔유럽의〕근대 문화는 유한한 것을 인
간 자신으로부터 사유하기 때문에 인간을 사유할 수 있다."[45] 주체이자
'대상'으로서의 유한한 인간이 설정되지 않는다면, 칸트적 의미의 '인
간'은 사유될 수 없다.[46] 달리 말하면 "〔노동·생명·언어의 영역에 관련

44　Ibid., p, 329; 같은 책, 436쪽.
45　같은 곳.
46　이 점에서도 『말과 사물』은 『인간학』을 잇는 책이다. 푸코가 파악한 칸트 『인간학』의 의미
는 그것이 『순수 이성 비판』의 초월적 **주체**에 그치지 않는, **대상**으로서의 인간 개념을 **동시에** 사

된) 실증적 형태들 각각에서 인간은 자신이 유한하다는 것을 터득할 수 있고, 따라서 이것들 각각은 인간 자신의 유한성을 배경으로 해서만 인간에게 주어질 뿐이다. 인간의 유한성은 실증성의 가장 완벽하게 정화된 순수한 본질이 아니라, 실증성이 나타날 수 있는 출발점이다."[47] 유한성의 분석론은 근대적 지식의 가능 조건, 에피스테메이다. 칸트는 고전주의적 재현 작용의 세계에서 단순히 부정적 한계로 간주되던 인간의 유한성을 근대적 사유의 긍정적 조건으로 전환시킨 인물이다.

3) 인간의 죽음과 언어작용의 도래

그러나 『말과 사물』은 근대, 곧 칸트의 시대가 지나갔음을 알리는 『서설』을 잇는 책이다. 『말과 사물』은 무엇보다도 칸트의 인간학에 의해 가능해진 인간(homme) 개념에 기반한 휴머니즘(humanisme)과 인간 과학(sciences humaines)에 대항하는 반-휴머니즘(anti-humanisme)과 대항 과학(contre-sciences)의 가능성을 모색하는 저작이다. 따라서 유럽의 '근대'를 창시한 칸트의 긍정적 영향은 '근대가 지나간' 오늘 저술된 『말과

유하고 있기 때문이다. 다음 고유한의 지적을 참조하라. "왜 (『순수 이성 비판』으로 대표되는) 그 (칸트)의 비판철학은 진정한 근대성의 문턱일 수 없었는가? …… 왜냐하면 『(순수 이성) 비판』에서 분석된 심성의 능력들은 분명 초월적 주체로서의 지위를 지니지만, 그와 **동시에 대상으로 간주될 수는 없었기 때문**이다. …… 따라서 근본적인 유한성으로 나아가기 위해, 선험적인 것들에 대한 탐구인 『비판』과 근원적인 것들에 대한 탐구인 『인간학』 사이에 어떤 불연속이 도입되어야 했는지는 분명하다."(고유한, 「인간 개념에 대한 미셸 푸코의 고고학적 비판. 『말과 사물』과 『서설』의 칸트 해석을 중심으로」, 서강대학교대학원 철학과 석사학위 논문, 2015, 50쪽) 나는 이 논문에서 현재의 논의와 관련하여 큰 도움을 받았다.

47   MC, p, 331; 『말과 사물』, 432쪽.

사물』의 말미에서 부정적인 것으로 기술된다. 근대의 분석에 집중하는 『말과 사물』의 목표는 근대를 끝장내는 것이다. 이러한 분석은 9장의 마지막 8절 '인간학의 잠'과 마지막 10장 '인간 과학'에서 기술된다.

마치 칸트가 흄을 읽고 '독단론의 잠'에서 깨어났던 것과 마찬가지로, 푸코는 칸트적 근대로부터의 탈출을 위해 인간학의 잠(sommeil anthropologique)이라는 표현을 사용한다. 『말과 사물』은 칸트의 인간학(과 그로부터 '파생'되는 헤겔·마르크스의 사상)을 비판하기 위해 쓰인 책이라고 말해도 과언이 아니다. 이러한 비판의 중심에 있는 것이 인간학의 잠이다. 아래에서는 푸코의 논의를 간단히 요약해 보자.

우선 푸코는 칸트적 인간학이 여전히 '우리 유럽의 당대', 곧 1960년대를 지배하고 있지만, 그러한 지배가 곧 끝날 것임을 명시한다. "아마 인간학은 칸트로부터 우리〔동시대 유럽인들〕에게 이르기까지 철학적 사유를 지배하고 이끈 기본적인 경향일 것이다. 이 경향은 우리〔유럽〕역사의 일부분을 형성하므로 매우 기본적이지만, 우리가 이 경향을 가능하게 만든 통로의 망각과 동시에 곧 다가올 사유를 끈질기게 가로막는 장애물을 거기에서 알아보고 비판적으로 고발하기 시작하는 만큼 우리의 눈앞에서 해체되고 있는 중이다."[48] 이어서 푸코는 칸트 인간학의 문제를 '인간학의 잠'이라는 표현 아래 정리하고, 이를 파괴하기 위해서는 유한성의 분석론에 의해 가능하게 된 근대적 지식의 네 기본형 곧 유한성의 분석론, 경험적인 것과 초월적인 것, 코기토와 사유되지 않은 것, 기원의 후퇴와 회귀로 이루어지는 인간학적 사변형을 공격해야 함을 역설한다. "인간학은 인간의 분석론으로서 확실히 근대

48   Ibid p, 353; 같은 책, 468쪽.

적 사유를 구성하는 역할을 했다. …… 철학은 이 주름 속에서 새로운 잠에, 이번에는 독단론의 잠이 아니라 인간학의 잠에 빠져들었다. …… 이와 같은 잠으로부터, 역설적이게도 사유가 각성 상태로 느끼고, 따라서 자신의 근거를 자신에게 찾기 위해 이분되는 독단론의 순환 논리적 특성이 근본적으로 철학적 사유의 경쾌함 및 불안과 혼동될 정도로 사유를 깊은 잠으로부터 깨어나기 위해서는, 사유가 가장 일찍 깨어날 가능성을 불러들이기 위해서는 인간학의 사변형을 철저하게 허물어뜨리는 것 이외의 다른 방법이 없다."[49]

이처럼 인간학에 대한 비판과 파괴는 근대 이후에 도래할 새로운 시대의 성립에 필수적이다. 푸코에 따르면, "오늘날의 사유가 필시 인간학의 근절을 위해 기울일 최초의 노력은 니체의 경험에서 찾아보아야" 하는데, 이는 "문헌학적 비판을 통해, 어떤 형태의 생물학주의를 통해 니체는 인간과 신이 서로에게 속하고 신의 죽음이 인간의 사라짐과 같은 뜻을 지니고 약속된 위버멘슈의 출현이 무엇보다도 먼저 인간의 임박한 죽음을 온전히 의미하는 지점을 발견했기 때문이다. 이 점에서 니체는 이 미래를 우리에게 약속과 동시에 책무로서 제시하면서, 동시대의 철학이 다시 사유하기 시작할 수 있는 문턱을 가리키며, 아마 앞으로도 오랫동안 철학의 진전을 계속해서 지배하게 될 것이다. 회귀의 발견이 정말로 철학의 종언이라면, 인간의 종말은 철학의 새로운 시작이다".[50] 인간과 신은 동시적·상관적으로 구성된 쌍둥이들, 하나의 사태가 갖는 두 측면이다. 푸코의 '복음'은 간명하다. 신이 죽었을

49   Ibid., pp, 351~352; 『말과 사물』, 466~467쪽.
50   Ibid., p, 353; 같은 책, 468쪽.

때, 인간도 죽었다. 신의 죽음은 인간의 죽음이다. 푸코에게 인간의 어머니는 칸트이며, 인간의 살해자는 니체이다. "여기에서도 다시 한번 니체가 전환점을 가리키는데, 오늘날 단언되는 것은 신의 부재나 죽음이 아니라 인간의 종말이고, 따라서 이제 신의 죽음과 최후의 인간이 이해관계를 같이한다는 것은 명백해진다."[51] 푸코에 따르면, 인간과 언어작용(langage)의 양립 불가능성(incompatibilité)은 유럽 사유의 근본적 특성이다. "우리가 당분간 확실히 알고 있는 유일한 것은 서양 문화에서 인간의 존재(être de l'homme)와 언어(작용)의 존재가 공존할 수도 서로 맞물릴 수도 없다는 점이다. 이 양자의 양립 불가능성은 우리(서양인)의 사유가 지닌 본질적 특성의 하나였다."[52] 따라서 인간이 사라진 빈자리에 도래할 이는 다름 아닌 언어작용이다. "언어(작용)가 필연적으로 분산되게 마련이었을 때 구성된 인간은 언어(작용)가 단일성을 되찾게 될 때 분산되지 않을까?"[53] 곧 니체는 인간을 죽이고, (소쉬르와 함께) 언어를 낳았다. 니체와 소쉬르는 언어의 어머니이고, 푸코는 그러한 니체의 아들이다. 『서설』을 잇는 『말과 사물』에는 칸트가 없으며, 오직 니체에 의해 살해된 칸트의 그림자만이 어른거릴 뿐이다. '근대를 끝장내려는' 『말과 사물』은 오늘 우리 유럽인의 사유를 지배하고 하고 있는 칸트적 근대를 철저히 분석하고 비판한다. 마치 마르크스가 자본의 시대를 끝내기 위해 자본의 분석에 집중한 것처럼, 푸코는 근대를 끝내기 위해 근대의 분석에 집중한다. 이는 도래할, 도래해야 할 미래

51   Ibid., p, 396; 같은 책, 523쪽.
52   Ibid., p, 350; 같은 책, 464쪽.
53   Ibid., p, 397; 같은 책, 524쪽.

(未來, avenir/à venir)의 도래를 앞당기기 위한 작업이다. 이런 점에서 푸코는『말과 사물』에서 스스로가 비판하는 종말론적(eschatologique) 사고의 일부를 이루고 있는지도 모른다.[54] 우리는 푸코가 스스로의 생각처럼 마르크스와 멀리 떨어져 있는 것만은 아니라고 말해야 하는 것인지도 모른다.

4 「계몽이란 무엇인가?」: 현재의 문제와 문제화

푸코는 1984년 6월 25일 에이즈로 사망하는데 적어도 1980년대 초에는 자신이 조만간 사망하게 될 것임을 알고 있었다. 우연히도 1984년은 칸트가 1784년 잡지 《베를린 월보》의 질의에 응답한 논문 「계몽이란 무엇인가?(Was ist Aufklärung?)」[55]를 실은 지 정확히 200년이 되는 해였다. 푸코는 1984년 칸트의 글과 동일한 제목을 가진 글「계몽이란 무엇인가?(Qu'est-ce que les Lumières?)」를 발표하는데, 이 글은 먼저 영어로, 이후에는 프랑스어로도 출간된다.(그러나 영어본은 프랑스어본의 번역이므로 정본은 프랑스어본이다.)[56]「계몽이란 무엇인가」는 푸코의 지

---

54   Ibid., p, 331; 같은 책, 439쪽.

55   Immanuel Kant, "Beantwortung der Frage: Was ist Aufklärung?" in *Immanuel Kants Werke, Bd. 4, Schriften von 1783~1788*, Hrsg. von A. Buchenau und E. Cassirer, 1922; in *Berlinische Monatsschrift*, décembre 1784, vol. IV, "Qu'est-ce que les Lumières?" trad. fran. Wismann, in *Oeuvres*, Gallimard, 1985, pp. 481~491; 이한구 옮김, 「계몽이란 무엇인가에 대한 답변」, 이한구 편역, 『칸트의 역사철학』, 서광사, 1992, 13~22쪽. 이는 칸트가 1784년 12월《베를린 월보》의 질의에 응답한 논문으로 우리말 번역은 위 '카시러 판'의 번역이다.

56   "What is Enlightenment?"(이하 WE), trans. Catherine Porter, in Paul Rabinow ed., *The*

적 유언장과 같은 글로, 칸트와 보들레르의 현대성(modernité)과 계몽을 주제로 하고 있다. 특히 글의 말미는 다시금 글의 앞부분에서 분석했던 칸트에 대한 논의에 바쳐져 있다.

1) 계몽의 문제

푸코는 먼저 칸트의 텍스트「계몽이란 무엇인가」의 철학적 의의를 밝힌다.「계몽이란 무엇인가」에는 중요한 하나의 질문 또는 문제의식이 싹트고 있는데, "그 질문은 현대(moderne) 철학이 끝내 해결하지 못했지만 그로부터 벗어날 수도 없었던 것으로, 최근 2세기 동안 다양한 형태로 되풀이되어 왔다. 헤겔에서 니체와 베버를 거쳐 호르크하이머와 하버마스에 이르기까지 이 질문과 직간접적으로 마주치지 않은 철학은 없다. 그 질문은 바로 계몽(Aufklärung)이라고 불리고 있는 이 사건, 최소한 부분적으로는 아직도 오늘날 우리〔유럽인들〕의 존재, 우리의 사유, 우리의 행위를 규정짓고 있는 이 사건은 도대체 무엇일까?《베를린 월보》가 아직도 존재하고 독자들에게 '현대 철학이란 무엇인가?'라는 질문을 던졌다고 한번 상상해 보자. 아마 우리는 또다시 이렇게 말

Foucault Reader, Pantheon, 1984, pp. 32~50; "Qu'est-ce que les Lumières?"〔이하 QL〕, DEQ II, pp. 1381~1397; 정일준 옮김, 「계몽이란 무엇인가」〔이하 「계몽」〕, 정일준 편역, 『자유를 향한 참을 수 없는 열망』, 새물결, 1999, 177~200쪽. 한편 잡지《마가진 리테레르》1984년 5월호의 특집 '칸트와 근대성'에 실린 푸코의 논문「계몽이란 무엇인가?」는 제목은 같으나 다른 논문이다. 이는 푸코의 1983년 1월 5일 콜레주드프랑스 강의의 요약으로 국내에는「혁명이란 무엇인가」라는 제명으로 번역되었다. "Un cours inédit: Qu'est-ce que les Lumières?" *Magazine Littéraire* 207, mai 1984, pp. 35~39; DEQ II, pp. 1498~1507; 정일준 옮김, 「혁명이란 무엇인가」, 정일준 편역, 같은 책, 163~175쪽.

할 수밖에 없을 것이다. 현대 철학은 2세기 전에 우연히 제기된 질문, 그러니까 계몽이란 무엇인가라는 질문에 대한 답변을 시도하고 있는 철학이라고."[57] 푸코에게 지난 200년의 결정적 사건은 계몽이라는 사건이며, 이 사건의 중심에는 칸트가 있다. 이후 푸코는 칸트의 텍스트 「계몽이란 무엇인가」에 대한 분석에 돌입한다.

2) 현재의 문제

푸코는 칸트를 철학사에 거대한 단절을 가져온 인물로 그려 낸다. 그러나 그것이 다가 아니다. 푸코에 따르면, 칸트는 현재를 바라보는 관점의 문제와 관련해서도 거대한 철학적 단절을 가져온 인물이다. "비록 철학적 사유가 그 자신이 속해 있는 현재(présent)에 대해서 성찰하려고 애쓴 것이 칸트의 텍스트에서 처음으로 시작된 것은 아닐지라도, …… 칸트가 계몽이라는 질문을 제기하는 방식은 이전과는 전적으로 다르다. …… 칸트는 계몽을 거의 완전히 부정적인 방식으로 정의한다. 칸트는 계몽을 출구(Ausgang), 곧 '비상구(sortie)', '나가는 곳(issue)'으로 정의한다. 역사에 관련된 다른 텍스트들을 통해 칸트는 기원의 문제를 제기하거나 역사 과정의 내적 목적을 정의하곤 했다. 그러나 계몽에 관한 이 텍스트에서 칸트의 질문은 오직 순수한 당대·시사(actualité)에만 관련된다. 칸트는 현재를 총체성 혹은 미래의 완성이라는 관점에서 바라보지 않는다. 칸트는 단지 어떤 차이를 찾을 뿐이다. 어제와 비교하여,

---

57 WE, p. 32; QL, pp. 1381~1382; 「계몽」, 178쪽. 이하, 문맥에 따라 우리말 번역을 조금 수정한 경우가 있다.

현재는 어떤 차이를 가져오는가?"[58] 푸코에 따르면, 칸트는 어떤 목적론에 입각하여 오늘을 바라보지 않는다. 푸코의 칸트는 다만 오늘을 어제와의 차이라는 관점에서 사유할 뿐이다.

푸코는 '칸트가 현재와 관련하여 철학적 질문을 제기하는 방식을 이해하는 데 중요하다고 생각하는 특징들'을 아래처럼 네 가지로 기술한다.

우선 칸트는 계몽의 특징인 '출구'가 우리를 '미성숙(minorité)'의 상태로부터 벗어나게 하는 과정이라고 지적한다.

다음으로 칸트는 이 '출구'를 하나의 사실, 지금 일어나고 있는 하나의 과정으로 특징짓는 동시에, 하나의 과업이자 의무로 제시한다. "「계몽이란 무엇인가?」의 첫 문단에서부터 칸트는 인류가 미성숙 상태에 대해 스스로 책임을 져야 한다고 주장한다. 그러므로 인류가 자기 힘으로 일으킨 변화를 통해서만 미성숙에서 빠져나올 수 있다는 것은 이러한 주장을 따르는 당연한 귀결이다. 칸트는 계몽이 하나의 '좌우명(*Wahlspruch*, Devise)'을 수반한다고 의미심장하게 말한다. …… 그렇다면 이 명령은 무엇일까? 감히 알려고 하라(*Aude saper*), '감히 알고자 하는 용기를 가져라(aie le courage, l'audace de savoir)', 곧 위험을 무릅쓰고 알려고 하는 것, '알기 위해 용기와 담력을 가지는 것'이다. 따라서 계몽이란 인류가 집단적으로 참여해야 하는 과정인 동시에 개인적으로 실행해야 하는 용기 있는 행위로 간주해야 한다. 인류는 〔계몽이라는〕 단일한 과정의 한 요소인 동시에 수행자이기도 하다."[59]

---

58   **현재**는 인용자 강조. 이하 **계몽**은 늘 푸코가 영어와 프랑스어 원문에서 이탤릭체 독일어 *Aufklärung*로 표기하고 있는 원저자의 강조를 표시한 것이다.

세 번째로, 푸코는 칸트가 사용한 '인류(Menschheit)'라는 개념을 검토한다. "우리는 계몽을 지구상에 있는 모든 사람의 정치적-사회적 실존에 영향을 미치는 역사적 변화라고 생각해 볼 수 있을 것이다. 또 계몽이 인류가 인간성을 구성하는 데 영향을 미치는 변화를 수반하고 있다고 말할 수 있을까? 그렇다면 문제는 이러한 변화가 무엇인지를 아는 것이다."[60] 푸코에 따르면, 칸트는 인류가 미성숙으로부터 벗어날 수 있는 두 가지 본질적 조건을 정의하고 있다. 양자는 정신적인 동시에 제도적인 것이고, 또한 윤리적인 동시에 정치적인 것이다. 첫 번째 조건은 이성을 사용해야 할 자리와 그렇지 않은 자리를 구별하는 것이다. '이성적으로 생각한다'라는 말에 해당하는 칸트의 용어는 독일어 *räzonieren*이다. 3대 비판서에서도 사용되고 있는 이 용어는 단순히 이성을 사용하거나 어떤 다른 목적을 위하여 수단적으로 이성을 사용하는 것이 아니라, 그 자체 외에는 어떤 다른 목적도 없이 이성을 사용하는 것이다. 칸트는 이제는 유명해진 이성의 공적 사용 및 사적 사용 사이의 차이를 도입하면서, 이러한 구분을 정당화한다. 이성의 사적 사용은 인간이 '기계의 한 부품' 상태에 있을 때를 말한다. 마치 세금을 효율적으로 집행하기 위해 계획을 짜는 공무원의 경우처럼, 이성의 사적 사용에서 이성은 목적을 성취하기 위한 '수단'으로 사용될 뿐 목적 그 자체에 대한 비판적 물음을 던질 수 없다. 한편 쾨니히스베르크의 연구실에서 혼자 앉아 책을 쓰는 칸트의 경우와도 같은 이성의 공적 사용에서 인간은 이성적인 존재로서, 이성적인 인류의 한 구성원으로서, 이성을

---

59   WE, p, 35; QL, pp, 1383~1384; 「계몽」, 181쪽.
60   Ibid; Ibid., p, 1384; 같은 글, 182쪽.

보편적이며 자유롭게 사용한다. 계몽은 이성의 보편적 사용, 자유로운 사용, 공적 사용이 겹치게 될 때 비로소 존재하게 된다.[61]

네 번째로, 푸코는 이 텍스트의 공적, 곧 정치적 차원에 대한 질문을 제기한다. "그러니까 문제는 어떻게 이성을 사용하는 것이 이성에게 필요한 공적인 형태를 띨 것인가를 아는 것이며, 또 어떻게 개인들이 가능한 한 충실하게 복종하고 있는 동안에도 알려고 하는 대담성을 노골적으로 실행에 옮길 수 있는가를 아는 것이다."[62] 이성의 공적 사용에 관련된 개인의 인식과 실천은 인식의 문제인 만큼이나 윤리적이며 정치적인 문제이다.

3) 현대성: (대항) 품행, 태도, 윤리의 문제

푸코는 이 지점에서 이제까지의 논의에 대한 간략한 비판과 요약을 제시한다. 푸코는 칸트의 텍스트 「계몽이란 무엇인가」에 대한 비판적 관점을 드러낸다. "나는 결코 칸트의 텍스트가 계몽에 대해 적절하게 기술하고 있다고는 생각하지 않는다. 어떤 역사가도 이 텍스트가 18세기 말에 일어난 사회적, 정치적, 문화적 변화를 만족스럽게 분석하고 있다고는 생각하지 않을 것이다. …… 「계몽이란 무엇인가」는 제한된 성격을 가지며, 칸트의 저작 중에서 그렇게 중요한 것도 아니다."[63]

그렇다면 푸코는 왜 이 텍스트를 분석의 대상으로 삼은 것일까?

---

61   Ibid., p, 35~37; Ibid., pp, 1384~1385; 같은 글, 183~184쪽.

62   Ibid., p, 37; Ibid., pp, 1385~1386; 같은 글, 184쪽.

63   Ibid., pp, 37~38; Ibid., p, 1386; 같은 글, 185쪽.

그것은 아마도 다음과 같은 이유에서일 것이다. 첫째, 칸트의 「계몽이란 무엇인가」는 적어도 유럽 철학에 있어서의 현재를 바라보는 관점의 측면에서 커다란 단절을 보여 준다. 「계몽이란 무엇인가」는 현재를 과거와의 순수한 차이라는 관점에서 바라본다. 둘째, 「계몽이란 무엇인가」는 계몽을 비판으로 규정함으로써, 여전히 오늘날에도 철학의 지배적인 문제들 중 하나로 기능하고 있는 계몽 혹은 현대성의 문제를 적극적인, 곧 비판적인 관점에서 새롭게 해석할 수 있게 해 준다. "비판은 계몽 속에서 성숙된 이성의 안내서이다. 뒤집어 말하면, 계몽이란 비판의 시대이다."[64] 셋째, 푸코는 「계몽이란 무엇인가」가 집단적인 인류 전체의 차원만이 아닌 개인적 태도 · 품행(êthos), 곧 윤리(éthique)의 차원을 가지고 있음을 적시함으로써 문제의 새로운 차원을 열었다. 나아가 푸코는 「계몽이란 무엇인가?」라는 텍스트가 비판적 성찰과 역사에 대한 성찰의 교차점에 놓여 있다.'라는 가설을 제출한다. 다시 말해 "내〔푸코〕가 보기에 「계몽이란 무엇인가」는 이런 식으로, 밀접하고 내적으로, 그러니까 자기 작업이 갖는 의의를 인식과 연결시키고, 역사에 대한 성찰과 연결시켰으며, 자신이 글을 쓰고 있고 또 그 때문에 쓸 수밖에 없는 어떤 고유한 순간에 대한 특수한 분석과 연결시킨 최초의 텍스트이다. 역사 안에서의 차이로서, 특정한 철학적 임무를 위한 동기로서의 '오늘'에 대해 성찰하기(réflexion sur 'aujourd'hui')야말로 내게는 이 텍스트의 새로움으로 보인다."[65] 이는 오늘날 우리가 현대성의 태도라 부르는 것에 다름 아니다.[66]

<hr>

64   Ibid., p, 38; Ibid., 1386; 같은 곳.
65   Ibid; Ibid., 1387; 같은 글, 186쪽. 강조는 인용자.

무수한 결점에도 불구하고 푸코가 칸트의 「계몽이란 무엇인가」를 분석의 대상으로 삼은 이유는 이와 같은 것들이다. 그런데 이는 엄밀히 말해 칸트 텍스트 「계몽이란 무엇인가」가 갖는 고유한 가치에만 기인한 선택이 아니다. 오히려 이는 거꾸로 사실상 니체의 입장을 받아들인 프랑스 니체주의자 푸코가 철학의 고전적 텍스트들 안에서, 구체적으로는 칸트의 텍스트들 중에서 니체의 입장 확증에 적합한 텍스트를 찾아낸 것으로 보아야 한다. 현재의 문제에 대한 강조, 곧 푸코의 현재의 진단학(diagnostic du présent)은 이미 1970년대 초중반 푸코가 니체주의를 적극적으로 받아들이기 시작한 이래 푸코의 변치 않는 중심적 관심사 중 하나였다. '현재'에 대한 강조는 물론 비코·헤르더·칸트 이래 헤겔·마르크스의 역사적 '진보'라는 틀에 대한 반작용으로 나온 것이다. 특히 1977~1978년 이후 푸코의 텍스트에서 현재의 진단학, 현재의 역사가, 오늘의 저널리즘(journalisme d'aujourd'hui), 지금(maintenant), 동시대성(contemporanéité), 시사·당대성(actualité)의 문제 등에 대한 언급은 이루 셀 수도 없이 넘쳐 난다. 푸코가 1977년의 한 대담에서 말한 다음의 문장은 칸트를 비롯한 고전 철학에 대한 푸코의 입장을 상징적으로 대변하는 언급일 수도 있다. "제게는 19세기 이래, 철학이 다음과 같은 질문에 점점 더 가까이 다가가기를 그치지 않는 것처럼 보입니다. '지금 무슨 일이 일어나고 있는가? 그리고 우리는 무엇인가, 아마도 지금 일어나고 있는 일 이외의 그 무엇도 아닐 우리는 누구인가?' 철학의 문제는 우리 자신인 이 현재의 문제입니다. 이것이 오늘날의 철학이 전적으로 정치적이고 또 전적으로 역사적인 이유입니다. 오늘

---

66 같은 곳.

날의 철학은 역사에 내재해 있는 정치이자, 정치에 불가결한 역사이기도 합니다."[67]

푸코의 「계몽이란 무엇인가?」는 그 제목에 걸맞게 칸트의 「계몽이란 무엇인가?」에 대한 푸코 자신의 새로운 독해를 제시하며 글을 맺는다. 단적으로 '칸트가 계몽에 대해 성찰함으로써 형태를 갖춘 현재와 우리 자신에 대한 비판적 탐구'는 오늘날에도 여전히 유의미하다. 그것은 "현재의 우리 모습에 대한 비판이 우리에게 부과되어 있는 한계들을 역사적으로 분석하는 동시에 그러한 한계들을 넘어서 갈 수 있는 가능성을 실현하는 하나의 철학적 삶, 에토스, 태도로 인식되어야 한다."[68]

5 '푸코의 칸트'는 누구인가?

글을 마치기 전에 푸코의 칸트관에 관련된 하나의 근본적 문제를 다루어 보자. 그 문제는 아마도 다음과 같은 물음의 형식 아래 정리될 수 있을 것이다. 그렇다면 그럼에도 불구하고, 푸코는 왜 평생 동안 칸트를 놓지 않고 다루었는가? 물론 이에 대한 대답은 무한한 방식으로 정

67   Michel Foucault, "Non au sexe roi," in DEQ II, p. 266; "Power and Sex," trans. David J. Parent, *Telos* 32, 1977, pp. 152~161; "Power and Sex," in Lawrence D. Kritzman ed. and with an introduction, *Foucault: Politics, Philosophy, Culture-Interviews and other Writings 1977~1984*, Routledge, 1988, pp. 110~124; 「권력과 성: M. 푸코/B. 앙리-레비와의 대담」, 황정미 편역, 『미셸 푸코, 섹슈얼리티의 정치와 페미니즘』, 새물결, 1995, 33쪽. 우리말 번역은 영어본을 번역한 것이다. 위의 번역은 프랑스어에서 옮긴 나의 것이다.
68   WE, pp, 49~50; QL, p, 1396; 「계몽」, 200쪽.

식화 가능할 것이나, 아래에서는 놓쳐서는 안 될 몇 가지 요소들을 지적하는 것으로 그치고자 한다.

우선 푸코의 칸트는 항상 이미 니체에 의해 해석된 칸트였다. 대담과 증언을 포함한 많은 자료들은 푸코가 니체를 본격적으로 읽고 받아들인 것이 사실상 대략 1950년대 중반의 일임을 말해 준다. 1926년생인 푸코는 1950년대 중반 대략 30세에 이른 나이로 이미 공산당 입당과 탈당을 경험한 뒤였다. 푸코가 1960년대 이후 절판시키고 부정한 1954년 첫 저작 『정신병과 인격』은 여전히 당대의 지배적 사조이던 현상학과 마르크스주의 및 파블로프의 조건반사 이론을 배경으로 하고 있다. 이는 푸코가 니체를 만난 것이 이미 데카르트, 칸트, 헤겔 또는 마르크스, 현상학으로 이어지는 당대 철학의 정통적 혹은 지배적 사유 방식에 의해 자신의 기본적 사유 방식이 확립된 이후의 일임을 말해 준다. 따라서 1950년대 이후 푸코가 니체를 본격적으로 받아들였다는 것은 달리 말해 푸코가 이미 일정한 방식으로 확립되어 있던 자신의 기존 사유를 비판적으로 재해석하는 과정을 거쳤음을 알려 준다. 칸트는 니체와 구조주의를 만나기 이전 푸코 사유의 준거점이며, 따라서 니체와 구조주의를 만난 이후의 푸코는 자신이 갖고 있는 기존 칸트적 사유에 대한 비판적 재검토를 수행하지 않을 수 없었다. 이는 푸코의 칸트 비판이 실은 무엇보다도 자기비판이었음을 알려 준다. 일차적으로 푸코의 칸트 비판은 자신의 철학적 과거에 대한 비판적 재해석에 다름 아니다.

둘째, 푸코에게 니체적 관점에 입각한 칸트 비판의 형태로 수행된 이 자기비판의 작업은 단순히 푸코 개인의 과거 사유만이 아니라, 현상학과 마르크스주의로 대변되는 당대 철학계의 지배적 사유에 대한 비판으로 확장된다. 연구서 『푸코와 칸트』를 쓴 마리아파올라 피미아니는 평생에 걸친 푸코의 작업이 실은 '칸트의 텍스트들을 (은밀히) 다시 쓰는 작업'이었다고 말한 적이 있다.[69] 이때의 칸트는 실은 앞서 언급한 데카르트로부터 시작하여 헤겔(마르크스) 또는 현상학으로 이어지는 정통적 계보의 대표자, 수렴점으로서의 칸트이다. 따라서 푸코의 칸트 비판은 칸트를 정점으로 하는 당대의 지배적 철학 사조 일반에 대한 비판이다. 그리고 이러한 비판의 새로운 준거점이 1960년대 이후의 구조주의 및 니체이다.

셋째, 니체적 관점에 입각한 푸코의 칸트 비판이 이제는 푸코 사유의 주요한 특징으로 거론되는 당대(actualité)를 재해석하려는 현재적 관심을 드러내는 것은 바로 이런 면에서이다. 칸트의 초월적 진리 형식이 아니라 이제는 구조주의적 이항 대립이, 니체의 계보학적 사유가 주된 방법론의 자리를 점유한다.[70] 구조주의와 니체가 도입한 것은 단적으로 '주체' 지위에 대한 의문이다. 데카르트와 칸트로 대변되는 기존의 근대 철학이 주체를 철학적 사유에 기초를 제공하는 일정한 상수(常數, constant)로 가정하는 데 반해, 구조주의와 니체주의는 이를 이분화 작용 또는 힘에의 의지가 낳은 효과(effect)이자 결과물(product), 곧 종속변수로 설정한다. 그리고 이처럼 주체를 바라보는 관점의 변화야말로 푸코

---

69   Mariapaola Fimiani, *Foucault et Kant. Clitique clinique éthique*, traduit de l'italien par Nadine Le Lirzin, L'Harmattan, 1998, p. 10.

70   물론 구조주의와 니체 사이의 '긴장' 역시 존재한다. 우리는 이들 사이의 철학적·방법론적 긴장이 초기에는 (칸트적 연원을 갖는) 양자 사이의 결합, 곧 **고고학**의 형태로 나타났다가, 후기에 오면서 니체주의가 완전한 승리를 거두며 구조주의적 요소를 배제한 **계보학**의 형태로 최종적으로 확정되었다고 말할 수 있을 것이다.

가 새롭게 받아들인 철학의 실내용이었다. 칸트는 바로 이러한 근대적 주체, 곧 유한성의 분석학을 통해 인간과 인간학에 철학적 지위를 부여한 사람, 곧 근대 철학의 참다운 정초자이다. 근대를 파괴하고 새로운 시대를 도래하게 하려는 푸코의 비판은 따라서 칸트에 집중될 수밖에 없다. 푸코의 칸트는 실은 칸트라는 개인을 지칭하는 고유명사가 아니라, 칸트를 정점으로 하는 근대 철학사 전반을 지칭하는 일반명사에 다름 아니다. 동시대, 현대적 니체의 도래를 위해 근대의 칸트는 파괴되어야만 한다.

넷째, 마지막으로 칸트는 서양, 실은 유럽, 보다 정확히는 서구(西歐, 서유럽) 철학의 한계를 결코 벗어나지 않는 푸코의 자문화 중심주의가 갖는 최후의 준거점들 중 하나이다. '지도도 달력도 없는 것에 대해서는 결코 말하고자 하지 않았던' 푸코는 학문적 정직성의 관념에 입각하여 자신의 탐구를 (1980년대 이후 생애 말년을 예외로 둔다면) 늘 유럽, 또는 보다 정확히는 서구에 엄격히 한정했다. 1978년 일본 방문 때 이루어진 스님들과의 대화 「미셸 푸코와 선(禪). 선불교 사찰의 체류」에서 푸코는 자신의 진정한 관심이 '서양 합리성의 역사와 그 한계'에 대한 것이라고 말한 바 있다.[71] 모든 시대의 모든 일에 대하여 '보편적인(universel)' 관심을 갖고 발언하는 사르트르적 지식인을 혐오했던 푸코는 스스로 특정 지역, 특정 시기의 일만을 이야기하는 특수(spécifique, 전문) 지식인이 되고자 했다. 그리고 푸코는 자신의 한계와 역량을 너무도 정확히 아는 인물이었으므로 연구 지역과 시기를 '자신이 잘 아는'

---

71   Michel Foucault, "Michel Foucault et le zen: un séjour dans un temple zen"(1978), DEQ II, p. 620.

(서)유럽의 근대로 엄격히 제한했다. 1976년 발간된 『성의 역사 1: 지식의 의지』까지 푸코가 발간한 모든 저작은 그 연구 영역과 시기를 정확히 16세기 이후부터 19세기(20세기)로 한정하고 있으며 특히 18세기 말, 19세기 초에 집중되어 있다. 이 18세기 말, 19세기 초는 푸코에 따르면 다름 아닌 근대가 설정된 시기로, 이는 칸트의 주된 활동 시기와 정확히 일치한다. 이런 일치는 전혀 우연이 아니며, 푸코의 철학적 관심 그 자체와 필연적 연관을 갖는 불가분의 사태이다. 좀 도식화하여 말하면, 푸코는 칸트로부터 구조주의와 니체에 이르는 다양한 철학들을 결합하여 '푸코적' 방법론을 만들어 낸 사상가이다. 그러나 푸코 동시대의 사상가들이 거의 모두 그러하듯, 이들 사유는 모두 서구적, 광의의 서양적 사유의 내부에 존재하는 사유들이다.[72] 결론적으로 칸트는 푸코에게 니체와 더불어 이 서양의 사유를 대표하는 인물이다.[73]

---

72   아마도 1978년의 일본 방문 이후에 이어진 사태들은 푸코의 사유에 **결정적 전환을 가져올 수도 있었을** 중요한 분기점일 것이다. 1970년에 이은 이 두 번째 방문에서 일본에 매혹당한 푸코는 일본으로의 이주를 진지하게 고민하나, 당시의 연인이었던 다니엘 드페르와 떨어져 살아야 한다는 이유 때문에 결국 이러한 생각을 포기한다. 푸코의 평상시 연구 스타일도 그렇고, 이 체류 기간 동안 푸코가 일본 지식인들, 전문가들과의 협업을 자주 이야기했다는 점에서도 나는 개인적으로 푸코의 일본 이주가 이루어졌다면, 이는 푸코가 서양적 준거점을 벗어날 가능성을 제공했을 수도 있었으리라는 점에서 푸코의 사유에 결정적 영향을 미쳤을 가능성이 충분하다고 생각한다. 그러나 이러한 푸코의 소망은 당시 이루어지지 않았고, 더욱이 푸코가 1980년대 초 자신이 에이즈에 걸렸음을 알게 되면서 완전히 포기된다. 이후 푸코가 생애의 말년에 발표한 글들은 시기의 측면에서 이제까지의 근대 중심주의를 벗어나 고대와 중세를 탐구하지만, 이는 어디까지나 **서양 문명의 내부**에 한정된 것일 뿐, 그 **바깥**으로 나아가지는 못한다. 푸코가 쓴 최후의 글들 중 하나인 1984년의 「계몽이란 무엇인가?」 역시 니체적 관심에 입각한 칸트와 보들레르의 재해석에 그치고 만다.

73   이는 다시 **극복의 대상인 칸트적 근대와 극복의 주체인 니체적 현대**라는 표현 아래 정식화될 수 있을 것이다.

6 나가며: 자유를 향한 참을 수 없는 열정

마지막으로 이제까지 우리의 논의를 간략히 정리해 보자. 푸코의 칸트 해석과 관련하여 이제까지 우리가 살펴본 텍스트는 다음 세 가지이다.

우선 1961년 칸트의 『인간학』(1798)에 대한 푸코의 주석 「서설」이 있다. 푸코의 박사학위 부논문으로 제출된 「서설」은 이후 푸코가 보여 주게 될 칸트 해석의 기본적 구도를 드러내 주는 주요한 작품이다. 「서설」에 보이는 푸코의 칸트 해석은 우선 내용적으로 마음의 문제에 집중한다. 푸코는 칸트의 마음을 정신의 일부로 보면서, 주체이자 대상으로 간주되는 인간이 자신과 세계에 대한 인식을 형성하게 해 주는 인식의 가능 조건으로 마음을 바라본다. 이렇게 이해된 칸트의 마음은 이후 주어진 특정 시대와 사회에 있어서의 무의식적 상수로 간주되는 '구조'의 개념과 결합되면서 인식론적 장, 곧 에피스테메의 개념, 나아가 권력-지식의 복합체로 발전하는 단초가 된다. 한편 우리는 1960년대 초의 푸코가 니체의 지대한 영향 아래 칸트의 사유를 이미 '인간의 죽음'이라는 관점에서 사라져야 할 것으로 바라보고 있음을 알게 된다.

다음으로 '지식의 고고학' 시기의 대표작이라 할 1966년의 『말과 사물』이 있다. 『말과 사물』의 칸트는 근대를 열어젖힌 유한성의 분석론을 창시함으로써 근대의 에피스테메, 곧 경험적-초월적 이중체로서의 인간, 역사를 가능케 한 인물로 그려진다. 그러나 동시에 '근대 이후'를 사유하고자 하는 푸코에게 칸트는 사라져야 할 지난 시대의 '인간학적 잠'을 대표하는 인물로 그려진다. 푸코는 유럽 사유에서 언어와 인간의 양립 불가능성을 지적하면서, 인간이 사라진 시대에 도래할 것은 언어일 것이라는 전망을 우리 앞에 펼쳐 보인다. 앞서의 「서설」과 마찬가지로, 이러한 논의의 배면에는 니체의 사유가 존재하고 있다.

　　마지막으로 푸코가 사망한 해인 1984년 발표된 논문 「계몽이란 무엇인가?」가 있다. 이는 1784년 칸트가 발표한 동명의 논문에 대한 푸코의 해석으로, 이 글에서 푸코는 칸트를 현재, 오늘을 체계적으로 사유한 최초의 유럽 철학자로 바라본다. 푸코는 '힘에의 의지'라는 니체적 관심 아래, 칸트의 텍스트로부터 (대항) 품행·태도·윤리의 문제, 곧 현대성의 문제를 계보학적으로 구성해 낸다.[74] 이제 비판은 말년의 푸코에게 문제화〔문제설정〕(*problématisation*)라는 용어 아래 정리된다.[75] 문제화는 왜 다른 방식이 아닌 바로 이 방식으로 무엇을 하거나 하지 않았

74　다음을 참조하라. "니체의 출현은 서구의 사상사에서 어떤 단절을 구성합니다. 철학적 담론의 양상은 니체와 더불어 변화했습니다. 니체 이전의 철학적 담론은 익명의 나였습니다. 그래서 데카르트의 『성찰』은 주체적 성격을 갖습니다. 하지만 독자는 데카르트를 대체할 수 있습니다. 그러나 독자가 니체를 대신해 '나'라고 말하는 것은 불가능합니다. 이런 사실로부터, 니체의 지위는 현대 서양의 사유에서 독보적인 것이 됩니다."(Michel Foucault, "Michel Foucault et Gilles Deleuze veulent rendre à Nietzsche son vrai visage," in DEQ II, p. 266; 미셸 푸코, 오트르망 심세광·전혜리 옮김, 『비판이란 무엇인가? 자기수양』, 동녘, 2016, 35쪽, 옮긴이 주 84) 1978년 5월 27일 소르본에서 행해진 푸코의 강연 「비판이란 무엇인가?」는 1990년 프랑스에서 간행되었고, 2015년 우리말로 번역되었다. 칸트의 논문 「계몽이란 무엇인가?」를 다루는 푸코의 이 강연은 본 논문의 분석 대상에 반드시 포함되었어야 할 것이나, 푸코의 칸트관 일반의 개요를 다루는 이 글에서는 지면의 제약으로 다루지 못한다. 「비판이란 무엇인가?」에 나타난 푸코의 칸트관을 다루기 위해서는 아마도 한 권의 논저가 온전히 필요할 것이다.

75　문제화는, 연구자 주디트 르벨의 탁월한 요약처럼, '주어진 특정 시점의 특정 사회에서 특정 문제에 대해 일정한 유형의 대답을 제공하는 고유한 역사적 형태와 방법에 대해' 묻는 방식이다. 푸코는 문제화를 '참과 거짓의 놀이에 무엇인가를 도입하고 이를 (도덕적 성찰, 과학적 인식, 정치적 분석을 막론하고) 사유의 대상으로 구성하는 담론적·비담론적 실천의 집합'으로 규정한다. Judith Revel, *Le Vocabulaire de Foucault*, ellipses, 2002, pp. 49~50.

는가, 곧 문제화하거나 하지 않았는가를 역사적·비판적으로 탐구하는 방식이다. 달리 말해 문제화란 곧 정상적인 것, 당연한 것에 대해 질문하는 행위, 곧 비판이다. 이처럼 문제화는 비판이자, 오늘의 나와 우리에 대한 물음, 곧 철학 행위(activité philosophique)에 다름 아니다. 칸트의 계몽은 이제 푸코에 이르러 우리에게 '당연한 것', '자연스러운 것'으로 주어진 이러저러한 문제화 및 문제 설정 들을 역사적·비판적으로 탐구하는 작업이 되었다.(문제화 탐구의 주요한 두 방법론이 고고학과 계보학이다.)[76] 이는 칸트의 마음을 인식의 가능 조건으로 바라보던 『서설』의 초기, 칸트의 마음이 주어진 시대와 사회의 인식을 가능케 하는 무의식적 상수, 광의의 '구조' 개념과 만나 인식론적 장, 곧 에피스테메를 구성하게 되는 '지식의 고고학'의 시기, 이 에피스테메가 다시금 니체의 '힘에의 의지'과 만나며 권력-지식 복합체로 설정되는 '권력의 계보학' 시

---

76   푸코가 수행한 이러한 다양한 칸트 해석의 배면에 공통적으로 존재하는 것은 (플라톤에서 데카르트, 칸트를 거쳐 헤겔과 마르크스에 이르는 철학자들이 가정해 왔던) **하나의 보편적 진리**가 존재하지 않는 세계, 곧 오직 **진리들·진실들**만이 있는 니체적 세계이다. 이 세계는 절대적이고도 보편적인 정답이 없는 세계, 오직 각자가 정답이라고 믿는 진실들, 진리들만이 존재하는 세계이다. 보편적 진리가, 진실이 민주주의의 적이다. 따라서 '달력도 지도도 없는 것에 대해서는 말하지 않는다.'라고 공언했던 푸코에게 칸트의 작업은 '달력도 지도도 갖지 않는' 보편적 진리의 묘사로 보일 수밖에 없으며, 따라서 칸트의 모든 작업은 푸코에게 **비판**의 대상일 수밖에 없다. 이러한 비판의 핵심은 칸트의 인간학적 기획이 인간 자체의 초역사적 도식이 아니라, 오직 주어진 시공 내에서 이러저러한 방식으로 구성된 역사적 이해임을 밝힘으로써, 칸트의 인간학 및 그에 입각하여 구성된 당대 유럽, 곧 **나의 오늘-여기**를 변형하고자 하는 것이었다. 푸코는 스스로의 보편성을 주장하는 칸트의 인간학이 다만 하나의 **역사적 구성물**(historical formation)임을 밝힘으로써 그것이 주장하는 객관성·절대성·필연성 및 보편성을 근원적으로 부정하고, 그와는 다른 '무수한 일반성의 형식들'을 가능케 하고자 한다. 그리고 이러한 작업의 목적은 다름 아닌 **자기의 변형**(transformation of the self)이다.

기, 이 권력-지식의 복합체가 광범위한 비판의 개념과 만나 현대성의 태도, 철학 행위, 곧 문제화의 개념을 구성하게 되는 주체화, 곧 '윤리의 계보학' 시기로 이어지는 긴 여정의 종착점이다.

앞서의 지적처럼 푸코가 수행한 평생의 작업은 '칸트의 문제를 자신의 방식으로 다시 쓴' 것으로 읽힐 수 있으며, 이때의 '자신의 방식으로'란 달리 말해 '비판적 재해석'이다. 그리고 이러한 '비판적 다시 쓰기'의 동기와 방법론을 제공한 것이 다름 아닌 니체였으며, 우리는 평생에 걸친 푸코의 작업이 실은 '니체의 텍스트들을 다시 쓰는 작업'이었다고 말할 수 있을 것이다.(이는 마찬가지로 푸코에 의한 '니체의 비판적 재해석'이다.)[77] 푸코에게 칸트는 가장 초기부터 결코 칸트 그 자체였던 적이 없다.('그 자체'란 이미 처음부터 존재하지도 않지만.) 푸코의 칸트는 늘 '항상 이미(*toujours déjà*)' 니체에 의해 해석된 칸트였다. 에피스테메들 사이의 양립 불가능성을 가정하는 푸코는 칸트로 대변되는 근대와 니체로 대변되는 새로운 시대가 양립할 수 없음을 잘 알고 있었다. 이러한 대전제 아래에서, 푸코는 칸트가 다가올 니체의 시대를 위해 죽어야만 한다는 사실을 알고 있었음에 틀림없다. 푸코에 있어, 칸트와 니체는 각기 이미 지나간 '근대'와 도래해야 할 '새로운 시대'를 대표하는 철학자에 다름 아니었다. 그렇다면 결국 푸코에게 칸트와 니체는 무엇을 의미하는 철학자였을까? 푸코에게 칸트와 니체는 각기 '지나가 버린 낡은' 자유의 형식과 '도래해야 할 새로운' 자유의 형식을 상징하는 철

---

77   이런 의미에서 우리가 현대 철학에 있어서의 니체가 보여 주는 불가피하고도 광범위한 영향력을 생각해 본다면, 우리는 푸코를, 그리고 실은 아마도 우리 모두를 어떤 의미에서는 **신니체주의자들**(néo-Nietzschéens)이라고 불러 볼 수도 있을 것이다.

학자들이었다. 우리는 푸코가 죽기 직전 써 내려간 「계몽이란 무엇인가?」의 마지막 문장에서 이미 그 대답을 읽었는지도 모른다. "나는 오늘날 비판의 과업이 여전히 계몽에 대한 믿음을 수반하고 있는지 아닌지 알지 못한다. 다만 나는 비판의 과업이 우리의 한계에 대한 작업, 그러니까 자유를 향한 우리의 참을 수 없는 열정에 형태를 부여해 주는 끈질긴 노력을 요구하고 있다고 생각한다."[78]

78   WE, p, 50; QL, 1397쪽; 「계몽」, 200쪽. 강조는 인용자.

참고 문헌

1. 푸코

Maladie mentale et personalité, PUF, 1954.

Folie et Déraison: Histoire de la Folie à l'Age Classique, Collection "Civilisations et Mentalités", Plon, 1961.

Kant & Foucault, *Anthropologie du point de vue pragmatique / Introduction à l'Anthropologie*(FI), Bibliothèque des Textes Philosophiques, Vrin, 2008; Michel Foucault, *Introduction to Kant's Anthropology*(FIE), trans. by Robert Nigro and Kate Briggs, semiotext(e), 2008; 미셸 푸코, 김광철 옮김, 『칸트의 인간학에 관하여 — 『실용적 관점에서 본 인간학』 서설』(『서설』), 문학과지성사, 2012. 푸코 「서설」의 프랑스어 원문은 다음 사이트를 참조했다. http://www.generation-online.org/p/fpfoucault8.htm

Les Mots et les Choses. Une Archéologie des Sciences Humaines(MC), Gallimard, 1966; 미셸 푸코, 이규현 옮김, 『말과 사물』, 민음사, 2012.

Dits et Ecrits(DEQ), Quarto, Gallimard, 2001.

"Une histoire restée muette"(1966), in DEQ I.

"Entretien avec Michel Foucault"(1976/1977), DEQ II.

"Michel Foucault et Gilles Deleuze veulent rendre à Nietzsche son vrai visage"(1977), in DEQ II.

"Non au sexe roi," in DEQ II; "Power and Sex," trans. David J. Parent, *Telos* 32, 1977, pp. 152~161; "Power and Sex", in Lawrence D. Kritzman ed. and with an introduction, *Foucault: Politics, Philosophy, Culture — Interviews and other Writings 1977~1984*, Routledge, 1988, pp.

110~124; 황정미 편역, 「권력과 성 — M. 푸코/B. 앙리-레비와의 대담」, 『미셸 푸코, 섹슈얼리티의 정치와 페미니즘』, 새물결, 1995.

"Un cours inédit: Qu'est-ce que les Lumières?" *Magazine ittéraire* 207, mai 1984, pp. 35~39; DEQ II, pp. 1498~1507; 정일준 옮김, 「혁명이란 무엇인가」, 정일준 편역, 『자유를 향한 참을 수 없는 열망』, 새물결, 1999, 163~175쪽.

"What is Enlightenment? — Was ist Aufklärung?" (WE) trans. Catherine Porter, in Paul Rabinow ed., *The Foucault Reader*, Pantheon, 1984, pp. 32~50; "Qu'est-ce que les Lumières?" (QL) DEQ II, pp. 1381~1397; 정일준 옮김, 「계몽이란 무엇인가」(「계몽」), 정일준 편역, 『자유를 향한 참을 수 없는 열망』, 새물결, 1999, 177~200쪽.

2. 칸트

『다양한 인종』: *Von der Verschiedenen Racen der Menschen, Gesammelte Schriften* (Ak), Walter de Gruyter, II, p, 443, 1900.

「계몽이란 무엇인가에 대한 답변?: "Beantwortung der Frage: Was ist Aufklärung?" in *Immanuel Kants Werke, Bd. 4, Schriften von 1783~1788*, Hrsg. von A. Buchenau und E. Cassirer, 1922; in *Berlinische Monatsschrift*, décembre 1784, vol. IV, "Qu'est-ce que les Lumières?" trad. fran. Wismann, in *Oeuvres*, Gallimard, 1985, pp. 481~491; 이한구 옮김, 「계몽이란 무엇인가에 대한 답변」, 이한구 편역, 『칸트의 역사철학』, 서광사, 1992, 13~22쪽.

『인간학』: *Anthropologie du point de vue pragmatique* (KA), trad. fr. par Michel Foucault, J. Vrin, 1964; 이마누엘 칸트, 백종현 옮김, 『실용적 관점에서의

인간학』(『인간학』), 아카넷, 2014.

3. 그 외

고유한, 「인간 개념에 대한 미셸 푸코의 고고학적 비판.『말과 사물』과 『서설』
　　의 칸트 해석을 중심으로」, 서강대학교 대학원 철학과 석사학위 논문,
　　2015.

허경, 「미셸 푸코의 '에피스테메' 개념」,《에피스테메》제1호, 고려대학교 응용
　　문화연구소, 2007, 209~232쪽.

＿＿, 「서평: 푸코, 칸트, 니체」,《문학과사회》102호, 문학과지성사, 2013,
　　430~437쪽.

Eribon, Didier, *Michel Foucault: 1926~1984*(MF), 3e Édition revue et enriche,
　　Flammarion, 1989, 2011; 디디에 에리봉, 박정자 옮김, 『미셸 푸코,
　　1926~1984』(『미셸 푸코』), 그린비, 2012.

Fimiani, Mariapaola, *Foucault et Kant. Critique Clinique Ethique*, trad. Nadine
　　Le Lirzin, L'Harmattan, 1998.

Revel, Judith, *Le Vocabulaire de Foucault*, ellipses, 2002.

2장

힘에의 의지에서 지식-권력으로

푸코의 니체 활용

도승연

> "당신은 어떤 니체를 좋아하십니까?"
> "글쎄요. 분명한 것은 차라투스트라의 니체가 아닌
> 『비극의 탄생』과 『도덕의 계보학』의 니체입니다."
> ― 프레티와의 인터뷰 중에서[1]

1 들어가며

'힘에의 의지'를 통해 이성적 존재로서의 인간의 본성을 거부한 니체와 지식-권력의 효과를 통해 근대의 주체화 과정을 분석한 푸코의 주장은 현대 철학사에 거대한 반향을 일으켰다. 한 세기 이상의 격차를 두고 펼쳐진 이들의 주장에 각각이 이해하는 힘과 권력의 개념, 지식과 진리, 인식과 경험에 대한 입장의 차이가 있음은 분명한 사실이다. 그러나 이 두 학자로부터 발견할 수 있는 공통점은 이들이 서구 형이상학 체계의 이성의 독단을 비판함으로써 전통 철학의 인간 이해의

---

1   Ian Hacking, "The Question of Culture: Giulio Preti's 1972 Debate with Michel Foucault revisited," *Diogenes*, 224, 56.4: p. 83.(미셸 푸코, 양창렬 옮김, 『지식의 의지에 관한 강의: 콜레주 드프랑스 강의 1970~1971』, 난장, 2017, 404쪽. '옮긴이 해제'에서 재인용. 이하 『지식의 의지에 관한 강의』로 칭함)

틀을 거부하고, 실존으로서의 자기 창조를 우리의 현재를 새롭게 바라보았다는 점이다. 과거와 현재를 의도적으로 구분하여 지금과 다를 수 있는 오늘을 만나기 위해서만 '역사'를 계보학적으로 다룬다는 점에서 이들의 학문적 상상력은 언제나 현재를 향해 있었다. '프랑스의 니체주의자'로 불리는 푸코의 학문적 위상은 널리 알려진 일이지만 푸코 연구자들에게 그 이명(異名)의 수준과 범위를 양자의 사상 안에서 엄밀하게 분석하는 일은 예상외로 까다로운 작업이다. 그 이유는 푸코의 모든 저작과 주제에서 니체의 영향력을 발견할 수 있지만 미묘한 방식에서 굴절되고 확장되는 제 요소들을 포착, 검토하는 일은 하나의 논문에서 다룰 수 있는 수준을 넘어서기 때문일 것이다.

따라서 이 글은 지식-권력의 효과를 중심으로 근대적 주체성의 역사성을 드러내는 권력의 철학자인 동시에 우리의 현재가 지금과 다른 방식으로 존재할 수 있는 가능성을 타진하는 현재의 역사가로서 푸코를 다룬다. 그가 자신의 새로운 얼굴을 드러낼 때마다 그곳에서 결정적으로 만나게 되는 니체의 영향력을 푸코의 니체 활용이라는 관점으로 분석할 것이다. 주요 텍스트는 1970년 이후 푸코가 니체로부터 받은 영향이 자신의 연구 주제와 방법론에 직접적으로 반영되는 시기의 저작들(『지식의 고고학』(1969), 『담론의 질서』(1971), 『지식의 의지에 관한 강의: 콜레주드프랑스 강의 1970~1971』(2011), 『감시와 처벌』(1975), 『성의 역사 1』(1976) 『"사회를 보호해야 한다: 콜레주드프랑스 강의 1975~1976』(1997))로 한정하여 검토할 것이다. 시기는 푸코 연구의 주제적 변화로 알려진 지식, 권력, 윤리의 측면들 중 지식에서 권력으로 전환한 시기, 즉 지식의 형성과 작동에 관한 초기의 구조주의적 흔적을 떨쳐 버리고 진리의 정치학에 관한 연구를 위해 고고학으로부터 계보학으로 방법론적 전환을 감행한 때이기도 하다.

하지만 푸코의 니체 활용을 분석할 때 이 시기의 중요성은 단순히 반역사주의, 계보학이라는 방법론을 빚진 선대 철학자와의 연관성 이상의 함축을 담고 있다. 그 이유는 이 시기 푸코는 자신이 『광기의 역사』에서 언급했던 반이성주의 계열의 문학가 니체와는 다른 니체를 소환하고 있기 때문이다. 이때 푸코가 만나는 니체는 이성적 사유 밖의 언어를 다루는 문학가 니체가 아니라, 지식 형성에서의 힘들의 대결을 앞세우며 서구 철학사와 치열하게 대결하고 있었던 니체였고 이러한 니체에 대한 재해석이 이후 푸코의 진리의 정치학 안에서 본격화된다는 점에 주목할 필요가 있다. 푸코는 권력을 정치 이론으로 한정하지 않고 철학적 담론으로 구체화했던 니체야말로 권력의 철학자였음을 높이 평가했으며, 그러한 니체에게 존경을 표하는 방법은 그의 말을 반복하는 주석가 역할을 거부하고 그를 활용, 변형하는 것이라고 주장했다.[2]

그러한 맥락에서 이 글은 1960년대 후반에서 1970년대 중반의 공간의 문제와 지식-권력의 효과를 중심으로 푸코의 권력에 대한 이해가

2   푸코는 권력을 경제적 관점에서 이론화한 마르크스와 자신의 거리 두기를 분명히 하고 난 뒤 이어진 "그렇다면, 니체는 어떤가요?"라는 질문에 대해 자신은 예전에 니체에 대해 많은 강의를 했고 현대에 와서 니체의 중요성은 더욱 커지고 있지만 요즘은 니체에 대해서 침묵을 지키고 싶다고 대답한다. 덧붙여 푸코는 마르크스와 달리 니체는 정치 이론으로 자신을 제한하지 않고 권력의 문제를 철학적 담론으로 구체화한 권력의 철학자라고 평가하면서, 자신이 좋아하는 학자에게 존경을 표하는 방식은 그와 동일한 내용을 말하는 것이 아니라 그를 활용, 변형하여 급기야 그가 고함치고, 저항하도록 하는 것이라고 말한다. 이러한 푸코의 답변을 상기할 때 푸코에 대한 니체의 영향력을 검토하는 일은 니체의 사상과 푸코의 것을 비교하고 대조하기보다는 니체에 대해 침묵을 지키려는 푸코의 의도가 무엇인지, 어떠한 맥락에서 니체를 소환하여 자신의 것으로 활용, 변형하고 있는지를 비판적으로 상상해 보는 일일 것이다. (참고 M. Foucault, "Prison Talk," *Power/Knowledge: Selected Interviews and Other Writings 1972~1977*, pp. 53~54.)

니체를 어떠한 수준에서 활용함으로써 정제되었는지의 과정을 검토할
것이다. 이를 통해 궁극적으로 지식, 권력, 윤리의 주제 안에서 늘 역동
적으로 변화했던 푸코의 권력에 대한 이해가 니체 활용을 통해 개념적
으로 보다 정제되고, 실천적으로 본격화되었음을 강조하고자 한다.

2 푸코가 취한 니체 활용의 단계별 변화

푸코와 니체의 학문적 연관성을 다룰 때 발견할 수 있는 가장 강력
하며 거대한 외연은 이들이 '현재의 역사'를 다루는 사상가들이라는 점
이다. 물론 푸코가 『지식의 고고학』을 연구하던 당시부터 자신의 작업
은 언제나 '현재의 역사'였음을 강조[3]해 왔다면, 니체는 '현재의 역사'
라는 표현을 사용한 적은 없다. 하지만 이들을 현재의 역사가들이라 명
명할 수 있는 이유는 그들이 과거의 축적이나 미래를 위한 준비로서
현재를 연구하는 것이 아니라, 우리가 지금 왜 이렇게 존재하는지, 그
리고 이렇게 존재하지 않을 수 있는지 가능성을 탐색하고 실천하는 장
으로 현재를 바라보기 때문이다. 푸코와 니체에게 역사는 과거의 기념
비적인 유산이나 순수한 기원을 추구하는 통상적인 역사가 아니었으
며, 숨겨지고 누락된 사건들과 그것들의 유래를 추적함으로써 현재의
경험과 실천의 정당화를 탈신비화하고 비합법화하기 위한 폭로의 재
료들이었다. 이들은 인식의 주체를 선험적으로 정초하고 그 주체의 이
성에 의한 진리의 체제가 실은 신의 관점을 가장한 권력의 역사임을

---

3   Simon, JK, "A Conversation with Michel Foucault," *Partisan Review* 38, p. 192.

폭로했다. 특히 푸코는 인간을 특정한 방식의 주체로 구성(양생, 예속, 복종, 생산)하는 담론적 실천의 우연성과 외부성을 드러내기 위해 불연속성으로 역사를 이해한 반역사주의적 역사자로 잘 알려져 있다.

그러한 의미에서 푸코가 니체로부터 받은 영향력은 계보학이라는 방법론이 대두하는 1969년에서 1976년까지의 특정 시기, 혹은 니체와 현재의 역사를 다루었던 몇몇 논문에서만 발견될 수 있는 특이한 사실로 한정할 수는 없다. 대신 지식 없이는 권력이 작동할 수 없음을 지식-권력의 연동체로 간주했던 푸코의 모든 저작이 실은 니체의 사상적 영향력 아래 있다고 볼 수 있을 것이다. 반역사주의, 반이성주의 계열에서 니체와의 친밀성은 푸코의 전 저작에서 만날 수 있지만 지식, 권력, 윤리라는 연구 주제의 변화와 고고학과 계보학 방법론의 문턱에서 만나게 되는 니체의 흔적은 푸코에게 각기 다른 의미를 가진다. 아래에서는 니체를 인용하는 수준에서 그치고 있는 푸코의 고고학적 시기 그리고 이와 확연히 대비되는 방식에서 니체를 적극적으로 활용하고 있다고 판단되는 방법론적 전환의 시기(1960년대 후반에서 1970년대 초반)로 구분하여 그 함축적 의미를 검토할 것이다.

1) 1960년대의 푸코의 니체에 대한 이해:
비이성과 광기의 문학적 한계 경험

고고학적 시기의 푸코의 저작은 『광기의 역사』(1961),[4] 『임상의학

---

4   『광기의 역사』를 고고학적 시기로 분류하는 것에 대해서는 학자들 사이에서 논쟁의 여지가 있지만 이는 고고학적 시기 작업으로 간주하고 논의를 진행할 것이다.

의 탄생』(1963), 『말과 사물』(1966)이다. 이때 핵심적 주장은 주체와 지식의 관계를 역전시킴으로써 전통적 주체 개념의 독단성과 허구성을 불연속적 역사적 지층을 통해 비판한 것이다. 더 나아가 전통적 주체의 정당성을 파괴함으로써 새로운 위반의 가능성을 탐색한 것이라고도 볼 수 있다. 그리고 이것은 푸코에게서 두 차원의 접근 방식을 통해 전개된다.

첫째, 무의식적 토대로서의 에피스테메를 통해 분절적이며 복수적인 역사의 지층을 드러내는 것이다. 그리하여 푸코는 근대라는 역사의 지층에서 탄생한 '주체'라는 사건을 폭로함으로써 역사적 구성물에 불과한 주체에 기대지 않는 지식 형성의 설명 방법을 제안했다. 둘째, 이성의 역사가 표방해 왔던 정당성을 공격하고 이성으로부터 배제된 광기 및 비이성의 언어를 통해 사유될 수 없는 것의 바깥의 가능성, 위반의 가능성을 제시하는 것이다. 첫 번째 접근이 프랑스 과학사적 전통으로서 캉길렘이나 바슐라르의 영향 아래 보편적이며 객관적인 통일과학 이면의 불연속적 차원에 대한 탐색이라면, 두 번째 접근은 횔덜린, 네르발, 니체와 더불어 시작된 문학적 담론의 가능성[5]에 대한 것이라고 볼 수 있다.

이 시기의 푸코는 니체를 통해 서구 형이상학과의 대척점에 있는

5 "푸코는 철학적 성찰의 공간에 문학과 예술을 삽입하여 독특한 사유의 체계를 형성했고 철학적 담론이 말할 수 없었던 사실을 해명하고자 문학을 활용했다. 문학은 철학의 타자로서 새로운 사유의 공간을, 사유의 밖을 상상하고 사유의 한계를 극복하기 위해 상투적인 사유의 경계 밖으로 나가려고 했다."(심세광, 「푸코의 문학론」, 한국프랑스철학회 엮음, 『프랑스 철학과 문학비평』, 문학과지성사, 2008, 288쪽 참고) 이러한 심세광의 설명은 푸코의 문학관을 단적으로 드러낸다. 특히 푸코의 고고학 시기에 니체는 그에게 비이성의 계보에서 사유 밖의 것을 상상하는 언어의 인도자로 이해되고 있다.

문학적 한계 경험[6]의 가능성을, 보다 구체적으로 표현한다면 문학의 언어와 철학적 글쓰기의 접합[7] 가능성을 보았다. 이때 니체는 반플라톤주의, 반기독교주의 입장에 서서 비이성적 언어인 광기, 디오니소스적 힘으로서의 문학적 의의를 복원하는 문학가로 푸코에게 인용되고 있다. 하지만 아직 정확한 의미에서 푸코에게 활용, 즉 변형, 재해석되었다기보다는 비이성과 광기의 작가로, 문학적 글쓰기와 철학적 글쓰기의 접합된 스타일을 가진 문학가 니체로 머물고 있을 뿐이다. 푸코가 니체를 본격적으로 활용하기 시작하는 것은 그의 계보학적 시기부터이다. 이 시기의 푸코는 힘에의 의지의 대결로서 세계를 이해하는 니체의 사유, 즉 삶의 차원과 그것의 유비로서의 세계의 차원에서 작동하는 의지에 대한 니체의 사유를 토대로 권력에 대한 자신의 주장을 개념적으로 정제하기 시작한다.

2) 1970년대의 푸코의 본격적인 니체 활용: 계보학자들의 만남

고고학적 시기의 푸코는 에피스테메를 '담론의 형성과 변환을 통해 분절적으로 드러나는 역사적 지층'이라고 명명했지만 이것만으로는 담론 외적인 요소, 그것의 절차와 구성을 명확히 설명할 수 없다는

---

6   "18세기 말 비이성에 대한 인식과 광기의 인식 사이의 차이를 통해서 결정적으로 중요한 운동이 시작되었다. 그 운동 덕분에 비이성에 대한 경험은 횔덜린, 네르발, 니체와 더불어 계속해서 시간의 뿌리 속으로 들어갔다."(미셸 푸코, 이규현 옮김, 『광기의 역사』, 나남, 2003, 9쪽)

7   "19세기 말이 되어서야 비로소 언어가 사고의 영역으로 되돌아왔다. 니체의 철학적 과업과 언어에 대한 철학적 반성을 통해 언어는 이제 니체가 우리를 위해 개척한 철학적, 문헌학적 공간 속에서 불가사의한 다양성으로서 분출하게 된다."(미셸 푸코, 이규현 옮김, 『말과 사물』, 민음사, 2012, 351쪽)

것을 스스로도 충분히 인지하고 있었다. 즉 고고학에서 기술되는 에피스테메는 한 시대의 인식과 실천의 통일성을 드러내 주는 고정된 구조라기보다는 담론 형성의 수준에서 드러날 수 있는 관계들의 집합이거나 그 집합의 계열이 역사적으로 분절되어 있는 분산의 공간일 뿐이었다. 그렇다면 우리가 참과 거짓을 말한다는 것은 인식 주체와 대상 사이의 문제가 아니라 인식 주체가 주체로서 차지하게 되는 담론의 규칙성, 체계화의 문제일 뿐이며 이때 주체의 위치는 비담론적인 영역과 끊임없이 관계를 맺을 수밖에 없다. 따라서 이러한 이론적인 난점을 앞에 두고 푸코는 불연속적 역사에 따라 지식이 형성되는 분절의 지층, 즉 어휘의 조직이나 의미론적 분절의 규정에 관한 고고학적 연구를 넘어 사회적 현실에서 담론적 실천을 특징짓는 관계들, 장치들에 대한 분석으로 자신의 문제 범위와 대상을 확장해야만 했다. 이것이 간략히 정리된 계보학적 요청의 배경이다.

그러한 맥락에서 푸코의 『지식의 고고학』(1969)은 비록 제목에서 '고고학'임을 명시하고 있지만 초기의 고고학적 방법론을 새롭게 정리하면서 앞으로 본격화된 계보학적 도래를 예고했다. 본래의 기획과 달리 『지식의 고고학』의 마지막 장에서 푸코는 담론 형성에서 담론과 비담론적 요소들의 상호 연결의 중요성을 지적하고 있음에도 실제 담론이 어떻게 권력의 효과로 발휘되는가를 설명하는 수준까지는 나아가지 못했다.

푸코의 계보학적 전환이 보다 구체화된 것은 콜레주드프랑스 교수 취임 기념 강연록인 『담론의 질서』(1971)이다. 그는 이전보다 명확한 방식으로 "모든 사회가 특정 담론의 규칙성 아래 있으며 이러한 규칙성을 통해 개인을 주체로 예속시키며 사회 전체를 통제, 선별, 조직, 재분배하는 절차들을 합법화한다고 주장한다. 그리고 이러한 배제의 절차들을 외적 절차(담론이 실천되는 배제의 외부적 과정으로서 금지, 분할과 나눔, 참과 거짓의 대립으로 드러남)와 내적 절차(담론의 원본을 재귀하게 하는 주석의 기능, 개별성을 희석하는 저자 기능, 담론의 한계를 규정하는 분과 학문의 역할)로 구분하고 이 모든 것을 실행하는 정치적, 경제적, 의학적, 과학적 기술들의 형식을 담론의 규칙성을 작동시키는 장치들로 파악한다."[8]

여기에서 중요한 사실은 푸코가 담론적 실천이 야기하는 외적 배제의 세 가지 기능인 금지, 분할과 나눔, 참과 거짓의 대립의 주제를 다룰 때 금지의 문제는 『광기의 역사』에서, 분할과 나눔의 문제는 이후 『성의 역사』에서 다룰 계획임을 공표했다는 것이다. 그리고 1971년도의 자신은 이제 마지막 기능인 참과 거짓의 문제를 다룰 것임을 예고[9]했다는 점이다. 특히 푸코가 배제의 세 가지 기능 중 유독 '참과 거짓'의 구별을 강조한 배경을 이해하기 위해서는 1970년에 집중적으로 이루어진 푸코의 니체 재독해의 정황[10]과 당시 프랑스 철학계의 지적 분

---

8   미셸 푸코, 이정우 옮김, 『담론의 질서』, 새길, 1993, 13~28쪽 참고 요약.

9   "제가 오래전부터 관심을 갖고 있는 문제는 형벌 체계의 문제, 한 사회가 선과 악, 허가와 불허, 적법과 불법을 정의하는 방식, 한 사회가 그것이 법에 가해진 모든 위배와 위반을 표현하는 방식의 문제입니다."라고 담론적 실천의 배제의 기능들 중에서 마지막 참과 거짓에 대한 탐구 계획을 명확히 표현하고 있다.(『지식의 의지에 관한 강의』, 401~402쪽에서 재인용)

10   푸코의 니체에 대한 관심은 1970년대에 갑작스럽게 나타난 특별한 사건이 아니다. 프랑스 국립도서관에 보관된 1000페이지가 넘는 푸코의 독일 철학 독서 노트 중 약 3분의 2가 넘는 분량이 니체에 대한 것이었으며 이미 1953년부터 푸코는 니체를 집중적으로 독해하고 있었다. 출간하지는 않았지만 스웨덴 웁살라 대학 체류 기간인 1955~1956년에는 니체에 관한 몇 편의 글을 쓰기도 했다. 푸코는 스스로 자신이 좋아하는 니체는 "차라투스트라가 아닌 『비극의 탄생』과 『도덕의 계보학』의 니체"라고 했지만 그의 독서 노트를 보았을 때 푸코는 니체의 전 저작을 면밀히 독해한 것으로 판단된다. 그렇기에 푸코에게 니체의 영향력은 1950년대 이후 꾸준히, 자신의 전 저

위기를 간과해서는 안 될 것이다. 68혁명 이후 설립된 프랑스의 뱅센 대학교에서 푸코는 1969년 2월 "형이상학의 종말"을, 1969년 겨울부터 1970년대 초까지 "생명과학의 인식론"과 "니체와 계보학"을 강의했다. 특히 인식의 정초가 되는 주체 개념, 기원에 기대지 않으면서 도덕과 형이상학 등을 공격하는 니체의 입장에 적극적으로 동의했다. 심지어 니체를 통해 유럽 문명에서의 지식의 의지의 형태학이 얼마나 등한시되었는가를 고백하기도 했다. 이러한 니체에 대한 관심은 비단 푸코 개인에게서 발견되는 특이한 관심이 아니라 1970년 초반 프랑스 사상계에 불었던 니체 르네상스를 배경으로 한다. 중간에 탈퇴하기는 했지만 푸코는 들뢰즈와 함께 프랑스어판 니체 전집 간행의 총괄 책임을 맡았으며 그 성과물인『니체 전집』(1965)의 프랑스 출간은 잘 알려진 사실이다. 또한 다수의 니체 콜로키움 등이 진행되었을만큼 당시의 니체 연구에 대한 프랑스 사상계의 활발했던 학문적 분위기가 함께 고려되어야 할 것이다.

더욱 중요하게 다루어져야 할 사실은 '힘에의 의지'에 기반한 니체적 인식 모델이 담론적 실천을 분석하는 푸코의 계보학적 연구에 끼친 철학적 영향력이다.[11] 푸코는 서구 형이상학에서 니체와 아리스토텔레

___

작에 걸쳐 있는 것으로 볼 수 있다. 하지만 1967년 이후 니체에 대한 푸코의 관심은 과거에 비해 보다 직접적이다. 68혁명 이후 설립된 뱅센 대학교에서 푸코는 다수에 걸쳐 니체를 강의했을 뿐 아니라 푸코를 포함하여 당시 프랑스 철학자들의 니체의 사상을 둘러싼 교류와 활동은 매우 활발히 이루어졌다.(『지식의 의지에 관한 강의』, 401~404쪽 참고)

11   푸코는『지식의 의지에 관한 강의』에서 '힘에의 의지'에 기반한 니체적 인식 모델과 앎의 호기심을 인간의 본성으로 간주한 아리스토텔레스의 인식 모델을 대립시키고 전자의 입장을 지지한다. 이 강의록은 고고학으로부터 계보학으로 이행되는 과정에서 니체의 '힘에의 의지'에 기반한 인식론과 프랑스 인식론의 토대가 형성한 '지식' 개념을 '지식의 의지'라는 개념으로 조형함

스의 인식 모델을 대비시킴으로써 인식과 인식 대상의 동일화를 주장하는 전통적 아리스토텔레스 모델을 거부하고 양자의 차이의 거리를 확보하는 니체적 인식 모델을 자신의 계보학적 탐구의 대상으로 간주한다. 즉 힘들의 대결로서의 투쟁의 결과, 사건으로서 인식을 재해석하면서 푸코는 이를 담론적 실천에 관한 자신의 계보학적 전제로, 탐구의 대상들로 적극적으로 활용한다.『감시와 처벌』은 물론『사회를 보호해야 한다: 콜레주드프랑스 강의 1975~1976』의 중심 주제가 담론적 실천에 관여하는 지식-권력의 효과와 사회적 차원에서 전개되는 투쟁, 갈등, 결정과 전술에 대한 분석이라는 점에서 니체적 인식 모델을 기반으로 한 푸코의 니체 활용을 확인할 수 있다. 정리하면 적어도 1969년부터 1970년대 초에 이르는 저작들은 두 가지 차원에서 푸코의 본격적인 니체 활용을 적시하고 있다. 첫째, 푸코는 니체의 '힘에의 의지'에 기반하여 니체적 인식 모델을 재해석했고 이를 다시 사회적 관계에서의 담론적 실천과 장치의 분석에 대한 강조로서 새롭게 활용했다. 둘째, 이러한 니체 활용을 통해 푸코는 니체의 의지 개념에 대해 제기되었던 기존의 자연주의적 성격을 제거하는 동시에 권력의 작동을 억압이 아닌 생산적 차원에서, 중심이 없는 관계적 차원에서 대결로 본격화할 수 있었다. 이는 권력에 대한 푸코의 이해가 보다 구체화될 수 있는 중요한 철학적 전사로 작동한다.

으로써 자신과 니체의 사상적 연관성을 철학사적으로 보여 주는 저서이다. 푸코만이 아니라 니체 저서의 원문을 중심으로 해당 논의를 충실하게 다룬 글로 이 책의 5장을 참고하라.

3) 철학자 니체라는 자장 대 푸코의 니체 활용

푸코가 직접적이고 독립적인 방식으로 니체를 자신의 연구 주제로 다루고 있는 동시에 접근 가능한 자료는 다음의 세 가지이다. 첫째, 1964년 7월 루아요몽 콜로키움에서 발표된 니체에 관한 푸코의 공식적인 최초의 논문으로 알려진 「니체, 프로이트, 마르크스」이다. 푸코는 본 논문에서 계보학의 성립 근거인 언어학을 토대로 16세기와 19세기의 기호와 해석의 관계를 비교 분석하고 있다. 그는 언어 그 특성상 최초의 의미에 도달할 수 없으며 언어를 매개로 한 사물에 대한 이해는 늘 해석에 불과하다고 주장했다. 니체에게 가치 평가 없는 가치가 없는 것처럼 해석을 필요로 하는 기호는 실은 이미 해석된 것으로 이해된다.[12] 둘째, 자신의 방법론이 니체의 계보학에 빚지고 있음을 천명함으로써 잘 알려진 「니체, 계보학, 역사」이다. 여기에서 푸코는 니체가 그러했듯 전통 역사학이 추구하는 기원의 탐구를 "사물들의 정확한 본질, 사물들의 가장 순수한 가능태들, 사물들의 자기 동일성"을 포착하려는 시도라고 비판하며, 이와 대조적으로 유래를 추적하는 계보학은 사물의 배후에 영원한 본질은 없다는 전제에 따라 사물들의 불화와 부조화를 찾아낸다고 주장한다. 셋째, 2000년간의 서구 유럽 문명이 간과했던 지식에 대한 의지의 형태학을 계보학에 본격적으로 기입한 『지식의 의지에 관한 강의: 콜레주드프랑스 강의 1970~1971』의 "니체 강

---

12   M. Foucault, "Nietzsche, Freud, and Marx," *Michel Foucault: Aesthetics, Method and Epistemology(Essential Works of Foucault Vol. 2, 1954~1984)*, ed. James D. Faubion, New York: New Press, 1998, p. 276.

의"[13]이다. 여기에서 푸코는 인식의 주체와 인식 대상의 일치를 인식 그 자체로 간주해 왔던 서구 형이상학의 역사와 니체를 정면으로 대결시키고, 한 걸음 더 나아가 철학자 니체를 통해 지식-권력의 상호 내재성을 철학사적으로 확인한다. 해당 저작의 강의 요지에서 발췌한 다소 긴 인용문을 통해 푸코가 니체를 활용하여 지식 형성의 역사성의 문제를 힘의 충돌의 호전적 장에 입각하여 다루고 있음을 확인할 수 있다.

이전의 수행한 연구들을 통해 나는 사유 체계를 분석할 수 있게 해 주는 모든 수준 가운데 하나의 특이한 수준, 즉 담론적 실천의 수준이 있음을 깨달을 수 있었다. 거기에서 중요한 것은 논리학적 유형도 아니고 언어학적 유형도 아닌 어떤 체계성이다. 담론적 실천은 대상의 장을 마름질 하고 인식 주체에게 정당한 관점을 정의하며, 개념과 이론의 세공을 위한 규범을 확정한 것으로 특징지어진다. 따라서 각각의 담론적 실천은 배제와 선택을 규제하는 규정들의 게임을 전제한다. …… 담론적 실천은 그저 단순히 담론을 제조하는 방식이 아니다. 담론적 실천은 그것을 부과하면서 유지하는 기술들의 총체, 제도, 행동 양식, 전승 및 전파 방식, 교육 형태 속에서 구체화된다. …… 또한 담론적 실천의 변환은 대개 아주 복잡한 일군의 변경과 연결된다. 이 복잡한 변경은 담론적 실천 바깥에서(생산 형식에서, 사회관계에서, 정치제도에서), 아니면 그 안에서(대상을 정하는 기술에서, 기념의 세련 및 조정에서, 정보의 축적에서), 아니면 그 곁에서(다른 담론적 실천들)에서 일어난

13   이 자료는 1971년 4월 맥길 대학교에서 있었던 푸코의 니체 강의와 1972년 뉴욕 주립대학교 버펄로 캠퍼스와 같은 해 코넬 대학교에서, 1973년 브라질 리우데자네이루에서 반복했던 니체 강의를 별도로 편집하여 첨가한 글이다.

다. 그리고 담론적 실천의 변환은 하나의 단순한 결과의 방식으로 이 복잡한 변경에 연결되는 것이 아니라 그 변환을 결정하는 것과 관련된 일군의 명확한 기능과 그 자체의 고유한 자율성을 동시에 보유하는 하나의 효과의 방식으로 연결된다. 이 배제와 선택의 원리, 즉 다양하게 현존하고, 실천들 속에서 그 효력이 구체화되며 비교적 자율적으로 변환되는 이 원리는 그 원리를 잇달아 발명하고 근원적 수준에서 정초할 수 있는(역사적이거나 초월적인) 인식 주체를 참조하지 않는다. 그 원리는 오히려 지식의 의지를 가리킨다. 익명적이며 다형적이고 주기적으로 변환될 수 있으며 탐지 가능한 종속 게임에 붙들린 지식의 의지를 말이다.[14]

푸코는 담론적 실천이 대상과 개념과 규범을 특정한 방식으로 체계화하는 배제의 원리에 의해 작동할 때, 그 원리의 규칙성이 지식의 의지로부터 기인한다고 주장한다. 이때 지식에의 의지란 무엇인가, 인식 주체와 대상의 관계는 어떻게 설정되는가의 질문들을 계보학적 차원에서 다루기 위해 푸코는 전통 철학이 내세우는 인식의 모델로서 아리스토텔레스를, 그 대척점에 힘들의 투쟁의 과정으로 지식의 의지를 간주하는 니체를 배치한다. 그리하여 푸코는 니체로부터 '지식의 의지야말로 인식을 발명으로 파악'[15]한다는 주장을 견인함으로써 이를 자신

---

14   미셸 푸코, 『지식의 의지에 관한 강의』, 309쪽.(강조는 인용자)
15   푸코의 savoir와 connaissance의 차이에 대해서 게리 거팅(Gary Gutting)은 양자를 모두 지식(knowledge)으로 번역하고 의미의 차이를 다음과 같이 구별하고 있다. connaissance는 진화생물학, 물리학과 같은 개별 과학적 지식으로, savoir는 connaissance의 발전에 필수적인 담론적 조건에 해당하는 것이다. 이때 담론적 차원의 지식인 savoir는 과학적 지식인 connaissance를 위해 필수적인 대상들, 인식적인 권위의 형태들을 제공한다고 본다. 또한 허경의 설명에 따르면 푸코의 connaissance는 인식으로, 지식은 savoir로 구분된다. 전자인 인식은 후자인 지식보다 좁은 개

의 권력론의 기반으로 삼는다.

푸코가 이해하는 '지식의 의지'는 마치 아리스토텔레스의 앎의 호기심처럼 인간의 본성에 속하는 것이 아니다. 아리스토텔레스적 인식의 모델에서 인간은 누구나 알고자 하는 일종의 본성, 욕망이 있으며 이 욕망은 감각(특히 시각)에 기반한 인식, 쾌락과 연결되어 인간의 본성과 인식, 삶 사이에 근원적이고 보편적인 관계가 설정된다. 하지만 니체에 따르면 아리스토텔레스 인식 모델에 기반한 전통 철학의 주장은 거짓이라는 것이다. 푸코는 니체의 사유를 이어받아 다음과 같이 주장한다. "지식의 의지는 인식과 전혀 다른 것을 말한다. 지식의 의지 배후에는 감각과 같은 일종의 사전 인식이 있는 것이 아니라 본능, 투쟁, 권력의 의지가 있다. 지식의 의지는 그렇기에 진리와 연결되지 않는다. 지식의 의지는 환영을 꾸미고, 기만을 제조하며, 오류를 축적하고, 진리 자체가 한낱 효과에 지나지 않는 허구적 공간 속에서 펼쳐진다. 지식의 의지는 주체성의 형태로 주어지지 않고 주체는 권력 의지와 진리의 이중 게임 속에서 지식의 의지의 일종의 생산물일 뿐"[16]이라고 말이다.

푸코는 니체의 힘들의 관계가 드러난 지식의 의지를 『즐거운 학문』 아포리즘 333을 통해 다시 사건과 연결한다. "인식은 하나의 발명이며 그 배후에는 인식과 전혀 다른 것, 즉 본능, 충동, 욕망, 공포, 전유

념으로 인식 주체와 무관하게 대상이 분류, 동일시, 합리화되는 담론의 구성을 지칭한다면, 인식보다 포괄적인 개념인 지식(앎)은 인식을 얻기 위해서 주체가 수행하는 작업의 과정에서 인식의 주체 스스로가 자신의 변형을 위해 겪게 되는 모든 지적 절차를 의미한다.(게리 거팅, 홍은영·박상우 옮김, 『미셸 푸코의 과학적 이성의 고고학』, 백의, 1999, 324쪽; 허경, 「미셸 푸코」, 한국프랑스철학회 엮음, 『현대 프랑스 철학사』, 창비, 2015, 347쪽 참고)

16   미셸 푸코, 『지식의 의지에 관한 강의』, 276쪽.

의지의 게임이 있다. 그것들이 서로 싸우는 무대에서 인식이 생겨나게 된다. 인식은 그것들의 조화, 그것들의 행복한 균형의 결과로 생겨나는 것이 아니라 그것들의 증오, 그것들의 미심쩍고 일시적인 타협, 항시 배신할 준비가 되어 있는 취약한 계약의 결과로서 나타난다. 인식은 항구적인 능력이 아니라 하나의 사건, 일련의 사건들이다." 니체에게 인식은 힘에의 의지들의 다양한 힘들의 투쟁의 결과(대상에 대해 조롱하고자 하는, 탄식하고자 하는, 저주하고자 하는 모순적인 충동들이 내부에서 동시에 충돌하면서 낳은 하나의 명령적 관계의 결과[17]), '사건'일 뿐이다. 푸코는 인식은 결코 인식 대상과 주체의 일치가 아니라 힘들의 투쟁과 대결의 결과라는 니체의 주장을 이어받아 이를 서구 합리성의 역사를 이끈 지식의 의지로 확장하고 있다.

다시 1960년대 푸코와 니체의 조우로 돌아가 보자. 고고학적 시기에 푸코가 만난 니체는 비이성을 복원하려는 문학가의 인용에 그친 반면, 1960년대 후반에서 1970년대 초반까지의 푸코의 재독해를 통해 복원된 니체는 힘에의 의지들의 다양한 힘들의 투쟁의 결과를 인식으로 파악한 철학자 니체였다. 이처럼 아리스토텔레스와 대척점에 선 철학자 니체의 사유는 이후 푸코에게 정치적이며 사회적인 관계의 현실화로 확장, 수용되면서 자신의 지식-권력 개념을 구체화하는 결정적인 계기가 된다.[18]

---

17   미셸 푸코, 『지식의 의지에 관한 강의』, 282쪽.
18   "니체 이후로 진리에 대한 질문의 성격의 바뀌었습니다. 진리로 가는 가장 확실한 방법이 무엇인가를 물었던 것에서, 진리가 가질 수 있는 위험성을 경계하게 되었던 것입니다."라고 말했듯 푸코는 진리에 대한 니체의 물음이 곧 위험의 가능성으로서의 권력에 대한 물음임을 확실히 인지하고 있었다.(M. Foucault, "Question on Geography," *Power/Knowledge: Selected Inter-*

3 공간 분석의 필요성과 지식-권력의 효과들

1) 계보학이 포착하는 다중적 공간들

푸코에게 철학적 실천이란 보이지 않는 것을 보이도록 하는 것이 아니라 보이는 것을 이전과는 다른 방식에서 보기를 제안하는 것이라 할 수 있다. 그렇다면, 서구 근대적 주체가 인식의 근원이 아닌 지식의 의지에 의해 구성되는 것임을 폭로하는 활동이야말로 푸코의 사상적 전개에 있어서 매우 핵심적인 철학적 활동[19]이라 할 수 있다. 푸코가 참과 거짓을 나누려는 '지식의 의지'로부터 이를 지식-권력의 배제의 효과로 재해석할 때, 푸코의 철학적 활동은 비정상을 배제함으로써 주체를 정초하는 근대의 이성 중심 철학을 향해 있었다. 이때 지식-권력의 배제의 효과(제도, 절차, 장치 등의 정치적이며 인식론적인 차원의 조건들)를 통해 근대적 주체의 역사성을 폭로하려는 푸코의 계보학적 탐색은 반드시 특정한 공간적 질서에서의 분석을 전제로 한다. 이는 계보학적 탐구

views and Other Writings 1972~1977, New York: Routledge, 1988, p. 66 참고)

19   푸코에게 철학적 활동은 사고의 사고에 대한 비판 작업을 말한다. "오늘날 철학은―내가 말하고자 하는 것은 철학적 활동인데―무엇인가? 그것은 사고에 대한 사고의 비판 작업이 아니겠는가. 그리고 사람들이 이미 알고 있는 것에 정당성을 부여하는 대신에 어떻게, 그리고 어느만큼이나 다르게 생각하는 것이 가능한지 알려고 하는 것이 아니겠는가. 철학적 담론이 밖으로부터 타인들을 지배하고 그들에게 그들의 진리가 어디에 있으며 그것을 어떻게 찾는가를 말해 주고자 할 때 혹은 순수하게 실증적으로 그들의 옳고 그름을 가릴 수 있다고 자부할 때, 그 철학적 담론은 얼마간은 터무니없는 것이다. 그보다 바로 그 철학적 사고 속에서 철학과는 무관한 지식의 훈련에 의해 변화할 수 있을 것을 탐구하는 것이 철학의 권리인 것이다.(M. Foucault, The History of Sexuality Vol. I : Will to Knowledge, trans. Robert Hurley, New York: Vantage Books, 1978. pp. 23~24)

에서 공간 분석이 가지는 다음의 다중적 의미로부터 기인한다.

첫째, 계보학에서 다루는 공간은 담론이 형성되는 공간, 즉 진리 게임이 작동하는 공간이다. 힘들의 투쟁과 대결의 결과 형성된 지식에의 의지는 곧 사건이다. 이때의 사건은 어떤 기념비적인 위대한 역사의 현장을 말하는 것이 아니며 결코 단일한 힘에 의한 것이 아닌, 끊임없이 명령하려는 다수의 힘들의 대결 안에서 발생한다. 그렇기에 계보학자는 지금까지 역사에 있었지만 은밀하게 숨겨졌던, 사소하고 분산된 사건들을 주목하고 그것들을 끄집어내야만 한다. 무엇이 철학의 무대로 오르고 무엇이 지식, 인식, 과학이 아닌 것들로 분류되어 철학의 무대 밖으로 사라지게 되었는가? 이 질문이야말로 타당성의 확보와 오류의 제거라는 전통적 인식 모델을 거부하고 힘들이 대결한 결과물로서의 사건에 주목해야 한다고 주장하는 계보학자들의 궁극적인 문제의식이다.

그러한 측면에서 푸코가 질병, 광기, 범죄, 변태 행위가 특정한 시대에 담론의 대상으로 포착, 해석, 평가되는 일련의 과정을 추적해야 한다고 했을 때, 이 물음은 특정 일탈 행위에 관한 담론의 내적 논의가 아니라 그것이 작동하는 구체적인 공간과 사건에 대한 질문이다. 어떻게 인식과 법이, 행위와 가치가 결합하면서 특정한 담론의 무대에 오르게 되었는가? 그것을 가능하게 한 절차와 제도, 과정은 무엇인가? 어떻게 힘들의 대결로서의 인식의 차원이 이를 제도화, 체계화하는 법적 질서와 결합하면서 특정한 배제의 효과가 발생하게 되었는가? 이와 같은 질문이야말로 언제나 사건의 문제, 즉 특정 공간으로부터 야기되는 현실 속의 문제 상황들이기 때문이다.

둘째, 사건과 관련된 공간의 의미는 신체와의 관계에서 등장한다.

"사건들의 각인된 표면으로서의 신체"는 과거 체험의 낙인을 유지하며 실패와 오류를 간직하고 있다. 그렇기에 계보학은 신체를 특정한 공간으로, 동시에 공간에 의해 변형되는 사건의 표면으로 간주한다. 푸코는 주체와 지식, 권력의 문제를 논의하는 과정에서 이와 연관된 특정 공간, 병원, 감옥, 소년 감화원 등의 구체적인 물리적 공간의 생성 구조와 배치, 통제의 과정을 치밀하게 분석하는 작업가로 유명하다. 이것은 푸코가 문화 공간의 조직, 조정을 통해 성립하는 '사건'을 계보학의 특권적 대상으로 취급하기 때문이다. 공간이 어떻게 역사의 일부를 이루게 되었는가, 어떻게 한 사회가 지식-권력의 결합을 통해 신체에 특정한 가치를 부여하고 사회와 제도를 안정시키고 특정한 주체성을 만들어 내고 있었는가의 문제를 분석한다고 했을 때 그가 실질적인 공간, 폐쇄적인 공간 분석에 몰두한 것은 당연한 귀결이다. 그리하여 그는 거시적으로 지식-권력의 효과에 의해 작동하는 사회적 신체의 조직화뿐 아니라 미시적으로는 사건의 표면으로서의 인간 신체를 가장 유효한 계보학의 분석 대상으로 삼는다.

먼저 사회적 신체라는 거시적 차원에서 푸코는 추방이라는 과거의 배제 형식으로부터 감금이라는 새로운 배제의 체제 안에서 17세기 이후 공간에 대한 질서화를 발견한다. 그리스 비극에서 추방형으로서 형벌은 다의적이고 다형적인 세계, 주변에 알 수 없는 것들로 가득 찬 외부로 일탈자를 내모는 것이었다. 반면 17세기 이후 인구로 가득 차 버린 국가라는 정치적 실체가 서구 근대의 공간에 등장하면서 내부에서의 공간의 조직이 본격화된다. 이에 따라 근대의 형벌은 감금을 통한 배제라는 과거와는 전혀 다른 공간적 질서 안에 편입되어 도시와 국가의 공간이 조직화(도시의 편성, 감시 체제, 도로망의 확충, 방랑자의 체포 등)를 통해 안정기에 돌입한다.[20] 이처럼 근대의 진리 체제는 다양화된 세계의 공간을 제도로 확립하여 근대라는 사회적 신체를 합리화의 구조 안으로 이끈다.[21]

미시적 차원에서의 공간 이해는 인간 신체의 표면을 통해 근대적 주체성을 조직화하는 파놉티콘의 예에서 잘 드러난다. 물론 서구의 전근대에서도 인간 신체는 정치적, 경제적, 종교적 권력 등 다양한 힘들이 작동하는 특정한 기호로 간주되어 왔다. 하지만 적어도 이때의 신체는 착취의 대상, 죽임으로 자신의 힘을 과시하는 주권 권력의 대상에 불과했다. 역사적으로 언제나 권력은 신체를 부수며 고통을 주며 무언가를 선취했음에도, 규율 권력으로 대표되는 근대의 권력은 신체라는 미시적 공간의 조직화를 통해 급기야 새로운 영혼을 만들어 내기에 이른다. 신체의 조직화는 규율 권력으로 이해되었던 『감시와 처벌』의 유순한 신체(docile body) 이후 섹슈얼리티를 중심으로 전개되는 『성의 역사』 1권의 생명 관리 권력(Bio-power)[22]의 명명을 통해 보다 다층적인

---

20   미셸 푸코·와타나베 모리아키, 오석철 옮김, 『철학의 무대』, 기담문고, 2016, 20쪽. 「철학의 무대」는 푸코가 일본을 방문했던 1978년 이루어진 연극 비평가 와타나베 모리아키와 나눈 대담을 옮긴 글이며 같은 해 『공간의 신화학』에 수록되었다.

21   도시 인문학적 차원에서는 푸코가 제기한 지식과 권력의 결합에 의한 공간의 조직화 문제는 텅 빈 진공이나 동결된 고체로 공간을 파악하는 태도, 나아가 시간을 특권화하는 목적론적인 헤겔적 시간관에 저항하면서 공간이 어떻게 역사의 일부를 구성하는가를 통찰하는 '공간적 전환'의 흐름과도 궤를 같이한다.

22   규율 권력(Disciplinary power)보다 다층적으로 이해되는 생명 관리 권력(Bio-power)은 '규율과 관련된 인체의 해부 정치(Anatomo politics of human body), 즉 개인을 과학적 지식의 대상으로 변환하여 새로운 규범 체제에 따라 예속적인 주체성으로 장착하는 권력의 측면과, 인간을 종, 혹은 인구로 간주하고 이에 대한 성적인 장치들과 관련한 제도와 실천에 관한 인구에 대한 생명 관리 정치(Bio politics of the population)의 두 측면을 통해 작동한다.(M. Foucault, *The*

차원으로 전개된다. 섹슈얼리티는 신체에 작동하는 과학적 담론과 실천의 그물망을 통해 일상적 삶 안으로 권력의 작동을 유포하는 거점이 되었으며 더 나아가 삶을 관리하고 통제하는 새로운 기술들을 통해 신체에 특정한 가치를 부여하는 역할을 수행한다. 푸코는 이러한 권력을 '생명 관리 권력'이라는 개념으로 발전시키면서 생명에 대한 권력의 작동이 명확한 계산의 영역으로 편입되어 인간의 삶과 권력의 변화를 작동시키는 요인이 되었다고 보았다.

권력에 대한 푸코의 이러한 이해는 인식의 대결을 사건으로 수용했던 니체의 재독해를 통해, 더 구체적으로 설명하면, 공간의 조직화에 따른 지식-권력 효과를 주장하게 된 1969년에서 1976년 사이에 구체화되었음을 확인할 수 있다. 이 시기의 푸코는 사건과 연관되어 있는 진리의 체제를 통해 기존의 권력의 학자들이 이루었던 이론적 무력함을 강하게 비판했다. 나아가 자신이 연구하려는 권력은 결코 정치 이론의 대상으로서의 실체적 권력이 아니고 일상 관계에서 작동하는 효과로서의 권력, 복잡한 힘들의 관계가 끊임없이 변화하는 역동적인 상호작용 속에서 행사되는 생산적 권력, 관계적 특성을 갖는 권력임을 강조했다.[23] 그렇다면 푸코의 권력에 대한 이해가 다듬어지는 과정은 곧 푸

History of Sexuality Vol. I: Will to Knowledge, Trans. Robert Hurley, New York: Vantage Books, 1978, p. 139)

23   푸코가 권력의 특징을 생산적, 관계적인 것으로 이해하고 주장한 시기는 그가 계보학을 방법론으로 채택한 1969년 이후로 보아야 할 것이다. 나는 다음의 중요한 두 가지 계기를 통해 푸코의 권력에 대한 이해가 구체화되었다고 보는데 첫 번째 계기는 본 논문이 다루고 있는 푸코의 니체 활용의 측면이다. 푸코는 서구 전통 인식론과의 대결을 벌였던 니체를 '지식의 의지'라는 자신의 문제 틀로 활용함으로써 지식-권력의 연동체의 생산적, 관계적 효과를 구체화할 수 있었다. 다른 하나는 68혁명의 경험이라는 정동적 차원의 계기를 통해서이다. 기존의 마르크스적 권

코가 니체를 활용하는 단계별 과정과 크게 어긋나지 않을 것이다. 그렇다면 푸코는 그를 활용하는 과정에서 무엇을 어떻게 변형함으로써 자신의 진리의 정치학을 구성할 수 있었는가?

2) 지식의 의지로부터 시작된 권력에 대한 정교화 작업

푸코가 『지식의 의지에 관한 강의』에서 니체를 아리스토텔레스와 대비함으로써 도출한 중요한 효과는 니체의 독해를 기반으로 전통 철학이 전제했던 인식과 인식 대상, 그리고 인식 주체와 대상의 연속적 관계를 균열시키고 이를 권력의 관계로 전환한 것이다.[24] 이처럼 '지식의 의지'로부터 본격화된 푸코의 니체 활용은 다음의 세 가지 내용을 자신의 권력 개념을 다듬는 계기로 삼는다.

첫째, 전통 철학이 인식과 인식 대상의 관계에서 이 둘의 연속성을 신적 차원에서 정당화했다면 니체는 인간도 사물도 결코 인식을 위해 만들어지지 않았다고 주장한다. 이것이 니체가 말하는 '신의 죽음'의 한 측면이다. 둘째, 인식 주체와 대상의 관계에서 인식은 주체의 호기심과 같은 욕망으로부터 나오는 것이 아니라 인식 배후의 다른 것들, 이를테면 악의나 조롱으로부터 나온다는 것이다. 또한 대개 악의나 조

력관으로는 포착하기 힘든 중심 없는 저항의 형태, 차이의 정치로서의 68혁명을 경험하면서 푸코는 공간, 신체의 차원에서 권력을 탐구하는 '권력의 철학자'의 얼굴을 철학사에 새겼다. 후자에 관해서는 도승연, 「푸코와 68혁명: 사건이 아닌 경험, 신화가 아닌 비판으로서의 혁명」에서 다루고 있다.

24 M. Foucault "Truth and Juridical Form", *Michel Foucault: Power(Essential Works of Foucault Vol. 3 1954~1984)*, ed. James D. Faubion, New York: New Press, 1998, pp. 9~10.

롱, 증오와 같은 것들로부터 나온 의도치 않은 우연적 결과물, 효과가 인식이라고 봄으로써 니체는 전통 철학이 전제하던 주체와 본성의 관계에 균열을 했고 이를 푸코는 '인간의 죽음'으로 이해했다. 그러한 맥락에서 푸코는 니체가 이해하는 힘에의 의지는 언제나 사물을 제어하고 명령하는 성향을 가지지만 이것은 주체를 전제하지 않는 힘들의 대결이라는 점에서 투쟁의 산물로서의 지식의 역사를 설명할 수 있게 된다. 푸코는 이것을 자신의 니체 활용의 중요한 장점으로 수용했다. 셋째, 푸코에게 지식의 형성은 고정된 기원을 갖는 것이 아니라 투쟁과 힘들의 관계의 결과이다. 따라서 특정한 인식과 그에 따른 행위를 참된 것으로 규정하는 진리의 체계는 늘 복수의 역사를 가질 수밖에 없으며, 이러한 지식의 의지가 일반화된 형태를 갖춘 역사로서 진리라는 철학의 무대에 올라 체계화할 때 곧 권력의 역사가 된다. 그러한 맥락에서 푸코는 힘에 기반한 인식 모델의 창시자 니체를 통해 사회의 정치적 관계들과 대결할 수 있는 도구를 건네준 자신의 철학적 동업자 니체를 재발견했다고 볼 수 있다.

니체의 작업은 제가 제안하는 연구를 위해 의거할 수 있는 모델들 중에서 최선이자 가장 유효하면서 가장 현실적인 것이라고 말할 수 있습니다. 니체에게서 우리는 인식 주체가 먼저 존재함을 인정하지 않고서 주체 자체의 형성을 역사적으로 분석하고, 어떤 유형의 앎의 탄생을 역사적으로 분석하는 담론의 유형을 실제로 발견합니다. …… (니체에 따르면) 인식을 야기하는 것은 투쟁, 싸움, 싸움의 결과이며, 결국 위험과 우연입니다. 인식은 본능적인 것이 아니라 반-본능적인 것입니다. 니체는 인식의 근저에 증오, 투쟁, 권력관계 같은 것을 중심에 둡니다. …… (니체에 따르면] 인식은 늘 인간이 놓여 있는 어떤 전략적 관계입니다. 이 전략적 관계가 인식의 효과를 규정하게 되며, 바로 그 때문에 불가피하게 편파적이며 치우쳐 있으며 원근법적인 성격을 갖지 않는 인식을 상상한다는 것은 완전히 모순적인 것이 될 것입니다. 인식의 원근법적인 성격은 인간 본성에서 유래하는 것이 아니라 언제나 인식이 지닌 논쟁적이고 전략적인 성격에서 유래합니다. 전투가 있기 때문에 인식의 원근법적인 성격을 말할 수 있는 것이며, 인식이 이런 전투의 효과이기 때문입니다.[25]

하지만 푸코가 강조했듯이 자신은 니체의 저작의 몇 구절을 인용하고 그의 (때로는 모순적이었던) 지식 개념을 소개하는 주석가 역할은 거부할 것이며, 자신의 '관심'에 따라 그를 활용할 것임을, 나아가 그 관심은 '진리의 정치학'[26]을 위한 역사적 분석의 모델로의 활용임을 예고했다. 이 과정에서 푸코는 지식의 의지[27] 개념을 경유하여 지식-권력 개념으로 대체한다. 즉 『감시와 처벌』에서 발견할 수 있듯이 이는 푸코의 연구가 "지식의 의지가 진리의 체제를 확립해 가는 배제의 역사"로부터 추동되었지만 이후 "어떻게 지식-권력이 상호 연계하면서 인간을 특정한 주체로서 제도, 장치와 같은 공간적 차원에서 구성할 수 있었는가"의 문제로 이동하는지 그 과정을 설명해 준다. 이 과정에서 등장하는 사건과 실증성, 장치와 같은 측면들은 결코 의지 개념만으로는 설명할 수 없는 것이기 때문이다.

25   Ibid., pp. 13~14.

26   Ibid., p. 13.

27   '지식의 의지'가 푸코의 저서에서 비중 있게 다루어진 것은 이후 『성의 역사 1: 앎에의 의지』의 부제로서뿐이다.

또한 푸코는 니체의 힘들의 대결에 기반한 '지식의 의지'를 경유해 다시 이를 사회적 차원의 투쟁, 정치적이며 사회적인 현실의 관계성 안으로 확장하면서, 더 이상 지식의 의지를 사건의 개념과 함께 다루지 않는다. 이것은 '의지' 개념이 함축하는 태생적 한계 때문이기도 한데 푸코가 수없이 해명했음에도 여전히 의지는 심리학적 경향이나 자연주의적 특성으로 이해되었으며, 푸코가 이를 포기함으로써 비로소 니체로부터 기인했던 인간주의적이며 자연주의적인 뉘앙스를 동시에 떨쳐 버릴 수 있었다.

또한 니체의 의지는 여전히 삶의 차원과 세계적 차원의 유비를 이루는 존재론적 구성 요소라는 점에서 힘으로부터 인식이 가능하다고 보았던 반면, 푸코가 주장하는 진리의 정치학은 권력이 지식을, 지식이 권력을 가능하게 하는 상호 의존적 관계[28]를 통해 권력 효과의 외연을 확장하고 있다는 점에서 양자는 차이가 있다. 그러한 점에서 푸코는 '지식의 의지'을 경유하여 자신의 지식-권력의 효과를 견인함으로써 종국에는 권력에 대한 이해를 다듬는 도구로 활용했다.

3) 생명 관리 권력으로부터 통치 개념으로

푸코의 권력 이해는 『감시와 처벌』의 규율 권력으로부터 『성의 역

---

28   "권력의 움직임은 끊임없이 지식을 생산하며, 역으로 지식은 권력의 효과를 유도합니다. 따라서 지식 없는 권력의 행사는 불가능한 것이며 권력의 효과가 없는 지식 또한 불가능한 것입니다."라는 푸코의 언급에서는 권력-지식 연동체가 단순히 배제의 체제가 아니라 장치를 통해 가능한 생산적 특성을 강조하는 것으로 이해된다.(M. Foucault, "Prison Talk," *Power/Knowledge: Selected Interviews and Other Writings 1972-1977*, New York: Routledge, p. 52)

사』1권의 생명 관리 권력을 통해 다층화되는데, 그 사이에 1976년 강의록『사회를 보호해야 한다』가 전략적으로 위치해 있다.『사회를 보호해야 한다』는 주권 권력과의 대비를 통해 푸코의 규율 권력을 이해하게 하고 그러한 규율 권력의 보다 확장된 층위로서의 생명 관리 권력으로 이행되는 분기점 역할을 한다는 점에서 매우 중요한 학문적 위상을 가진다. 푸코는『감시와 처벌』에서 이미 주권 권력과 대비되는 규율 권력의 작동을 통해 18세기의 공간의 질서화를 주장했고 이것은 결코 폭력과 이데올로기[29]로 전개되는 것이 아니라 특정한 규범을 갖춘 사회적 신체로 향함으로써 그 효과가 백분 발휘한다는 것을 보여 주었다. 본 강의록에서 푸코는 이로부터 한 걸음 더 나아가 주권 권력과의 대비는 유지하면서 규율 권력과 생명 관리 권력의 상호 연관적 특성을 함께 주장하고 있다. 이때의 푸코의 권력 이해는 18세기의 규율 권력으로부터 18세기 말 등장한 인간이라는 종을 상대하는 생명 관리 권력으로 확장, 이행되고 있었지만, 이것은 결코 규율 권력이 이후 생명 관리 권력으로 전적으로 대체되었다는 의미가 아니었다. 오히려 이들 각각의 작동 방식은 신체의 해부학의 '규율'과 생명에 대한 '조절'적 메커니즘이었지만 양자는 특정한 권력의 체계를 조직한다는 점에서 상

---

29   푸코는 이데올로기 차원에서 자유주의적 입장과 마르크스적인 입장의 권력론을 구분하지만 이들은 공통적으로 경제주의에 기반한 권력의 모델이라고 간주한다. 푸코에 따르면 권력관계는 교환이나 계약, 혹은 생산관계보다 복합적인 것임에도 불구하고 전자는 권력을 양도, 계약의 대상으로 간주하고 있으며 후자는 정치권력의 존재 이유를 경제적 차원 속에서 발견한다는 점에서 권력을 경제보다 부차적인 차원에서 간주하는 이 두 개의 경제주의적 모델 모두가 이론적으로 무력한 볼품없는 분석의 도구라고 비판한다.(참고: M. Foucault, *Society Must be Defended: Lectures at the Collège de France 1975~1976*. trans. David Macey, New York: Picador, 2003, pp. 13~14)

호 의존적 특성을 가지고 있었다. 물론 생사를 여탈하는 주권적 권력과 우월한 생명과 좋은 삶을 조절하려는 생명 관리 권력의 괴물적 결합이 나치즘과 같은 인종주의적 형태로 드러날 수는 있지만 본 강의록의 가장 주요한 목적은 권력은 더 이상 주권을 중심으로, 억압과 복종을 주된 방식으로 취하는 것이 아니라, 생명 관리 권력이라는 밑그림을 통해 지식-권력의 효과에 따른 지배와 예속으로서의 권력에 접근한다는 방식의 변화에 있었다.

이처럼 근대 국가의 출현과 더불어 나타난 생명 관리 권력에 대한 푸코의 논의들은 주권 권력의 폭력성을 넘어 지배와 예속의 문제를 다룰 수 있었다는 점에서 권력의 논의를 구체화했다는 방법론적인 장점을 가진다. 하지만 그럼에도 다른 한편으로는 '마치 육체에 각인을 하는 듯한 물질적 효과를 통한 일면적인 경향'으로 권력을 다루었다는 점에서 비난받아 왔다. 특히 푸코가 주장하는 주체가 지식-권력의 복합적 효과에 의해 구성된 대상이면서 동시에 자신의 주체성을 스스로 경험한다고 했을 때, 후자의 측면은 생명 관리 권력 개념만으로는 적절하게 설명할 수 없다.

이러한 비판은 푸코로 하여금 자신이 거부하는 환상으로서의 해방을 전제하지도 않으면서, 인간을 특정한 주체성으로 고착시키는 인간 과학적 실천들과도 거리를 두도록 이끌었다. 그리하여 앞선 비판들을 염두에 두면서 다음의 세 가지 질문을 통해 주체에 대한 문제의식이 재정비된다. 첫째, 우리는 어떻게 우리 자신에 대한 지식의 주체로 구성되는가? 둘째, 우리는 어떻게 권력관계 안에서 행사하거나 행사를 받는 그러한 주체로 구성되는가? 셋째, 우리는 어떻게 자신의 행위의 도덕적 주체로 구성되는가? 첫째 질문은 특정의 과학적 담론 안에서 말하고, 살고, 노동하는 주체로 연구되어 온 역사적 과정에 대한 탐구로 초기의 저작에서 다루어졌다. 두 번째 질문에 해당하는 규율 권력에 의해 구성된 주체에 관한 분석은 『감시와 처벌』과 『성의 역사』 전반부에서 찾을 수 있다. 푸코 자신도 두 번째 작업까지 지식과 권력의 대상으로서 개인이 구성되는가의 문제에 몰두해 있었다는 것을, 그렇기에 주체화 양식의 긍정적인 측면을 파악하기 어려웠다는 점을 인정하고 있다. 그렇기에 이전의 논의들에서는 포착해 낼 수 없었던 주체화 방식의 자발적인 측면을 이끌어 내기 위해서, 생명 관리 권력보다는 넓은 운신의 가능성을 내포하고 있는 통치라는 개념을 제시하고, 또 국가의 통치성과 끊임없이 대결하면서 스스로에 의한 자기 구성적 주체의 가능성을 도출하고자 했다. 이제 『감시와 처벌』에서 처음 등장했고 『성의 역사』에서 본격적으로 논의된 생명 관리 권력은 사라지고, 1978년 콜레주드프랑스에서의 첫 강의에서 등장한 '통치(government)'로 포섭함으로써 그간의 권력에 대한 용어상의 변화를 최종화했다.

푸코는 권력관계가 지배가 아닌 권력관계이기 위해서는 필수 불가결한 두 요소가 있다고 본다. 하나는 타자(권력의 행사를 받는 사람)가 자체의 목적상 행위하는 자로서 철저히 인지되고 주장된다는 점이며 다른 하나는 반응, 반작용, 결과, 가능한 고안 등의 전 영역이 권력의 관계에 직면하여 열려 있다는 점이다. 권력관계를 자유로운 양자 사이에서 발생하는 열린 장에서의 작용이라는 보는 푸코에게 통치란 '다른 편의 행위를 변경시키려고 의도하는 또 다른 한 편의 시도'[30]임을 확인

---

30   M. Foucault, "The Subject and Power," *Michel Foucault: Beyond Structuralism and Hermeneutics*, Chicago: University of Chicago Press, 1982, p. 220.

할 수 있다. 그러한 의미에서 통치는 '행위를 위한 행위', 즉 특정한 행위들이 그들의 의도대로 유도하고 이끌어 가능한 결과를 이루려는 행위 방식인 것이다.

권력은 자유로운 주체들에 대해서만 행사되며, 또한 이들이 자유로운 경우에만 가능하다. 이로써 우리는 다양한 행위 방식이나 반작용, 그 밖의 다양한 구성 요소들이 실현될 수 있는 가능성의 영역에 직면하게 되는 개인적이고 집단적인 주체를 의미한다. 결정 요소들이 전체에 침투되는 곳에서는 권력의 관계가 있을 수 없다. 노예가 사슬에 묶여 있을 때 그의 상태는 결코 권력의 관계가 아니다.[31]

푸코는 특정한 정체성을 고착시키려는 통치의 기술들에 저항하는 일은 우리가 누구인가를 밝히는 작업이 아니라, 지금 우리가 무엇인가를 거부하는 일을 통해 가능하다고 역설적으로 주장한다. 자기를 거부한다는 것의 의미는 자신을 특정한 방식의 주체로 만들어 가는 권력의 방식들과 자기 자신을 떼어 놓는 일이며, 이 거리화가 가능한 분석을 이끌기 위해서는 반드시 그것이 발생한 특정한 힘들의 장 안에서, 그리고 그러한 힘들이 가능했던 역사적 배경 아래에서 논의해야 한다고 푸코는 강조한다. 간단히 말해서 이러한 자기 통치가 후기 푸코에서의 윤리의 측면이고 자유와 실존의 미학의 중심 주제이다.

---

31   Ibid.

4 나가며: 현재의 역사가로서 푸코와 니체가 남긴 공동의 유산

푸코가 니체를 언급했던 최초의 이유가 앞에서도 살펴보았듯이 문학을 통해서 전달되었던 바깥의 언어, 광기의 언어의 발화자였기 때문이었다면, 이후의 니체는 기원 없는 힘들의 작용을 통해 주체 없이 인식의 형성을 말하고 그러한 의지로부터 권력의 효과를 사유하도록 이끎으로써, 종국에는 다시 그것의 바깥을 상상하도록 푸코를 추동했다.

폴 벤느가 푸코의 모든 저작이 실은 니체의 『도덕의 계보학』의 연장이라고 주장한 것도 바로 이러한 이유에서였다. 푸코 사상의 주제가 지식에서 권력으로, 권력에서 윤리로 변화했다 하더라도 푸코의 모든 저작의 가능 근거는 "사람들이 영원하다고 믿는 개념들이 모두 역사를 가지고 있으며, 변전된 것이며 그 기원들에 숭고한 것이 전혀 없다는 것을 보여 주기 때문"[32]이다. 이처럼 푸코는 근대적 주체의 역사성을 드러내기 위해 비판으로서의 철학의 역할을 강조했으며, 근대적 주체의 자명함이 무너지고 역사성이 드러난 그 자리에서 다시 다르게 존재하려는 주체화의 변형을 윤리 시학적 차원에서 주장한다.

푸코와 니체 모두 숭고하게 보이는 것들의 역사성을 드러내는 작업 자체가 목적이 아니라, 그러한 자명성에 대한 파괴와 균열로부터 현재와 다른 모습을 사유하고 그렇게 존재할 수 있는 가능성을 지향한다는 점에서 현재의 역사가들이었다. 또한 어떠한 방식으로 실존할 것인가의 철학의 문제를 역사적 재구성을 통한 현실 비판으로 연결한다는 점에서 현재를 위한 역사가들이었다. 니체의 권력은 홉스 식의 공포에

---

32   폴 벤느, 이상길 옮김, 『푸코, 사유와 인간』, 산책자, 2009, 173쪽.

기반한 블랙메일에는 꿈쩍하지 않는 야수성이 있었으며, 국가나 정치 이론의 철학적 토대를 제공하기 위한 이론적 도구가 아니었다. 푸코가 잘 파악했듯이 니체가 주장하는 다수의 힘의 대결을 통해 출현한 우연한 사건의 효과를 지식의 의지로 이해할 수 있다면, 니체의 힘에의 의지는 특수한 진리의 체계의 자명성을 무너뜨릴 때에만, 그 변화에서만 실질적 자유가 가능하다고 보는 그러한 힘이었을 것이다. 그렇다면 이것은 푸코의 자유와 다른 것인가? 물론 니체의 자유는 '권력에의 취미, 특정한 탐욕, 복종을 모르고 다만 타인을 복종시키려는 욕구'[33]로서의 잔인함의 자유라는 측면이 있다.

푸코는 자기 통치의 기술과 윤리적 전환의 장소에서 현재의 진리의 체제를 거부하고, 탈예속화된 앎, 실천의 감행을 통해 통치당하지 않으려는 존재론적 조건으로서의 자유, 즉 윤리의 조건으로서의 자유를 보았다. 푸코에게 "윤리가 곧 자유의 실천, 사려 깊고 신중한 자유의 실천"[34]이라면 니체의 자유는 힘에의 의지에 의한 것으로, 비록 그 속성은 귀족의 자유로 극단에는 잔인함의 자유라는 모습이었을지라도, 서구 이성 중심주의에 예속된 자기 이해와의 거리 두기를 통해 자기 창조의 조건을 고민했다는 점에서 푸코의 말한 실존의 자유와 그리 멀리 떨어져 있지는 않을 것이다.

---

33   니체가 금발의 야수인 게르만인들을 거론할 때 사용한 표현을 푸코가 재인용하고 있다.(M. Foucault, *Society Must be Defended: Lectures at the Collège de France 1975~1976*, trans. David Macey, New York: Picador, 2003, p. 149 참고)

34   M. Foucault, "The Ethics of the Care for the Self as a Practice of Freedom," *Michel Foucault: Ethics (Essential Works of Foucault Vol. 1 1954~1984)*, ed. Paul, Rabinow, New York: New Press, 1998, p. 284.

참고 문헌

거팅, 게리, 홍은영·박상우 옮김, 『미셸 푸코의 과학적 이성의 고고학』, 백의,
1999.

도승연, 「푸코와 68혁명: 사건이 아닌 경험, 신화가 아닌 비판으로서의 혁명」,
《사회와 철학》 제36호, 2018.

푸코, 미셸·와타나베 모리아키, 오석철 옮김, 『철학의 무대』, 기담문고, 2016.

심세광, 「푸코의 문학론」, 한국프랑스철학회 엮음, 『프랑스 철학과 문학비평』,
문학과지성사, 2008.

정대훈, 「'지식의 의지' 개념 분석을 중심으로 한 푸코와 니체의 사상적 관계에
대한 고찰」, 《철학》 139집, 2019.

벤느, 폴, 이상길 옮김, 『푸코, 사유와 인간』, 산책자, 2009.

허경, 「미셸 푸꼬」, 한국프랑스철학회 엮음, 『현대 프랑스 철학사』, 창비, 2015.

Hacking, Ian, "The Question of Culture: Giulio Preti's 1972 Debate with
Michel Foucault revisited", in *Diogenes*, 224, 2009.

Foucault, Michel, *Madness and Civilization: A History of Insanity in the Age of
Reason*(1961), trans. Richard Howard, New York: Pantheon: 1967(이규현
옮김, 『광기의 역사』 나남, 2003)

_____, *The Birth of Clinic: An Archaeology of the Medical Perception*
(1963), trans. Alan Sheridan, New York: Vantage Books, 1973.

_____, *The Archaeology of Knowledge*(1969), trans. Alan Sheridan, New
York: Pantheon Books, 1972.

_____, *The Order of Things: An Archaeology of the Human Science*(1970), trans. Alan Sheridan-Smith, New York: Random House, 1996(이규현 옮김, 『말과 사물』, 민음사, 2012)

_____, *L'ordre du discours*, Paris: Gallimard, 1971(이정우 옮김, 『담론의 질서』, 새길, 1993)

_____, "Nietzsche, Freud, and Marx,"(1971) *Michel Foucault: Aesthetics, Method and Epistemology*(*Essential Works of Foucault Vol. 2 1954~1984*), ed. James D. Faubion, New York: New Press, 1998.

_____, "Nietzsche, Genealogy, History,"(1971) *Language, Counter-Memory, and Practice: Selected Essays and Interviews by Michel Foucault*, ed. Donald, Bouchard, Ithaca: Cornell University, 1980.

_____, "Truth and Juridical Form,"(1973) *Michel Foucault: Power* (*Essential Works of Foucault Vol. 3 1954~1984*), ed. James D. Faubion, New York: New Press, 1998.

_____, *Discipline and Punishment: The Birth of the Prison*(1975), trans. Robert Hurley, New York: Vantage Books, 1977.

_____, "Prison Talk,"(1975) *Power/Knowledge: Selected Interviews and Other Writings 1972~1977*, New York: Routledge, 1988.

_____, *The History of Sexuality Vol. I : Will to Knowledge*(1976), trans. Robert Hurley, New York: Vantage Books, 1978.

_____, "Questions on Geography,"(1976) *Power/Knowledge: Selected Interviews and Other Writings 1972~1977*, New York: Routledge, 1988.

_____, "Truth and Power,"(1977) *Power/Knowledge: Selected Interviews and Other Writings 1972~1977*, New York: Routledge, 1988.

_____, "The Subject and Power,"(1982) in Hubert Dreyfus and

Paul Rabinow's *Michel Foucault: Beyond Structuralism and Hermeneutics*, Chicago: University of Chicago Press, 1982

_____, "The Ethics of the Care for the Self as a Practice of Freedom,"(1984) *Michel Foucault: Ethics*(*Essential Works of Foucault Vol. 1 1954~1984*), ed. Paul, Rabinow, New York: New Press, 1998

_____, *Society Must be Defended: Lectures at the Collège de France 1975~1976*(1997), trans. David Macey, New York: Picador, 2003(김상운 옮김,『사회를 보호해야 한다』, 난장, 2015)

_____, *Leçon sur la Volonte de Savoir: Lectures at the Collège de France 1970~1971*(2011), trans. Graham Brurchell, New York: Palgrave, 2014(양창렬 옮김,『지식의 의지에 대한 강의』, 난장, 2017)

Simon, John K., "A Conversation with Michel Foucault," *Partisan Review* 38, 1971.

3장

지식의 의지 개념의 조형

푸코가 니체에게서 계승하지 않은 것

정대훈

1 들어가며

한 인터뷰에서 푸코는 니체 독서에 관해 유명한 말을 남긴다.

> 〔헤겔이나 말라르메의 사유가 아니라〕 니체의 사유와 같은 사유에
> 보일 수 있는 유일한 인정의 표시는 정확히, 그것을 활용하고 일그러뜨리
> 고 삐걱거리게 하고 고함치게 하는 것입니다. 주석가들이 〔내가〕 니체에
> 충실한지 아닌지 말하는 것은 관심사가 아닙니다.[1]

푸코의 니체 독서가 얼마나 니체의 원문에 충실한지를 따지는 것
은 의미 없는 일일 것이다. 하지만 그렇다고 해서 푸코의 이 발언이 그

---

1   Foucault(2001a), p. 1621.

와 니체 간의 사상적 긴장 관계에 우리가 더 이상 주목할 필요가 없다는 것을, 푸코와 니체 간에는 무관심한 병렬 관계만을 상정할 수 있다는 것을 의미하지는 않을 것이다. 우리는 또한 "나는 그저 한 명의 니체주의자일 뿐입니다."[2]라는 그의 자기 고백을 함께 고려해야 할 것이기 때문이다. 푸코는 '충실한' 니체 추종자 혹은 '공정한' 니체 해석자라기보다는 악의, 지배욕, 갈등 등의 비인식적인 요소들이 인식의 기반을 이룬다는 니체의 통찰을 니체를 독해하면서 스스로 적용하고 있다는 의미에서 니체주의자이다. 니체의 사상에 대한 객관적이고 중립적인 인식이라는 생각은 니체의 통찰 자체에 위배된다. 푸코는 니체의 사상을 자신의 사상을 벼리는 데 활용될 수 있는 생산적인 도구로 활용한다는 관점에서 니체를 읽는다. 이것이 함축하는 귀결은 푸코와는 다른 누군가에게 매우 중요해 보이는 니체의 어떤 통찰이 푸코의 니체에서는 종적을 감출 수도 있다는 것이다. 이 글에서는 나 자신이 보기에 중요해 보이는 니체의 어떤 통찰이 푸코의 니체에게서 사라지고 어떤 통찰은 생명력을 얻게 되는가, 그 이유는 무엇인가, 푸코의 니체에게서는 사라졌지만, 내가 보기에 니체에게 핵심적인 이 통찰은 니체에게서 어떤 전개 과정을 거치는가를 탐구하고자 한다. 따라서 이 글의 순서는 니체의 사상을 먼저 서술하고 난 뒤 니체에게 영향을 받아 형성된 푸코의 사상을 서술하는 식으로 구성되지 않는다. 이러한 서술 순서는 객관적이고 공정한 관점에서 바라본 니체 사상이 준거가 되고, 이러한 준거 아래에서 푸코의 니체 '수용'이 평가되어야 한다는 것을 은연중에 전제할 수 있다. 나는 푸코의 사상 전개 과정을, 물론 니체 사상과의 연

2   Foucault(1989), p. 327.

관을 염두에 두고 먼저 서술하면서 그가 어떠한 관심과 의도 아래에서 니체의 어떤 사상을 활용하는가를, 즉 '푸코의 니체'가 어떤 과정을 거쳐 형성되는가를 먼저 보일 것이다. 그다음 푸코의 니체가 형성되면서 채택의 문턱을 넘지 못하고 침묵 속에 남겨지는, 그러나 나의 니체 독서의 관점에서는 아주 중요한 니체의 문제의식이 강조될 것이다. 마지막으로 니체와 푸코의 사상적 경로를 종합적으로 평가하면서(물론 이는 '공정하고 객관적인' 관점에서 니체와 푸코를 다룬다는 것은 아니다.) 이 글을 마무리할 것이다.

이러한 서술의 틀 속에서 분석의 초점이 되는 것은 푸코의 '지식의 의지' 개념이다. 이 개념은 푸코의 니체가 형성되는 과정에서 핵심적인 고리 역할을 한다. 우리는 이 개념이 조형되는 과정을 분석함으로써 첫눈에는 니체적 영감으로 충만해 보이는 이 개념이 어떤 이질적인 요소로 구성되는지를 보일 것이다. 즉 이 글의 전반부에서 어떻게 푸코가 프랑스 인식론의 전통을 계승하면서 자신의 고고학적 방법론의 결함을 극복하고 실천적-전략적인 계보학을 구성하기 위해 니체의 (권력)의지 개념을 받아들여 지식의 의지 개념을 조형하는지를 살펴볼 것이다.(2~4절) 다음으로 이 개념이 형성되는 데에는 니체의 '계보학적 통찰'이 큰 비중을 차지하는 반면, 니체의 사상에서 이 통찰만큼이나 커다란 비중을 차지하는 '인간학적 통찰'은 이 개념이 형성될 때 채택의 문턱을 넘지 못한다는 점을 보일 것이다. 니체의 사상에서 후자의 통찰은 서양 형이상학을 비판하는 니체의 사상에서 출발점을 이룬다. 나는 이로부터 출발하여 니체는 자신의 사상 편력 전반에 걸쳐 제기되는 과제인 '인간학적 조건을 넘어서는 인간의 삶의 가능성'을 모색하게 된다는 점을 보여 줄 것이다.(5~6절) 마지막으로는 '인간학'과 관련된 중첩

되면서도 상이한 니체와 푸코의 입지점을 종합적으로 평가하면서 글을 마무리할 것이다.(7절)

2 에피스테메에서 지식으로

'인문과학들의 고고학'이라는 부제를 단『말과 사물』(1966)에서 푸코는 특정 시대의 다양한 분과 과학의 인식 체계들을 가로지르며 이들을 발생시키는 토양이 되었던 인식론적 요소들의 장인 에피스테메 개념을 도입했다. 이로써 각 분과 과학들의 연속적인 발전 과정을 주요 인물들의 사상을 중심으로 추적해 온 이제까지의 과학사 서술에 반기를 들고, 서로 불연속적인 각 시대의 에피스테메들이 그 시대에 출현한 제 과학의 인식 대상·인식 주체·인식 방식이 형성될 수 있었던 익명적 가능 조건이라고 주장했다. 그런데『말과 사물』보다 3년 늦게 출간되었으나 1967년 여름에 이미 탈고를 마친 것으로 보이는『지식의 고고학』에서 에피스테메의 개념은 그 중심적인 지위를 상실하고 그 대신 책의 제목을 이루고 있기도 한 '지식(savoir)'이 그 자리를 차지한다.

에피스테메 개념의 상대화는 다음과 같은 이유에 기인하는 것으로 보인다.『말과 사물』은 어떻게 한 시대의 에피스테메에 기반하여 각 분과 과학들에 고유한 대상들과 개념들, 이론들이 형성될 수 있었는지를 기술한다. 즉 에피스테메는 분과 과학이 출현하기 위한 인식론적 가능 조건으로 이해된다. 그러나『지식의 고고학』에서 에피스테메를 대체하는 지식은 단지 분과과학의 인식론적 가능 조건에 머물지 않는다. 우선, 푸코는 지식의 외연이 과학보다 더 넓다는 점을 강조한다. 지식은 한 분과 과학의 출현 조건인 점에서는 에피스테메와 다르지 않으나 지식으로부터 반드시 과학이 출현하는 것은 아니다. "한 담론적 실천에 의해 규칙적인 방식으로 형성된 그리고 한 과학의 구성을 위해서 필수 불가결한 요소들, 그러나 반드시 과학을 탄생시켜야 하는 것은 아닌 이 요소들의 집합, 우리는 그것을 지식이라고 부를 수 있다."[3] 다만 분과 과학들의 인식 체계들을 탄생시킨 에피스테메가 『말과 사물』의 주된 분석 대상이 된 데에는 그만한 이유가 있다. "에피스테메로의 정향이 이제까지(『말과 사물』에 이르기까지) 탐구된 유일한 것이었다. 그 이유는, 의심할 바 없이 우리의 문화를 특징짓는 경향에 의해, 담론적 형성물들이 끊임없이 인식론화되기 때문이다."[4] 담론적 형성물들은 지식의 차원에 머물지 않고 과학적 인식을 향한 문턱을 넘는 경향을 띤다. 이것이 푸코가 보기에는 서양 문화, 특히 고전 시대 서양 문화의 커다란 경향이다. "인식론화의 문턱"을 넘은 지식, 곧 "과학성의 문턱"에 도달하게 될 지식이 에피스테메이다.[5]

『말과 사물』은 인식론화의 문턱을 넘은 에피스테메가 어떻게 과학성의 문턱을 넘어 분과 과학들의 인식이 되었는가를 다룬 저작이다. 에피스테메 개념에 비해 지식은 다음과 같은 방법론적 의의를 지닌다.

첫째, 지식은 에피스테메를 포괄하는 외연을 지닌다. 그러한 지식은 에피스테메를 발생시킨다. "지식을 그것이 발생시키는 에피스테메의 방향으로 분석해 나가는 것은 언제나 가능하다."[6]

---

3   푸코(1994), 252쪽; Foucault(1969), p. 238. 이 글의 모든 번역은 필요 시 수정했다.

4   같은 책, 272쪽; Ibid., p. 255.

5   네 "문턱"에 대한 설명은 푸코(1994), pp. 259~260 참조.

6   푸코(1994), 270쪽. 이러한 점을 염두에 둘 때 우리는 "실증성의 문턱"을 넘은 것을 지식으

둘째, 하나의 분과 과학을 성립시키지 않은 채로 남을 수도 있는 지식은 하나의 담론적 실천(pratique discursive)이다.[7] 에피스테메가 오로지 과학 성립의 전제 조건인 인식론적인 요소들의 체계로 이해되는 반면 지식은 처음부터 하나의 실천으로, 다만 담론의 형태를 띠는 실천으로 이해된다.[8] 이러한 연유로 지식에 대한 분석은 인식론적-고고학적인 작업의 성격을 넘어, 물론 아직 명시적이고 주제적으로 전개되지 않았지만, 지식 분석으로부터 어떻게 하나의 실천 전략이 성립할 수 있는가를 탐구할 가능성을 열어 준다.

셋째, 『지식의 고고학』은 분석 대상을 담론적 실천으로서의 지식에 국한하지 않는다. "고고학은 또한 담론적 형성물들과 비담론적 영역들(제도들, 정치적 사건들, 경제학적인 실천들과 과정들) 사이의 관계들을 드러낸다."[9] 고고학은 그 분석 대상을 담론적 실천과 비담론적 실천 간의 관계로까지 확장시킨다. 물론 이 관계 혹은 연결에 대한 분석은 해석학이나 (푸코가 "인과적 분석"이라고 부르는) 마르크스주의적 분석에서처럼 둘 사이에 의미의 표현 관계나 비담론적인 것에 의한 담론적인 것의 결정 관계를 독단적으로 미리 전제한 데에서 출발하지 않는 '실증적' 분석이다.[10] 분석의 초점이 되는 것은 비담론적 실천이 담론적 실천의 출현 및 기능에 "어떻게 그리고 어떤 자격으로 참여하는가"이

로, 그리고 지식 중에서도 "인식론화의 문턱"을 넘은 것을, 적어도 곧 이 문턱을 넘게 될 것을 에피스테메로 규정해 볼 수 있을 것이다.
7 "정의된 담론적 실천이 없는 지식이란 존재하지 않는다. 그리고 모든 담론적 실천은 그것이 형성하는 지식에 의해 정의될 수 있다."(푸코(1994), 270쪽)
8 이 점을 르쿠르도 강조하고 있다. Lecourt(1974), pp. 109~111.
9 푸코(1994), 226쪽.
10 같은 책, 226~228쪽.

다.[11] 우리는 이 관계가 1970년대의 푸코의 작업에서 점점 더 중요한 분석 대상이 될 것임을 알고 있다.[12]

마지막으로 에피스테메와 지식은 실체적으로 구별되는 고정된 것을 일컫는 용어들은 아니라는 점이 강조되어야 한다. 에피스테메는 분과 과학을 출현시키는 인식론적인 요소 체계로 이해되는 지식일 뿐이다. 반대로 지식 또한 기본적으로 담론적 형성물인 한 어떤 인지적인 요소를 가지고 있으나 다만 "인식론화의 문턱"을 넘지 못한 것일 뿐이다.[13]

『지식의 고고학』은 통상 이미 주어진 초월론적인 인식 주체와 그에 상관적인 인식 대상 및 인식 방식을 출발점으로 삼아 구성되는 분과 학문의 인식(connaissance) 체계에 대비되는, 이들의 출현 조건인 익명적 지식(savoir)의 체계를 방법론적으로 정리한 저서로 이해된다. 이러한 점에서『지식의 고고학』은 한 시대의 분과 과학과 그의 출현 조건인 에피스테메를 분석하는『말과 사물』의 방법론에 충실한 회고적 저작이라고 할 것이다. 그러나 앞에서 본 것처럼『지식의 고고학』의 지식 개념은 에피스테메 개념을 대체하면서 인식론적 차원에 국한되어 있던『말과 사물』의 고고학을 실천적인 차원 및 영역에까지 확장시킬 가능성을 마련한다. 즉 지식은 그 자체로, 하나의 담론으로서 이미 실천적인 것이라는 점, 나아가 담론적 실천으로서 지식이 현실에서는 비담

11   같은 책, 228쪽; Foucault(1969), p, 213.

12   그러나 엄격한 의미의 계보학적인 사고, 즉 1970년대에 본격적으로 전개될 실천적 – 전략적 사고는 아직『지식의 고고학』에서는 명시화되지 않고 있다. '엄격한 의미의 계보학적인 사고'에 대해서는 아래 2절 참조.

13   1970년대의 한 인터뷰에서 푸코는 에피스테메조차 하나의 "전략적인 장치"로 이해할 것을, 즉 실천적 상황에서 전략적으로 이용할 수 있는 자원으로 이해할 것을 제안하고 있다.(푸코(1993a), p. 239) 인식론적인가, 실천적 – 전략적인가의 문제는 단지 관점의 문제일 뿐이다.

론적 영역 및 요소들과 긴밀한 관련을 맺고 있다는 점이 고고학적 분석의 주요 사안으로 부각된다. 이로써 이미 『지식의 고고학』에서 제시되는 고고학은 방법론상 계보학으로의 이동이 시작되는 모습을 보여 주고 있다고 하겠다.[14] 그러나 고고학적 분석의 대상이 실천으로서의 담론 및 담론과 비담론적 요소와의 관계로 확장되었다고 해서 이것이 바로 계보학을 의미하는 것은 아니다. 분석 영역을 실천적인 것으로 확장하는 것만으로는 계보학이 구성되지 않는다. 계보학에서 중요한 것은 실천적 관점이다.[15]

계보학을 향한 이런 관점 이동을 위해 푸코가 조형한 개념이 '지식의 의지'이며, 여기에서 니체 독해가 중요한 부분을 이룬다. 왜냐하면 이 개념의 핵심 테제가 '지식이 형성되는 것은 힘들, 권력들, 정념들, 감정들 간의 긴장 관계의 결과'라는 것인데, 이 점을 니체의 계보학이 이미 잘 보여 주기 때문이다.

3 푸코의 니체 독해: 지식에서 지식의 의지로

1) 권력 의지가 아니라 지식의 의지

사실 푸코의 니체 독서는 1950년대 초반으로 거슬러 올라간다. 이

---

14 Lecourt(1974), pp. 100~102; 거팅(1999), 349쪽; 허경(2012), 14~16쪽.

15 "비판적(고고학적) 작업과 계보학적 작업 간의 차이는 대상이나 영역의 차이가 아니라, 공략 지점(point d'attaque), 관점, 제한(délimitation)의 차이이다."(푸코(1993b), p. 50; Foucault(1971), pp. 68~69)

는 푸코의 고고학적 연구 및 방법론의 진전이 니체 독서와 함께 진행되었다고 추측하도록 한다. 이성·지식·과학의 역사에 대한 그의 관심을 촉발한 한 축은 물론 그의 박사학위 논문의 지도 교수인 캉길렘 및 캉길렘의 전임자인 바슐라르의 과학철학 및 과학사 연구이다. 그러나, 푸코의 이러한 관심은 동시에 그의 니체 독서에 힘입은 바가 크다. 푸코의 니체 독서에 대한 가장 이른 시기의 보고는 1953년으로 거슬러 올라가며, 이때 푸코는 권력 의지의 이론을 체계화하고자 했던 1880년대의 니체에 몰두했다.[16] 그 경험에 대해 푸코는 이렇게 말하고 있다. "나는 1953년에 니체를 읽었습니다. 그리고 이건 기이한 일일 터이지만, [내가 니체를 읽은 것은] 지식의 역사, 이성의 역사에 대한 탐구의 관점에서, 즉 어떻게 [권력의 문제가 아니라] 합리성의 역사를 정교화할 수 있는가의 관점에서였습니다."[17] 니체 독서에서 권력의 문제보다는 지식·이성·합리성의 역사의 문제에 관심을 가졌다는 점에 대해 푸코는 "기이한(curieux)" 일로 보일 수 있음을 의식하고 있다. 이는 푸코의 니체 독서가 바슐라르-캉길렘의 과학사 및 과학철학 연구 전통 위에 서 있는 그 자신의 관심사와 결합되어 있음을 방증한다.

이로부터 14년이 지난 1967년 여름 푸코는 한 서신에서 다음과 같이 말하는데, 이는 푸코의 니체 독서의 관점이 기본적으로는 변하지 않았음을, 하지만 그 자신의 연구 방법론상의 변화를 니체 독서로부터 끌어내고 있음을 알게 해 준다.

---

16   Defert(2001), p. 22.

17   Foucault(2001b), pp. 1255~1256.

나 니체를 읽고 있어. 왜 니체가 나를 계속 매료해 왔는지 깨닫기 시작한 것 같아. 이제까지 사람들이 권력의 의지를 선호하면서 등한시해 온 것인데, 유럽 문명에서의 지식의 의지의 형태학〔이라는 주제야.〕[18]

이 서한에서 몇 가지가 눈에 띤다.

첫째, 『지식의 고고학』을 탈고할 무렵[19] 푸코는 '지식의 의지'라는 용어 및 개념과 '지식의 의지의 형태학'이라는 아이디어(1970년 말에 들어와서야 공개적인 강연에서 모습을 드러낸다.)를 품고 있었다는 점이다. 앞서 1953년 니체 독서의 관점을 이루었던 지식·이성·합리성의 역사라는 관점은 지식의 의지의 형태학이라는 관점에 자리를 내준다. 지식의 개념이 지식의 의지 개념으로 대체되는 것이다. 이는 푸코가 지식 개념으로는 자신의 방법론이 실천적 관점을 취하기에는 역부족이라는 점을 『지식의 고고학』 집필 당시 이미 자각하고 있었음을 드러낸다.

둘째, '지식의 의지'라는 용어에서 우리는 곧장 니체의 영향을 감지할 수 있다. 『지식의 고고학』이 집필·탈고·퇴고·출간을 거치는 동안 『말과 사물』의 방법론적 난관을 극복하고 고고학을 실천을 향해 정향할 개념적, 이론적 자원으로 니체의 사상이 활용되기 시작했다. 니체의 의지 개념은 (과학적) 인식의 발생 및 성립을 위한 비인지적인 원천, 실천적 원천에 대한 이해를 제공하면서 『말과 사물』의 출간 이후 고고학적 방법에 대해 쏟아진 비판에 대응할 수 있게 해 준다. 그 비판은 고고학이 하나의 에피스테메에서 다른 에피스테메로의 이행에 대

18   Defert(2001), p. 41.
19   Ibid., p. 41.

한 설명을 제공하지 못한다는 것,[20] 역사(적 변화)와 혁명의 가능성 및 전망을 보여 주지 못한다는 것[21]이었다. 물론 푸코는 『말과 사물』이 출간된 1966년에 발표한 「바깥으로부터의 사유(pensée du dehors)」에서 우리가 사물을 지각하는 기존의 방식, '인간학적인' 지각 및 경험의 방식을 벗어날 가능성을 "한계 경험"의 개념을 통해 모색했다. 그러나 이것이 『말과 사물』의 방법론이 함축하는 것처럼 보였던, 변화를 가로막는 '구조주의적' 장애를 타개할 이론적 연결점을 어떤 점에서 제공하는지가 많은 이들에게 분명해 보이지 않았다. 푸코에게는 에피스테메의 전략적 변형이 가능하다는 것을 보여 줄 새로운 방법적 개념을 마련하는 것이 시급했다. 푸코는 『지식의 고고학』에서 이미 앞에서 본 것처럼 실천적 영역으로 확장된 지식 개념을 제시했지만, 실천으로서의 지식의 면모 및 지식과 비담론적 요소들과의 관계에 대한 분석만으로는 에피스테메 및 지식을 실천으로 변형할 역동성을 제공할 수 없었다. 이러한 전략적 역동성을 사고하도록 해 주는 것이 바로 니체의 (권력) 의지 개념이다.

그러나 셋째, 우리는 이 서간으로부터 푸코가 니체를 읽으면서 권력의 의지가 아니라 지식의 의지가 자신을 매료했다고 명시하고 있음을 본다. 이는 푸코가 통상 '권력의 철학자'로 불리고 그의 권력 분석이 니체에게 큰 빚을 지고 있다는 통상적인 생각에 비추어 보면 일견 놀라운 발언일 수 있다. 그러나 다음을 생각해 보면 이는 충분히 이해된

---

20   푸코(1993a), 251쪽.
21   1967년에 나온 장뤼크 고다르의 영화 「중국 여인(La Chinoise)」의 여주인공이 『말과 사물』을 향해 (역사와 혁명을 상징하는 붉은) 토마토를 던지는 장면은 이 책이 "역사의 부정을, 곧 혁명의 부정을 상징"하는 것으로 받아들여지고 있었음을 함축한다.(Defert(2001), p. 41)

다. 지식의 의지 개념은 서간에서 시사하는 것과는 달리("왜 니체가 나를 계속 매료해 왔는지……") 오직 니체로부터 연원한 개념은 아니다. 푸코는 이 개념을 프랑스 인식론의 전통과 니체로부터의 영향을 종합하여 조형해 낸다. 권력 의지의 개념 자체는 에피스테메 및 지식 개념에 낯선 것이다. 지식의 의지 개념은, (과학적) 인식의 인식론적 출현 조건으로서의 지식을 방법적 개념으로서 보존하고 싶어 하면서도 동시에 에피스테메 및 지식 개념에 전략적 역동성을 부여하고 싶어 하는 푸코가 이질적인 요소의 종합을 통해 조형한 개념이다. 『지식의 고고학』을 통해 이미 한 단계 더 실천적인 확장을 거친 고고학적 방법은 지식의 의지 개념을 통해 이제 계보학적인 것이 된다. 고고학을 계보학으로 만들어 주는 이것이 무엇인지를 살펴보자.

2) 실천적-전략적 관점으로서의 계보학

콜레주드프랑스에서의 첫해 강의인 「지식의 의지에 관한 강의」 (1970~1971년)에서 푸코는 "지식의 의지의 형태학"[22]을 자신의 역사적 분석의 틀로 소개한다. 푸코는 심지어 그때까지 자신이 행한 "역사적 분석들 대부분에 이 제목〔지식의 의지의 형태학〕을 붙일 수도 있었을 것 같다."라고, 자신의 작업에서 "(과거의 것이든 미래의 것이든) 이 모든 분석들에서 '지식의 의지의 형태학을 위한 여러 단편들'과 같은 뭔가를 알아볼 수 있을 것이라고 생각한다."라고 말한다.[23] 『광기의 역사』, 『진

---

22   푸코(2017), 17쪽.
23   같은 곳.

료소의 탄생』,『말과 사물』에서 이미 분석된 정신의학, 임상의학, 생물학, 경제학, 언어학 등의 분과 학문들의 출현은 지식·인식·진리를 추구하는 특정한 역사적 형태, 고전 시대 및 근대에 특유한 지식의 의지의 형태에 입각해서 가능했다는 것이다.

이 강의에서 지식의 의지의 형태에 "모델"을 제공하는 것으로 푸코가 꼽는 철학자는 "아리스토텔레스, 스피노자, 쇼펜하우어, 니체" 등이 있는데, 가장 중요한 두 모델은 아리스토텔레스와 니체이며 그는 실제로 이 두 모델만을 중점적으로 다룬다. 우리는 이 두 모델이 서양의 지식의 의지의 역사에서 대립을 보여 주는 가장 중요한 두 축이라고 푸코가 생각하고 있음을 어렵지 않게 짐작할 수 있다. "고전 철학의 성격을 규정"[24]하는 아리스토텔레스의 모델에 니체의 모델이 대립한다. 심지어 푸코는 "주체와 객체 사이에 미리 수립된 관계 위에 인식을" 세우는 "모든 철학"을 한편에, 그리고 니체의 철학을 다른 한편에 놓기까지 한다.[25] 아리스토텔레스 모델은 플라톤 이후 서양 문화의 지식의 의지가 갖는 형태, 다시 말해 그 어딘가에 미리 주어져 있는 '진리 자체'를 인식의 대상으로 추구하는 지식의 의지, 감각 지각 속의 쾌락의 수준에서부터 이미 순수한 인식에 대한 욕구로서 작동하는 지식의 의지의 형태를 나타낸다. 욕망은 곧 순화될 인식의 욕망으로서, 인식은 곧 순수한 진리의 인식으로 성립되는 이러한 모델에 대립적으로 내세워지는 것이 니체의 모델이다.

이 모델에서 푸코가 니체로부터 빌려 온 핵심 통찰은 '인식의 원천

---

24   같은 책, 276쪽.
25   같은 책, 294~295쪽.

은 인식과 전혀 다른 것'[26]이라는 데에 있다. 인식의 원천은 인식과 전혀 다른 것, 즉 욕망과 정념, 권력이다. 참/거짓(오류)의 분할 체계로서의 인식은 순수하고 '객관적'인 어떤 것이 아니라 인식 이전의 욕망들, 정념들, 바람들 간의 투쟁, 전쟁, 갈등, 협상, 지배의 결과이다. 인식은 이미 하나의 해석, 권력 의지들의 갈등하는 관점들로부터 유래한 해석이다. 하지만 푸코의 니체 모델은 니체에게 충실한 것으로만 남지 않는다. 니체 모델 안에는 묵시적으로 니체에게 낯선 요소가 들어와 있다. 그것은 그가 이미 프랑스 인식론의 전통으로부터 (과학적) 인식의 출현 조건으로 발전시킨 지식의 고고학적 요소다. 이미 언급했듯 '지식의 의지'는 이 지식의 개념과 니체의 (권력) 의지 개념으로부터 조형된 것이다. 그러나 지식의 요소는 지식의 의지 개념 안으로 편입되면서 다른 강조점을 얻는다.[27] 『지식의 고고학』에서는 지식이 과학적 인식의 출현 조건으로서 규칙적인 담론적 요소들의 집합으로 정의되었던 데 반해 이제 그것은 "바람의 대상, 욕망의 목적, 지배의 도구, 투쟁의 쟁점을 재발견하기 위해 인식의 내부로부터 뽑아내야 하는 것"으로 정의된다.[28] 『지식의 고고학』에서 중요했던 (과학적) 인식과 지식의 대립 쌍은 『지식의 의지에 관한 강의』에서 여전히 유지되지만, 이제 지식에서 강조되는 것은 인식의 출현 조건이라는 측면보다는 이미 성립된 인식의

---

26 같은 책, 23쪽.

27 『지식의 의지에 관한 강의』의 번역자인 양창렬은 '지식의 의지' 개념을 이루는 요소인 '지식'이 『지식의 고고학』의 '지식' 개념으로부터 유래했다는 점을 옳게 보고 있으나(양창렬(2017), 418쪽), 이러한 강조점의 변화에 대해서는 제대로 지적하지 못하고 있다. 그러나 나는 양창렬의 수준 높은 이 「옮긴이 해제」에서 커다란 도움을 받았음을 밝힌다.

28 푸코(2017), 42쪽.

참/거짓 분할 체계로부터 구출되어야 한다는 측면이다. 이와 평행하게 인식에서의 강조점도 달라진다.『말과 사물』및『지식의 고고학』에서는 인식이 에피스테메 또는 지식을 실증적인 토양으로 하여 출현한 것이라는 측면이 강조되었다면, 이제 인식은 참/거짓을 분할하는 위계적 담론 질서로,[29] "욕망과 지식에 미리 앞서〔주체 및 대상의〕단일성, 상호 소속, 동일 본성을 부여할 수 있게 해 주는 체계"[30]로 정의된다. 진리를 향한 의지, 참과 거짓을 구별하려는 인식의 의지에 의해 사로잡히지 않은 지식의 형태[31]에 대해 사고하는 것이 과제로 제기된다. 인식의 분할 체계에 의해 미리 주어진 "주체-객체 관계로부터 해방된 인식"[32]으로서의 지식의 발굴은 "사회적 투쟁"의 쟁점 사항이다. 지식은 "제도, 법, 정치적 승리와 패배, 요구, 태도, 반란, 반동 사이에 분산되는" 하나의 "담론적 사건"이며,[33] "전유 투쟁의 쟁점"이 된다.[34] 요약하면 이제 분석의 대상이 되는 것은 하나의 지식이 사회적 투쟁의 와중에 기존의 위계적인 인식 체계에 의해 가려지고 억압되고 분산되는 과정이며, 권위를 행사하는 인식의 체계로부터 다시금 이 지식을 구출·해방시키는

---

29   인식이 이러한 질서를 부과한다는 것이 처음으로 명시화된 것은 물론『담론의 질서』부터이다.

30   푸코(2017), 42쪽.

31   『지식의 의지에 관한 강의』와 거의 동시적으로 집필된「니체, 계보학, 역사」에서 인식과 진리로부터 해방된 지식의 의지는 "인식의 유한성"이 부과하는 "모든 한계를 상실한", "무한정하게 펼쳐진(indefiniment deployée) 지식의 의지"로 표현되며, 이로부터 인식 주체의 "희생"과 "파괴(destruction)"가 실행된다.(Foucault(2001a), p. 1024)

32   푸코(2017), 296쪽.

33   같은 책, 271쪽.

34   같은 책, 272쪽.

것이 분석의 목적이다. 이러한 목적을 가진 분석을 푸코는 계보학적이라고 부르게 될 것이다. 사회적 투쟁의 쟁점으로서의 지식, 바람·욕망·지배·투쟁의 쟁점과 불가분 연관된 것으로서의 지식에 대한 고고학적 분석은 계보학적인 분석과 다른 것이 아니다. 푸코는 '지식의 의지' 개념을 전개하면서 엄격한 의미에서 계보학적인 관점을 획득하게 된다. 이것이 1970년대에 이루어진 실천적-전략적 권력 분석의 모체가 될 것이다.

4   지식을 향한 의지로부터 지식의 의지로

푸코가 '지식의 의지(volonté de savoir)'라는 용어 및 개념을 조형할 때 니체로부터 영향을 받았다는 것은 의심의 여지가 없다. 그가 이 용어를 조형하면서 염두에 두었을 법한 용어의 후보자를 우리는 니체의 텍스트에서 두 개 발견한다. 하나는 Wille zum Wissen이고 다른 하나는 Wissensgier이다.

전자는 꼭 한 번 『선악의 저편』에 등장하며[35] '지식에의 의지' 혹은 '지식을 향한 의지'를 의미한다. 그런데 니체에게 이 '지식의 의지'는 알고 보면 "무지에의 의지(Wille zum Nicht-wissen)"[36]와 다른 것이 아니다. 니체에게 '실재'는 무질서한 카오스에 불과하다. "이 세계의 전체적 성격은 영원한 카오스이다. …… 질서, 조직 구조, 형식, 미, 지혜, 그 밖

---

35   니체(2004), 49쪽.(번역자는 '앎에의 의지'로 번역했다.)
36   같은 곳.

에 우리가 심미적 인간성이라고 부르는 모든 것이 결여되어 있다는 의미에서 그렇다."[37] 살아 있는 존재로서의 인간은 자신을 유지·보존하기 위해서 '실재'를 질서 잡힌 무언가로, 주어져 있는 것으로 파악한다. 왜냐하면 세계를 질서 정연하게 정돈하는 것, 그리고 그에 바탕하여 세계의 한 부분을 자기화·유기화하는 것은 유기체의 삶에 필수 불가결한 일이기 때문이다. 질서 정연한 세계의 인식은 유기체의 생존에 필수적인 한 기능이다. 질서 정연한 세계에 대한 이 지식의 의지는 결국 실재인 카오스에 대해서는 무지의 의지와 같은 것이다. '살기' 위해서는 세계의 참모습인 혼돈을 외면하고 세계의 진리를 정돈된 것으로 파악해야 하기 때문이다. 지식·인식·진리는 사실 하나의 오류에 불과한 것으로서 삶·생존의 한 기능일 뿐이다. 이러한 삶의 진실을 감추고 삶을 은밀한 방식으로 가능하게 하는 이 지식의 의지는 질서 잡힌 세계의 존재와 이러한 세계를 '진리'로 인식하는 인간의 활동을 전제한다. 이는 또한 존재의 진리와 진리의 인식에 대한 서양 형이상학의 전제이기도 하다.

두 번째 후보인 Wissensgier[38]는 '지식욕'으로 번역할 수 있으며, 역시 단 한 번 『비극의 탄생』 15절에 등장한다.[39] 지식욕은 지식에의 의지(Wille zum Wissen)가 그러했던 것처럼 '이론적 인간'의 유형인 소크라테스의 등장 이후 서양 형이상학의 기본 경향을 요약하는 말이다. 아

---

37 같은 책, 184쪽.

38 '지식의 의지' 개념 형성의 원천이 되는 용어는 적어도 두 개다. 이렇게 볼 때 "푸코가 '지식의 의지'로 번역하는 단어는 Wissensgier"라는 드페르의 근거 제시 없는 단정(드페르(2017), 367쪽)은 그다지 설득력이 없다.

39 니체(2012), 192쪽.

직은 드러나지 않은 세계의 참모습을 발견하여 무지와 오류를 제거하는 학문적 활동은 인류의 삶을 개선시키고 행복하게 할 것이다. 그 종착점은 인식의 최종 근거인 확고부동한 어떤 존재의 발견일 것이다. 이러한 발견에 대한 신념에서 출발하여 서양은 끊임없이 지식을 축적하는 활동을 펼쳐 왔다. 그러나 지식욕은 결국 세계의 참모습인 '근거 없음' 혹은 디오니소스적 혼돈을 대면하게 되고 자신의 기본 전제의 파괴를 경험하며, 학문적 활동은 인간의 삶과 문화를 창조하는 역할을 담당하게 될 예술 활동으로 전환될 수밖에 없다는 것이 니체의 시나리오다.

Wille zum Wissen이든, Wissensgier든 서양 형이상학의 전제들을 비판적으로 평가하려는 의도를 담은 용어들이라는 것은 분명하다.[40] 또한 푸코가 지식의 의지(volonté de savoir)라는 어구를 사용하면서 니체처럼 서양 문명에 특유한 지식을 향한 의지에 주목한다는 점도 분명하다. 그러나 푸코가 지식의 의지 개념을 조형하면서 어떤 변형이 일어남에 주목해야 한다. 순수하고 신성한 진리를 발견하고자 하는 열정적 의지, 즉 자신이 비판하고자 하는 서양 문명의 어떤 근본적 의지를 가리키기 위해 니체가 사용한 용어들을 푸코는 분석을 위한 방법론적 기본 개념으로 사용한다. 푸코는 서양의 근본적인 진리의 의지, 순수한 진리와 순수한 인식에 대한 신봉에 근거하는 의지(니체가 '지식에의 의지'로 지칭한 것) 아래에 놓여 있는, 어떤 다른 관계를 지칭하기 위해 이 용어를 사용한다. 서양 형이상학에 근본적인 저 순수한 의지를 구성하는 순수 진리의 인식 주체, 거짓과 구별되는 것으로서 인식의 대상, 인식의 방

---

40   니체는 지식 충동(Wissenstrieb), 인식 충동(Erkenntnistrieb) 등 유사한 의미를 담은 용어들을 유사한 맥락에서 사용한다.

식이라는 이 세 가지 항을 산출하는 관계를 지칭하기 위한 용어가 바로 지식의 의지이다. 왜 지식의 의지인가? 참의 지위를 공인받은 인식의 체계, 즉 과학을 출현시키는 것으로서 그 바탕에 존재하는 것이 지식이기 때문이다. 이것은 프랑스 인식론으로부터 푸코가 받은 영향의 흔적이다. 왜 지식의 의지인가? 인식 아래의 실증적 관계를 단지 기술하는 데에 머무르는 지식 개념의 불충분함을 보충하고 실천적-전략적 관점을 획득하기 위해 푸코가 도입한 것이 '진리에 대한 인식의 체계는 갈등과 투쟁의 관계, 권력관계, 욕구와 의지의 관계의 산물'이라는 니체의 통찰이기 때문이다. 진리 인식의 활동 및 인식된 진리(의 체계)는 이러한 권력, 갈등, 투쟁 관계의 산물이며 갈등 및 투쟁의 과정을 숨기고 있다. 앞서 이미 보였지만 이제 훨씬 더 분명히 드러나듯이, 푸코가 니체에게서 매료된 지점이라고 말하는 '지식의 의지'는 사실 니체 자신의 용어 '지식을 향한 의지'와 그 개념적 내용(이미 존재하는 신성한 진리를 인식하려는 순수한 의지)의 변형으로부터 성립된 것이다.

5 니체에게서 진리의 문제

1) 인간 삶의 기능으로서의 진리

니체의 '지식을 향한 의지' 개념에서 중요한 위상을 차지하는 것은 앞에서 보았듯 인간 삶의 문제이다. 니체의 발견은 다음의 세 단계로 구성된다. 첫째, 서양 형이상학의 역사 전체는 지식을 향한 의지에 의해 특징지어질 수 있다. 둘째, 그러나 이러한 의지는 곧 (카오스로서의 실재에 대한 고의적인) 무지의 의지와 다른 것이 아니다. 셋째, 무지의 의지로서의 지식의 의지가 그렇게도 근본적인 것은 (지식 자체, 진리 자체의 추구가 근본적이기 때문이 아니라) 인간 삶의 유지·보존에 이 무지가 필수적이기 때문이다.

유기체로서의 삶이 유지되기 위해서 인간은 본래 카오스인 세계의 한 부분을 자기화·유기화해야 한다. 인식은 이러한 유기화의 기능이다. 인간은 세계를 질서 정연한 것으로 인식함으로써 비로소 유기체로서의 삶을 유지한다. 인간은 삶을 위해 인식을 "발명했다(erfanden)"[41]. 왜냐하면 인식은 존재하는 진리의 발견이 아니라 발명이기 때문이다. 인식의 이러한 발명은 인간 존재의 조건이기도 하다. 인식이 없으면 인간의 삶 자체가 위협받기 때문이다.[42] 서양 형이상학의 지식의 의지는 인간의 존립과 결합되어 있다. 형이상학은 인간의 인간학적 존립에 구성적이다. 이것이 니체의 철학적 인간학이다.

이러한 통찰이 발견되는 최초의 텍스트 중 하나는 방금 인용된 「도덕 외적 의미에서의 진실과 거짓말(Über Wahrheit und Lüge im aussermoralischen Sinne)」이다. 『지식의 의지에 관한 강의』의 '강의 정황

---

41   Nietzsche(1999a), p. 875.

42   "은유 형성의 저 충동(Trieb zur Metapherbildung), 인간의 저 근본적인 충동, **한순간이라도 제거한다면 인간 자체를 제거해 버릴 것이기 때문에 근본적인** 저 충동은 사실상 제압되는 일도, 진정되는 일도 거의 없다. 왜냐하면 〔직관에 주어진 것들로부터〕 그가 휘발해 낸 창작물들, 즉 개념들로부터 하나의 규칙적이고 고정된 새로운 세계가 그를 위한 견고한 성채로서 건축되기 때문이다."(Nietzsche(1999a), p. 887; 강조는 인용자) '인식'은 이 은유 형성 과정의 결과물이다. 은유(Metapher)는 어원적으로 그리스어 μεταφορά(metaphora)에서 유래했다.(meta-(넘어서)+phora(옮기다)) 즉 은유는 일종의 전이를 통해 전혀 새로운 의미를 만드는 것이다. 질서 없는 혼돈의 실재로부터 질서 정연한 것으로의 전이라는 의미에서 인식은 '은유'의 운동을 포함한다.

(situation du cours)'을 작성한 다니엘 드페르에 따르면, 푸코의 가까운 친구 크레메르마리에티(Angèle Kremer-Marietti)에 의한 이 텍스트의 프랑스어 번역은 이 강의에 중요한 의미를 지닌다.[43] 실제로 이 강의 중 니체 부분은 「도덕 외적 의미에서의 진실과 거짓말」의 첫 문장, 즉 앞에서 부분적으로 인용한 문장으로 시작한다. 이 문장은 또한 2년 후 1973년 5월 브라질의 가톨릭 성직자 대학에서 행한 강연에서 니체 부분을 시작할 때 또다시 사용된다.[44]

인식은 발명된 것이다. 그것은 어떤 과정의 산물, 인식과는 전혀 다른 원천으로부터 창작된 산물이다. 바로 이 다른 원천은 세력들 간의 투쟁, 갈등, 협상의 과정이다. 그런데 푸코는 '인식의 발명'과 관련된 니체의 이 통찰을 부각하면서, 이와 관련된 니체의 또 다른 통찰은 누락시킨다. 사실 니체가 이 텍스트에서 강조하는 것은 '인식은 투쟁과 갈등의 산물'이라기보다는 '인식은 인간 삶의 조건으로서 산출된 것'이라는 점이다. 편의상 전자를 니체의 계보학적 통찰, 후자를 그의 인간학적 통찰이라 부르자. 푸코는 계보학적 통찰을 강조하면서, 인식은 어떻게 형성되는가의 문제에 답하고자 한다. 그러면서 그는 인식은 왜 형성되는가, 왜 형성되어야만 하는가의 문제는 도외시한다. 앞서 보았듯이 니체에게 인식은 인간의 삶에 필수적인 조건이다. 인간에게 고유한 지식의 의지는 그것이 없다면 인간의 유기체적 삶이 불가능하기 때문에 작동한다. 진리·인식·지식은 인간의 삶의 인간학적 기능들이다. 진리

43   드페르(2017), 372쪽.
44   푸코(2017), 279쪽 이하; Foucault(2001a), p. 1411 참조. 1970~1971년 『지식의 의지에 관한 강의』의 니체 부분은 또한 1971년 4월 몬트리올의 맥길 대학에서 행한 강연 원고의 토대가 된다.

와 인식은 삶의 종속적 기능이라는 바로 이 사실을 밝혀내는 것이 기존의 서양 형이상학에 대한 니체의 비판의 핵심 중 하나이자, 그의 사상적 이력 전체를 관통하는 핵심 중 하나이다. 이는 '진리의 가치'를 묻는 『도덕의 계보학을 위하여』 등의 후기 텍스트에서만이 아니라 『비극의 탄생』 및 「도덕 외적 의미에서의 진실과 거짓말」과 같은 초기 텍스트에서도 이미 중요한 주제이다. 진리와 삶의 문제는 니체 사상의 핵심 문제이다. 진리와 인식은 그 자체로 가치 있는 것이 아니라, 인간의 삶에 대해 가치를 지닌다. 푸코가 자신의 계보학적 방법론을 확립하는 과정에서는 이러한 인간학적 통찰보다는 '진리와 인식이 비인식적 원천으로부터의 결과'라는 계보학적 통찰이 채택의 문턱을 넘는다.

2) 두 가지 진리: 거짓이냐, 파멸이냐

그런데 니체에게는 두 가지 진리의 개념이 있다.[45] 한편에, 인간의 삶의 한 기능으로서의 진리가 있다. 세계의 일부를 유기체의 삶 안으로 자기화하는 토대인 진리가 없다면, 유기적 존재로서의 인간의 삶이 불가능하다. 그러나 또한 다른 한편에 세계의 참모습으로서의 진리가 있다. 이에 따르면 세계의 진리는 무질서와 혼돈이다. 질서와 형식, 자연의 법칙들은 세계의 참모습이 아니라 인간이 부여한 것이며, 따라서 (진리가 아니라) 삶을 위한 오류일 뿐이다.

푸코 자신이 세계는 처음부터 질서 지어진 채로 주어진 것이 아니라 인간 의식에 의해 비로소 질서 지어진다는 이 논점을 보여 주는 『즐

---

45   야스퍼스는 이를 분명히 했다. Jaspers(1981), p. 186.

거운 학문』의 구절[46]을 중요한 맥락에서 인용하고 있다.[47] 존재의 참모습은 카오스이기 때문에 존재의 질서 및 법칙에 대한 인간의 인식은 이미 주어져 있는, 하지만 아직 숨겨져 있는 어떤 것에 충실한 지각이 아니라 하나의 순전한 발명이라는 점이 그에게 중요하기 때문이다. 인식은 어떤 조작 과정의 산물이다. 그러나 푸코에게는, '진리는 삶의 기능'이라는 측면과 마찬가지로, '카오스로서의 진리'의 측면이 그다지 진지하게 취급되는 것처럼 보이지 않는다.

반면 삶의 기능으로서의 진리와 카오스로서의 진리 간의 긴장 관계는 니체의 사상적 이력 전반에 걸쳐 핵심 문제가 된다. 말년인 1886년 자신의 처녀작을 되돌아보며 붙인 비판적 서문(「자기비판의 시도(Versuch einer Selbstkritik)」)에서 니체는 다시금 이 핵심 문제를 거론한다. 그에 따르면 "[진리 인식을 목적으로 하는] 학문의 문제 자체"는 "무언가 무섭고 위험한 것, 필경 하나의 황소까지는 아니지만, 두 뿔이 달린 문제",[48] 즉 하나의 딜레마, 두렵고 위험한 딜레마이다. 왜 그러한가? 한쪽 방향으로 나아가면 진리는 삶을 위한 오류, 거짓, 가상에 불과하다. 하지만 다른 쪽 방향으로 나아가면 진리는 순전한 카오스, 디오니소스적이고 염세적인 의미의 심연, 인간 삶의 파멸을 의미할 뿐이다. 거짓이냐, 파멸이냐. 이것은 니체가 보기에 "하나의 새로운 문제"[49]로서 피할 수 없는 사상적 딜레마로 등장한다. 니체는 한편으로는 종래의 서양 형이상학에 대한 지칠 줄 모르는 비판과 자기 식의 '계몽'을 추구하는 문헌학적·계보

---

46   니체(2005), 184쪽.
47   푸코(2017), 281~282쪽.
48   Nietzsche(1999b), p. 13.
49   Ibid., p. 13.

학적 기획을 추진한다. 그러나 다른 한편으로 카오스로서의 진리를 진리로 정직하게 인식하는 것은 삶을 부정하고 완전한 파멸로 이끌어 가는 허무주의를 결과할 뿐이다. 지적 정직성은 비판과 인식으로 이끌기도 하지만, 삶의 파멸로 이끌 수도 있다. 삶의 불가피한 근본적 성격인 '관점주의'가 긍정되어야 한다. 두 진리 사이에서의 사상적 긴장은 『비극의 탄생』 이후 마지막까지 니체의 일관된 주제를 이룬다.[50]

6 진리의 자기 지양과 인식의 실험

진리에 대한 열망, 진리의 의지는 니체의 사유 이력을 추동하는 가장 기본적인 동력 중 하나이다.[51] 어떤 의미에서 서양 형이상학의 인식과 진리 개념에 대해 니체가 끈질긴 비판을 이어 갈 수 있었던 것은 그 스스로 서양 형이상학의 근본 신념인 인식 대상으로서의 신성한 진리에 대한 신념을 공유하고 있었기 때문이라고 말할 수 있다. 이 진리를 발견하고자 하는 커다란 열망, 진리를 은폐하고 있는 왜곡과 가상, 오류를 걷어 내고자 하는 열망[52]이 서양 형이상학의 "상속된 오류들

---

50   이 사상적 긴장과 이 긴장 속에서 예술이 떠맡는 핵심적인 역할에 대해서는 여러 텍스트들 중에서도 『즐거운 학문』의 107절을 보라.(니체(2005), 178, 180쪽)

51   진리는 니체에게서 단지 비판의 대상으로만 다루어지지 않는다. 니체에게서 진리의 문제는 두꺼운 책 한 권이 바쳐질 만한 중심 주제이다. Granier(1966) 참조.

52   이러한 열망을 니체는, 스스로의 가차 없는 비판 대상이었던 소크라테스와 공유한다고 말할 수 있다. 자신과 쌍둥이로서의 소크라테스를 비판하는 니체에 대해서는 Bertram(1922), pp. 308~340.

(Erbfehler)"[53]에 대한 니체의 근본적인 비판에 원동력을 제공한다. 이에 대해서는『즐거운 학문』의 유명한 344절('우리는 아직 어느 정도로 신심이 깊은가')이 증언한다.

> 학문에 대한 우리의 신앙은 여전히 형이상학적 신앙에 기초하고 있으며,──오늘날의 인식자인 우리들, 무신론자이며 형이상학에 반대하는 우리들도 수천 년간 지속된 낡은 신앙이 점화시킨 불길에서 우리의 불꽃을 얻어 오고 있는 것이다. 이 낡은 신앙이란 다름 아닌 저 그리스도교 신앙, 또한 신이 진리이며 진리는 신성한 것이라고 믿었던 플라톤의 신앙을 말한다.[54]

이 344절이 포함된『즐거운 학문』의 5부는 1887년에 쓰인 것이다. 니체는 거의 말년에 이르기까지 서양 형이상학의 테두리 속에 있는 자기 자신을 발견하고 이와 비판적으로 대결하고 있었다. 니체는 인용된 위 구절에 이어 이렇게 말한다.

> 그러나 이제 이 신앙이 점점 더 신빙성을 잃어 간다면, 신성한 것으로 입증되는 것이 더 이상 오류, 맹목, 허위밖에 없다면, ── 신 자체도 우리가 꾸며 낸 허위임이 입증된다면 ── 어떻게 될 것인가?[55]

이 신앙과 신의 존재의 신빙성 상실은 나뭇잎이 점점 시들어 가듯

---

53   Nietzsche(1999c), p. 24.
54   니체(2005), 323쪽(두 번째 강조는 필자의 것).
55   같은 책, 323~324쪽.

저절로 이루어지는 일은 아니다. 이는 오랜 지적 노력과 고된 훈련의 결과이다. 니체는『즐거운 학문』5부의 이어지는 다른 절에서 쇼펜하우어의 무신론을 칭찬하면서 어떻게 그리스도교적 진리에 대한 신앙이 극복되는가를 말한다.

> 바로 여기에 그[쇼펜하우어]의 성실성이 있다. 그의 무조건적인 솔직성에서 나온 무신론은 그의 문제 제기의 전제 조건이며, 마침내 어렵게 이루어 낸 유럽 양심의 승리이며, 신에 대한 신앙에 내재한 허위를 스스로에게 금하는 최후의 훈육, 이천 년에 걸친 이 진리에의 훈육이 결실을 맺은 지극히 영향력 있는 행위이다. …… 우리는 원래 무엇이 그리스도교의 신에 대해 승리를 거두었는지 알고 있다. 그것은 바로 그리스도교의 도덕 자체, 점점 더 엄격해진 진리(Wahrheit)의 개념, 그리스도교적 양심을 지닌 고해신부의 예민함이 학문적 양심으로 옮아가고 승화되어 모든 것을 희생해서라도 지적 청렴함을 지키도록 만들었던 것이다.[56]

플라톤적-그리스도교적 진리에 대한 믿음, 서양 형이상학의 근본 믿음의 극복 논리로 니체가 제시하는 것은 내재적 지양의 논리이다. 플라톤 철학의 계승인 그리스도교의 도덕, 진실성에 대한 도덕적 자기 요구는 바로 신성한 진리의 존재에 대한 철저한 자기비판, 지적 성실성과 정직성에 의한 비판으로 이어진다. 서양에서 학문적 태도는 근본적으로 그리스도교적 태도의 충실한 계승으로부터 형성되어 온 것이다. 이

---

56   니체(2005), 350쪽.(Wahrheit의 번역을 '진실'에서 '진리'로 수정했다.)『즐거운 학문』377절 또한 참조하라.(니체(2005), 386쪽)

러한 계승과 발전의 귀결이 곧 그리스도교적 신의 부정, 신성한 진리의 부정이다.

진리 인식의 태도에서의 이러한 내재적 지양 혹은 자기 지양[57]을 통해 삶의 기능으로서의 진리와 카오스로서의 진리 간의 딜레마적인 긴장 관계는 다음의 물음 속에서 하나의 방향을 얻는다. "진리는 얼마나 체화될 수 있는가?"[58] 우리는 카오스로서의 진리 앞에서 삶을 포기해서도, 삶을 위한 가상으로서의 진리 앞에서 지적 정직성을 포기해서도 안 된다. 이제 문제는 카오스로서의 진리가 삶 속에 얼마나 체화·동화될 수 있는가, 카오스에 대한 인식을 품은 삶이 어느 정도까지 가능한가이다. 이제 삶을 두고 벌이는 인식의 "실험"[59]이 문제가 되고, 인식

57　이러한 자기 지양(Selbstaufhebung)의 논리, 헤겔에게 고유한 이 논리가 니체에게서 등장한다는 것을 주변적인 사실로 받아들이고자 하는 사람들이 있을 것이다. 그러나 이 논리는 니체의 사유에서 중심적인 위상을 가지고 있다. 그는 『아침놀』의 서문에서 그리스도교 **도덕의 자기 지양**에 대해 말하고 있으며(니체(2001), 18쪽; Nietzsche(1999d), p. 16), 『도덕의 계보학을 위하여』에서는 "정의의 자기 지양"에 대해 말하면서 자기 지양의 일반화된 논리를 언급한다. "그것[정의]은 지상의 모든 좋은 것이 그렇듯이 **자기 자신을 지양하면서**(sich selbst aufhebend) 끝난다."(Nietzsche(1999e), p. 309; 니체 자신의 강조) 니체는 대체로 '세계사', '인류성', '반대되는 것들의 종합' 등의 헤겔적 개념들을 조롱하지만 『즐거운 학문』에서 헤겔을 **발전(Entwicklung)** 개념의 도입자로서 칭찬한다. 니체에 따르면, 헤겔이 없었더라면 다윈도 없었을 것이다.(니체(2005), 348쪽; Nietzsche(1999d), p. 598) 또한 『선악의 저편』에서 쇼펜하우어를 비판하면서 **역사적 감각의 높이와 예언적 섬세함**의 문제와 관련해 헤겔을 포함한 "독일 문화"에 대해 우호적으로 말한다.(니체(2004), 170~171쪽) 지면의 제한 때문에, 자기 지양이라는 헤겔적 논리를 통해 서양 형이상학을 극복하려는 니체의 사상적 면모를 자세히 다루기는 어렵다. 이에 대해서는 Granier(1966), pp. 253~257 참조.

58　니체(2005), 188쪽; Nietzsche(1999d), p. 471. 또한 『즐거운 학문』 11절 참조: "앎을 체화하고 본능적인 것으로 만드는 과제".(니체(2005), 81쪽; Nietzsche(1999d), p. 383)

59　니체(2005), 188쪽. 인식의 '실험'에 관해서는 니체(2001), 124쪽; 니체(2004), 186쪽 등 참조.

은 "위험"을 동반한 시도가 된다. "나는 더 이상 위험 없이는 어떠한 인식도 의욕하지(will) 않는다."[60] 이것은 새로운 "인식의 정열"[61]이고, 인간의 여러 정열들 중에서도 새로운, 최근에 형성된 것이다.[62] 왜냐하면 이러한 인식의 의지는 서양 형이상학에 고유한 진리를 인식하려는 의지를 최근에 상속한 계승자이면서도 더 이상 신성한 진리의 존재를 받아들이지 않는 계승자이기 때문이다. 따라서 이 새로운 형태의 "인식 충동(Trieb der Erkenntniss)"[63]은 진리를 삶의 한 기능으로 삼아 유지·보존되는 종래의 인간 유형인 "인도적인 인간들(humane Menschen)"[64]과는 다른 유형의 인간에 속한다. 즉 새로운 인식의 정열은 "미래의 철학자들"[65]의 충동이다.

니체에게 서양 형이상학의 테두리를 벗어나는 길은 이 형이상학의 내적인 추동력을 이용하는 길이다. 진리에 대한 충동 혹은 의지는 이 길을 갈 때 니체를 실어 나르는 탈것과 같다. 그러나 이뿐만이 아니다. 진리 충동은 그 유래를 알기 힘든 것으로서[66] 그리고 그 극복은 지

60   Nietzsche(1999f), p. 351.
61   '인식의 정열(Leidenschaft der Erkenntnis)'은 특히 1880년대 초의 니체, 즉 『아침놀』과 『즐거운 학문』의 니체에게, 하지만 1880년대 후반(가령 『선악의 저편』 210절)의 니체에게도 역시 중요한 주제이다. 『아침놀』에서 『차라투스트라는 이렇게 말했다』에 이르는 시기에 인식의 정열이 얼마나 지속적인 니체의 관심사였는지에 관해서는 Brusotti(1997) 참조.
62   Nietzsche(1999f), p. 357.
63   Ibid.
64   니체(2004), 186쪽.
65   같은 책, 185, 187쪽.
66   "인간들 사이에 신실하고 순수한 진리를 향한 충동(Trieb zur Wahrheit)이 어떻게 생겨날 수 있었는가의 문제보다 더 불가해한 것은 거의 없다…….", "진리를 향한 충동이 어디서 유래한 것인지 우리는 여전히 알지 못한다."(Nietzsche(1999a), pp, 876, 881.)

난한 것으로서 니체 자신의 충동이기도 하다. 서양 형이상학을 극복하는 길은 니체가 스스로를 극복하는 길이기도 하다. 이 극복의 길 위에서 종래의 인간, 카오스로서의 진리를 은폐하고 존재의 진리의 인식을 발명하면서 스스로의 삶을 유지·보존하는 "인도적인 인간" 역시 극복될 수 있다는 것이 니체의 생각이다. 새로운 유형의 인간에게 삶은 형이상학적 전제인 신성한 진리, 순수한 인식, 주어진 주체 등을 토대로 하여 유지되는 성채가 아니라, 이제 위험한 시도가 실험되는 장이다. 더 이상 "인도적"이지만은 않은 새로운 유형의 인간에게 삶은 위험하기 때문에 동시에 유혹의 무한한 가능성을 품은 비밀스러운 것이 된다. "삶이 인식하는 자에게는 실험이 될 수 있다는 저 사상이 위대한 해방자로서 나를 엄습했던 그날부터 — 삶은 내게 해마다 더 참되고, 더 유혹적이고 더 비밀스러운 것이 되어 간다."[67]

7 나가며: '인간학'을 넘어서

푸코가 『말과 사물』을 종결하면서 근대 인간의 '인간학적인' 자기 이해가 극복되리라고 예언할 때, 그의 비판의 초점이 되는 시기는 200~300년 정도에 걸친 기간을 말한다. 즉 단일한 의미와 목적을 가진 역사, 초월론적 주체, 의식의 경험에 주어진 것의 자명성 등 '인간학적' 이해 방식의 근간을 이루는 관념들은 고작 200~300년의 이력을 가진 서양 문화사의 특정 구간과 관련된다. 마치 마르크스가 자본주의를

---

67   니체(2005), 293~294쪽; Nietzsche(1999d), p. 552.

자연적으로 주어진 것이 아니라 생산 방식의 역사적인 한 형태로 파악하여 그것을 극복할 전망을 제시했듯이, 근대적 사유 방식의 이렇게 상대적으로 짧은 이력을 폭로하는 것은 그것을 넘어설 수 있다는 전망과 연결된다. 여기에서 우리는, '인식은 비인식적 과정을 통해 형성된다.'라는 니체의 계보학적인 통찰은 근대적 사유 방식을 극복하려는 푸코의 전략에 잘 부합하는 반면, '인식은 인간의 삶에 필수적이다.'라는 인간학적인 통찰은 그렇지 않다는 것을 보게 된다. 인식된 진리의 체계로서 성립된 근대의 학문적 인식들은 인식의 문턱을 넘지 못한 '실증적' 지식(savoir)들을 희생시킨 결과라는 계보학적 통찰은 비판 및 실천의 전망을 제시하는 데 적합하다. 반면 니체의 인간학적인 통찰이 푸코의 사유에 별다른 마찰 없이 매끄럽게 연결되지 않는 이유를 우리는 두 가지 사정을 들어 말할 수 있다.

첫째, 니체는 '인간의 삶에 필수적인 인식'을 이제까지의 서양 문화의 상수로 본다.[68] 푸코 역시 거시적으로 니체를 따라 플라톤 이후 서양의 이분법적 형이상학을 넘어서려 하지만, 동시에 그는 비판적 시선의 초점을 보다 제한적으로 그가 '근대'라고 부르는 19세기 이후에 맞춘다. 이는 한편으로 실증적 역사를 추구하는 푸코가 꽤 사변적인 방식으로 역사를 이해하는 니체보다는 각 시기별로 세분화된 역사 이해에 보다 다가가 있다는 것을 보여 주는 것이다.[69] 그러나 다른 한편으

---

68   니체가 인간 및 인간적 삶의 역사를 말할 때 그 규모는 보통 '몇천 년(Jahrtausende)'이다.(가령 Nietzsche(1999d), pp. 12, 31, 47; 니체(2001), 12, 31, 43쪽 참조.) 이는 때로 플라톤 이래의 서양 철학사에 상응하는 시기를 가리키기도 하고, 때로 그보다 더 거슬러 올라가는 역사 이전의 어떤 시기를 가리키기도 한다.

69   가령 바깥으로 방출되어야 할 힘들이 자신에게로 향하는 것이 양심의 가책 및 노예 도덕의

로 비판적 시선의 초점이 가지는 애매성 '거시적이냐, 제한적이냐.'[70] 속에서 푸코는 서양 형이상학과 철학적 인간학의 공모(인간은 진리에 대한 인식을 추구하면서 인간으로서 구성된다.)를 폭로하는 니체의 비판 의식이 가지는 명료성과 일관성을 따라가지 못하고 있다. 인간학적 진리 인식과 인간 삶의 공속성에 대한 서양 역사 전반에 걸친 니체의 인간학적 통찰은 인간학적 인간 이해를 근대에 국한시키는 푸코에게 어떤 면에서 낯설고 불편한 것은 아닐까.

둘째, 푸코에게 니체의 인간학적인 통찰이 불편할 수 있었을 또 다른 이유는 푸코에게서 삶 혹은 생명의 개념이 근대의 에피스테메 속에서의 인간을 구성하는 기본 개념으로 기능한다는 점에서 찾을 수 있다. 그에게 인간의 삶과 진리 인식의 공속성이 서양 역사 일반을 규정한다는 니체의 인간학적 주장은 역사적으로 세분화되지 못한 주장으로 보일 수 있다. 그것은 19세기적인, 즉 우리가 극복해야 할 에피스테메에 속한 것으로 간주될 수 있는 부분을 포함할 것이다. 푸코에게 니

기원이라는 니체의 분석이 서양 역사 전반에 걸친, 따라서 역사적으로 한정하기에는 모호한 사변적 분석이라면, 푸코는 니체의 이 통찰을 보다 세련화하고 실증적 자료에 바탕한 역사 서술과 결합시켜 근대에 고유한 인간형의 산출 방식 — 근대의 인간은 감시의 시선을 내면화함으로써 주체가 된다. — 인 파놉티콘의 모델을 만들어 낸다.

70   이러한 애매성이 잘 드러나 있는 텍스트 중의 하나는 『담론의 질서』이다. 그는 한편으로는 플라톤 이후 서양의 지식의 의지의 형태가 그 이전의 형태와 선을 긋고 참된 담론**에의 의지**를 숨기고 참된 담론 **자체**를 강조하는 방향으로 나아간다고 말하면서도(푸코(1993), 19, 21, 23, 38쪽), 다른 한편으로는 서양의 지식의 의지의 형태 변화가 일어나는 세 국면을 플라톤, 17세기의 고전 시대, 19세기의 근대로 잡기도 한다.(푸코(1993), 47~48쪽) 본고에서 다룬 『지식의 의지에 관한 강의』는 전자의 관점에 서 있다. 또한 푸코가 에피스테메와 '지식'의 실증적 요소들이 학문적 인식으로 통합되는 강한 경향을 보이는 것을 고전 시대 이후로 본다는 점에 주목한다면, 그의 비판적 시선은 고전 시대 이후의 서양 문화에 던져지기도 한다는 것을 알 수 있다.(푸코(1994), 272쪽)

체는 오직 여전히 근대적 에피스테메에 속하는 사상가로서만[71] 이 에피스테메를 벗어날 자원을 품고 있다는 점을 잊지 말자. 푸코에게 삶/생명의 문제는 실존의 관점에서 사유될 것이 아니라, 생명(관리)정치(biopolitique)라는 문제 틀 속에서 근대적 인간의 존재 방식을 비판적으로 분석하고자 할 때 비로소 유용한 개념적 요소가 될 것이다. '우리는 우리 자신을 어떻게 주체로 만들어야 하는가'라는 과제에 대해 푸코는 더 이상 (인간의) 삶/생명의 개념에 바탕하여 대답하고자 하지 않는다. 이에 반하여 19세기에 속한 사상가로서 19세기를 넘어서고자 하는 니체에게 삶은 여전히 중심 개념 중 하나이다. 다만 그는 신성한 진리 및 이를 인식하려는 의지에 기반하지 않는 삶, 더 이상 '인간학적'이지 않은 삶의 가능성을 모색한다.[72]

니체와 푸코 모두 인간학적인 사유 방식에 국한된 삶에 대해서는 비판적이다. 다만 니체는 자신의 인간학적 통찰에서 출발하여 인간학적이지 않은 삶을 사는 주체의 가능성을 모색했다면, 푸코는 이 통찰 자체와 단절을 이루는, 즉 인간학적인 중심 개념인 삶의 관념에 기반하지 않는 주체의 가능성을 모색했다. 이러한 차이 속에서 니체는 모험이자 위험한 시도로서의 삶이 추구될 수 있는 가능성을, (이 글에서 다루지는 않았지만) 푸코는 '실존의 미학'을 따르는 주체의 가능성을 탐색한다.

---

71   근대의 에피스테메의 자장 속에는 한편으로 헤겔과 슈펭글러가, 다른 한편으로 횔덜린과 니체가 속해 있다. 이는 푸코의 탁월한 통찰 중 하나이다.(Foucault(1966), p. 345)

72   이 지점에서 진리를 향한 의지를 대체하는 삶의 형식을 이루는 것으로서 권력 의지가 등장한다. 푸코에게서 니체의 권력 의지 개념이 지식의 의지 개념을 조형하는 데 어떠한 역할을 했는지 앞에서 살펴보았다. 우리는 또한 니체에게서 진리를 향한 의지에 대해 권력 의지가 맺는 관계는 구체적으로 어떤 것인지를 물어야 할 것이다. 이는 지면상 이 글이 다룰 수 있는 범위를 넘어선다. 이에 대해서는 Müller-Lauter(1971), pp. 95~115 참조.

참고 문헌

거팅, 개리. 1999. 홍은영·박상우 옮김, 『미셸 푸코의 과학적 이성의 고고학』, 백의.

니체, 프리드리히. 2001. 이필렬·임수길 옮김, 『서광』, 청하.

_____, 김정현 옮김, 『선악의 저편·도덕의 계보』, 책세상.

_____, 2005. 박찬국 옮김, 『즐거운 학문. 메시나에서의 전원시. 유고(1881년 봄~1882년 여름)』, 아카넷.

_____, 2012. 박찬국 옮김, 『비극의 탄생』, 아카넷.

드페르, 다니엘. 2017. 「강의 정황」, 미셸 푸코, 양창렬 옮김, 『지식의 의지에 관한 강의: 콜레주드프랑스 강의 1970~71년』, 난장, 357~389쪽.

양창렬. 2017. 「옮긴이 해제」, 미셸 푸코, 양창렬 옮김, 『지식의 의지에 관한 강의: 콜레주드프랑스 강의 1970~71년』, 난장, 391~465쪽.

푸코, 미셸. 1993a. 콜린 고든 엮음, 홍성민 옮김, 『권력과 지식: 미셸 푸코와의 대담』, 나남.

_____, 1993b. 이정우 옮김, 『담론의 질서』, 새길.

_____, 1994. 이정우 옮김, 『지식의 고고학』, 민음사.

_____, 2017. 양창렬 옮김, 『지식의 의지에 관한 강의: 콜레주드프랑스 강의 1970~71년』, 난장.

허경. 2012. 「미셸 푸코의 '담론' 개념 — '에피스테메'와 '진리놀이'의 사이 —」, 《개념과 소통》 제9호, 5~32쪽.

Bertram, Ernst. 1920. *Nietzsche. Versuch einer Mythologie*. Berlin: Georg Bondi.

Brusotti, Marco. 1997. *Die Leidenschft der Erkenntnis. Philosophie und ästhetische Lebensgestaltung bei Nietzsche von Morgenröthe bis Also sprach Zarathustra.*

Berlin/New York: Walter de Gruyter.

Defert, Daniel. 2001. "Chronologie." In Foucault(2001a), pp. 13~90.

Foucault, Michel. 1966. *Les mots et les choses*. Paris: Gallimard.

_____, 1969. *L'archéologie du savoir*. Paris: Gallimard.

_____, 1971. *L'ordre du discours*. Paris: Gallimard.

_____, 1989. *Foucault Live*. trans. john Johnston, ed. Sylvere Lotringer. New York: Semiotext(e).

_____, 2001a. *Dits et écrits I. 1954~1975*. Édition publiée sous la direction de Daniel Defert et François Ewald avec la collaboration de Jacques Lagrange. Paris: Gallimard.

_____, *Dits et écrits II. 1976~1988*. Édition publiée sous la direction de Daniel Defert et François Ewald avec la collaboration de Jacques Lagrange. Paris: Gallimard.

Granier, Jean. 1966. *Le problème de la vérité dans la philosophie de Nietzsche*, Paris: Edition du Seuil.

Jaspers, Karl. 1981. *Nietzsche*. Berlin: de Gruyter.

Lecourt, Dominique. 1974. *Pour une critique de l'épistémologie: Bachelard, Canguilhem, Foucault*. Paris: François Maspero.

Müller-Lauter, Wolfgang. 1971. *Nietzsche. Seine Philosophie der Gegensätze und die Gegensätze seiner Philosophie*. Berlin/New York: Walter de Gruyter.

Nietzsche, Friedrich. 1999a. "Ueber Wahrheit und Lüge im aussermoralischen Sinne", in Nietzsche(1999b), pp. 873~890.

_____, 1999b. *Die Geburt der Tragödie. Unzeitgemäße Betrachtungen. Kritische Studienausgabe* Bd. 1. Hg. von G. Colli und M. Montinari.

Berlin: de Gruyter.

_____, 1999c. *Menschliches, Allzumenschliches. Kritische Studienausgabe* Bd. 2. Hg. von G. Colli und M. Montinari.Berlin: de Gruyter.

_____, 1999d. *Morgelröte. Idyllen aus Messina. Die fröhliche Wissenschaft. Kritische Studienausgabe* Bd. 3. Hg. von G. Colli und M. Montinari.Berlin: de Gruyter.

_____, 1999e. *Jenseits von Gut und Böse. Zur Genealogie der Moral. Kritische Studienausgabe* Bd. 5. Hg. von G. Colli und M. Montinari. Berlin: de Gruyter.

_____, 1999f. *Nachlaß 1880-1882. Kritische Studienausgabe* Bd. 9. Hg. von G. Colli und M. Montinari. Berlin: de Gruyter.

4장

역사인가, 철학인가?

푸코와 하이데거의 역사적 존재론과
철학적 자기 정당화 문제

설민

1 푸코에 대한 하이데거의 영향?

1984년 푸코는 한 인터뷰에서 다음과 같은 말을 남긴다.

제게 하이데거는 언제나 핵심적 철학자였습니다. 저는 헤겔과 마르
크스를 읽기 시작했고, 또 하이데거를 1951년인가 1952년에 읽기 시작했
습니다. 그리고 나서 1952년인가 1953년에, 이젠 기억이 안 나는군요, 니
체를 읽었습니다. 하이데거를 읽으면서 남겼던 수많은 메모를 아직도 간
직하고 있습니다. 그리고 그 메모들은 헤겔이나 마르크스에 대한 메모들
보다 훨씬 더 중요하지요. 저의 철학적 발전 전체가 하이데거 독해에 의
해 결정되었습니다.[1]

---

1   Foucault(1990), p. 250. 이 인터뷰만큼 강렬하고 명료하지는 않지만 1982년 인터뷰에서

이러한 푸코의 언사는 실로 놀랍다. 무엇보다도 푸코가 그의 저작에서 하이데거를 직접 언급하는 경우가 매우 드물뿐더러 언급하더라도[2] 비판적인 논조가 지배적이기 때문이다. 하이데거가 자신에게 "핵심적 철학자"였다는 언질은 푸코에 대한 하이데거의 영향 관계나 양자의 유사성을 주제로 삼는 숱한 연구를 낳았다.

대표적으로 스튜어트 엘든과 티머시 레이너, 마이클 슈워츠 등은 바로 저 인터뷰를 출발점으로 삼아서 푸코의 사상에 하이데거가 어떠한 영향을 미쳤는가를 추적한다.[3] 이들은 니체와 푸코 사이에 공공연히 인정되는 영향 관계처럼, 하이데거와 푸코 사이에도 밀접한 영향 관계가 성립함을 보여 주고자 진력한다. "푸코가 어떻게 하이데거에게 빚지고 있는지가 주 관심사"임을 밝히는 엘든은 하이데거의 잘 알려진 니체 연구서가 푸코의 고고학과 계보학에서 주요한 역할을 했음을 입증하고자 한다.[4] 그는 역사적 아프리오리, 지식(savoir)과 인식

도 푸코는 하이데거의 영향을 언급한다. "저는 버클리의 제 두 친구가 저에 관해 뭔가〔Dreyfus & Rabinow(1983)를 가리킨다. 이 책의 초판은 1982년에 출간되었다.〕를 쓰고 하이데거가 영향을 미쳤다고 말했을 때 놀랐습니다. 물론 그것이 상당히 사실이었지만 프랑스에서는 누구도 그걸 알아차린 적이 없었기 때문이지요." Foucault(1988), p. 12.

2   나는 여기에서 『말과 사물』의 9장 6절을 염두에 두고 있다. 푸코의 하이데거 비판에 대한 연구로 Hill(1989) 참조.

3   Elden(2001, 2003); Rayner(2007); Schwartz(2003)그 밖에도 하이데거와 푸코의 비교 연구 논문집인 Milchman & Rosenberg(2003)를 참조하라.

4   Elden(2003), p. 196. 엘든이나 곧이어 소개할 Schwartz(2003)가 하이데거의 니체 책을 중시하는 것은 위에 언급된 인터뷰에서 인용문에 뒤이어 푸코가 다음과 같이 말하기 때문이다. "이들〔니체와 하이데거〕은 제가 가졌던 두 가지 근본적 경험입니다. 제가 하이데거를 읽지 않았더라면, 니체를 읽지 않았을 수도 있습니다. 50년대에 니체를 읽으려고 시도했었지만 니체만으로는 저를 끌어당기지 못했습니다. 반면 니체와 하이데거, 이건 철학적 충격이었지요!" Fou-

(connaissance)의 구분, 현재의 비판으로서의 역사와 같은 푸코의 아이디어에서 하이데거의 영향을 읽어 내면서 푸코의 사상을 하이데거와 같은 역사적 존재론으로 파악한다. 레이너는 "푸코가 1950년대에 하이데거를 읽으면서 철학적 반성의 양식을 획득했고 그것이 그 이후 인생에 걸쳐 지속했다."[5]라는 가설을 수립하고서, 이를 뒷받침하고자 현상학의 영향이 뚜렷이 드러나는 푸코의 초기 저작들에서부터[6] 고고학적 저작들, 계보학적 저작들 그리고 말년의 윤리학 내지 주체의 해석학의 저작들에 이르기까지 하이데거의 영향이 어떻게 작용했는가를 추적한다. 엘든처럼 하이데거의 니체 책을 밑거름으로 삼는 슈워츠는 에피스테메의 역사적 변환에 대한 푸코의 이해가 존재가 역사 속에서 시대마다 단절적으로 달리 모습을 드러낸다는 하이데거의 존재사적 사유와 본질적으로 유사하다고 본다. 그는 "『말과 사물』의 탐구의 주요한 용어들이 결정적으로 하이데거적"이고 "『말과 사물』이 존재사를 질서 경험의 에피스테메적 역사로서 다시 쓰고 있다고" 단언한다.[7] 물론 이들은 푸코가 단순히 하이데거의 그림자에 갇혀 있다고 보지 않는다. 그들은 푸코가 여러 측면에서 하이데거의 사상을 넘어서고 하이데거에 비해 역사적 문헌에 대한 훨씬 섬세하고 구체적인 분석을 보여 줌을 인정한다.[8] 그럼에도 하이데거의 영향은 니체의 영향 못지않게, 혹은 그 이상

cault(1990), p. 250.

5   Rayner(2007), p. 5.

6   첫 저작 『정신병과 인격(Maladie mentale et personnalité)』과 하이데거의 실존론적 분석론에 의거하는 정신의학자 빈스방거(L. Binswanger)의 『꿈과 실존』의 프랑스어 번역본에 대한 100쪽이 넘는 서문을 가리킨다. 둘 모두 1954년에 출간되었다.

7   Schwartz(2003), pp. 167, 173.

8   특히 Schwartz(2003)는 『말과 사물』의 후반부에서 전개된, 직간접적으로 하이데거를 겨냥

으로 푸코에게 결정적이었다는 것이다.

하지만 이러한 영향사적 비교 연구는 영향에 의한 사유의 인과적 연속을 명시적으로 거부하고 불연속과 단절을 테마로 삼는 푸코의 고고학과 정면으로 충돌할뿐더러 푸코의 저작에서 직접적인 전거를 적시할 수 없기 때문에 사변적 추정으로 머물 수밖에 없는 난점을 안고 있다. 휴버트 드레이퍼스는 푸코와 하이데거 간의 유사한 구조를 지적하면서도 이를 굳이 영향사적으로 추적하려 하지 않는다는 점에서 이상의 난점을 피한다. 그는 푸코의 권력이 하이데거가 말하는 "터(clearing/Lichtung)"의 사회적 측면에 해당한다고 보면서, 양자가 사물들에 대한 인간의 이해 방식이나 실천적인 관계 방식에 대하여 상당한 정도로 동등한 기능을 수행한다고 평가한다. 나아가 그는 근현대를 지배하는 푸코의 규율적 생체-권력과 하이데거의 기술-권력의 평행적 구조를 지적한다. 그 역시 결론에서 양자 간에 몇 가지 심대한 차이점이 있음을 외면하지 않지만[9] 그럼에도 "푸코의 사유 구조가 철저히 하이데거적"이라고 단언한다.[10]

물론 이상의 연구들과 다른 입장이 있다. 중도적인 입장을 보여 주는 마르틴 자르는 한편으로 푸코의 고고학적 저서들에서 두드러지는 시대 구획에서 "존재사적 관점과 유사한 도식화"를 발견하고 "인간학

한 비판을 토대로 푸코의 작업을 존재사의 개정으로 파악한다. pp. 173~176 참조.

9   Dreyfus(1996)는 양자의 차이로 첫째, 현대적 위기 상황에 대한 실천적 태도로서 하이데거가 수용성(receptivity)을 역설하는 반면, 푸코는 저항적 행동을 주문한다는 점, 둘째, 하이데거가 인간의 수용적 본질을 받아들이는 반면, 푸코는 어떠한 본질주의도 거부한다는 점을 들고 있다. 13, 14 참조.

10   Dreyfus(2003), 50.

적 잠"이라는 푸코의 진단에서 하이데거의 휴머니즘 비판을 상기한다. 또한 "논쟁의 여지 없이『말과 사물』의 토대는 하이데거의 터의 사유의 지식사적 이행"이라고 주장한다.[11] 하지만 다른 한편으로 하이데거의 영향은 푸코에게 심층적이거나 전반적이지 않고 단지 푸코가 빌려온 개념이나 은유 따위를 부분적이고 산발적으로 사용하는 정도라고 평가한다.

반면에 한스 슬루가는 영향을 강조하는 거의 모든 연구자들이 인용하는 푸코의 저 인터뷰를 미심쩍게 볼 만한 상당한 이유가 있다고 반격한다. 푸코가 자신의 저술과 이전의 인터뷰 어디에서도 하이데거의 중요성을 언급하지 않았다는 점, 바로 저 인용문에 뒤이어 "전 하이데거를 잘 알지 못합니다.『존재와 시간』이나 최근에 출간된 저작들을 거의 알지 못합니다."라고 말하는 것은 하이데거가 핵심적이었다는 그의 발언을 곧이곧대로 믿기 어렵게 만든다는 점, 하이데거에 관해 남겼다고 했던 "수많은 메모"가 어디에서도 발견된 적이 없다는 점, 푸코는 인터뷰에서 곧잘 대담자의 입장이나 가정에 맞춰 주곤 했다는 점 등이 그것이다.[12] 더욱 강력한 반대 입장을 제시하는 폴 벤느는 푸코가 "하이데거와 달리 별로 신비주의적이지 않으며, 인간 일반에 관해 말하지도 않"는다고, 또한 "푸코와 같은 경험주의자에게〔하이데거의〕존재는 말로 된 환영에 지나지 않는다."라고, "숙명적 역사성에 대한 그〔하이데거〕의 신념만큼이나 푸코와 거리가 먼 것도 없다."라고 일갈하며 양자의 사이를 최대한 벌린다.[13]

---

11   Saar(2013), pp. 449~450.

12   Sluga(2003), 212.

나는 이 글에서 엘든이나 레이너, 슈워츠와 달리 하이데거의 사상이 푸코에게 얼마나 영향을 미쳤는가에 관한 흔적을 양자의 저작에서 추적하고자 하지 않는다. 즉 푸코가 하이데거의 어느 저작을 읽었고 그 독해의 영향이 푸코의 어느 저작에 남아 있는가를 밝히는 식의 영향사적 탐구를 하고자 하지 않는다. 그럼에도 벤느에 반대하여 그리고 드레이퍼스와 함께 푸코와 하이데거 사유에서 나란히 발견되는 상응 관계의 구조가 있음을 보여 주고자 한다. 하지만 동시에 드레이퍼스와 달리, 그리고 슬루가나 자르처럼, 푸코의 사유를 "철저히 하이데거적"이라고 단언하기를 주저하게 만드는 어떤 '결정적인' 차이가 양자 간에 있음을 보여 주고자 한다.

　　일반적으로 두 사상가 사이에 여러모로 유사한 구조와 동시에 상당한 차이가 발견될 때 과연 유사하다고 보아야 할지, 다르다고 보아야 할지 불분명하게 느껴지기 쉽다. 나는 그러한 경우 판단의 한 잣대가 되어 줄 수 있는 것이 철학적 자기 해명이라고 본다. 철학적 인식의 한 가지 특유한 점은 다른 인식과 달리 자기 자신의 인식이 어떻게 가능한가에 대한 해명을 스스로 제공해야 한다는 의무를 진다는 점이다. 과학적 인식이나 일상적 인식은 그 인식 대상을 탐구할 뿐이지만, 철학적 인식은 다른 인식을 포함하여 자기 자신의 인식 가능성까지도 해명하고자 한다. 그리고 나는 바로 이와 같은 철학적 자기 해명이라는 방법론적 문제가 하나의 철학을 다른 철학과 비교하는 척도가 될 수 있다고 본다. 그 자기 해명의 문제에서 하나의 철학이 스스로를 어떻게 이해하는지가, 즉 그 철학의 '자기 정체성'이 표출되기 때문이다.

13　　벤느(2009), p. 115, 116, 109.

우선 다음 절에서 나는 푸코의 고고학과 하이데거의 존재사적 사상을 여러 면에서 나란한 구조를 가지는 "역사적 존재론"으로 파악할 수 있음을 보여 줄 것이다.[14] 물론 앞서 거론한 연구들의 상당수가 이미 고고학과 존재사적 사유 간의 유사성을 지적한 바 있다. 그러나 엘든, 레이너, 슈워츠는 영향 관계의 소명에 치우쳐 있고, 드레이퍼스는 푸코에 대한 충실한 해석보다는 푸코를 하이데거에 끼워 맞추려고 하이데거리안으로서 시도하는 것으로 보인다. 또한 무엇보다도 자르를 비롯한 대다수 연구가 체계적으로 비교하고 분석한다기보다 산발적이고 단편적으로 양자에게서 유사점을 몇 가지 발견하는 양상을 띤다. 그런 점에서 비록 결과적으로 말하고자 하는 바가 기존 연구와 일치한다고 하더라도, 양자의 상응 구조를 되도록 일목요연하게 총괄하는 작업이 새로이 필요하다고 생각된다. 더욱이 그러한 작업은 양자의 차이에 주목하는 후속 작업의 이해를 위한 토대의 구실도 해 줄 것이다. 다음으로 이어지는 절에서는 양자 간에 철학적 자기 정당화의 문제에서 본질적 차이가 나타남을 확인하고, 양자의 평행적인 구조에도 불구하고 푸코의 고고학이 하이데거적이라는 일부의 단언이 과장된 것임을 보이고자 한다.

---

14   이 표제는 Elden(2003)의 논문 제목으로 사용된 것이지만, 이미 푸코 스스로 「계몽이란 무엇인가」(1984)에서 자신의 작업을 "우리 자신의 역사적 존재론"이라고 일컬은 바 있다. Foucault(1984), p. 45.

2 역사적 존재론으로서 존재사적 사유와 고고학

1) 하이데거의 존재사적 사유

하이데거는 존재사를 집중적으로 다룬 저작을 남기지 않았다. 또한 존재사에 대한 사상을 체계적으로 정립한 적도 없다. 그저 1930년대 중후반 이후의 많은 저작들에서 산발적으로 존재사에 대한 여러 아이디어들이 발견될 따름이다. 그러니 여기에서 존재사를 완결적인 형태로 재구성하는 작업을 기대하기란 무리일 것이다.[15] 그 대신에 존재사를 역사적 존재론으로 이해하기 위해 필수적이라고 생각되는 부분만을 짚어 보고자 한다.

서양 철학사를 개괄적으로 다루는 어느 서적을 살펴보든 2500년의 시간 동안 많은 철학자들이 존재를 상이하게 파악했음을 알 수 있다. 그토록 여러 형이상학자들이 존재에 대하여 서로 다른 교설들을 늘어놓았음을 알게 된다면, 우리는 통상 그들의 여러 견해들 가운데 과연 어느 견해가 옳은가를 묻기 마련이다. 하지만 하이데거의 역사적 존재론은 그러한 물음이 무의미하다고 역설한다. 존재 내지 현존성(Anwesenheit)이 초역사적으로 동일하다는 가정하에서만 그에 대한 상이한 형이상학적 파악들 가운데 어느 것이 옳은지 묻는 것이 유의미하기 때문이다.[16] 하이데거는 바로 그 가정을 거부한다. 그에 따르면 존

---

15   그러한 작업에 비교적 가까운 연구로 Wrathall(2013) 참조. 아울러 존재사에 관한 상세한 주해로 박찬국·이수정(1999), 249~298쪽.
16   이것이 하이데거가 "본질적 사유의 장에서 모든 논박은 허무맹랑하다."라고 말하는 이유이다. Heidegger(1976), 336쪽.

재는 역사적 시대마다 스스로를 상이하게 내보인다. 따라서 존재는 각 시대마다 다르고, 플라톤과 아리스토텔레스에서부터 헤겔과 니체에 이르기까지 서양 철학사의 위대한 계보를 잇는 철학자들은 매 시대에 달리 개현하는 존재 양식을 탁월하게 포착해 낸 자들이다. 드레이퍼스가 "복수적 실재론"[17]이라고 표현한 바대로 시대마다 상이하게 파악되는 존재는 각 시대에서만큼은 실재인 것이요, 따라서 실재가 여럿이 되는 셈이다. 형이상학의 역사는 존재의 역사가 우리에게, 곧 인간의 사유에 각인하여 남기는 흔적이라고 말할 수 있겠다.

플라톤의 이데아(idea), 아리스토텔레스의 에네르게이아(energeia), 중세의 현실성(actualitas), 근대의 대상성(Gegenständlichkeit)과 의지(Wille) 등 시대마다 상이하게 포착된 각 존재 방식들은 그 시대에 마주치는 여하한 존재자들과 그것들의 상호 연관성을 총체적으로 규정하는 근거이자 토대이다. 또한 각 시대의 존재 방식들은 인간이 존재자들을 이해하고 경험하는 방식과 그것들을 사용하는 실천적 방식을 근본적으로 규정하는 밑바탕이기도 하다. 하이데거는 형이상학이 "정초하는" 이 "토대"가 심지어 "시대를 특징짓는 모든 현상들을 철저히 지배한다."라고까지 말한다. 즉 과학과 예술, 문화와 종교 등 모두가 그 시대를 기초 짓는 특정한 존재 방식에 의해서 지배된다.[18] 하이데거가 『존재와 시간』에서 쓴 용어를 활용하자면, 각 시대의 존재 방식은 그 시대의 사람들이 존재자들을 경험하는 방식들을 "선험적 완료"의 형태로 규정한다. 당대에 정상적인 성인으로 성장한 사람들은 그들의 세계

---

17   Dreyfus(1991), p. 280.

18   Heidegger(1977), p. 75.

에서 마주치는 대상들을 순전히 낯선 것이 아니라 대체로 친숙한 것으로 경험하는데, 이러한 경험의 밑바탕에는 그 존재자들의 존재 방식에 대한 특정한 이해가 "이미 항상" 완료되어 있는 것이다.

형이상학의 시대에서 존재자의 의미와 진리를 철저히 규정하는 각 존재 방식은 공통적으로 항상적 현존성(beständige Anwesenheit)이라는 특색을 지닌다. 존재자를 안정적으로 떠받치는 이 현존성은 존재자와 교섭하는 일상의 다양한 실천적 활동들 속에서 전혀 주목받지 못하지만, 그 시대의 탁월한 형이상학자에게만큼은 개념적으로 파악된다. 이러한 개념 파악이 가능한 것은 그 항상적 현존성의 방식이 그 시대에 "탈은폐"되어 있기 때문이다. 또한 동시에 그 시대에 지배적인 바로 그 존재 방식이 아닌 다른 가능한 존재 방식들은 은폐되어 있기 때문이다. 가령 중세 시대에 지배적으로 탈은폐되어 있는 존재 방식은 무언가를 "야기하는 제작이라는 의미에서의 작용함", 곧 현실성(actualitas)이다.[19] 중세인들의 사물에 대한 경험 방식은 철저히 이러한 존재 방식에 입각해 있고, 그때의 제작이 신의 창조로 이해되기 때문에 결국 모든 사물은 신이 야기한 피조물인 한에서 현실적일 수 있다. 중세의 형이상학자들에게 존재가 작용적 현실성으로 파악될 수 있었던 것은 당대에 그러한 존재 방식이 지배적으로 탈은폐되고 이데아의 개방성이나 의식에 상관적인 대상성 등 다른 가능한 존재 방식들이 은폐되기 때문이다. 하이데거의 역사적 존재론에 따르면, 각 형이상학의 시대에는 하나의 특정한 존재 방식이 존재자의 존재 이해를 보편적이고 포괄적으로 지배한다.[20] 이 보편성과 포괄성을 지탱해 주는 존재의 형이상

---

19   하이데거(2012), 384쪽.

학적 특색이 곧 '항상적 현존성'이다.

각 형이상학의 시대에는 다른 가능한 항상적 현존성의 방식들이 은폐된다고 했는데, 기실 은폐되는 것은 이것만이 아니다. 흔히 후기 하이데거의 궁극적 사태라고 일컬어지는 존재사건(Ereignis)이 은폐된다. 존재사건은 항상적 현존성으로서의 특정한 존재 방식을 인간에게 탈은폐함과 동시에 그것과 공존할 수 없는 다른 가능한 현존성의 방식들을 자신 안에 억류해 두면서 이러한 탈은폐와 억류의 사실도 인간에게 드러나지 않도록 은폐하는 역사적 사건이다. 후기의 한 저작에 따르면, 존재사건은 인간에게 시간을 내어 주고 공간을 펼치면서 존재자가 세계 안에서 친숙하게 경험될 수 있도록 특정한 존재 방식을 송부해 주는 사건이다.[21] 존재사건은 존재자가 존재 안에서 개방될 수 있도록 존재자 전체를 가로지르는 터를 열어젖히는 사건이다. 그런데 이 사건은 본질적으로 스스로를 은폐한다. 이와 같은 본질적 자기 은폐성으로 인해 어떠한 탁월한 형이상학자도 자신의 시대에 탈은폐되는 특정한 항상적 현존성의 방식만을 포착할 수 있었을 뿐, 그것이 전개되는 터의 사건을 일별할 수 없었다.

하이데거의 역사적 존재론에 따르면 역사를 크게 제1시원, 형이상학, 제2시원의 세 시기로 나눌 수 있다. 제1시원이라 불리는 첫 번째 시기는 소크라테스 이전 및 플라톤과 아리스토텔레스에 이르는 고대 그리스 시대이다. 이 시기에 존재는 스스로를 빛나게 현출하는 개방성의 사건으로서 퓌지스(physis)이다. 그럼에도 그 당시에 개방성과 탈은

---

20   Wrathall(2013), p. 331 참조.

21   Heidegger(2007) 참조.

폐는 너무나도 가까이에서 번성했기에 그저 자명하게 여겨졌다. 그 결과 그것은 어느 사상가에게도 그 자체로서 파악되지 못했다. 그러다가 플라톤과 아리스토텔레스에 이르러 존재는 한편으로 여전히 퓌지스로 남아 있기는 했으되, 다른 한편으로 "체류(우시아)라는 의미의 현존성과 항존성이라는 형태에 도달"했고 로고스에 의한 판단의 영역에 안정적으로 붙잡히는 것만이 결국 존재로서 통용되기에 이른다. 그리고 "그와 함께 본래적인 형이상학이 시작된다."[22]

형이상학의 시기는 플라톤에서부터 오늘날에 이르기까지의 시기로 사실상 서구 문명의 전 역사를 아우른다. 이 형이상학의 시기에 개방성의 사건으로서의 존재 자체, 더 정확히는 항상적 현존성의 특정한 형태를 매 시대마다 인간에게 송부해 주고 스스로를 은폐하는 존재사건은 철저히 망각된다.[23] 존재 망각은 주체성의 형이상학으로 특징지어지는 데카르트 이래의 근대에 특히 고조된다. 왜냐하면 존재는 이제 자체적인 힘을 상실하고 의식 주체의 표상 작용과 의지 작용에 의존적인 것으로 파악되기 때문이다. 표상 작용에 의해서 정립되는 대상성이자 또한 동시에 사랑(셸링)이든 정신(헤겔)이든 힘(니체)이든 의지 작용의 소산인 존재가 유일무이하고 항상적인 현존성으로 간주된다. 하이데거는 니체에게서 형이상학이 거의 그 최종 단계에 이른다고 본다. 니

<hr />

22   하이데거(2012), 373쪽.
23   '망각'이라는 표현은 통상 사유 주체의 소홀함이나 책망의 뉘앙스를 동반한다. 그러나 존재 사건이 스스로를 은폐한다는 사실을 고려하면, 존재사건의 비사유에 대하여 사상가를 책망해서는 곤란할 것이다. 따라서 여기에서 '존재 망각'은 단순히 존재가 인간을 떠난 불가피한 결과로서 이해되어야 합당하다. 이것이 실제로 좀 더 후기에 하이데거가 존재가 '망각되었다(vergessen)'라는 표현보다도 '떠나 버렸다(verlassen)'라는 표현을 주로 사용하는 이유이기도 하다.

체에게서 존재는 힘에의 의지로 파악되고, 니체 이후의 시대를 지배하는 존재는 "의지에의 의지"로 나타난다. 니체 이후의 시대에는 주체성의 형이상학조차도 파국에 이른다. 인간 자신을 포함한 존재하는 모든 것이 맹목적이고 익명적이며 초주체적인 의지의 지배 아래에서 최대의 효율성을 뽑아내도록 동원되는 원료가 되어 닦달당한다. 이러한 닦달(Ge-stell)의 형태로 지배하는 존재의 탈은폐 방식을 하이데거는 또한 기술(Technik)이라고도 부른다. 오늘날은 주체성의 형이상학이 파국에 이른 기술 시대인 것이다.

형이상학의 최종 단계로서 기술 시대는 하지만 동시에 새로운 시원, 제2의 시원을 예고하는 시대이기도 하다. 하이데거는 형이상학의 시대에 "자신을 여는 시원의 시원성은 어디까지나 도래하는 것으로 남아 있다."라고 말한다.[24] 이때의 시원은 물론 존재자 전체가 특정한 존재 방식에 의해서 개방되도록 하는 터를 시간화, 공간화하면서 그 존재 방식을 탈은폐하고 스스로는 은폐하는 존재사건을 가리킨다. 그 자기 은폐성에도 불구하고 이 존재사건이 사상가에게 사유될 때 제2의 시원이 시작한다고 한다. 그러니 하이데거 자신의 존재사 사상은 제2의 시원을 예비하는 첫걸음인 셈이다.

2) 푸코의 고고학

푸코는 『광기의 역사』에서 광기가 시대마다 현격히 다르게 이해되었음을 보여 준다. 르네상스 시대에 광기는 통상의 이성으로 파악할 수

---

24   하이데거(2012), 457쪽.

없는 우주적 질서의 비밀스러운 통로였다. 그러나 (푸코의 용어법상 대략 17~18세기를 일컫는) '고전주의' 시대에 이르러 광기는 이성적 규범과 도덕으로부터의 일탈로 취급되고 광인은 범죄자와 더불어 감금과 배척의 대상으로 전락한다. 그리고 (푸코의 용어법상 18세기 말 이후에 해당하는) '근대'에 오늘날과 같이 정신병으로 간주되어 치료의 대상이 된다. 푸코의 역사 서술에서 중요한 점은 이러한 역사적 변천이 진보의 과정으로 여겨지지 않는다는 사실이다. 진보적 역사관은 르네상스 시대와 고전주의 시대의 광기에 대한 이해가 적어도 부분적으로 오류에 기초한 것이고 근대에 이르러 교정되었다고 본다. 푸코의 고고학적 역사관은 정확히 이에 대한 반대의 취지를 갖는다. 물론 단순히 근대와 현대의 광기 이해가 잘못이라고 단정하지 않지만, 고고학은 현대에 널리 퍼진 지식과 신념에 대하여 역사를 통해서 비판적으로 다시 성찰해 볼 것을 요구한다.

진보적 역사관에 대한 거부와 밀접히 연관된 고고학적 역사관의 또 다른 중요한 특색은 역사적 변천이 인과적으로 연속하는 '변화'가 아니라 불연속적으로 단절되는 '변환'으로 이해된다는 사실이다.[25] 푸코의 고고학에 따르면, 각 시대의 상이한 광기 이해에서 하나의 동일한 광기라는 대상이 고정된 채로 존속하면서 사람들이 그것을 이해하는 방식이 바뀌었던 것이 아니다. 불연속성, 단절, 변환 그리고 (대상의 고정성이 아닌) 분산으로 특징지어지는 고고학적 역사관에서 르네상스 시대에 우주적 질서의 신비한 통로로 파악되었던 것, 고전주의 시대에 이

---

25 푸코에게서 불연속성과 단절에 대한 강조는 고고학 시기의 저작 어디에서나 잘 드러난다. 특히 이론적으로 다루는 부분으로 『지식의 고고학』 1장 참조.

성적 규범으로부터의 일탈로 파악되었던 것 그리고 근대에 정신병적 치료 대상으로 파악되고 있는 것은 편의상 '광기'라는 용어로 단일하게 지칭되지만, 엄밀히 말하여 그것들은 각 시대의 지식과 관례의 복합적 체계 내부에서 유사한 자릿값을 차지하는 것들로 서로 유비적인 관계에 있을 따름이다.

진보 사관의 거부 및 불연속과 단절의 강조는 하이데거의 존재사적 사상에서도 공통적으로 확인된다. 존재사적 구도에서 존재 방식의 변천은 어떠한 목적론이나 인과적 변화와도 무관하고 사유의 진보와도 무관하다. 또한 형이상학사에서 순차적으로 등장하는 여러 존재 방식들은 진보의 계열을 이루는 것이 아니라, 존재사적 사상을 분석한 마크 래톨이 적절히 표현한 대로 "근본적 단절들의 계열"을 이룬다.[26] 실제로 하이데거는 이러한 계열을 이루는 상이한 존재 방식들에서 어떤 통일성을 찾으려는 시도가 형이상학의 역사에 대한 완강한 착각임을 인상적으로 지적한 바 있다.[27]

그러나 이 정도의 유사성으로 고고학과 존재사적 사상의 구조적 상응 관계를 운운하기란 성급할 것이다. 실제로 사유의 진보에 대한 거부 및 불연속과 단절에 대한 강조는 푸코가 프랑스의 과학사적 전통에서 바슐라르와 캉길렘으로부터 계승한 것이라고 믿는 편이 옳을 듯하다.[28] 더욱이 쿤의 패러다임론에서도 마찬가지로 불연속성과 단절 및 진보의 상대화를 읽을 수 있다. 달리 말해서 슈워츠나 자르가 결론적으

---

26   Wrathall(2013), p. 328.

27   하이데거(2012), 380쪽 참조.

28   이에 대해서는 거팅(1999), 1장 참조.

로 주장하듯이 고고학을 존재사의 지식사적 재구성으로 파악할 수 있으려면 양자에게서 더 중대한 상응 관계를 밝혀내야 한다는 것이다. 내가 보기에 그것은 푸코의 고고학 또한 역사적 존재론으로 이해될 수 있다는 사실에서 끌어낼 수 있다.[29]

푸코는『말과 사물』의 서문에서 고고학을 각 시대의 지식과 담론 및 제도를 지배적으로 형성하는 "질서의 존재 양태"를 드러내는 작업이라고 밝힌다.[30] 이러한 질서의 존재 양태는 "선험적 여건"으로서 "어느 특정한 시대에 가능한 지식의 영역을 경험에 맞추어 마름질하고 경험에 모습을 드러내는 대상의 존재 방식을 규정하고 일상의 시선에 이론의 역량을 부여하고 참인 것으로 인정된 담론을 사물에 관해 행할 수 있는 조건을 확정하는 것"이다.[31] 푸코의 고고학은 "이론으로 나타나는 지식이건 실천에 조용히 스며들어 있는 지식이건 모든 지식의 가능 조건"을 탐구한다는 점에서 일차적으로 지식 이론이지만,[32] 칸트에게서와 마찬가지로 그 가능 조건이 또한 "대상의 존재 방식을 규정"하기 때문에 존재론이기도 하다. 달리 말해서 칸트의『순수 이성 비판』을 단순히 인식론이 아니라 존재론으로 받아들일 수 있는 정도만큼 푸코

---

29   그리고 이것이 철학자 푸코(와 하이데거) 그리고 과학사가 쿤 사이의 차이이기도 하다. 쿤의 패러다임은 엄밀한 의미의 자연과학, 특히 물리학적 견해와 실천에 한정되지 푸코의 에피스테메와 같이 한 문화의 시대적 질서 전체를 아우르는 것이 아니요, 또한 모든 담론 영역에 관계되는 것도 아니다. 게다가 쿤의 문제의식은 과학 이론의 변화 과정에서 이론 외적인 것의 역할에 향해 있지 대상의 존재 방식에 향해 있지 않았다. 반면에 푸코의 고고학에서 문제 되는 것은 항상 단지 담론이 아니라 담론에 의해 직조되는 대상의 존재 방식이었다.

30   푸코(2012), 16쪽.

31   같은 책, 236쪽, 강조는 인용자.

32   같은 책, 246쪽. 강조는 인용자.

의 고고학도 존재론으로 받아들일 수 있다.

칸트의 초월 철학과 달라지는 지점은 그 지식과 대상성의 가능 조건이 첫째, 초역사적이 아니라 역사적이고 둘째, 주체의 주체성의 구성 능력에 의존적인 것이 아니라 오히려 주체성을 구성하는 담론적 기틀에 속한다는 사실이다. 푸코에게 선험성은 초월론적 필연성이 아니라 "역사적 선험성"으로 역사와 문화에 따라 가변적이고 우연적이다.[33] 고고학의 방법이 가장 체계적이고 이론적으로 서술된[34] 『지식의 고고학』의 논의에 따르면, 일정한 역사 문화적 공간은 하나의 언표(énoncé)가 유의미한 어구나 참이나 거짓인 명제로 통용될 수 있을 가능성을 규정하는 "좌표계"로 채워져 있다.[35] 이 좌표계는 언표들의 집합인 담론 내부의 관계망, 언표들과 결부되는 관례와 제도라는 담론 외적 관계망, 담론 내부와 외부 사이의 관계망으로 구성된다. 그러한 관계망, 곧 담론 구성체는 푸코가 『지식의 고고학』 2장에서 공들여 제시하는 열두 가지 규칙들에 의해 지탱된다. 칸트의 열두 범주를 상기시키기도 하는 이 규칙들은 담론 대상이 출현할 수 있도록 하는 제도, 행동 양태, 규범 체계 간의 관계 그물망, 언표를 발화하기 위한 화자의 제도적 지위와 상황상의 위치, 이질적인 언표들이 연속, 공존, 간섭하도록 하는 언표 조직화의 질서, 등가적인 이론적 대안들 사이에서 전략적 선택을 초래하는 회절점 등과 관계한다.[36] 중요한 점은 규칙들이 칸트의 범주와 달

33 푸코(2000), 184쪽.

34 푸코는 『말과 사물』 서문의 한 각주에서 다음에 출간될 저작이 방법론을 다룬다고 예고하는데, 그 저작이 곧 『지식의 고고학』임은 분명하다. 푸코(2012), 17쪽 참조.

35 푸코(2000), 134쪽.

36 이에 대한 상세한 분석으로 거팅(1999), 299~309쪽; Kammler(2014), 54~56쪽 참조.

리 주체성의 내부가 아니라 오히려 그 외부로부터 형성된다는 사실이다. 주체는 담론 구성체 내부에서 "상이한 개인들에 의해 유효하게 점유될 수 있는 규정된 빈자리"일 뿐이다.[37] 주체의 주체성은 일정한 역사 문화적 공간의 담론 구성 관계 조직망으로부터 구성된다.

불연속적 단절이라는 공통점을 넘어서 푸코의 고고학은 하이데거의 존재사적 사상과 마찬가지로 역사적 존재론으로 특징지어진다. 그것은 지식의 가능 조건과 동시에 대상성의 가능 조건을 탐구한다는 점에서 존재론이되, 그 가능 조건이 "판단들에 대한 [초역사적인] 타당성의 조건이 아니라 언표들에 대한 현실성의 조건"이라는 점에서 역사적이다.[38] 즉 고고학이 탐구하는 선험성은, 하이데거의 선험적 완료가 그러하듯이, 모든 시대를 관통하는 불변적 타당성을 가지지 않는다는 역사 문화적 한계를 내포한다. 그것은 단지 특정한 시대의 사람들이 당대의 문화적 조건하에서 유의미하고 타당하다고 실제로 간주했던 언표나 지식과 관계할 따름이다. 각 시대에 특유하게 탈은폐되는 존재(현존성) 방식이 그 시대의 경험적 현상들을 밑바닥에서부터 규정하듯이, 각 시대의 에피스테메는 그 시대에 유통되는 현실적 언표들이 이해 가능하고 타당하도록 해 주는 역사 문화적 공간의 질서 양태이다.

또한 하이데거에게 각 시대의 존재 방식이 더 이상 논리적으로 설명될 수 없는 우연적 사실이듯이, 푸코에게 각 시대에 일정한 역사 문화적 공간의 질서화 방식도 사유 논리의 필연성을 따르지 않는다. 실상 앞서 언급한 불연속적 단절이라는 공통의 특징은 선험성이 역사적으

---

37 푸코(2000), 140쪽.
38 같은 책, 184쪽.

로 우연적이라는 이러한 사실의 결과로 이해될 수 있다. 경험이나 지식의 선험적 조건이 사유의 필연성에 의거하지 않고 당대의 우연적 사실에 의거하기 때문에, 그 조건의 시대적 변천도 사유에 의해 인과적으로 파악 가능한 변화가 아닌 불연속적 변환일 수밖에 없다. 즉 하이데거에게 후속 시대를 여는 존재 방식의 개현이 이전 시대의 존재 방식과 불연속적 단절을 이룰 수밖에 없듯이, 푸코에게 담론의 지식사적 이행도 불연속적 단절일 수밖에 없다.

양자에게 역사의 우연적 사실에 대한 강조는 탈주체성에 대한 강조로 이어진다. 주체가 사유의 기원이라는 전통적 관념을 넘어선다는 점에서도 존재사적 사상과 고고학은 상통한다. 하이데거의 존재사에서 각 형이상학의 시대에 특정한 현존성의 방식은 사유자의 어떤 독창적인 사유의 결과물이 아니라 당대의 존재사건이 일어나는 역사적 방식(즉 다른 가능한 현존성의 방식을 억류하면서 스스로를 은폐하는 방식)의 산물이다. 하이데거의 저작『예술 작품의 기원』의 핵심 내용은 예술 작품의 기원이 예술가가 아니라 존재사건이라는 것이다. 이와 같이 형이상학적 사유의 기원도 철학자가 아니라 존재사건이다. "사상가들의 사상은 '그들의 두뇌' 안에서 일어나는 하나의 사건이 아니며 또한 그러한 두뇌의 작품이 아니다." 각 시대의 형이상학은 존재사건이 "하나의 사상가로 하여금 존재를 말하도록 강제"함으로써 성립한다.[39]

마찬가지로 푸코의 고고학에서 지식이나 담론은 학자 개인의 뛰어난 사고력의 성취가 아니다. 그것은 의식 주체가 사유의 필연적 논리를 따라 구성해 낸 산물이 아니라 당대의 일정한 담론 구성체가 작동

---

39   순서대로 하이데거(2012), 459, 457쪽.

하는 과정의 우연적 산물이다. 『말과 사물』의 후반부를 장식하는 인간의 죽음 테제는 『지식의 고고학』으로 계승되어 정확히 이와 같은 내용을 주장한다. 푸코는 인간학적 잠에서 깨어나는 미래의 사유가 열릴 가능성을 예고하면서 『말과 사물』을 끝맺는다.[40] 그리고 3년 뒤 『지식의 고고학』 서론에서 "인간학적 테마를 쇄신한 분석 방법을 정의"하겠다고 천명하면서 스스로 그 가능성을 실현시키고자 한다.[41] 그는 연속성의 역사를 서술하는 태도와 인간 의식을 역사 생성의 시원이자 주체로 간주하는 태도가 공모적 관계임을 설득력 있게 보여 준다. 역사적 변천 과정을 연속적으로 서술한다는 것은 인간이라는 의식 주체가 그 전 과정을 통일적으로 정초하는 행위와 같다. 푸코는 전통이나 영향, 진화와 같은 개념들이 연속성의 역사 서술에 기여하는 만큼이나 정신과 같은 개념이 "통일성과 설명의 원리"로서 역사적 공간에 분산된 언표들이나 사건들을 연속적으로 결집한다고 지적한다.[42] 그러한 연속성의 개념들 대신에 고고학이라는 불연속성의 역사 서술을 위해서 푸코가 도입하는 이론적 기틀이 바로 담론 구성체이다. 그리고 이 구성체를 지탱하는 "구성 규칙들은 그들의 장소를 개인의 정신이나 의식 속이 아니라 담론 자체에" 가지기 때문에 그것들은 "일종의 균일한 익명성에 따라 이 담론적 장 안에서 말하고자 하는 모든 개인에게 부과된다."[43] 그런 점에서 담론 구성체는 사유의 정합적인 개념 체계와 결코 혼동되어서 안

---

40   이 역시 형이상학을 극복하려는 하이데거가 "형이상학이 완성된 시대의 철학이 인간학"이라고 말하는 것과 상통한다. Heidegger(1954), p. 86.
41   푸코(2000), 37쪽.
42   같은 책, 44쪽.
43   같은 책, 99쪽.

되는 것으로 오히려 전자는 후자의 바깥에서 후자를 가능하게 한다. 담론 구성체는 그 내부에 위치한 사유자나 화자에게는 알려지지 않는 것, 말하자면 은폐된 것이다. 가령 푸코가 『말과 사물』 4장에서 언급하는 고전 시대 일반 문법을 특징짓는 귀속, 분절, 지칭, 파생 네 가지 이론적 도식은 당대의 문법 학자들에게 알려져 있는 규칙이 아니라 그들이 문법 체계를 수립하는 것을 가능하게 한 보이지 않는 밑바탕으로 작동한다.

　요컨대 하이데거에게 형이상학자의 존재론이 일차적으로 형이상학자의 사유 내적 논리의 산물이 아니라 존재사건의 탈은폐-은폐라는 우연적 운동의 산출물이듯이, 지식과 담론도 일차적으로 지식인이나 과학자들이 내적 모순을 해결하려는 합리적 사고력의 결실이 아니라 사고 법칙과 무관한 일련의 담론 규칙들을 조합하고 직조하는 분산 체계의 운동으로부터 우연히 산출된 결과이다. 더욱이 하이데거에게 각 시대마다 그 시대에 탈은폐된 존재 방식 이외의 가능한 존재 방식이 은폐되어 작동하지 않는 것과 마찬가지로, 푸코에게 특정 에피스테메가 지배하는 시대에 일정한 담론 규칙들의 조합이 작동하는 가운데 다른 가능한 담론 규칙들의 조합(다른 가능한 질서 양태)은 다음 시대의 다른 담론의 탄생을 위해 '은폐'되어 예비된 채로 남는다. 존재사건의 운동과 분산 체계의 운동은 공히 주체가 이해할 수 있는 행동과 경험 그리고 타당한 언표와 지식이 가능하도록 역사 문화적 공간을 질서 짓고 배열하는 특유의 역사적 운동 방식이다. 다만 헤겔이 말하는 정신의 변증법적 운동과 달리 완결성을 향하는 사유 내적 논리를 따르지 않는다는 한에서 목적론적이지 않다.

3) 푸코의 고고학과 하이데거 존재사적 사상의 차이

　푸코의 고고학과 하이데거의 존재사적 사상은 물론 그 탐구 대상의 측면에서 다르다. 전자는 담론 내지 담론 구성체를, 후자는 존재 내지 형이상학적인 현존성 방식을 다룬다. 그래서 전자는 후자에 비해 훨씬 구체적이고 실증적이다. 푸코의 고고학을 역사적 존재론으로 이해할 수 있다고 하더라도 고고학에서 존재와 같은 부담스러운 용어는 비교적 드물게 등장하는 것이 사실이다. 이러한 차이는 양자의 격차가 현격하다는 인상을 준다. 하지만 세밀히 들여다보면, 푸코의 고고학과 하이데거의 존재사적 사상 간에는 상당한 상응 관계의 구조가 확인된다. 양자는 공히 역사적 변천을 불연속적 단절로 이해하고, (푸코의 경우 에피스테메 간의 이행이 불연속적으로 단절되고, 하이데거의 경우 각 형이상학적 존재 방식 간의 이행이 불연속적으로 단절된다.) 역사적 존재론으로서 각 시대에 담론적 대상이나 존재자가 유의미하고 참으로 여겨질 수 있을 현실적 조건을 탐구한다. 또한 그 조건이 초역사적이고 초월적인 필연성을 갖는 것이 아니라, 역사적인 우연적 사실이지만 그럼에도 당대에 강한 구속력을 갖는 것으로 이해된다. 끝으로 그 역사적 조건들은 (푸코의 경우 담론 구성체를 지탱하는 일정한 구성 규칙들, 그리고 하이데거의 경우 현존성의 일정한 탈은폐 방식) 근본적으로 주체성의 구성 능력이 아니라 역사 문화적 공간의 질서화 방식에 달려 있다.
　그럼에도 고고학과 존재사적 사상을 갈라놓는 중요한 차이가 두 가지 있다. 하나는 차이의 철학을 끝까지 추구하는 푸코와 달리 하이데거는 존재 방식들의 복수성에도 불구하고 존재 자체의 단일한 동일성을 저버리지 않는다는 사실이다. 하이데거는 시대마다 상이하게 존재자를 경험하는 역사적 조건으로서 상이한 현존성의 방식들을 언급하는 것으로 그치지 않는다. 그는 현존성 방식들의 역사적 차이를 넘어서서 궁극적으로 그것들을 아우르는 존재 자체를 탐구한다. 결국 각 존재 방식들은 존재 자체가 시대마다 스스로를 달리 드러내는 일면들로 이해될 수 있을 것이다. 하지만 그러한 단일한 존재 자체야말로 푸코가 거부해 마지않는 시원에 다름 아니다.[44] 푸코에게 그것은 주체를 대신해 들어선 역사의 시원, 모든 사유가 종국에 회귀하는 시원이자 목적지이다. 푸코는 담론적 대상의 유의미성과 진리치를 규정하는 역사적 조건으로서 담론 구성체를 탐구하는 것으로 자신의 작업을 종결한다. 상이한 지식과 담론을 한데 아우르는 그 너머의 어떠한 단일한 동일자 같은 것으로 더 이상 소급되지 않는다. 더욱이 담론 구성체 그 자체도 어떠한 동일자가 아니라 이질적인 구성 규칙들로 이루어진 복수적인 분산 체계일 따름이다. 이로써 푸코는 차이들의 밑바닥에 다시 동일자를 놓는 어떠한 시도도 거부한다.

　　다른 한 가지 차이점은 담론 구성체가 담론에 참여하는 당대의 지식인이나 화자에게 파악될 수 없는 반면에 하이데거에게서 형이상학적 존재 방식들은 그 각각이 당대의 형이상학자에게 파악된다는 사실이다. 담론 구성체는 사유의 바깥에 있지만, 형이상학적 존재 방식들은 형이상학자의 사유로 포착되는 것이다. 비록 형이상학적 존재 방식들의 탈은폐 사건은 형이상학자의 사유에 달려 있지 않다고 하더라도 말이다. 이러한 차이점은 푸코가 하이데거보다도 훨씬 더 강하게 인간의 죽음 테제를 견지한 결과이다. 나는 이상의 두 차이점이 다음 절에서

44　『말과 사물』 9장 6절 참조.

다룰 철학적 자기 해명의 문제에서 표출되어 결국 양자 간 상응 관계의 구조를 뒤틀리게 만든다고 본다.

3   철학적 자기 정당화 문제

고고학은 담론을 분석하는 방식이라는 점에서 여느 지식사적 분석과 다르다. 고고학적 담론 분석이 하나의 담론을 대상으로 삼는다면, 그와 같은 분석을 자기 자신에게로 돌려서 스스로의 담론을 고고학적으로 분석할 수도 있지 않을까? 이러한 재귀적 분석의 가능성을 존재사적 사유에도 마찬가지로 적용해 볼 수 있다. 존재사적 사유는 한 시대를 대표하는 철학을 그 시대에 탈은폐되는 존재 방식의 흔적 내지 '따라-말하기'로 간주한다. 이러한 존재사적 사유의 가정을 역시 한 시대를 대표하는 철학으로서의 존재사적 사유 자체에도 적용할 수 있어야 하지 않을까?

이와 같은 재귀적 분석을 '철학적 자기 해명'이라 부를 수 있을 것이다. 서론에서 언급한 바와 같이 철학은 다른 유형의 인식과 달리 자기 자신의 인식이 어떻게 가능한가까지도 해명하고자 한다는 점에서 특징적이다. 철학적 자기 해명이란 자신의 인식의 가능 조건을 자신의 이론에 의거하여 해명하는 작업이다. 그것은 우선 '발생적 설명'으로서 자신의 인식이 어떻게 발생했는지에 관한 배경을 해명하는 방식으로 진행될 수 있다. 그러나 그것은 또한 '자기 정당화'로서 자신의 인식이 어떻게 가능한지를 그 타당성에 대한 근거를 제시하는 방식으로 해명하는 과제를 떠맡는다. 스스로를 가장 포괄적인 인식 양태로 이해하는 철학은 자기 해명이라는 문제에 명시적으로든 암묵적으로든 대답한다. 그렇지 않은 경우라면 최소한 자기 해명이 자신의 철학적 사상과 일관될 수 있을 가능성을 남겨 둔다.

데카르트에서부터 후설에 이르는 의식 주체의 사유를 방법적 원리로 삼는 철학적 유형은 자기 해명의 문제에서 매우 유리한 고지를 점한다. 철학 자체가 사유의 일종이기 때문이다. 의식 철학은 철학적 인식도 의식의 사유 방식의 하나라는 점에서 (데카르트의 코기토 명제나 칸트의 초월론적 연역 그리고 후설의 초월론적 환원에서와 같이) 의식의 사유 방식을 설명하고 정당화할 수 있을 때 자동적으로 해명된다. 이런 이유로 의식 철학에서 철학적 자기 해명은 철학적 탐구의 출발점으로서 까다로운 문제로 제기되지 않는다.

철학적 자기 해명은 하나의 철학이 스스로를 이해하고 해명하는 특유의 방식이다. 그렇기 때문에 나는 철학적 자기 해명의 문제에 답변하는 방식의 비교가 서로 다른 철학의 비교에서 특별한 의미를 가질 수 있다고 본다. 특히나 푸코와 하이데거 모두 의식 철학을 떠나고자 하기 때문에 이 문제는 더욱 중요한 의미를 가지게 된다.

1) 존재사적 사유의 경우

하이데거의 존재사적 사상의 경우 철학적 자기 해명의 문제는 우선 '발생적 설명'의 과제로 다음과 같이 전개될 수 있다. 그 사상에 따르면, 형이상학적 시기에 존재사건은 은폐되어 있었다. 니체의 형이상학 이후 시기는 의지에의 의지가 존재자 전체를 지배하면서 존재 망각이 극단에 이른다. 그런데 그 시기에 살았던 존재사건의 사상가는 어떻게 존재사건을 사유할 수 있었다는 말인가? 존재사건이 형이상학의 시기에 은폐되어 있다면, 형이상학의 시기에 실존하는 모든 인간은 존재사건을 사유할 수 없어야 하지 않는가? 아니면 하이데거는 자신의 철학적 자리를 형이상학의 시기라는 역사적 조건 바깥에 위치시키기라도 한다는 말인가? 만일 그렇다면 한 시대의 사상가는 자신에게 탈은폐되는 당대의 존재만을 사유할 수 있다는 역사적 존재론의 근본 원칙을 하이데거 스스로 어기는 것 아닌가? 만일 그렇다면 그는 다시 존재사건의 사상가는 어째서 역사적 조건을 초월할 수 있는지 설명해야만 하는데, 하이데거의 저작에서 그러한 설명은 어디에서도 보이지 않는다.

물론 하이데거는 스스로를 그와 같은 초역사적 자리로 옮겨 놓지 않는다. 그는 역사적 존재론의 근본 원칙에 충실히 머무르고자 한다. 그렇다면 어떻게 그는 형이상학의 시기에 존재사건을 사유할 수 있었던 건가? 일단 이상의 문제 제기에서 세심히 짚고 넘어가야 할 한 가지 점은 하이데거는 단지 형이상학의 시기가 아니라 형이상학이 종결하는 시기, 그래서 제2시원이 동시에 태동하는 시기의 사상가라는 사실이다. 이를 단초로 삼아 하이데거의 답변을 다음과 같이 재구성할 수 있을 것이다.[45] 헤겔과 함께 형이상학의 완성이 시작되고 니체와 함께 형이상학적 사유의 가능성들이 소진된다. 형이상학의 완성과 함께 다른 시원으로의 이행이 준비된다. 형이상학의 존재 망각이 극에 이르는 시대에 사람들은 세계 속에서 무를 경험한다. 19세기 말 이래 허무주의의 횡행은 존재사적 견지에서 보건대 존재 망각의 극단 속에서 무가 표출되기 때문으로 설명된다. 무는 존재자가 아니거니와 형이상학적으로 파악

---

45   이하는 부분적으로 Heidegger(1954), pp.78~83에 의거하고 있다.

되어 오던 현존성 방식들도 아니다. 그것은 아직 그 자체로서 경험되지 못했으나 주재하는 존재사건, 그래서 그저 불안 속에서 '아무것도 아니다'라고 말해질 수밖에 없는 존재사건이다. 무는 스스로를 은폐하는 존재사건이 그 은폐사건 속에서 경험되는 방식이다. 무는 존재사건이 스스로를 은폐하면서 바로 그 은폐를 통해 스스로를 고지하는 방식이다. 존재사건은 형이상학 종결 시기의 사상가들에게 무의 경험을 통해서, 하지만 이를 넘어서서 자신을 사유하도록 요구한다. 존재사건은 스스로를 은폐하면서도 그러한 은폐가 순전히 아무것도 아닌 것이 아니라 특수한 고지 방식임을 알아차리라고 사상가들에게 요구한다.

이러한 '요구'를 (이를 하이데거는 '말 건네기'라고도 번역할 수 있는 Anspruch로 표현한다.) 사상가가 받아들일 때 존재사건과 존재사의 사유가 탄생한다. 『존재와 시간』 시절의 하이데거만 해도 아직 그러한 요구를 받아들이지 못한 단계였다. 그때까지 하이데거는 존재란 인간 현존재의 존재 이해를 개념화함으로써 파악된다고 생각했다. 그러나 "존재 이해로부터 존재사건(Seinsgeschehnis)으로" 사유 중심축의 전환이 일어난다.[46] 이것이 이른바 '전회'이다. 이 사유의 전회는 일차적으로 하이데거라는 개인의 천재적 발상에 의한 것도, 사유 체계의 정합성 구축 과정에서 일어난 것도 아니다. 사유의 전회 자체가 존재사적으로 설명된다. 즉 그러한 변화의 기원은 주체가 아니라 존재 자체이다.[47] 존재

---

46   Heidegger(1983), p. 219. 원문의 표현은 "Ereignis"가 아니라 "Seinsgeschehnis"이지만 맥락상 여기에서 후자는 전자와 동일한 것으로 읽어도 무방할 듯싶다.

47   사유의 전회는 존재사적 전회에 의해서 이끌린다. "전회의 사유는 내 사유의 한 전환점이다. 하지만 이 전환점은 『존재와 시간』의 입장이나 문제 설정의 포기에 따른 결과가 아니다. …… 우선 전회는 사유가 질문하는 과정에서 일어나는 것이 아니다. …… 전회는 사태 자체에서

자체가 사상가로 하여금 무의 경험을 꿰뚫고서 자기 은폐적인 것이 주재하고 있음을 알아차리라고 요구한다. 그러한 요구에 의해 사상가는 무의 경험을 단지 현존재의 유한성으로 이해하기를 넘어서서 존재 자체의 자기 은폐적 고지 사건으로 이해하게 된다.

존재사적 사유는 이와 같이 자기 자신의 사유의 발생을 설명한다. 존재사적 사유는 스스로를 포함한 사유의 기원을 모든 역사적 시대에 스스로 변천하면서도 여전히 동일하게 머무는 존재 자체로 돌린다. 형이상학의 시대에 각 현존성의 방식들이 존재사건을 통해 형이상학자들에게 송부된 것이었듯이, 형이상학의 종말 시기에 존재사건이 자기 은폐적 고지를 통해 존재사의 사상가에게 스스로를 송부한다.

나아가 하이데거의 존재사적 사유에서 이러한 발생적 기원의 설명 방식은 동시에 '자기 정당화'로 기능한다. 존재사적 사유는 자신의 사유를 존재사건이 말하는 바를 그대로 따라 말하는 것으로 이해한다.[48] 따라서 그것은 존재사적 사유의 근본 가정에 따라 "존재의 진리"일 수밖에 없다.[49] 요컨대 자기 해명, 나아가 자기 정당화의 문제와 관련하여 존재사적 사유는 사유의 기원을 초월론적 반성의 주체가 아닌 동일자로서의 존재 자체로 돌리되, 그것이 요구하는 바(Anspruch)에 따라 말하기(Entsprechung)가 곧 자기 자신의 사유 방식이라고 답한다. 즉

움직인다." Heidegger(2006), p. 149. 사유와 그 전회는 "존재의 역사 내부의 전회가 말하는 것(Sage)"이다. Heidegger(1976), p. 201.

48   "존재사의 상기는 …… 존재 자체에 의해서 일어난다." Heidegger(2012), p. 465.

49   물론 이러한 정당화는 Franzen(1975, 157f.)이 지적하듯이 순환적이다. 그러나 이러한 순환은 그가 또한 지적하듯이 악순환은 아니다. 하이데거의 견지에서 보자면 그것은 『존재와 시간』에서 말한 해석학적 순환의 일종이다. 해석학은 자신의 탐구의 정당화를 결코 완결할 수 없고 단지 순환의 반복을 확인함으로써 점차 강화해 나갈 수 있을 따름이다.

존재사적 사유는 스스로를 존재의 말에 응답하는 것이라고 해명함으로써 스스로 존재의 진리에 속하게 된다. 이로써 그러한 인식이 어떻게 가능할 수 있는가에 대한 정당성 차원의 문제에 답하게 된다. 물론 우리는 하이데거가 자기 정당화의 문제에 성공적으로 대응하는가를 더 비판적으로 검토해 볼 수 있을 것이다.[50] 다만 그것은 별도의 작업이 될 것이고, 이 글의 목적에서 중요한 것은 존재사적 사유에 자기 정당화의 문제에 대한 암묵적 답변이 내재한다는 사실이다.

2) 고고학의 경우

'발생적 설명'의 차원에 국한하여 자기 해명의 문제를 고찰하면 푸코는 하이데거와 또다시 매우 유사한 길을 걷는 것처럼 보인다. 하이데거는 형이상학의 종말 시기, 즉 형이상학과 완성과 더불어 새로운 시원이 시작하는 이 사이의 시기에다 스스로를 위치시킨다. 그렇기 때문에 존재 자체가 한편으로 스스로를 여전히 은폐하면서도 바로 그 은폐의 자기 고지가 사상가에게 전달될 수 있을 가능성을 남긴다. 마찬가지로 푸코는『말과 사물』의 후반부에서 인간의 죽음을 필두로 한 자신의 담론이 니체의 철학이나 (그가 대항 과학이라고 부르는) 정신분석학, 민족학, 언어학을 위시한 여러 담론들의 역사적 등장을 배경으로 해서 가능해진 것임을 밝힌다.[51] 인간의 죽음을 예고하는 여러 담론들이 역

---

50   하이데거의 자기 정당화와 관련한 비판적인 논평으로 Marx(1961), pp. 241~242를 참조하라.

51   특히 468쪽 및 519쪽 이하 참조.

사적으로 등장했다는 배경을 토대로 새로운 시대의 철학으로서 자신의 담론이 생성될 수 있었다는 것이다. 말하자면 푸코의 담론은 인간의 죽음이라는 새로운 시대를 여는 "문턱"인 셈이다. 하이데거처럼 푸코도 자신의 담론의 발생을 설명하기 위해서 초역사적인 자리로 이동하지 않는다.

이와 같은 설명은 자기 해명의 문제에 부분적으로 답해 준다. 이상의 '발생적 설명'은 자신의 사유가 어떠한 역사적 배경에서 탄생할 수 있었는가를 해명하기 때문이다. 하지만 그것은 고고학적 분석이라는 푸코 자신의 특유한 철학적 사유 양식에 따른 설명이 아니라는 점에서 '철학적' '자기' 해명이라는 과제에 부합하지 않는다. 더욱이 '자기 정당화'의 문제가 답해지지 않은 채로 남아 있다. 아래의 논의에서 명백해지겠지만, 실제로 푸코 자신도 이와 같은 사정을 넉넉히 인지하고 있는 것으로 보인다. 하이데거는 자기 정당화 문제를 드러내 놓고 다루지 않는 반면, 푸코는 『지식의 고고학』의 결론에서 자문자답 형식을 통해 자기 정당화 문제를 직접 제기하고 스스로 그 난점을 들춰 보여 주면서 결국 스스로 하나의 철학으로 자리매김하기를 유보하고 있기 때문이다.

이 질문〔고고학의 자기 정당화 가능성에 관한 질문〕은 나를 당황하게 한다. …… 나는 이 질문을 좀 더 보류하기를 원했다. 당분간 나의 담론은 그것이 말하는 장소를 결정하기는커녕 그것이 안정을 찾을 수 있을 토대를 피하고 있기 때문이다.[52]

52 Foucault(1972a), p. 205; 푸코(2000), 282쪽. 영역본을 병기하여 표기하는 경우, 영역본을

고고학이 정당하게 발언할 수 있는 장소를 스스로 해명할 수 없다는 것이다. 이에 대하여 J. G. 메르키오르는 "아무튼 이것이 대화의 형태를 취하고 있는 이 책의 핵심적인 결론이다. …… 겸손이라고 칭송해야 할까 아니면 개탄해야 할까?"[53]라고 신랄하게 비꼰다. 물론 메르키오르와 같이 줄기차게 공격적인 연구자만 고고학의 방법을 문제로 삼는 것이 아니다. 드레이퍼스와 라비노처럼 푸코의 철학에 상당히 진지한 동의를 표명하는 연구자도 "고고학의 방법론적 실패"에 관한 세밀하고 철저한 분석을 보여 준다.[54]

왜 푸코는 고고학이 스스로 자신의 장소를 해명하지 못한다고 말하는 걸까? 그 이유를 충분히 납득하기 위해서 우선 『지식의 고고학』의 대화 형식 결론부 전후 맥락을 면밀히 들여다볼 필요가 있다. 여기에서 푸코는 연속성의 역사와 주체의 주도권을 믿는 가상의 질문자와 토론한다. 그 질문자는 신화, 문학, 무의식, 언어 등에 대한 구조주의적 분석이 의식 중심적 담론의 토대를 취약하게 만듦을 일단 인정한다. 하지만 곧이어 그 구조주의적 분석에 대한 반성적 분석에 의해서 "지난 반세기에 걸쳐 상실했던 것을 이차적으로 회복하기를 희망"한다. 그는 "그것들[구조주의적 분석들]이 어디에서 왔는지, …… 어떤 소박함이 그것들로 하여금 그것들을 가능하게 해 준 조건들에 눈멀게 만들었는지, 그들의 초보적인 실증주의가 어떤 형이상학적 울타리 속에 갇히

필자 스스로 번역하되, 한국어 역본을 참조한 것이다.

53   메르키오르(1998), 133쪽.

54   Dreyfus & Rabinow(1983), pp. 79~100. 이들의 비판 요지에 따르면 푸코는 결국 자기 해명의 문제에 직면하여 그가 『말과 사물』의 후반부에서 비판했던 근대 철학의 유한성 분석이 겪게 되는 딜레마와 매우 유사한 난관을 스스로 겪게 된다. 또한 Kammler(2014), p. 60도 참조하라.

게 되었는지를 물어볼 것"이라고 말한다.[55] 가상의 비판자는 구조주의적 분석이 처하게 되는 방법론적 난관을 지적하는 것이다. 사실적 대상의 탐구에 매진하는 실증주의가 자기 자신의 가능성의 해명을 망각할 때와 마찬가지로, 구조주의적 분석은 자신의 장소와 기원에 대한 분석을 외면함으로써 은연중에 전비판적 형이상학으로 순진하게 빠져든다. 비판자가 궁극적으로 지적하고자 하는 바는 소박한 독단적 형이상학으로 빠져들지 않으려면 결국 다시 구조주의적 분석의 가능 조건을 분석하는 초월적 반성의 주체를 "이차적으로" 세울 수밖에 없으리라는 것이다.

이러한 비판에 대하여 푸코는 『지식의 고고학』의 작업이 바로 구조주의의 그와 같은 난점을 극복하기 위한 방법이었다고 말하는 것처럼 보인다. 구조주의적 분석은 자신이 말하는 장소와 자신의 사유의 발생지를 스스로 해명하지 못했다. 하지만 그렇다고 해서 그 장소가 초월적 주체여야만 하는 것은 아니다. 『지식의 고고학』의 작업은 바로 구조주의적 분석을 포함한 모든 사유의 장소와 출생지를 주체가 아닌 담론 구성체로 돌릴 수 있음을 보여 주고자 했던 것이다. 그렇게 보면 『지식의 고고학』은 구조주의가 스스로 망각한 자신의 가능 조건을 해명해 주는 셈이다. 하지만 고고학자의 이러한 대응에 대하여 저 비판자는 이제 저 재귀적 분석에 관련된 문제를 제기하게 된다.

〔그렇다면〕 당신의 담론의 자격은 무엇인가? 당신의 담론은 어디에서 오고 또 어디에서 말할 권리를 얻는가? 그것은 어떻게 정당화될 수 있

---

55   Foucault(1972a), p. 202; 푸코(2000), 278쪽. 강조는 인용자.

는가? 당신이 담론들의 출현과 변형에 바쳐진 경험적 연구를 수행했을 뿐이라면, …… 어떻게 모든 실증주의의 소박성을 피할 수 있는 건가? 당신의 기획은 어떻게 기원의 문제와 구성적 주체에의 필연적 회귀를 압도할 수 있었다는 건가? 하지만 …… 당신이 우리가 위치한 수준에 담론을 위치시키기를 바란다면, 〔즉 단지 경험적 영역으로 한정되지 않고 자신의 가능 조건을 해명하는 자리로 들어선다면,〕 이는 우리의 놀이판으로 들어오는 것이요, 또한 당신의 담론이 벗어나려고 애쓰는 바로 그 영역을 확장하는 것임을 당신도 잘 알고 있다. 〔즉 그 경우에는 구성적 주체로 회귀하는 수밖에 없다.〕 당신의 담론은 우리에게 미치지 못하거나 〔즉 자신의 가능 조건을 해명하는 자리로 들어서지 못하거나〕 아니면 우리가 주장하는 바의 것이다. 〔즉 구성적 주체로 회귀하는 것이다.〕 …… 요컨대 역사인가 철학인가? 〔즉 소박한 실증적 탐구인가 아니면 구성적 주체로의 회귀인가?〕[56]

이 까다로운 문제에 대하여 푸코가 어떻게 답변하는가를 우리는 이미 앞선 인용문에서 확인했다. 그는 자신의 고고학이 방법론상 딜레마에 봉착함을 부정하지 않는다. 고고학자는 양자택일의 선택지 앞에 직면한다. 한 가지 선택지는 『지식의 고고학』을 비롯한 자신의 연구가 순전히 경험적이라고 주장하는 것이다. 그러나 그 경우 실증주의의 소박성을 벗어날 수 없다. 이미 구조주의적 분석의 가능 조건에 관한 앞의 논의에서 확인한 바와 같이 푸코는 실증주의의 소박성을 문제적인 것으로 간주한다. 게다가 소박성의 문제를 차치하더라도 애당초 『지식

---

56   Ibid., 205; 같은 책, 282쪽.

의 고고학』을 단순히 경험적이라고 보기는 대단히 어렵다.[57] 그렇다면 고고학자에게 남은 선택지는 고고학은 자신에 대한 서술이 어떻게 가능한가를 해명할 수 있다고, 즉 담론들의 담론의 가능 조건을 해명할 수 있다고 주장하는 것이다. 그러나 가상의 비판자에 따르면, 그리고 푸코 스스로 동의하는 바에 따르면, 하나의 사유로서 자신의 가능 조건을 해명할 수 있는 것은 구성적 주체뿐이다. 하지만 사유의 기원으로서 역사의 연속성을 서술하는 구성적 주체야말로 푸코가 시종일관 거부해 온 것이다. 따라서 딜레마의 다른 쪽 뿔도 마찬가지로 받아들일 수 없다.

다른 담론에 대한 담론으로서 고고학은 가령 구조주의적 담론의 가능 조건을 일정한 규칙들로 지탱되는 담론 구성체라고 밝혀 낼 수 있다. 하지만 고고학은 마찬가지 방식으로 자신의 담론에 대한 담론의 역할을 맡을 수는 없다. 어떠한 고고학자도 자신의 담론을 가능하게 해 주는 담론 구성체를 서술할 수 없기 때문이다. "우리〔고고학자〕에게는 우리 자신의 문서고〔담론 구성체〕를 기술하는 것이 불가능하다. 우리는 이러한 규칙들의 내부에서부터 말할 수 있기 때문이다."[58] 고고학적 기술을 가능하게 해 주는 담론 구성체는 고고학의 핵심 가정에 따라 그것을 기술하는 주체의 외부에 있다. 담론의 역사적 가능 조건의 탈주체성은 이전에 확인한 바와 같이 고고학적 방법론의 핵심에 속한다. 푸코가 내세운 인간의 죽음이라는 테제에 따라 고고학자 자신도 자신의

57　특히 푸코는 스스로 자신이 다룰 문제들이 "이론적인 문제들"이고 "과정상의 문제들은 앞으로의 경험적 탐구들을 통해 다루어질 것"이라고 적시하는데, 이러한 표현은『지식의 고고학』의 탐구가 비경험적임을 강력히 암시한다. 푸코(2000), 43쪽.

58　Foucault(1972a), p. 130; 푸코(2000), 188쪽.

담론을 가능하게 하는 담론 구성체의 규칙들을 서술할 수 있는 위치에 설 수가 없다. 만일 그러한 위치에 있고자 한다면 초월론적 주체와 같이 스스로가 모든 가능한 사유의 기원이어야만 한다. 즉 인간의 죽음 테제를 포기해야만 한다. 이것이 푸코가 고고학이 자신의 장소를 결정할 수 없다고 결론 내리는 이유이다.

하지만 정말 푸코는 딜레마의 두 뿔 가운데 하나를 택해야만 하는 걸까? 혹시 제삼의 대안은 없을까? 결론이 아닌 다른 곳에서 푸코는 『지식의 고고학』의 서술이 어떻게 가능한가를 묻고서 이렇게 답하기도 한다. 담론들의 담론은 "특권화된 영역"으로서 "우리 자신의 언어 바깥에서 시작"하고 "그 자리는 우리 자신의 담론적 실천들 사이의 틈"이라고.[59] 이에 따르면 고고학자는 다른 담론의 수행자와는 다른 특권을 가진다. 그는 다른 담론 수행자들의 사유에 외부인 담론 구성체에 기묘한 방식으로 접근할 수 있다. 푸코는 이와 관련한 논의를 블랑쇼를 다룬 「바깥으로부터의 사유」에서 좀 더 상세히 개진한 바 있다.[60] 푸코에 따르면, 바깥으로부터의 사유는 사드와 횔덜린에게서 예비되기 시작하여 니체, 말라르메, 아르토, 바타유, 클로소프스키, 블랑쇼를 거쳐 서양 역사에서 표출되고 특히 동시대의 문학에서 두드러진다. 그것은 무엇보다도 자아 중심적 사유를 망각하는 말하기이다. 그것은 인간학적 철학이 내세우는 주체 내부로부터의 능동적 산물이 아니라 주체 바깥으로부터 침투해 들어와 주체를 그 자신으로부터 빠져나가게 하

---

59   Ibid.; 같은 곳. 1년 뒤 콜레주드프랑스 교수 취임 강연 「담론의 질서」 첫머리에서도 유사한 내용을 엿볼 수 있다. Foucault(1972b), p. 215; 푸코(1998), 7쪽.
60   Foucault(1987) 참조. 특히 pp. 12~16 참조. 또한 이미 『말과 사물』의 마지막에서도 문학이 인간의 죽음을 이끄는 말하기의 방식임을 암시한다. 푸코(2012), pp. 521~525.

는 사유이다. 고고학적 서술이 바깥으로부터의 사유의 일종이라면, 고고학자는 자신의 사유 바깥에 있는 자신의 가능 조건인 담론 구성체에도 접할 수 있지 않을까? 그 경우 고고학자는 자기 자신이 사유의 주도권을 갖는 것이 아니라 흡사 자신 바깥의 담론 구성체로부터 침투받는 셈이 될 것이다.

이러한 대안은 다시 존재사적 사상의 자기 해명 문제에 대한 하이데거의 응답 방식과 무척이나 유사해 보인다. 하이데거가 내세우는 존재사의 사상가는 스스로 주도권을 가지고 사유하지 않고 이른바 탈-존(Ek-sistenz)의 상태에서 존재의 말 건넴을 따라 말한다. 하이데거가 초월론적 주체에 의존하지 않으면서 자기 정당화의 문제에 답할 수 있었던 것도 바로 그가 사상가의 사유 기원을 존재로 돌렸기 때문이었다. 그런데 바로 이 유사성이 뜻하는 바는, 하이데거에게 존재가 기원이듯이, 푸코가 바깥으로부터의 사유라는 대안을 자기 정당화 문제의 답변으로 채택할 경우 푸코에게도 바깥, 즉 담론 구성체가 역사와 사유와 진리의 기원이어야만 한다는 사실 아닐까? 그런데 푸코는 바로 이 기원이라는 관념을 거부하고자 한다. 만일 담론 구성체가 사유와 역사와 진리의 기원이라면, 그것으로 회귀하는 고고학자 자신의 담론이야말로 사유의 역사가 최후에 다다르는 목적지(telos)가 된다. 그러나 기원과 기원으로의 회귀라는 역사의 목적론이야말로 푸코가 거부하고자 하던 것이다. 고고학은 "시원적인 것의 상기 혹은 진리의 회상이고자 하지 않는다."[61] 푸코의 이 말은 하이데거의 존재사적 사상에 대한 거부로 읽힐 수 있다. 푸코의 견지에서 결국 존재사는 헤겔의 목적론에서

---

61   푸코(2000), 283쪽.

정신의 변증법적 운동 대신에 존재의 은폐와 탈은폐 운동이 들어선 것쯤으로 비칠 수 있다. 짐작건대 이것이 푸코가 저 대안을 결론에서 내세우지 않는 한 가지 이유이다.

그러나 그보다 훨씬 더 단순하고도 직접적인 이유가 있다. 바깥으로부터의 사유라는 대안은 철학적 자기 해명의 문제 가운데 '발생적 설명'의 문제에 대한 답변을 주는 것으로 이해될 수 있을 뿐이지, 인간의 죽음 테제를 일관되게 견지하는 이상 '자기 정당화'의 문제에 답변을 주는 것으로 이해될 수 없기 때문이다. 바깥으로부터의 사유든 어느 특수한 사유 방식이든 자기 정당화의 문제에 응답한다는 것은 곧 자신의 가능 조건을 인식하여 서술한다는 뜻이다. 그러나 그와 같은 재귀적 서술이 불가능하다는 것이야말로 인간의 죽음 테제를 견지하는 푸코 고고학의 핵심 주장이었다. 한 담론의 가능 조건, 곧 일정한 담론 규칙들로 지탱되는 담론 구성체가 담론의 주체 외부에 놓인다는 사실이 『지식의 고고학』에서 전개된 고고학적 방법의 핵심이라는 점도 이미 누차 확인했다. 따라서 고고학적 기술이 바깥으로부터의 사유를 활용한다고 해도 그것은 자신의 바깥, 곧 담론 구성체에 말하자면 '비인식적' 방식으로 대면할 수 있을 따름이지, 그것을 인식하여 분석적으로 서술할 수는 없다.

실제로 푸코 스스로 바깥으로부터의 사유는 정초나 정당화와 같은 것일 수 없음을 분명히 한다.[62] 바깥으로부터의 사유는 근거의 정당성 판단 심급을 스스로 갖추고 있지 않다. 초월론적 철학의 사유는 주체의 이성에 의한 판단 근거의 검토를 통해서 자기 정당화를 수행한

---

62   Foucault(1987), p. 16.

다. 그렇지만 이러한 심급을 받아들이지 않는 바깥으로부터의 사유에서 옳고 그름의 주체적 판단과 그 판단 근거의 정당성 제시는 작동하지 않는다.

달리 말하자면, 바깥으로부터의 사유가 문학적 말하기의 방식으로 활용되는 경우에는 아무런 문제 될 것이 없을 것이다. 하지만 그것이 스스로를 지식이라고 천명하는 말하기의 방식으로 활용되는 경우라면, 정당화의 문제에 노출된다. 아마도 들뢰즈가『지식의 고고학』을 방법론에 대한 담론이 아니라 그저 시라고 단언하는 것도[63]『지식의 고고학』의 서술을 바깥으로부터의 사유로, 나아가 문학적 말하기의 일종으로 간주함으로써 정당화의 문제를 에둘러 가기 위해서일 것이다. 그러나 그와 같이 에둘러 가는 전략으로 딜레마를 극복할 수는 없을 것이다. 그것은 딜레마의 한쪽 뿔을 택하면서 그 뿔의 난점을 해결하는 것도 아니고, 딜레마에 깔린 어떠한 근본 전제가 잘못된 것임을 폭로함으로써 그 딜레마를 해체하는 것도 아니다. 들뢰즈의 푸코 해석 전략은 딜레마를 무시하고자 할 따름이다. 만일 고고학적 분석이 단지 시라면, 그것은 연속성이나 사유의 주체라는 테마를 거부할 어떠한 근거도 정당하게 제시할 수 없다. 아니 애당초 고고학은 하나의 주장으로서 성립할 수조차 없게 되어 어떠한 사유의 구속력도 발휘할 수 없게 된다.

내가 보기에 푸코는 인용된 결론부에서 들뢰즈가 내놓은 에둘러 가기 전략을 따르고 있지 않다. 들뢰즈의 단언과 달리 푸코는『지식의 고고학』에서 자신의 담론을 그저 시로 간주하지 않는다. 푸코의 담론은 기존의 지식사적 담론 접근 방식들을 비판하면서 고고학이라는 독

---

63   들뢰즈(1995), 42쪽.

자적인 대안적 담론 분석 방법을 내세운다. 결국 푸코가 저 인용된 결론부에서 취하는 태도는 철학적 자기 해명에 얽힌 고고학의 딜레마를 무시하는 것도, 해결하는 것도, 해체하는 것도 아니다. 푸코는 그 딜레마를 떠안고 있다. 그는 담담히 자신의 담론에서 말하자면 철학의 '자기 지양'이 이루어짐을 목도한다. 푸코의 담론은 스스로를 철학으로서 이해하면서 출발했으되, 궁극적으로 더 이상 스스로를 철학으로서 해명할 수 없는 단계에 들어선다. 결론부에서 그것은 그와 같은 자신의 담론적 상황을 그대로 내보여 주고 있는 것이다.

4 결론

고고학적 담론의 자기 해명이라는 과제에 직면하여 푸코는 소박한 실증주의와 초월론적(시원적) 주체로의 회귀 사이의 딜레마를 떠안으면서 철학적 자기 지양에 다다른다. 하이데거의 존재사적 사유가 존재사건을 역사와 진리의 기원으로 인정함으로써 소박한 실증주의에도 초월론적 주체 철학에도 빠지지 않는 제삼의 대안으로 나가는 반면, 푸코의 고고학적 담론은 자신의 사유든 그 바깥이든 어떠한 궁극의 역사적 기원도 인정하지 않으며 인간의 죽음을 철저히 고수한다. 이것이 푸코가『지식의 고고학』의 결론에서 "역사적 현상학"이라는 칭호를 거부하는 배경이기도 할 것이다.

푸코의 고고학과 하이데거의 존재사적 사유는 분명히 역사의 단절적 변환, 선험적 완료로서 작동하는 역사 문화적 공간의 질서화, 사유의 기원으로서의 주체의 거부 등의 측면에서 역사적 존재론으로 요약될 수 있는 일련의 유사한 상응 구조를 보여 준다. 그럼에도 푸코는 하이데거와 달리 시원으로서의 동일자를 거부하고 인간의 죽음 테제를 철저히 고수한 결과, 그 상응 구조는 뒤틀리게 되고 그와 같은 뒤틀림은 철학적 자기 해명 내지 자기 정당화라는 철학의 특유한 문제에서 첨예화된다.

하이데거의 존재사적 사상은 푸코의 견지에서 보자면 "역사적 현상학"으로 여전히 근대적 철학의 한 유형이다. 반면에 푸코의 고고학은 사유와 역사의 기원에 대한 탐구이기를 거부함으로써 자신의 장소를 결정짓는 작업도 거부하게 된다. 고고학은 역사적 존재론으로서 하나의 철학이면서도, 자기 해명이라는 철학적 과제를 떠맡지 않는 한에서 비철학의 자리로 옮겨 가는 셈이다. 이상의 논의와 같이 한 철학의 정체성을 규정하는 자기 해명 및 자기 정당화의 문제에서 양자가 결정적으로 상이한 입장을 드러낸다는 점에서, 서론에서 언급했던 기존의 몇몇 연구에 반해 푸코의 고고학은 본질적으로 하이데거적이지 않다고 결론 지을 수 있을 것 같다. 하이데거는 전통적으로 철학에 요구되었던 자기 해명의 과제를 받아들이면서 스스로를 위대한 철학의 계보에 올려놓으려 하는 반면, 푸코는 그러한 과제에 직면하여 차라리 어떠한 철학의 계보에서도 빠져나오고자 한다.

철학과 비철학을 오가는 푸코와 사유의 기원을 존재로 돌리는 하이데거, 이러한 차이는 역사적 존재론에서 출발하는 사상이 자기 해명의 문제를 대하는 두 가지 주요한 모델을 보여 주기도 한다. 푸코의 고고학이 본질적으로 하이데거적이지 않다는 결론은 하이데거의 관점에서 출발해서 또는 하이데거로부터의 영향 관계에 따라서 푸코를 해석하려는 시도가 푸코에 대한 왜곡을 낳을 수 있음을 시사한다. 그러나 차이를 말하는 이 연구의 결과가 푸코와 하이데거 간의 생산적 대화 가능성을 차단하게 되어서는 곤란할 것이다. 대화가 차이에 대한 존중에서 시작한다면, 이는 오히려 새로운 대화 가능성을 열어 주는 출발점이 될 것이다. 푸코와 하이데거의 유산을 함께 물려받은 우리로서는 역사적 존재론을 자양분으로 삼는 두 사상가가 어느 지점에서 만나지만 또 어느 지점에서 어떻게 왜 갈라질 수밖에 없는가를 탐구함으로써 역사의 존재론적 의미를 더욱 심층적으로 규명할 수 있을 것이다.

참고 문헌

거팅, 게리. 1999. 『미셸 푸코의 과학적 이성의 고고학』, 홍은영·박상우 옮김, 백의.

하이데거, 마르틴. 2012. 박찬국 옮김, 『니체 II』, 길.

푸코, 미셸. 2003. 이규현 옮김, 『광기의 역사』, 나남.

_____, 2012. 이규현 옮김, 『말과 사물』, 민음사.

박찬국·이수정. 1999. 『하이데거 그의 생애와 사상』, 서울대학교출판부.

메르키오르, J. G. 1998. 이종인 옮김, 『푸코』, 시공사.

들뢰즈, 질. 1995. 권영숙·조형근 옮김, 『푸코』, 새길.

벤느, 폴. 2009. 이상길 옮김, 『푸코, 사유와 인간』, 산책자.

Dreyfus, H. L. & P. Rabinow. 1983. *Michel Foucault. Beyond Structuralism and Hermeneutics.* Chicago: The University of Chicago.

_____, 1991. *Being-in-the-World. A Commentary on Heidegger's "Being and Time." Division I.* Cambridge: MIT Press.

_____, 1996. "Being and Power: Heidegger and Foucault." *International Journal of Philosophical Studies* 4(1): 1~16.

_____, 2003. ""Being and Power" Revisited." In A. Milchman and A. Rosenberg(2003), pp. 30~54.

Elden, S. 2001. *Mapping the Present: Heidegger, Foucault, and the Project of a Spatial History.* London: Continuum.

_____, 2003. "Reading Genealogy as Historical Ontology." In A. Milchman and A. Rosenberg(2003), pp. 187~205.

Foucault, M. 1972a. *The Archaeology of Knowledge*. trans. A. M. S. Smith. New York: Pantheon Books.(2000. 이정우 옮김, 『지식의 고고학』, 민음사.)

_____, 1972b. *The Discourse on Language*. trans. A. M. S. Smith. In Foucault(1972a).(1998. 이정우 옮김, 『담론의 질서』, 서강대학교출판부.)

_____, 1984. "What is Enlightenment?" trans. Catherine Porter. In Rabinow(2010).

_____, 1987. *Maurice Blanchot: The Thought from Outside*. In Foucault and Blanchot(1987).

_____, & Blanchot, M. 1987. *Foucault/Blanchot: Maurice Blanchot: The Thought from Outside and Michel Foucault As I Imagine Him*. trans. B. Massumi & J. Mehlman. New York: Zone Books.

_____, 1988. "Truth, Power, Self: An interview." *Technologies of the Self: A Seminar with Michel Foucault*. Amherst, MA: University of Massachusetts Press.

_____, 1990. *Politics, Philosophy, Culture: Interviews and Other Writings, 1977~1984*. New York: Routledge.

Franzen, W. 1975. *Von der Existenzialontologie zur Seinsgeschichte: Eine Untersuchung über die Entwicklung der Philosophie Martin Heideggers*. Meisenheim am Glan: Anton Hain.

Gutting, G. ed. 2005. *The Cambridge Companion to Foucault*. Cambridge: Cambridge University Press.

Heidegger, M. 1954. *Vorträge and Aufsätze*. Pfullingen: Günter Neske.

_____, 1976. *Wegmarken. Gesamtausgabe Band 9*. Frankfurt am Main: Vittorio Klostermann.

_____, 1977. *Holzwege. Gesamtausgabe Band 5.* Frankfurt am Main: Vittorio Klostermann.

_____, 1983. *Einführung in die Metaphysik. Gesamtausgabe Band 40.* Frankfurt am Main: Vittorio Klostermann.

_____, 2006. *Identität und Differenz. Gesamtausgabe Band 11.* Frankfurt am Main: Vittorio Klostermann.

_____, 2007. *Zur Sache des Denkens. Gesamtausgabe Band 14.* Frankfurt am Main: Vittorio Klostermann.

Hill, R. K. 1989. "Foucault's Critique of Heidegger." *Philosophy Today* 34(4): 334~341.

Kammler, C. 2014. "Archéologie des Wissens." In Kammler(2014), pp. 51~62.

_____, ed. 2014. Foucault Handbuch. Leben-Werk-Wirkung. Stuttgart: J. B. Metzler.

Marx, W. 1961. *Heidegger und die Tradition. Eine problemgeschichtliche Einführung in die Grundbestimmung des Seins.* Stuttgart: W. Kohlhammer.

Milchman, A. & A. Rosenberg. eds. 2003. *Foucault and Heidegger. Critical Encounters.* Minneapolis: University of Minnesota Press.

Rabinow, P. ed. 2010. *The Foucault Reader.* New York: Pantheon Books.

Rayner, T. 2007. *Foucault's Heidegger: Philosophy and Transformative Experience.* London: Continuum.

Saar, M. 2013. "Prägung ohne Zentrum." In D. Thomä(2013), pp. 448~454.

Schwartz, M. 2003. "Epistemes and the History of Being." In A. Milchman and A. Rosenberg(2003), pp. 163~186.

Sluga, H. 2005. "Foucault's Encounter with Heidegger and Nietzsche." In G.

Gutting (2005), pp. 210~239.

Thomä, D. ed. 2013. *Heidegger Handbuch. Leben-Werk-Wirkung.* Stuttgart: J. B. Metzler.

Wrathall, M. A. 2013. "Seinsgeschichte. Vom »Aufgang« zum »Ereignis«" In D. Thomä(2013), pp. 328~335.

푸코와
동시대 프랑스 철학자들

5장

푸코-데리다 광기 논쟁을 통해 본
데카르트라는 사건

김은주

1   들어가며

데카르트 「제1성찰」의 광기 가설을 둘러싼 푸코-데리다 논쟁은 이를 떠올리지 않고서는 해당 대목을 읽을 수 없을 만큼 그 자체로 고전의 일부가 되었다. 영어권에서는 2016년 이 논쟁 50주년을 기리는 기념 논문집이 발간되었을 만큼 여전히 활발한 연구의 대상이 되고 있다.[1] 반면 우리나라에서는 1990년 김현의 소개[2] 이후 몇 번에 걸친 소개가 있었지만[3] 쟁점에 대한 비판적 논의는 거의 이루어지지 않았다.[4]

---

1   Custer et al.(2016).
2   김현(1990).
3   홍은영(2003), 차건희(2012). 논쟁의 경과에 대한 더 자세한 정보는 이 두 논문을 참조하라.
4   국외 논자들의 입장들에 대한 좋은 정리로는 Flaherty(1986)를 참조하라.

이 글에서는 푸코-데리다 광기 논쟁에 함축된 여러 흥미로운 쟁점 가운데[5] 두 철학자의 독법에 한정하여 두 철학자의 입장에 비판적으로 접근해 보고자 한다. 이 논쟁은 그 자체 긴 시간(짧게 잡아 10년,[6] 길게 잡으면 30년[7])에 걸쳐 공격적으로 이루어졌고, 오늘날까지도 뚜렷한 판정을 내리기 어렵다. 『광기의 역사』[8](1961)에서 푸코는 고전 시대에 이성의 타자(광기)에 대한 배제가 일어났고, 데카르트가 철학적 장면에서 이를 구현했다고 주장한다. 이를 반박하면서 데리다는 데카르트가 광기를 배제하는 것이 아니라 오히려 이성적 절차 내로 끌어들인다고 주장한다. 그렇다고 폭력적 배제가 없는 것은 아니지만 이는 '고전 시대' 이성만이 아니라 이성 '일반'과 언어, 역사의 가능 조건으로서이지, 특정 시대에 일어난 역사적 사건은 아니라고 덧붙인다. 이 반박에 푸코는 근 10년이 지난 1972년에야 응수한다. 특히 논증 질서상 광기가 배제

5   몇 가지만 들어 보면, 데리다의 관심사가 철학이라면, 푸코의 관심사는 역사이다. 데리다는 철학자의 건축술을 분석하며, 푸코는 철학자의 담론을 하나의 기념물(monuments)로 보는 담론적 분석을 수행한다. 데리다의 관심사가 동일자에 내재하는 타자(코기토 안의 광기)라면, 푸코의 관심사는 동일자 바깥으로, 역사의 주변부로 밀려난 타자(코기토 밖의 광기)이다.

6   『광기의 역사』에 대한 데리다의 비판(1962년)부터 이에 대한 푸코의 반박(1972년)까지로 볼 경우.

7   『광기의 역사』 초판 출판(1961년)부터, 푸코 사후 7년(1991년), 『광기의 역사』 출판 30주년 기념 학술 대회까지 포함하면 그렇다. 이 학술 대회에서 데리다는 푸코의 죽음을 이유로 더 이상 데카르트를 주제화하지는 않고, 대신 「프로이트에게 공정하기」라는 제목으로 프로이트에 대한 푸코의 입장을 비판적으로 다룬다. 하지만 그런 가운데에서도 우회적인 방식으로 이전 논쟁을 부분적으로 이어 간다.(데리다(1997))

8   1961년 초판본이 아니라 1972년 Histoire de la follie à l'âge classique라는 제목으로 나온 갈리마르 재판본을 참조하며, 이를 'HDF'로 표기한다. 그 외 푸코 저작 불어 판본 중 Maladie mentale et psychologie(1954)는 'MMP'로, Les mots et les choses(1966)은 'MC'로, Dits et Ecrits I, II(2001)은 'DE I, II'로 표기한다.

되지 않았다는 데리다의 주장에 맞서, 『성찰』 텍스트의 실행적 차원에서 광기는 수행적으로 배제되고 있다고 주장한다.

대부분의 데카르트 연구가들은 데카르트가 「제1성찰」에서 광기를 배제하지 않았다는 데리다의 해석에 손을 들어 준다.[9] 그리고 데리다 연구가는[10] 물론 몇몇 푸코 연구가조차[11] 푸코가 데리다의 두 번째 주장, 곧 타자의 배제는 로고스의 가능 조건이며 역사적 사건일 수 없다는 초월론적 문제 제기에 제대로 답변하지 않았다고 판단한다. 그럼에도 푸코 독법은 여전히 강한 인력을 발휘한다. 다시 『성찰』의 문제 대목으로 돌아가 보아도, 독자들은 여전히 데카르트가 광기를 배제하고 있다고 느낄 것이다. 결국 논증에서 광기가 어떤 지위를 차지하든, 데카르트는 어쨌든 광기와 가장 거리가 먼 철학자가 아닌가!

서로 대립되는 두 독해가 모두 설득력을 발휘하는 이유는 무엇일까? 만일 둘 다 옳다면, 논증 절차와 수행 태도 간의 모순은 왜 일어나는 것일까? 즉 논증 절차를 보면 데카르트가 광기를 포괄하는 듯 보이고 수행 태도를 보면 광기를 배제하는 듯 보이는 이유는 무엇일까? 나는 이것이 고전 시대에 쓰인 『성찰』이라는 텍스트의 특수성 때문임을 보여 줄 것이다. 그리고 이 특수성을 다름 아닌 푸코에게서, 단 데리다에 대한 푸코의 반박 글 자체보다는 『광기의 역사』 이후에 나온 푸

---

9   Alquié(1994: Kambouchner(2005)에서 재인용), Macherey(2011), Beyssade(2001), Kam-bouchner(2005) 등 데카르트 연구가들은 대체로 적어도 텍스트 해석에 관한 한, 데리다가 전반적으로 더 옳다고 본다.

10   Naas(2016). 그 외 Koopman(2016), Khurana(2016), Allen(2016)은 초월론적인 것에 대한 이해 방식이 달랐다고 보기도 한다.

11   대표적으로 Revel(2008, 2016).

코의 다른 작품으로부터 구축해 볼 것이다. 고전 시대 에피스테메의 특수성을 밝힌 『말과 사물』 그리고 『성찰』의 주체가 말 그대로 '명상(méditation)'의 주체로서 갖는 특수성을 밝힌 『주체의 해석학』이 그것이다. 이것이 앞서 말한 논증 절차와 수행 태도상의 모순을 해소하면서, 왜 데카르트가 광기를 껴안는 듯하면서도 특별히 광기와 거리가 먼 철학자인지를 해명할 것이다.

2절에서는 우선 데리다의 반론과 푸코의 재반론을 텍스트의 논증 구조를 중심으로 한 독법(데리다)과 성찰 주체의 수행적 태도를 중시한 독법(푸코)으로 맞세워 간단하게 요약한다.[12] 3절에서는 『성찰』에 대한 데리다의 해석이 더 타당하다는 것을 데카르트의 여러 테제들을 통해 증명한다. 4절에서는 그럼에도 데리다 해석에서는 해명되지 않는 데카르트 철학의 특수한 의미를 푸코의 1972년 반론 외에 『광기의 역사』 이후에 쓰인 푸코의 다른 저작들을 참조하여 재구성한다. 이 맥락을 통해 푸코의 1972년 반론 역시 온전한 의미를 갖게 될 것이다. 부수적으로는 푸코 사상에서 미미한 비중을 차지하는 데카르트가 고고학 시기와 계보학 시기 그리고 다시 윤리학 시기로 대표되는 푸코 사상의 주요 마디에서 어떻게 사고되는지 역시 드러날 것이다.

---

12   마슈레의 표현에 따르면, 이는 데카르트 텍스트를 증명적 절차로 보는 게루 식의 독법과 주체의 변형을 낳는 실천적 배치로 보는 알키에 식 독법에 상응한다. Macherey(2016, p. 16.)

2   푸코-데리다 논쟁의 경과

1) 『광기의 역사』: 광기의 사회적 배제와 철학적 배제

1961년 출판된 『광기와 비이성: 고전 시대 광기의 역사』는 두 가지 목표를 가지고 있다. 결론에 따르면 광기를 통해 근대 심리학의 본성을 이해하는 것이고, 서문[13]에 따르면 근대 이래 사라진 광기의 비극적 경험을 복원하는 것이다. 이 두 목표는 서로 연관되어 있다. 근대 심리학은 광기의 비극적 경험을 거세하여 과학적 대상으로 만드는 가운데 수립되었기 때문이다. 문제는 광기가 "작품을 남기지 않는다는 것", "지지대 없는 언어"로 이루어져 있다는 것이다.(DE I, 190) 그래서 푸코는 광기에 대해 "침묵의 고고학"(DE I, 188)을 수행하겠다고 선언한다.

이 작업에서 고전 시대는 특별한 위치를 차지한다. 푸코에 따르면 르네상스 이전까지 이성과 광기는 공존했다. 르네상스 시대까지도 광기는 비극적 경험(광기는 죽음과 더불어 실존의 무상함을 나타내고 광기의 증대는 세계가 파국에 가까이 왔음을 지시한다.)과 비판적 경험(광기는 세계보다는 인간의 약점, 인간의 도덕적 과오에 연결된다.)의 형태로 이성 곁에 존재했다. 그러다가 광기에 대한 비극적 체험보다 광기에 대한 비판적 의식이 점차 우위를 차지하게 되고, 고전 시대에 이르러 급기야 광기는 사회적으로 배제당하고 감금된다. 특징적인 것은 광인이 성도착자, 거지, 범

---

13   이 서문은 1972년 판본에서는 서문을 없애는 이유를 알리는 짧은 서문으로 대체되었고, DE I(pp. 187~195)에 실려 있다. 이에 따라 1972년 판본을 번역한 국역본에도 이 서문은 실려 있지 않다.

죄자 등과 함께 격리된다는 점이다. 광기는 단순한 병이 아니라 도덕적 판단을 함축하는 '비이성(déraison)'으로 범주화되고 나태, 방종 등 부르주아 도덕의 입장에서 본 모든 악덕과 더불어 도덕적 악덕으로 취급된 것이다. 19세기부터 사람들은 광기를 의학적 대상으로 객관적 시선 하에 다룰 것이다. 그러나 거기에도 비이성이라는 고전 시대의 도덕적 개념이 스며들어 있을 것이다. 이런 의미에서 광기에 대한 고전 시대의 경험은 광기에 대한 근대인의 태도 형성에 결정적 역할을 수행한다.

광인의 대감금이라는 사회적 사건과 평행하게 『성찰』에서 데카르트(혹은 화자)는 광기를 배제한다. 그는 멀리 떨어진 것에 대한 감각의 의심스러움을 내 주변이나 심지어 내 몸처럼 아주 가까이 있는 것에 대한 감각에까지 확장하기 위해 광인의 사례를 소환하지만, 곧바로 기각해 버린다.

……같은 감각들로부터 길어낸 것이라고 해도, 도저히 의심할 수 없는 다른 많은 것들이 혹여 있을지도 모른다. 예를 들어, 내가 지금 여기 앉아 있다는 것, 난롯가에 앉아 있다는 것 같은 것들이다. 실로 바로 이 손이 그리고 이 몸 전체가 내 것임을 어떤 근거로 부정할 수 있겠는가? 나를 혹여 흑담즙질의 드센 증기로 뇌가 교란된 나머지, 가난뱅이이면서도 왕이라고, 벌거벗고 있는데도 자색 옷을 입고 있다고, 진흙 머리를 갖고 있다고, 자기 자신 전체가 호박이라고 또는 유리로 주조되어 있다고 한결같이 주장하는 나도 모를 어떤 광인(insani)에 비교하기라도 한다면 모를까. 그렇지만 저들은(isti) 한갓 정신없는 자들(amentes)일 뿐이고, 내가 그들로부터 표본을 가져온다면 나 역시 정신 나간 자(demens)로 보일 것이다.(AT VII, 18~19: 데카르트(2021), 37. 번역은 다소 수정)

이런 태도는 몽테뉴를 비롯한[14] 르네상스 사상가들과 확실히 대조적이다. 이들에 따르면 아무도 꿈꾸고 있지 않다고 확신할 수는 없으며, 마찬가지로 결코 미치지 않았다고 확신할 수 없었다. 이들은 오히려 이런 확신이야말로 광기라 생각했다. 반면 데카르트는 감각적 오류나 꿈의 가설과 달리 광기 가설은 제기하자마자 곧바로 밀어낸다. "그러나 저들은 한갓 정신없는 자들일 뿐이고……"──"미칠 수 없다는 불가능성"(HDF, 69: 국역본, 116)은 사유하는 주체에 본질적이다. 푸코에 따르면 이 배제는 당시 이루어진 물리적, 사법적, 사회적 감금의 철학적 버전이다.

2) 데리다의 푸코 비판: 바깥의 불가능성

푸코는 이처럼 데카르트의 첫번째 성찰을 인상적으로 다루었지만

---

14 "이것들(자연의 힘)을 우리 자신의 힘과 능력의 척도로 환원하려고 하는 것은 세상에서 가장 명백한 광기라는 것 역시 배웠다."(Montaigne(1958), *Essays*, Harmondsworth, Penguin, p. 87: Boyne(1990), p. 44에서 재인용하여 번역) 『광기의 역사』에서 언급한 몽테뉴 외에도, 1972년 답변에서 푸코는 회의주의 전통을 언급한 바 있다. "회의주의 전통에서는 의심의 이유 중 하나였던 광기"(ED I, p. 1113) 푸코는 더 언급하지 않지만, 당대 철학 교육의 필독서였고 예수회 학교에서 데카르트가 반드시 읽었을 키케로의 『루쿨루스』(Cicero(1996))에서도 감각, 꿈, 광기는 늘 거의 함께 묶여 회의주의자의 논변으로 쓰인다. 반면 베이사드는 데카르트가 광기를 기각하는 표현("그러나 저들은 한갓 정신없는 자들일 뿐이고")을 이 책에서 가져왔다는 정반대 주장을 제시한 바 있다. 그는 독단주의자 루쿨루스의 다음 말을 인용한다. "정신이 멀쩡한 자에게 나타나는 것과 미친 자에게 나타나는 것에 아무 차이가 없다면, 누가 자기 정신의 건전함에 대해 확신할 수 있겠는가? 우리를 그런 상황에 놓으려고 하는 것은 작은 광기가 아니다."(Beyssade(2001), p. 29) 그러나 이런 대목은 드물며, 오히려 감각과 꿈, 광기를 함께 나열하는 논변들이 훨씬 더 자주 등장한다. 단 이 경우 데카르트가 사용한 *amens*, *demens*가 아니라 주로 *insanis*나 *furor*가 사용되었다.

거기에 할당한 분량은 『광기의 역사』 전체에서 단 세 페이지뿐이다. 반면 데리다는 1963년 "코기토와 광기의 역사"라는 제목의 한 강연[15] 데카르트의 첫 번째 성찰만을 다룬다. 데카르트 텍스트로 들어가기 전에, 그는 우선 광기 자체의 역사를 쓴다는 발상을 푸코의 기획 중 '가장 미친' 측면이라 비판한다.(ED, 56). 이성적 언어의 덫에 빠지지 않고 광기에 대해 반성하고 말한다는 것, 광기 스스로가 말하게 한다는 것은 원초적으로 불가능한 일이다. "이성에 대항하여 호소할 때도 이성에 호소할 수밖에 없고 이성에 대항하여 항의할 때도 이성 안에서 항의할 수밖에 없기 때문"(ED, 58~59)이다. 물론 푸코 역시 광기 스스로가 말하게 한다고 하지는 않았고, 그래서 "침묵의 고고학"을 수행하겠다고 했다. 그러나 침묵에는 '역사'가 있을 수 없으며 고고학 역시 논리, 곧 조직된 언어, 질서, '작품'이다. 그러므로 푸코가 수행하는 침묵의 고고학은 결국 광기를 다시금 이성 안에 감금하는 것으로 귀착되고 만다.

그런 다음 그는 『성찰』 텍스트에 대한 푸코의 분석에 대해 다음 세 가지 반론을 제기한다. 첫째, 마르시알샬 게루(Martial Gueroult)의 표현대로 "근거들의 순서"에 주목해 보면, 데카르트가 철학적 담론에서 광기를 배제하고자 했던 것이 아님을 알 수 있다. 광인의 사례는 감각의 의심 가능성을 먼 대상으로부터 가까운 대상, 심지어 자기 신체에까지 보편적으로 확장하기 위해 소환되었고, 꿈은 이 점에서 광기와 정확히 동일한 기능을 수행한다. 광기든 꿈이든 "인식의 모든 감각적

---

15   1963년 3월 4일 콜레주 필로소피크(Collège philosophique)에서의 강연. 이 강연은 논문 형태로 출판되었다가 1967년 『기록과 차이(Ecriture et Différence)』(Seuil, 이하 ED로 표기)에 포함된다.

토대를 무너뜨리고 오직 확실성의 지적인 토대만을 드러내기"(ED, 78: 강조는 원문)만 하면 되는 것이다. 더구나 허황됨(extravagance)에서 꿈은 광기보다 더 과도하고 더 항상적이므로("꿈은 광기보다 더 미쳐 있다." ED, 79), 관념들의 진리와 관련된 표본적 심문의 대상으로 광기보다 더 적절하다. 그러면서도 꿈은 광기보다 더 보편적이고 친숙하여 가설을 받아들이는 데 저항감을 없앤다. 요컨대 데카르트는 단지 더 효과적인 사례를 사용한 것뿐이다. 게다가 "그런데 혹시"라면서 가설을 제기하고, 또한 "저들은 한갓 정신없는 자들일 뿐"이면서 광기 가설을 물리친 자는 데카르트가 아니라 방법적 의심의 급진적 기획을 이해하지 못하는 순진한 철학 초심자이다. 데카르트는 광기 가설을 배제한 것이 아니라 이런 비철학자의 목소리 역시 수용할 수 있도록 꿈의 가설로 흡수했을 뿐이다.

둘째, 광기는 배제되지 않았을 뿐 아니라 이후 더 일반적인 형태로 수용된다. 우선 광기는 악령 가설로 이어진다. 광기와 꿈이 모든 감각에 대한 의심을 위해 동원된다면, 악령 가설은 꿈 가설의 시험을 거쳐 남은 (수학을 비롯한) 모든 지성적 관념을, 그러니까 내가 가진 모든 사유를 의심하기 위한 것이다. 이 점에서 악령 가설은 광기 어린 것이다. 실로 내가 사유하는 것 전부를 정초하기 위해 세계 너머로, 내가 생각할 수 있는 모든 것 너머로, 사실의 역사 너머로 나아가는 데카르트의 "광기 어린 대담함"이야말로, 고대의 휘브리스보다 멀리 나아가는 전대미문의 독특한 기획이다. 다음으로 코기토 자신이 광기를 포함한다. 즉 내가 꿈꾼다 해도 내가 사유한다는 것이 확실하며, 심지어 내가 미쳐 있다 해도 나는 사유한다. 왜냐하면 코기토는 우선은 순간의 코기토, 시간의 점(point)에 위치한 "과장적 첨점(pointe hyperbolique)"이고, 여기에서는 광기와 이성이 구별되지 않기 때문이다. 그러므로 "데카르트는 결코 광기를 감금하지 않았다. 자연적 의심의 단계에서도, 형이상학적 의심의 단계에서도. 그는 단지 첫 번째 단계의 첫 번째 국면에서, 자연적 의심의 과장되지 않은 순간에, 그것을 배제하는 척했을 뿐이다."(ED, 86: 강조는 원문)

셋째, 그렇다고 광기의 배제가 일어나지 않은 것은 아니다.[16] 데리다는 순간과 지속으로 코기토의 두 계기를 구별한다. 순간의 코기토는 말해지거나 소통될 수 없다. 말해지고 반성되고 소통되기 위해서는 지속이, 시간화(temporalisation)가 필요하며, 광기가 배제되는 것은 바로 여기에서이다.[17] "만일 코기토가 심지어 광인 중의 광인에도 타당하다 할지라도, 그것을 반성하고 붙들어 두고 소통하고 그 의미를 전달하기 위해서는 사실 미치지 않아야 하기 때문이다."(ED, 89) 이처럼 코기토가 미치지 않도록 담보해 주는 것("garde-fou")이 신이다. "종국에는 오직 신만이 코기토로부터, 자기 고유의 순간에 조용한 광기로 남아 있을 수 있는 코기토로부터 나를 벗어나게 해 줌으로써, 오직 신만이 나의 표상과 인지적 규정물들을, 즉 나의 담론을 광기에 대항하여 보증해 준다."(ED, 90) 따라서 『성찰』에는 광기의 배제라는 폭력이 있다. 그러나 그것은 "고전 시대 역사"에 특유한 것이 아니라 "역사 일반"의 조건에 속한다. 역사는 로고스, 곧 언어를 통해, 언어 안에서 수립되기 때문

---

16   이후 푸코 스스로도 이 지점을 전혀 언급하지 않을 뿐만 아니라 많은 연구자들이 이 점을 놓친다. 이 논쟁을 국내에 처음 소개한 김현(1990)부터 역시 논쟁을 소개하는 데 중점을 두는 홍은영(2003), 차건희(2012) 또한 마찬가지이다.

17   지제크는 첫 번째 계기를 라캉의 실재계에, 두 번째 계기를 라캉의 상징계에 비견한다.(Žižek(2014), p. 25)

이다.[18] 광기 자체의 역사를 쓴다는 기획이나 고전 시대라는 특정 시기 광기를 배제하려는 '결단'이 일어났다는 주장은 그래서 부조리하다. 이성에 종속되기 이전, 배제되기 이전의 광기가 있었다는 것은 신비화일 뿐이며, 그것을 되찾으려는 시도는 결국 그것을 다시 이성 안에 감금하려는 시도가 된다.[19]

3) 푸코의 반론: 인식 주체의 수행적 태도와 광기의 배제

푸코는 약 10년이 지난 1972년 1월 일본의 한 학술지[20]에 데리다 글에 대한 논평을 싣고(이하 답변 A) 이를 약간 변경한 다른 버전을 "내 몸, 이 종이, 이 불(Mon corps, ce papier, ce feu)"이라는 제목으로 『광기의 역사』 1972년 재판 부록에 싣는다.(이하 답변 B) 대신 1961년 서문은 삭제하고, 그 이유를 해명한 짧은 글로 서문을 대신한다. 답변 A에서 푸코는 먼저 데리다의 철학관과 철학 텍스트 해석의 원칙을 비판한다. 데리다는 모든 담론의 '법'을 철학이 보유하고 철학은 모든 사건 너머에서 기원을 반복한다고 보며, 이 관점에 근거하여 『성찰』 해석 역시 "근거들의 순서" 혹은 체계의 건축술을 충실히 따른다. 반면 푸코 자신의

---

18   "모든 철학자 혹은 모든 주체(그리고 철학은 탁월한 말하는 주체에 불과하다.)는 …… (광기에 대해) 거리를 취하게 되는데, 이는 계속 말하고 살아갈 수 있기 위해 필수 불가결한 거리이다. 그런데 이는 이런저런 역사적 언어(가령 데카르트적 양식의 '확실성'에 대한 탐구)에 고유한 결함이나 안정의 탐구가 아니라 모든 언어 일반의 본질과 기획 자체에 고유한 결함이다."(ED, 84)

19   Naas(2016)에 따르면 이는 "역사를 역사성과의 관계에 대해 생각하지 않고 이해하려는, 초월적인 것에 대한 폭력"이다.

20   "Michel Foucault Derrida e no kaino", *Paideia*, n 11: *Michel Foucault*, 1. février 1972, pp. 131~147.("Réponse à Derrida," DE I, 1149~1163에 재수록)

관점에 따르면, 철학은 인식의 정초자가 아니다. 철학은 오히려 담론 형식과 개념, 제도, 실천을 연결하는 앎의 무의식에 종속된다. 그래서 철학 텍스트는 "담론적 사건들"이 일어나는 장이며, 텍스트 분석은 사건들의 분석이기도 하다. 답변 B에서는 데리다의 방법에 대한 요약과 논평은 생략한다. 대신『성찰』이 증명적인(démonstratif) 글인 동시에 '성찰'임을, 그래서 체계의 측면만이 아니라 실행(exercice)의 측면이 있음을 강조한다. 성찰이라는 바로 이 실행의 차원에서 광기와 꿈은 결코 동등하게 다뤄지지 않는다는 것이 푸코 반박의 핵심이다.

(a) 우선 논증적 차원에서 광기와 꿈이 갖는 차이를 데리다는 기껏해야 정도상의 차이로 본다. 데카르트가 꿈을 선호한 이유는 "꿈이 광기보다 더 미쳐 있기" 때문이라는 것이다. 그러나 실제 텍스트상 데카르트가 꿈을 선호한 것은 꿈의 보편성과 익숙함 때문이지, 광기에서와 같은 허황됨 때문이 아니다. (b) 더 중요한 것은 인식 주체의 체험의 차원이다. 광기에 비해 꿈이 갖는 또 다른 특권은 상기할 수 있다는 점, 나아가 성찰 현장에서 직접적으로 실행이 가능하고, 놀라는 가운데에서도 성찰을 수행할 수 있기 때문에 의심하는 주체의 자격을 유지할 수 있다는 점이다. (c) 성찰 실행의 방식과 효과에서도 광기와 꿈은 대립된다. 첫째, 광기는 타자와의 비교를 통해 도입되지만, 꿈은 나 자신의 기억을 통해 이루어진다. 둘째, 광기는 성찰이 이루어지는 곳과는 다른 장면을 가리키지만 꿈은 성찰 장면 안에 머물러 있다. 셋째, 꿈과 달리 광기는 경험되어야(éprouver) 할 것이 아니라 단지 목도되어야 (constater) 할 것이 된다. 넷째, 성찰 실행의 '효과'에서 광기는 스스로가 미치지 않았음을 확인하는 것으로 귀결되는 반면("저들은 광인들이다.") 꿈은 체험된다.("나는 놀란다", "잠을 잔다고 확신할 만큼") (d) 끝으로 사용

어휘에서 드러나는 주체의 자격 역시 다르다. '나를 혹여 미치광이들 (insani)에 비교하면 모를까'에서 insani는 의학적 징표로서 그들 상상의 비현실성을 함의한다. 그러나 이후 이어지는 amens, demens 같은 어휘들은 의학적이기에 앞서 사법적(juridique)이다. 즉 광인은 종교적, 시민적, 사법적 행위 능력이 없다는 심판을 받은 자이다. 그러므로 저들과 비교한다면 나는 성찰의 기획에서 자격을 상실할 것이다. 데리다 역시 사법적 함의에 주목은 했지만 그것을 단지 "관념들의 진리"와 관련된 인식론적 권리 문제로 한정한다.

　이처럼 텍스트의 수행적 차원을 세밀히 분석한 후 푸코는 데리다 해석의 전반적 문제점을 지적한다. 첫째, 데리다는 성찰의 증명적 질서만 보았지 실행의 차원은 무시한다. 꿈과 광기는 감각적 지각에 대한 보편적 의심의 원칙을 따르도록 주체를 결단케 하는 데 필요한 사례이다. 이런 결단을 내리게 하는 동력으로 광기는 적절하지 못하고 꿈은 적절하다. 둘째, 데리다는 "다른 목소리"를 가정하여 철학(즉 데카르트)이 광기를 배제했다는 비난을 피하고 철학을 구제하고자 한다. 그러나 데카르트가 줄곧 광기를 회피한다는 것은 분명하다. 데리다는 이에 데카르트가 오히려 악령 가설을 통해 광기와 대면한다고 반박할 것이다. 그러나 악령 가설은 "성찰 주체에 의해 처음부터 끝까지 통제되고 제어되고 인도되는 자발적 실행"(DE I, 1133)이다. 범위상 광기보다 더 넓을지 몰라도 이런 통제된 담론은 광기와 정반대 편에 있다. 마지막으로 푸코는 데리다를 철학의 낡은 전통의 대변자로 보면서 "논증적 실천들을 텍스트의 흔적들로 환원"하는 텍스트주의와 "학생에게 텍스트 바깥은 없다고, …… 다른 데에서 찾을 필요가 없다고 가르치는 교육학"(DE I, 1135)을 비판한다.

3 "근거들의 순서"와 『성찰』

둘의 논쟁을 평가해 보자. 간단히 말해 "근거들의 순서"는 데리다 해석에 손을 들어 준다.

1) 광기와 꿈의 차이와 동일성

푸코 말대로 만일 데카르트가 광기를 단지 배제하려 했을 뿐이라면, 그가 광기를 왜 언급했는지가 묘연해진다. 광기를 언급한 것은 광기가 논증의 목적상 반드시 필요하지는 않아도 또한 꿈과는 다른 특별한 기능을 수행할 수 있기 때문일 것이다.[21] 꿈은 익숙함과 보편성 때문에 과잉된 의심도 근거 있는 것으로 받아들이게 하는 데 적합하다. 그러나 또 그 때문에 진행되는 의심의 과장되고 낯선 성격을 환기하는 데는 적합하지 않다. 광기는 바로 이 낯선 느낌을 주기에 적합하다. 대화체로 쓰인 「자연의 빛에 의한 진리 탐구」에서 데카르트는 철학자인 에우독소스(Eudoxe)의 입을 빌려, 철학적 초심자인 폴리안드로스(Poliandre)에게 이 점을 보여 준다.

---

21   프랑크푸르트는 광기와 꿈의 기능이 동일하다고 본다. 둘 다 지각의 외적 조건이 이상적일 경우에도 내적 조건과 관련하여 의심을 제기할 이유가 있다는 점, 그리고 해당 주체가 모두 외부 세계와 상응하지 않는 "자기 세계 안에 살고 있다"라는 점에서 말이다. 다만 광기는 모든 인간에게 보편적으로 해당될 수 없고, 의심할 만한 근거가 있는 것을 따지는 성찰의 기획을 수행할 수 없게 하므로 기각될 뿐이다.(Frankfurt(2008), pp. 51~59를 참조하라.) 그러나 프랑크푸르트는 데카르트가 왜 꿈으로 바로 넘어가지 않고 광기를 언급했는지는 밝히고 있지 않다.

당신이 지각하고 있는 몇몇 경우에 감각이 우리를 기만한다고 해서, 당신에게 당신이 인지할 수 없을 다른 경우에도 감각이 우리를 기만하리라는 두려움을 불러일으키기에는 충분하지 못하기 때문에, 과장되게 말해 보겠습니다(je veux passer outre). 당신은 혹시 자신을 항아리라고 혹은 엄청난 크기의 신체 부분을 가지고 있다고 생각하는(pensent) 우울증자들을 본 적이 없느냐고 말입니다. 그들은 자기네가 상상하는 그대로 보고 만진다고 장담할 것입니다. 물론 양식 있는 사람(honnête homme)에게, 당신도 저들처럼 단지 감각과 상상력이 표상하는 것에 준거할 뿐이므로 당신의 믿음을 확신하는 근거가 저들보다 더 나을 게 없다고 말한다면, 그를 모욕하는(offenser) 것일지도 모릅니다. 그러나 제가 당신에게 다른 모든 사람들처럼 당신도 잠을 자야 하지 않느냐고 묻는다면, 그리고 잠자면서 …… 당신이 지금 전적으로 확실하다고 믿는 모든 것들을 생각할 수 없는지 물어본다면, 당신은 이를 나쁘게 생각할 리 없을 겁니다.(AT X, 511: 데카르트(2021), 157. 강조는 인용자, 번역은 다소 수정)

에우독소스는 감각에 대한 의심을 보편적인 범위까지 확장하는 계기로 광기를 도입하고, 이 근거를 납득시키기 위한 수단으로 꿈을 도입하고 있다. 데리다가 강조하듯, 「제1성찰」은 광기에 대한 글이 아니다. 광기는 "수사적 장치"[22]에 불과하다. 이로부터 푸코처럼 철학적 입장을 끌어낸다면 해석의 과잉이다. 물론 광기의 특질이 논증에서 전혀 무의미한 것은 아니다. 광기는 외적 현실에 상응하지 않는 자기 고유의 세계, 체계적 기만의 세계에 살고 있을 가능성을 가리킨다. 그러나 이 점

---

22   Kambouchner(2005), p. 273.

에서 꿈이나 악령 가설은 광기와 동일한 인간의 한계를 가리킨다.[23]

물론 푸코의 해석을 지지해 줄 철학적 근거가 없는 것은 아니다. 데카르트의 심신이원론이다. 광기의 배제는 심신이원론에 함축되어 있다. 데카르트는 광기에서 꿈으로 넘어가면서 "나도 인간이다."라고 말한다. 여기에서 '인간'은 이성을 가진 존재 혹은 정신을 의미하기보다 오히려 정반대 함의를 가지고 있다. 즉 나도 신체를 가진 인간이라 잠을 잔다. 나는 순수 정신이 아니라 신체를 가진 존재이기 때문에, 꿈, 광기를 비롯한 모든 혼동된 관념을 갖게 된다. 데카르트는 광기와 더불어 꿈, 몽상적 사유, 나아가 유아기와 정념에 이르기까지 모든 비이성적 혹은 무의식적 사유들을 신체적 현상으로 환원하고, 순수 정신으로부터 배제한다.[24] 이것이 심신이원론의 핵심이며, 이 점에서 데카르트 철학에는 비이성에 대한 급진적 배제가 있다. 그래서 푸코는 『광기의 역사』에서 아래와 같이 말할 수 있다.

　　　　이제 광기는 추방당한다. '인간'은 항상 미칠(fou) 수 있지만, '사유'

23　　프랑크푸르트의 분석도 이와 동일하다. "데카르트가 자신의 〔기만자 신〕 논증에서 도달하는 결론은 자신이 미쳤을 수도 있다는 가능성 — 그가 「제1성찰」의 더 앞부분에서 제기했고 서둘러 기각했던 가능성 — 과 유관하다."(Frankfurt(2008), p. 111)

24　　이에 대해서는 Azouvi(1979), Lewis(1950), pp. 37~61을 참조하라. 그레스는 뇌가 약간 교란되었을 뿐 광인 역시 정신을 가지고 있으며 사유한다고 보았음을 근거로, 데카르트가 광기를 배제하지 않았다면서 푸코를 비판한다.(Gress(2012), p. 54) 물론 데카르트는 앞의 인용문에서 우울증자도 '생각한다'는 것을 인정하며, 『방법서설』에서도 "아무리 둔하고 어리석고, 심지어 미쳤다고 하더라도 인간이라면" 정신을 가지고 있어 기호를 통한 다양한 의미 작용을 할 수 있다고 말한다.(AT VI, 57: 데카르트(1997b), 214) 그러나 이는 신체가 손상되어도 정신은 손상될 수 없다는 의미이며, 오류나 몽상이 신체에서 온다는 것을 뒷받침하는 주장이다. 그러므로 그레스의 비판은 타당하지 않다.

는 참된 것을 지각할 의무를 진 주체의 주권성의 행사로서, 정신 나갈 (insensée) 수 없다.(HDF, 70: 국역본, 117)

방금 우리가 본 것처럼, 푸코는 데카르트가 '사유'와 '인간'을 대립시킴에 주목한다. 전자는 순수 정신을, 후자는 신체와 합일된 정신을 의미한다. 오류와 환각, 몽상은 모두 인간에 속할 뿐, 사유하는 정신에 속하는 것은 아니다. 광기와 꿈은 데리다가 말한 대로 데카르트에게 근본적으로 동일한 지위를 갖지만, 푸코가 주목한 대로 둘 다 정신으로부터 배제된다는 의미에서 그러하다.

그러나 푸코는 심신이원론에 온전히 의지할 수는 없다. 심신이원론에서 광기와 꿈은 모두 신체에서 연원하는 혼동된 관념으로 동일하게 취급되며, 푸코가 반론에서 그토록 강조하는 광기와 꿈의 차이를 해명하지 못하기 때문이다.

2) 악령 가설과 광기

심신이원론은 푸코가 내세울 수 있는 가능한 반박의 하나로 데리다 자신이 든 것이기도 하다. 광기의 배제는 물론 심신이원론에 함축되어 있다. "만일 광기가 감각 — 또는 상상 — 의 도착(perversion)일 뿐이라면, 그것은 신체에 속하는 것이다, 그것은 신체 쪽에 있다. 실체들의 실재적 구별은 광기를 코기토 바깥의 어둠으로 추방한다."(ED, 80) 그러나 데리다는 이를 곧장 악령 가설로 반박한다. 악령 가설은 사유 실체의 경계 바깥에 있는 신체의 무질서만이 아니라 순수 사유 안에도 전복을 도입하고, 그 결과 총체적 광기의 가능성(곧 권리상 의심할 수 있는 모든 것)을 제기하기 때문이다. 바로 이와 같은 총체적 광기의 가능성을 제기하는 인식 주체의 의지야말로 그 자체 악마적인 것, 광기 어린 것이다. 인식 주체는 바로 이런 악마적 과장을 거쳐 비로소 인식의 이런저런 사실의 차원(이런저런 오류를 저지름)에서 권리의 차원(진리를 인식하는 본성적 능력)으로 도약하게 된다. 데카르트의 철학적 제스처는 바로 이 점에서 고대의 휘브리스보다 멀리 무 또는 무한으로 나아가려는 "전대미문의 독특한 기획"(ED, 87)이다. 휘브리스는 기껏해야 세계 내부에서 일어나는 과잉이다. 이런 과잉은 세계 전체를 넘어가려는 이 악마적 과장에 의해 열린 공간 안에서 비로소 가능해진다.[25]

이에 대해서도 푸코의 반박은 타당한 면이 있다. 철학자가 의도적으로 떠맡는 광기가 과연 광인의 광기와 동일한가? 데카르트 주석가인 캉부슈네르가 인정하듯이 데카르트가 "광기 어린 대담함"으로 전대미문의 문제를 제기할지 몰라도, "데카르트가 전대미문의 것에 대면하는 방식은 무장되고 끊임없이 감시된 것, 능란하고 용의주도한 것"이다. 이 점에서 "데카르트는 광기와 무관한 사상가"[26]이다. 실로 의심

---

25   알키에에 따르면 이런 의미의 광기야말로 철학에 고유한 것이다. 그는 『성찰』에 언급된 광기를 두 가지 측면으로 구분한다. 한편으로 지각하는 모든 것을 적극적으로 긍정하는 환각(hallucination)의 측면과, 사실적으로 지각하는 모든 것을 집요하게 환각으로 부인하는 착란(délire)이 그것이다. 전자가 보통 사람에 해당한다면, 후자는 철학자에 해당한다. "애초에 얼마간 미치지 않고서는 아무도 철학자가 될 수 없을 것이다. 그러니까 사태에 직면하여 느끼는 어떤 비현실감에 이끌려 이성적인 사람들이 제기하지 않는 문제들을 제기하지 않고서는 말이다."(Ferdinand Alquié, "Le philosophe et le fou," in *Descartes Metafisico: Interpretazioni del Novecento*, ed. par J.-R. Armogathe et G. Belgioso, Rome: Istituto dell'Enciclopedia Italiana, 1994, pp. 107~116 중 p. 115: Kambouchner(2005), p. 267에서 재인용).

26   Kambouchner(2005), p. 393.

의 주체는 단지 인식 주체만이 아니라 의지의 주체이며 이 점은 『광기의 역사』에서부터 푸코가 강조한 것이다. '대감금'(1부 2장)을 다루고 나서 1부 마지막 장(5장)에서 푸코는 광기가 의심의 전략 내에 아예 발붙이지 못하는 이유를 데카르트적 주체의 성격을 통해 해명한다. 그것은 의심의 주체가 또한 깨어 있는 상태를 유지하려는 단호한 윤리적 결의를 지닌 윤리적 주체이기도 하기 때문이다. "의심하려는 '의지'에서, 무의지적으로 비이성에 매혹되거나 니체처럼 미친 철학자가 될 가능성은 사전에 배제되었다. 코기토에 훨씬 앞서 의지 및 이성과 비이성의 태고적인 함축 관계가 있다. …… 고전주의 시대에 이성은 윤리의 공간에서 탄생한다."(HDF, 186: 국역본, 259) 주체의 이런 의지적 태도야말로 데카르트가 광기를 배제했다는 푸코 주장의 항수이고 핵심 근거이다.

그러나 인식 주체가 의지를 통해 광기를 배제하려 한다고 해서 성공적으로 배제가 이루어지느냐는 별개의 문제이다. 데리다가 역사의 역사성을 통해 말하고자 하는 바도 바로 이것이다. 배제된 것은 반드시 되돌아온다는 것. 그런데 푸코 역시 이 점을 인정하면서 모순을 범한다. 푸코 사후 『광기의 역사 30년 후』 기념 논문집에 실린 「프로이트에게 공정하기」에서 데리다는 바로 이 모순을 지적한다.[27] 『광기의 역사』에서 푸코는 "의심하려는 '의지'에서, 무의지적으로 비이성에 매혹되거나 니체처럼 미친 철학자가 될 가능성은 사전에 배제되었다."라고 말한 이후, 30페이지쯤 뒤에서 다음과 같이 말한다. "코기토는 절대적 시작이다. 그러나 악령이 코기토보다 선행한다는 것을 잊어서는 안 된다." 악령의 위협은 "실존과 외부 세계의 진리에 이르기까지 데카르트의 여정 위로 돌출되어 있을 것"이다.(HDF 209: 국역본, 285. 번역은 약간 수정)

그러므로 푸코는 비이성으로서의 광기가 애초에 배제되는 동시에 끝까지 위협적인 힘을 행사한다는 모순되는 주장을 하고 있는 것이다.

3) 신 존재 증명과 광기의 배제

마지막으로 코기토가 광기를 포함한다는 데리다의 주장에 혹자는 광인에게 과연 자기의식을 귀속시킬 수 있느냐고 물을 것이다. 이에 대해 데리다는 순간의 코기토와 지속의 코기토의 구별로 답한다. 코기토는 우선은 순간의 코기토이다. 데카르트는 코기토의 실존을 발견할 때에도,[28] 코기토의 본질이 사유임을 발견할 때에도[29] 그것을 시간적으로 단속적인 양상으로 제시한다. 이는 데카르트의 연속 창조론으로 뒷받침된다. 곧 "생애의 시간 전체는 무수한 부분들로 나뉠 수 있고, 그 각각의 부분들은 나머지 부분들에 어떤 식으로도 의존하지 않으므로, 내가 조금 전에 존재했다는 사실로부터 내가 지금 존재해야 한다는 사실은 따라나오지 않으며,"(AT VII, 49: 데카르트(2021), 75) 그러려면 어떤 원인이 내가 창조될 때만큼의 힘과 작용으로 나를 새롭게 창조해야, 즉 보존해야 한다. 이런 순간의 코기토에서 이성과 광기는 분리되어 있지 않다.

광기가 배제되는 것은 순간의 코기토가 신 존재 증명을 통해 지속

---

27   데리다(1997), 173쪽.

28   "나는 존재한다, 나는 현존한다는 이 명제는 마침내, 내가 그것을 발화할 때마다 심지어 정신에 떠올릴 때마다, 필연적으로 참이라고 결론지어야 한다."(AT VII, 25: 데카르트(2021), 45)

29   "나는 존재한다, 나는 현존한다. 확실하다. 그러나 얼마 동안? 물론 내가 사유하는 동안."
(AT VII, 27: 데카르트(2021), 48)

의 코기토로 넘어가면서이다. 이 점은 데카르트 자신이 밝힌 신 존재 증명의 효력 범위로 지지된다. 즉 신 존재 증명이 보증하는 것은 코기토나 인과 공리 등의 단순 관념의 확실성이 아니라 (이것들은 그 자체로 확실히 알려진다.) 복합 관념의 확실성이며, 순간적 사유의 참됨이 아니라 지속에서의 사유의 동일성이다.[30] 순간적 확실성이 지속으로 확장되고, 순간적 활동에 불과한 것이 지속적 주체의 존재가 되는 것은 바로 신 존재 증명을 통해서이다. 광기가 배제되는 것도 바로 여기이다. 역사란 말해질 수 있는 것, 소통될 수 있고 반성될 수 있는 것인 한에서, 그러므로 역사의 시원에서부터 배제가 있다. 이러한 원초적 폭력이 모든 역사의 역사성을 구성한다.

다시 한번 「프로이트에게 공정하기」를 보면, 데리다는 악령 가설이 광기 어린 것이라는 주장에 대한 푸코의 반박, 곧 "악령이 광기의 힘을 되찾는다면, 이는 성찰의 실행이, 미칠 위험을 배제하고 난 후"(DE I, 1134. 강조는 원문)라는 반박에 이렇게 응수한다. "악령이 광기의 힘을 다시 취했다면, 다시 말해 후에, 사후에 그것을 '되찾았다'면 미칠 위험의 배제가 이'후'에 자리를 마련해 주었기 때문"이라고.[31] 배제는 역사의 조건이며, 따라서 광기의 배제가 고전 시대에 일어났다고 하는 것은 이성의 역사를 비롯한 모든 역사의 이러한 역사성을 망각하는 것이다.

이처럼 데리다는 데카르트의 논증 질서를 비길 데 없이 정합적이고도 풍부하게 해석해낸다. 그러나 데리다의 분석에 따르면, 데카르트

---

30   이것은 (신 존재 증명의 전제가 되는) 단순 관념과 (모든 관념의 확실성을 보증하는) 신 존재 증명 사이의 "순환 논증" 혐의에 대해 데카르트 자신이 밝힌 답변이며, 이 답변의 타당성 여부는 논외로 한다. 이에 대한 자세한 논의는 김은주(2014)를 참조하라.

31   데리다(1997), 171쪽.

의 철학적 담론은 철학적 담론으로서 하나도 특별할 것이 없다. 데리다에 따르면 철학은 한편으로는 주어진 것, 사실의 세계 전체를 넘어가 보려는 시도, 그 자체 과장(hyperbole)이자 초과(excès)의 운동이다. 그러나 다른 한편으로 이 사유를 유지하고 소통하기 위해 철학은 언어와 타협하고 언어의 닫힌 구조 속에 그것을 가둘 수밖에 없는 운명을 가지고 있다. 간단히 말해 철학은 그 자체가 광기인 동시에, 광기를 배제해야 한다는 모순 속에서 펼쳐진다. 이것이 곧 철학의 역사성을 이룬다. 그러나 이것이 철학의 운명이라면 플라톤이든, 데카르트든 다를 것이 없다. 푸코가 지적했듯, 데리다에게 철학은 "기원의 반복"이고, "데리다에게 17세기에 일어난 일은 '견본' 혹은 '모델'에 불과하다. 그는 독특한 사건의 범주를 전혀 모른다."(DE I, 1163) 그런데 데리다 자신이 데카르트의 기획을 고대 휘브리스보다 훨씬 더 멀리 나아가는 "전대미문의 독특한 기획"(ED, 87)이라고 말하지 않았는가? 이 독특함은 어디서 오는가? 이에 답하려면 우리는 데카르트를 하나의 사건으로, 『성찰』을 사건이 일어나는 장으로 바라보고자 했던 푸코로 되돌아가야 한다.

4 '사건'으로서의 『성찰』

데카르트를 단순한 기원의 반복이 아니라 사건으로 보려면, 푸코가 말한 대로 철학 텍스트 바깥으로 나가 볼 필요가 있다. 그러나 이 바깥은 어디인가? 『광기의 역사』는 물론, 데리다의 텍스트주의를 비판한 푸코의 1972년 반론 역시 그것이 대감금이라는 사회적 사건을 가리키리라고 생각하게 한다. 마치 이 사건에 상응하여 철학 텍스트 내부의 배제가 일어나는 양 말이다. 그리고 이런 식으로 외부에서 마련된 해석의 격자를 텍스트 안으로 수입하는 것이야말로 데리다가 가장 반대하는 지점의 하나였을 것이다.

　이런 혐의는 『광기의 역사』 전후로 출판된 저작들을 보면 더 짙어진다. 우선 『광기의 역사』 이전 푸코의 최초 저작이라 할 수 있는 『정신병과 인격』(1954)에서 그가 광기를 다루는 방식은 한편으로는 정신병을 "현실적 조건"을 통해 해명하는 유물론적 입장, 그리고 병의 치유(인격의 회복)를 현실적 조건의 변화(소외 없는 사회)를 통해 가능하다고 보는 유토피아적 입장을 띠고 있다.[32] 이런 경향은 이 글의 수정 판본인 『정신병과 심리학』(1962)에서 다소 완화된다. 정신병을 "문명의 사실"로 보고, 현실적 사회 조건이 아닌 담론과 실천을 통해 고찰하고자 한 저술이다. 그러나 여기에서도 푸코는 과연 어떤 조건에서 정신병이 '병'으로 받아들여지는가를 묻고,[33] 갈등적인 욕망을 양립 불가능한 것으로 만드는 사회가 정신병의 조건이 된다고 결론 내린다.[34] 이런 유물론적 경향은 『광기의 역사』에서 거의 사라진다. 그러나 그것은 마슈레의 지적처럼[35] "제도와 담론 체계 너머의 광기"라는 "새로운 신화"로

32　Macherey(2011), p. 252를 참조하라.

33　"어떻게 우리 문화가 병에 일탈의 의미를 부여하고 그것을 배제하는 지위를 부여하게 되었는가? 또한 그럼에도 어떻게 우리 사회는 자신이 인정하기를 거부하는 이 병적인(morbide) 형태를 통해 스스로를 표현하는가?"(MMP, p. 75)

34　"병리적인 고착이나 퇴행은 특정 문화에서만 가능하다. 그것들은 사회적 형식들이 과거를 청산하도록 허용하지 않는 한에서, 그리고 과거를 경험의 현행적 내용에 동화시키도록 허용하지 않는 한에서, 증식하게 된다."(MMP, p. 96)

35　마슈레에 따르면, 『정신병과 심리학』에서도 소외 없는 사회 대신 "새로운 허구, 새로운 유토피아"가 등장하는데, 그것은 "진정한 앎", "심리학화되지 않은 앎"이며, 이것이 『광기의 역사』

대체된다. 『광기의 역사』 출판 이후의 한 인터뷰에서 푸코는 자신을 이끈 것이 모리스 블랑쇼나 레이몽 루셀의 것과 같은 광기처럼 문학작품에 현전하는 광기였다고 말한다.(DE I, 196) 그러면서 "광기는 야생적 상태로 발견될 수 없다."(DE I, 197)라고 말하는데, 이는 데리다가 말한 초월론적 의미에서가 아니라 "광기는 사회 속에서만 존재한다."라는 뜻에서, 즉 "그것을 고립시키는 감성 형태와 그것을 배제하거나 구속해 두는 격리의 형태를 떠나서는 존재하지 않는다."라는 뜻에서이다.

『광기의 역사』 이후 이런 경향은 점점 자취를 감춘다. 그리고 반론을 쓴 1972년 전후 푸코의 작업은 철학 텍스트 '바깥'이 어디인가에 대한 다른 답변의 요소를 담고 있다. 하나는 고전 시대의 에피스테메이고, 다른 하나는 주체와 진리의 관계이다.

1) 고전 시대 에피스테메와 '인간'의 부재(『말과 사물』)

『광기의 역사』 이후 5년 뒤에 출판된 『말과 사물』(이하 MC)에서 푸코는 직접적으로는 아니지만 코기토와 신의 관계를 '역사적 선험(*a priori*)', 즉 에피스테메의 관점에서 다룬다. 서문에서 푸코는 『광기의 역사』가 타자(광기)의 역사에 대한 것이라면, 『말과 사물』은 동일자(서구인들의 인식 방식)의 역사에 대한 것이라고 밝히고 있다. 이 동일자의 역사에 대한 푸코의 테제는 크게 두 가지로 요약될 수 있다. 첫째, 이 역사에는 두 차례의 커다란 불연속이 있었는데 하나는 고전 시대(17세기 후반)

에서 다시 "제도와 담론 체계 너머의 광기"라는 새로운 신화로 이어진다.(Macherey(2011), pp. 254~255)

이고, 다른 하나는 근대(19세기 초반 이후)이다. 둘째, 이 구분은 '인간'이 고대 희랍도, 르네상스 인문주의도, 고전 시대 합리주의도 아니고, 단지 근대 들어 발견된 최근의 발명품에 불과하다는 주장으로, 그리고 언젠가는 다시 사라지리라는 전망으로 이어진다. 이 테제에 따르면 데카르트는 '근대'가 아닌 '고전 시대' 에피스테메에 속한다. 광기에 대한 데카르트의 독특한 태도 역시 고전 시대 에피스테메의 특징을 통해, 그것이 근대 에피스테메와 갖는 차이를 통해 설명될 수 있다. 그러니까 데카르트에게서는 아직 '인간'이 사유되지 않았다는 사실을 통해.

고전 시대 에피스테메는 어떻게 다른 시대와 구별되는가? 르네상스를 비롯한 이전 시대가 사물들 사이의, 심지어 사물과 그것을 나타내는 기호 사이의 유사성에 따라 사유했다면, 고전 시대는 유사성과 단절하고 '보편 수리학($Mathesis\ Universalis$)'의 이상으로 상징되듯 사유의 질서라는 동일한 척도에 따라 존재자들을 표상하여(représenter) 연속체 안에 배열하고 도표화했다. 다시 말해 사물들은 사유의 질서를 따라 정돈되었다. 이는 표상과 사물 사이에, '나는 생각한다'와 '나는 존재한다' 사이에 거리가 존재함을 함축한다. 이 거리를 발견한 것도 고전 시대 사유라 할 수 있다. 데카르트가 말한 광기와 꿈, 악령 가설도 인간이 갖는 표상들의 체계가 실재와 유리된 것일 수 있다는 바로 이런 위험의 표현이다. 그러나 이 거리는 어떤 두께나 심층도 없는 투명한 거리이기도 하다. 표상과 사물은 둘 사이에 공통적이라고 여겨진 투명한 언어에 의해 연결되었기 때문이다. 푸코는 명시하지 않았지만, 데카르트에게서 이런 투명한 언어의 역할을 하는 것이 신이다. 신은 인간 정신에 새긴 것과 동일한 법칙을 자연 안에 새겨 두었다고 가정되기 때문이다. 이런 의미에서 표상과 사물 사이에 놓인 이 심연을 데카르트는 발견은

했지만, 사유하지는 못했다고 말할 수 있다.

이처럼 표상과 사물 사이에 가로놓인 심연이 사유되지 못한 한에서, 인간 역시 그 자체로 사유되지 못했다.[36] 즉 고전 시대에 인간은 그 유한성과 더불어 사유되지 못했다. 고전 시대에 유한성은 무한에 대한 부정으로 이해될 뿐이었기 때문이다. "무한자와의 부정적 관계는 — 그것이 창조나 추락으로 이해되든〔아우구스티누스나 아퀴나스〕, 정신과 신체의 결합으로 이해되든〔데카르트〕, 전체 안에서의 독특한 관점으로 이해되든〔라이프니츠〕, 혹은 표상과 인상의 연관으로 이해되든〔로크와 흄〕 — 인간의 경험성과 이에 대해 그가 가질 수 있는 인식에 선행하는 것으로 주어졌다."(MC, 327: 국역본, 434) 인간의 발견은 인간의 유한성을 "무한자의 부정"으로서가 아니라 그 자체로 사고할 수 있을 때,[37] 무한의 형이상학이 쓸모없어지고 유한성이 자신 외에 다른 준거를 갖지 않을 때 이루어진다. 즉 인간은 한편으로 표상이 사물들의 질서의 토대가 아니라 이제 단지 효과(혹은 현상)로 간주되고 그 기원은 알 수 없어질 때 모든 가능한 인식의 주권적 주체로서 등장하며, 다른 한편으로 그 자체 실증적 경험의 대상으로서 등장한다. 생명을 가진 존재(생물학), 욕구하는 존재(경제학), 말하는 존재(문헌학)로서 말이다. 이처럼 인간이 표상의 가능 조건(초월적 주체)이자 표상의 대상(경험적 대상)이라는 이중체로서 등장하는 것, 이것이 곧 칸트(그리고 그 이상으로

36 "고전 시대 사유에서 표상의 존재 이유이자, 표상을 자신의 이미지 혹은 반사물로 인지하면서 표상 안에서 스스로를 표상하는 자 …… '인간'은 아직 존재하지 않았다."(MC, 319: 국역본, 424. 번역은 다소 수정)
37 "근대 문화가 인간을 사유할 수 있는 것은 유한자를 그 자체로부터 사유하기 때문이다."(MC, 329: 국역본, 436. 번역은 다소 수정)

퀴비에, 보프, 리카도)로 대표되는 근대 에피스테메의 특징이다.

　이런 고전 시대와 근대의 에피스테메를 염두에 두면 왜 데카르트가 광기를 포괄하면서도 배제하는 듯 보이는지 납득할 수 있다. 데카르트가 광기를 논증의 질서 안으로 포괄한다면, 이는 그가 모든 것을 표상들의 연속체 안에 배치하기 때문일 것이다. 반면 그가 수행적으로는 광기를 배제한다면, 이는 광기를 인간의 유한성 안에서 사유하지 않았기 때문일 것이다. 물론 그는 광기를 순수 '정신'에서 배제하고 심신 합일체로서의 '인간'에 귀속시킨다. 그리고 순수 정신(사유 실체)이나 신체(연장된 실체)와는 달리 심신 합일의 소관하에 있는 관념들은 본성상 모호하고 혼동되어 있다. 그렇지만 각각 명석판명하게 인식되는 정신과 신체 못지않게 심신 합일 역시 자연과 인간 본성 사이의 소통(communication)과 이를 보증하는 신의 관할하에 있다. 실천의 영역에서도 인간은 '자연의 빛'(신의 진실성)은 아니라도 심신 합일체에 부합하는 '자연의 가르침'(신의 선성(善性))을 그럭저럭 믿고 따를 수 있는 것이다. 결국 데카르트의 철학이 고전 시대를 특징짓는 투명한 표상의 에피스테메에 속해 있었던 이상, 광기는 논증의 체계상 인수된다 하더라도, 사유될 수 없는 것으로 남을 수밖에 없다.

2) 주체와 진리의 관계와 '성찰'(『주체의 해석학』)

　푸코가 참조하는 또 다른 바깥은 주체가 진리와 맺는 관계의 역사이다. 푸코가 답변 A에서 건축술적 질서와 사건을 대비할 때 그는 공간적 차원과 시간적 차원의 대비 역시 염두에 둔다. 전자에서 "요소들은 가시적 항구성 속에서 어떤 방향으로든 관통될 수 있으며" "아무런 익명적 관점"을 취해도 무관하다.(DE I, 1160) 반면 시간의 차원에서는 일련의 "계기들(moments)"이 있고 주체를 주체로 만드는 "변형의 시간적 추이"(같은 곳)가 있다. 실로 실행을 통한 주체화의 차원이야말로『광기의 역사』에 비해 1972년 답변들에서 새로이 부각되는 요소이다. 이 경향을 우리는 1982년『주체의 해석학』에 비추어 봄으로써 뚜렷이 인지해 낼 수 있다. 이 강의록의 주제는 주체가 진리와 맺는 관계이며, 이 측면에서 본 근대의 출발점에는『말과 사물』이래 설정되었던 칸트 대신에 데카르트가 오게 된다. 여기에서 데카르트는 자기 변형으로서의 앎이라는 금욕적 전통에서부터, 사물에 대한 과학적, 실증적 인식이라는 근대적 태도가 갈라지는 출발점으로 다뤄진다.[38]

> 데카르트가『성찰』〔명상〕을 썼다는 것을 잊지 말아야 합니다. 성찰은 자기에 대한 실천이죠. 그런데 데카르트 텍스트에서 특별한 것은 자기 실천 덕분에 구성되는 주체를 인식의 실천들을 정초하는 주체로 대체했다는 점입니다.(DE II, 1229, 1983년 4월)

『주체의 해석학』이후 "윤리의 계보학"이라는 제목으로 나오게 될 이 인터뷰에서 푸코는 데카르트를 고대 그리스에서 초기 기독교로 이어지는 자기 돌봄의 전통 속에서 다룬다. 고대에 사유는 단지 인식을 위한 것이 아니라 인식자 자신의 변형을 위한 것이었다. 주체가 진리에 접근하려면 스스로에 대한 작업이 선행되어야 했다. 이와 같은 자기 돌

---

38 데카르트를 이런 관점에서 다루는 좋은 논의로는 McGuishin(2007), pp. 175~194; "Descartes," in Lawlor et al. eds.(2014), pp. 602~608을 참조하라.

봄의 전통은 이후 초기 기독교에서 영성의 추구로 이어진다.

> 〔영성의 전통에서〕 진리에 도달할 권리를 갖기 위해서는 주체가 자기 자신을 변화시키고 변형하고 이동하고 어느 정도와 한도까지는 현재의 자기 자신과는 다르게 될 필요가 있다는 점을 전제합니다. …… 주체의 개심인 변형 없이는 진리가 존재할 수 없습니다.(1982년 1월 6일 강의: 푸코(2007), 59쪽)

이와 같은 자기 돌봄, 자기 구원으로서의 앎의 전통은 '목자들'의 인도, 곧 사목 권력의 전통으로 이어진다. 사목 권력이 나를 대신하여 내 영혼을 돌보고 내 영혼을 구원하고자 했다면, 데카르트는 바로 이런 타율의 전통에 저항하여 자기 스스로를 돌보는 전통으로 회귀한다. 실제로 『성찰』에는 알맞은 시간과 장소, 이를 위한 몸과 마음의 준비 등 영적 수련 매뉴얼의 내용이 들어가 있다. 그러나 데카르트가 도달하는 곳은 이 영성의 전통과 반대되는 과학적 인식의 새로운 전통이다. 이전에 사람들은 "진리에 접근할 수 있고 또 그럴 만한 자격을 가지기 위해 내가 나 자신에 대해 수행해야 할 작업은 무엇인가?"라고 물었다면, 데카르트는 다음과 같이 말함으로써 이 전통과 단절한다. "진리에 접근하기 위해서는, 내가 자명한 것을 볼 수 있기만 하면 어떤 주체가 되어도 좋다." 진리와 관계 맺기 위해 자기와의 관계는 더 이상 금욕적일 필요가 없고 자명성이 금욕을 대체한다. 이처럼 자기 변형과 자기 돌봄에서 자신에 대한 앎으로, 그리고 이를 바탕으로 대상에 대한 과학적 인식으로 앎의 의미가 변화하는 순간을 푸코는 "데카르트의 순간"이라 명명한다. 『성찰』은 종교적 명상이 함의하는 영성 담론의 형식을 갖추고 있으나, 이성은 도달해야 할 목표, 하나의 '윤리'가 아니라 인간의 '본성'으로 자리매김되고, 사유와 테크놀로지를 통한 자기 변형이 아니라 자연의 변형을 추구하게 된다.

이를 통해 푸코-데리다의 논쟁을 소급적으로 바라보면 두 가지를 알게 된다. 첫째, 1972년의 푸코가 주목한 것은 광기 자체보다 성찰(명상)의 수행적 차원이다. 즉 데카르트의 광기 배제가 대감금과 같은 비담론적 사건에 상응한다는 점을 지적하는 대신, 오로지 명상의 장면에서 명상하는 주체에게 광기가 갖는 기능상의 부적격성에 초점을 맞춘다.

> 『성찰』은 〔공간적이고 건축술적인 질서가 아니라〕 주체에게 일어나는 일련의 시간적 변형으로 읽어야 한다. …… 이 계열에서 의심하자는 결단이, 그런 다음 감각을 불신하자는 결단이 일어나며, 자고 있는 양하자는 결단이 일어날 것이고, 광기가 고려되는 순간이 있지만, 떠안을 수 없는 사건으로서, 주체 자격을 주는 변형들의 놀이 안에 입장시킬 수 없는 사건으로서(왜냐하면 광기는 오히려 자격을 박탈하는 것일 터이므로)이다.("Réponse à Derrida," DE I, 1160)

둘째, 그러나 의심을 통한 이런 시험은 스스로를 이성적으로 변형하기 위한 것이라기보다는 이성이 인간의 본성으로 드러나도록 하기 위한 것이다. 데카르트는 형식상 영성의 전통을 빌려 오지만, 내용상 과학적 담론의 새로운 전통을 수립하고 있었다. 1972년의 푸코가 전자(영성의 전통)에 주목했다면, 데리다는 후자(합리성의 담론)에 주목했다. 서로 대립되는 입장이 둘 다 타당해 보인다면, 그 이유는 결국 『성찰』 텍스트의 이런 이중성 때문이었다고 할 수 있다.

5 나가며

『성찰』에 대한 데리다와 푸코 해석의 대립을 독법의 차이에서 오는 대립으로 조명해 보았다. 논증 절차상 데카르트는 광기를 철학적 담론 안으로 받아들이는 듯 보인다는 점에서는 데리다가 옳지만, 성찰의 실천에서는 광기를 배제하는 태도를 보인다는 점에서는 푸코가 옳다. 대립되는 두 해석이 모두 옳아 보이는 이유를 나는 한편으로는 데카르트가 포함된 고전 시대 에피스테메의 특수성에서 찾았다. 거기에서는 인간이 그 유한성 속에서 사유될 수 없었으므로, 데카르트가 광기를 고려하더라도, 인간의 유한성 안에서 고려하지 못했던 것이다. 다른 한편으로 데카르트는 주체와 진리의 관계 맺기에 관해서 영적 실천의 전통과 과학적 인식의 기점에 서 있다. 광기를 배제하는 태도는 영적 실천과, 광기를 받아들이는 태도는 과학적 인식과 관련된다고 할 수 있다. 이 때문에 데카르트가 광기를 껴안는 듯 보이더라도, 그는 광기와 거리가 먼 철학자로 남는다. 이로써 데카르트가 동일한 로고스의 반복이 아니라 하나의 사건임이 밝혀진다. 푸코-데리다 논쟁의 1막이 끝난후 사람들은 푸코가 데리다의 초월론적 문제의식을 따라가지 못했다고 비판했다. 그러나 데리다가 역사의 역사성이라는 초월론적 구조를 반복적으로 발견하는 동안, 푸코는 데카르트 담론 자체의 역사성을 밝혀낸 것이다. 단 이는 20년에 걸친 긴 사유의 결실이며, 여기에는 그의 사상에서 데카르트를 부각시킨 데리다의 영향이 없었으리라고 할 수 없다. 여기에서 다루지 않았지만, 이 논쟁이 데리다의 사상 전개에 미친 반향을 추적해 보는 것도 분명 흥미로운 작업일 것이다. 이는 별도의 과제로 남겨 둔다.

참고 문헌

김은주. 2014. 「데카르트 순환논증의 형이상학적 쟁점」, 철학연구회, 《철학연구》 106집, 77~105쪽.

김현. 1990. 「푸코-데리다 논쟁에 대하여」, 『시칠리아의 암소』, 문학과지성사, 99~124쪽.

데리다, 자크. 1997. 「프로이트에게 공정하기」, 『광기의 역사 30년 후』, 시각과 언어, 153~213쪽.

데카르트, 르네. 2021. 이현복 옮김, 『제일철학에 관한 성찰·자연의 빛에 의한 진리탐구·프로그램에 대한 주석』, 문예출판사.

_____. 2002. 원석영 옮김, 『철학의 원리』, 아카넷.

_____. 2013. 원석영 옮김, 『성찰』에 대한 학자들의 반론과 데카르트의 답변』 1, 나남.

차건희. 2012. 「데카르트와 광기」, 고려대학교 철학연구소, 《철학연구》 제45집, 199~234쪽.

푸코, 미셸. 2007. 심세광 옮김, 『주체의 해석학』, 동문선.

홍은영. 2003. 「"성찰하는 주체"는 미칠 수 없는가?: 데카르트적 광기 배제에 대한 푸코와 데리다의 논쟁」, 《해석학연구》 12, 328~363쪽.

Artières, Philippe et al. eds. 2011. *Histoire de la folie à l'âge classique de Michel Foucault. Regards critiques 1961~2011*. Presses universitaires de Caen.

Azouvi, François. 1979. "Le rôle du corps chez Descartes." *Revue de Métaphysique et de Morale*. 83-1: 1-23.

Beyssade, Jean-Marie. 2001. "'Mais quoi ce sont des fous'." *Descartes au fil de l'ordre*. Paris: PUF.

Boyne, Roy. 1990. *Foucault and Derrida. The Other Side of Reason*. London: Unwin Hyman Ltd.

Cicero, M. Tulli. 1996. *M. Tulli Cicieronis Scripta Quae Manserunt Omnia. Fasc. 42. Academicorum Reliquiae cum Lucullo*. O. Plasberg ed. Stutgardiae et Lipsiae in Aedibus B.G. Teubneri MCMXCVI.

Custer, Olivia et al. eds. 2016. *Foucault/Derrida. Fifty Years Later. The Future of Genealogy, Deconstruction, and Politics*. New York: Columbia University Press.

Davis, Creston et al. eds. 2014. *Theology After Lacan. The Passion for the Real*. Eugene, Oregon: Cascade Books.

Descartes, René. 1992. *Descartes. Méditations métaphysiques*. Michelle et Jean-Marie Beyssade, eds. Paris: GF Flammarion.

_____. 1996. *OEuvres de Descartes*, Adam & Tannery. eds. Paris: J. Vrin [AT로 표기].

Flaherty, Peter. 1986. "(Con)textual Contest: Derrida and Foucault on Madness and the Cartesian Subject." *Philosophy of the Social Sciences* 16(2): 157~175.

Foucault, Michel. 1954. *Maladie mentale et psychologie*. Paris: PUF.

_____. 1966. *Les mots et les choses*. Paris: Gallimard. [푸코. 2012. 『말과 사물』, 이규현 옮김, 민음사].

_____. 1972. *Histoire de la folie à l'âge classique*. Paris: Gallimard. [푸코. 2003. 『광기의 역사』, 이규현 옮김. 나남]

_____. 2001. *Dits et Ecrits* I, 1954~1975; II, 1976~1988. Paris:

Gallimard.

Frankfurt, Harry. 2008. *Demons, Dreamers, and Madness*. Princeton: Princeton University Press.

Gress, Thibaut. 2012. *Descartes et la précarité du monde*, Paris: CNRS Editions.

Gutting, Gary. ed. 2005. *The Cambridge Companion to Foucault*. Cambridge: Cambridge University Press.

_____. 2005. "Foucault and the History of Madness." in *The Cambridge Companion to Foucault*. ed. by Gary Gutting (2005), pp. 49~73.

Han, Béatrice. 2002. *Foucault's Critical Project. Between the Transcendental and the Historical*. Stanford, California: Stanford University Press.

_____. 2005. "The Analytic of Finitude and the History of Subjectivity." In *The Cambridge Companion to Foucault*. ed. by Gary Gutting, pp. 176~209.

Huffer, Nynne. 2016. "Looking Back at History of Madness." In Custer et al.(2016), pp. 21~37.

Jonas, Eric. 2015. "Historicity and Alterity: Revisiting the Foucault-Derrida Debate." *Constellations* 22(4): 586~598.

Kambouchner, Denis. 2005. *Les Méditations métaphysiques de Descartes. Introduction générale Première Méditation*. Paris: PUF.

Khurana, Thomas. 2016. "The Common Root of Meaning and Nonmeaning." In Custer et al.(2016), pp. 80~104.

Lawlor, Leonard & Nale, John. eds. 2014. *The Cambridge Foucault Lexicon*. Cambridge: Cambridge University Press.

Lewis, Geneviève R. 1950. *Le problème de l'inconscient et le cartésianisme*. Paris:

PUF.

Macherey, Pierre. 2016. "The Foucault-Derrida Debate on the Argument Concerning Madness and Dreams." In Custer et al.(2016), pp. 3~20.

_____. 2011. "Aux sources de l'Histoire de la folie: une rectification et ses limites." In Artières et al.(2011), pp. 229~261.

McGuishin, Edward, F. 2007. *Foucault's Askesis. An Introduction to the Philosophical Life.* Evanston, Illinois: Northwestern University Press.

Naas, Michael. 2016. "Violence and Hyperbole." In Custer et al.(2016), pp. 38~60.

Revel, Judith. 2008. *Dictionnaire Foucault.* Paris: ellipses.

_____. 2016. "Foucault, Derrida. The Effects of Critique." In Custer et al.(2016), pp. 125~132.

Said, Edward. 1978. "The Problem of Textuality: Two Exemplary Positions." *Critical Inquiry* 4 (4): 673~714.

Arthur Still and Irving Velody. eds. 1992. *Rewriting the history of madness. Studies in Foucault's Histoire de la folie.* London and New York: Routledge.

Žižek, Slavoj. "Cogito, Madness and Religion: Derrida, Foucault and then Lacan." In Davis et al.(2014), pp. 19~33.

6장

과학, 생명, 주체

주재형

1 들어가며: 푸코와 캉길렘, 하나의 전통?

캉길렘은 푸코의 유명한 박사 학위 논문『광기의 역사』의 지도 교수로 알려져 있지만, 사실 이 두 철학자의 관계는 통상적인 사제 관계를 넘어 이론적 동반자이자 경쟁자의 관계라고 볼 수 있다. 이 관계를 이해하기 위한 가장 대표적인 통로는 푸코가 죽기 직전 발표한 마지막 글이다. 이 글은 그가 캉길렘의 대표작『정상과 병리』의 영어판에 붙인 서문(1978)을 다소 수정한 것이다. 푸코는 여기에서 20세기 프랑스 철학을 경험, 의미, 주체의 철학과 지식, 합리성, 개념의 철학의 두 계열로 나누고 자신을 캉길렘과 함께 후자의 계열, 곧 개념의 철학에 속하는 것으로 제시한다. 사르트르, 메를로퐁티로 대표되는 경험, 의미, 주체의 철학이란 말 그대로 인간 주체에 의해 체험된 경험과 의미를 철학적 성찰의 출발점으로 삼는 철학일 것이다. 이 계보에는 보다 확장된 의미에서 베르그손에서 들뢰즈로 이어진다고 볼 수 있는 생명 형이상학의 경향성 또한 포함시킬 수 있을 것이다.[1] 반면 개념의 철학은 과학적 이성과 개념적 사고의 엄밀성, 필연성을 중심에 놓는 사유일 것이다. 이 계보에는 캉길렘과 푸코를 비롯하여 카바예스, 바슐라르, 쿠아레 등이 속해 있다.

그런데 역설적이게도 푸코는 이 글을 "생명의 관념에 접근하는 〔의미, 주체, 체험의 철학과는〕 다른 하나의 방식"[2]에 대한 언급에서 끝맺고 있다. 그러므로 푸코와 캉길렘의 관계가 개념의 철학에 속해 있다는 사실을 통해 규정될 수 있다 해도, 이 공통 소속은 다시 문제를 제기한다. 어떤 점에서 개념의 철학은 생명의 관념에 대한 접근 방식이 될수 있는가? 어떻게 개념은 생명에 이르는가? 개념과 생명, 또는 푸코의 글 제목 '생명: 경험과 과학'을 따르자면, 생명이 경험(혹은 주체) 및 과학과 맺는 관계에 대한 물음이 대답되지 않고서는 캉길렘과 푸코가 속해 있다고 가정되는 이 개념의 철학이 무엇인지, 이 두 철학자의 관계 속에서만 드러나는 이 철학은 무엇인지 아직 알 수 없다. 우리가 개념의 철학에 대한 통념을 벗어나서, 캉길렘과 푸코의 관계를 보다 면밀히 살펴보아야 하는 것은 이런 이유에서이다. 이 두 사람이 함께 만들어간 지적 여정은 통상적인 의미에서의 개념의 철학이 아니라, 대안적인 생명주의로서의 개념의 철학을 전해 줄 것이다.

이제 이 문제에 접근하기 위해서 이 두 사람이 각자의 글 속에서

---

1   베르그손과 들뢰즈가 현상학자들 같이 인간 주체를 근본적인 사유의 토대로 놓았다고 볼수는 없지만, 둘 모두 과학과 개념적, 객관적 인식에서 벗어나는 형이상학적 차원을 추구했다는 점에서 현상학자들과 함께 개념의 철학에 대립한다고 볼 수 있을 것이다.

2   Foucault(2001b), p. 1595.

서로를 만나는 지점들을 표시해 주는 일련의 문헌적 사실들에서부터 시작해 보자.

(1) 앞에서 말한 대로 푸코의 마지막 글은 캉길렘의 『정상과 병리』에 헌정된 것이다.[3]

(2) 이 글이 헌정된 캉길렘의 저작 『정상과 병리』는 1943년의 의학 박사 학위 논문을 담은 1부와, 1966년 재출간하면서 새로 덧붙인 2부로 이루어져 있다. 2부에는 그의 의학박사 학위 논문 이후에 쓴 세 편의 글이 실려 있는데, 그중 마지막 글의 한 대목에서 캉길렘은 푸코의 『임상의 탄생』(1963)을 언급한다. 보다 정확히 그는 푸코가 이 저작에서 비샤를 다루는 대목에 대해 "경탄스럽고, 감동적"이라고 기술하며 일종의 학문적 인정을 표한다.

하지만 이 상호 지시들은 단지 이 두 사람이 서로에 대해 보내는 찬사들인 것은 아니다. 오히려 이 지시들은 보이지 않지만 팽팽한 논쟁들의 흔적이다. 이 흔적들은 이제 다음의 세 단계로 정리될 수 있을 것인데, 이 단계들이 우리의 논의의 구조가 될 것이다.

(1) 푸코의 『임상의 탄생』은 우선 캉길렘의 『정상과 병리』를 정면으로 논박하는 저작이다. 그렇다면 캉길렘이 『정상과 병리』의 2부에서 푸코의 『임상의 탄생』에 보내는 찬사는 결코 단순하고 순수할 수 없다. 그 찬사에는 이미 어떤 논박과 대응이 담겨 있을 수 있다.

(2) 푸코 쪽에서도 마찬가지이다. 그의 마지막 텍스트는 캉길렘을

---

3   이 마지막 글은 보다 정확히 《도덕과 형이상학 리뷰》의 캉길렘 특집호를 위한 것이었다. 푸코는 새로운 글을 쓰고 싶었지만, 너무 쇠약해진 나머지 이 영어판 서문을 수정하여 투고할 수밖에 없었다.

단순히 자신의 스승으로 승인하고 개념의 철학이라는 계보를 사후적으로 구성하는 철학사적 행위가 아니다.(푸코 자신이 무엇보다도 이러한 역사화에 가장 비판적이지 않았는가?) 그의 텍스트에는 캉길렘이 그에게 암묵적으로 가한 논박에 재반박하면서 서로의 대립을 어떤 공통의 기획으로 변환시키는 독특한 철학적 행위가 담겨 있을 수 있다.

(3) 그렇다면 이제 마지막 논점을 덧붙여야 한다. 만약 푸코의 마지막 텍스트가 캉길렘과의 암묵적 논쟁을 공통의 기획으로 변환시키는 작업이라면, 의도치 않게 마지막이 된 이 텍스트를 우리는 푸코의 '철학적 유언'으로 간주해야 한다. 즉 이 텍스트는 푸코가 자신이 어떤 전통 속에서 이어받아 발전시켜 온 것을 처음으로 드러내고, 바로 그를 통해서 현재의 우리들에게 이 유산을 물려주고 있는 것으로 읽어야 한다.[4] 현재의 우리가 떠맡아야 할 이 유산이 어떤 대안적 생명주의의 프로그램이라는 것이 우리가 이 글에서 밝히고자 하는 점이다.

2 과학과 주체:
『정상과 병리』와 『임상의 탄생』의 논쟁

캉길렘의 대표작이자 20세기 프랑스 철학사(단지 과학철학사에서만

---

4   푸코의 이 마지막 글이 이러한 중요성을 갖는다는 해석에 대해서는 Agamben(1999), pp. 220~221; Worms(2011) pp. 349~357을 참조. 우리가 여기에서 다룰 수는 없지만 이 글은 또한 푸코의 지적 사유 초기부터 말기에 이르기까지 지속적이고 일관적인 것으로 드러나는 칸트의 「계몽이란 무엇인가」와 관련한 비판적 사유의 주제가 표명되어 있다는 점에서도 무시 못 할 중요성을 갖는다.

이 아니라)의 걸작인 『정상과 병리』의 핵심 주장은 다음과 같이 매우 간단하게 요약될 수 있다. 정상과 병리 사이에는 양적인 차이가 아니라 질적인 차이가 있다. 명확하게 베르그손적인 울림[5]을 간직한 이 명제는 19세기에 등장한 의학의 과학주의적 경향에 대한 비판이다. 프랑수아 브루세(1772~1838년)와 클로드 베르나르(1813~1878년)를 특권적인 대표자로 갖는 19세기 근대 의학은 병리 현상 즉 질병이란 생명체의 정상적 상태의 양적 변이에 불과하다는 점을 확립하고자 했다. 캉길렘은 여기에서 과학에 특유한 행위, 곧 질의 양화를 읽어 낸다. 전근대 의학이 생각했던 것처럼, 질병은 정상인 생명체와 무관하게 그 외부에서 존재하는 객관적인 실체 같은 것이 아니다. 건강과 질병, 정상과 병리는 두 개의 대립된 실체의 이원론을 구성하지 않는다. 근대 의학은 그러한 전근대적 이원론의 부정에서 출발한다. 캉길렘의 논문이 단지 과학사 작업이 아니라 오늘에도 유효한 현재성을 갖는 하나의 철학적 개입이 되는 것은 이 지점에서이다. 캉길렘은 근대 의학의 양화 경향성에 맞서 정상과 병리 사이에 새로운 질적 구분을 도입하고자 한다. 물론 이 구분은 전근대적인 실체적 이원론(건강/질병)으로의 회귀가 아니다. 그는 근대 의학의 과학적 양화주의에 맞서서 병리적 상태는 정상 상태에 준거해서는 이해될 수 없는 독자적인 질서를 가진다는 점에 주목할 뿐 아니라 정상 상태는 병리적 상태에 대한 연구를 통해서 비로소 알려질 수 있다는 점, 그리고 병리적 상태는 과학적 접근 이전에 그 상태를 체험하는 주체의 경험을 통해서만 접근 가능하다는 점을 특히 강조한다. "우리는 먼저 인간의 의식 속에 나타나지 않은 것은 과학 안에 존

---

5   초기 캉길렘이 받은 베르그손의 영향에 대해서는 Roth(2013)를 참조. .

재할 수 없다고 생각한다."[6]

그런데 이러한 주장은 상식적으로 손쉽게 논박될 수 있어 보인다. 의학의 발전은 인간이 의식조차 하지 못했던 질병들이 존재함을 보여 줄 수 있기 때문이다. 사실 캉길렘 스스로 일상적인 경우를 통해서 자신의 주장에 대한 반례를 제시한다. "병리적 증상을 호소한 적 없이 살인이나 교통사고에 의해 죽은 사람을 예로 들어 보자. 레리슈의 이론에 따르면, 만약 법의학적 의도로 행해진 부검의 결과 죽은 사람에게서 그동안 모르고 있었던 신장암이 발견되었다면, 죽은 자는 질병을 가질 수 없기 때문에 비록 그 질병을 귀속시킬 사람이 존재하지 않는다 하더라도, 또한 거슬러 올라가 비록 그가 모든 임상적 가능성에 따라 암의 진행 단계상 통증에 의해 질병을 인지할 수 있는 시기에 이르기 전에 생을 마감했기 때문에 과거에 그것에 대해 전혀 걱정하지 않으며 살았다 하더라도 그것을 질병이라고 결론 내려야 한다."[7] 임상의학적 앎은 병자의 의식과 경험을 넘어서고 심지어 선행하는 듯 보인다. 더 나아가, 바슐라르의 과학철학적 입장에 따라서, 의학 또한 상식과 경험의 세계와 언어로부터 '단절'함으로써만 과학으로 성립된다고 말해야 할까? 즉 의학적 앎은 환자의 경험에 의존하지 않고 의심하고 거부할 때에만 과학으로 확립되기 시작한다고 보아야 할까?

하지만 캉길렘은 의학적 지식의 역사성 자체에 주목함으로써 이러한 반론에 응수한다. 오늘날 임상가들이 고통을 호소하는 병자의 체

---

6   캉길렘(1996), 110쪽. 이하 이 저작의 국역본에서 인용하지만, 번역은 일일이 밝히지 않고 수정했다.

7   같은 책, 109~110쪽.

험에 의존하지 않고도 그에 앞서 병리생리학적 지식에 근거해 인간의 신체 안에서 질병의 존재를 발견해 낼 수 있는 것은, 과거의 임상의학자들의 경험과 실험을 통해 축적된 지식을 전수받았기 때문이다. 그런데 이러한 지식 축적의 역사를 거슬러 올라가게 되면 "자신이 정상이 아니라고, 즉 예전 같지 않다거나 아프다고 신음했던 사람들 때문에, 임상가가 그저 객관적인 따름인 몇몇 증상들에 유독 주의를 기울이게 되었던 순간을 결국 만나게 된다."[8] 따라서 임상의학적 지식의 '기원'으로서 어떤 체험, 주관적이라고까지 할 수 있을 체험의 순간이 존재한다. 한 인간이 자신의 몸 상태에 대해 불편과 고통을 호소하고, 의사는 이에 귀 기울이면서 그러한 호소의 인도에 의존해서 그 사람의 몸을 검진하는 관계가 제거 불가능한 의학적 지식의 기원으로서 존재한다. 이 관점에서 이제 우리는 직전에 언급한 사례에 또 다른 사례로 응수할 수 있다. "해부 병리학적 상태가 존재하지만 위축된 담낭에 있는 담석은 수년간 증상을 일으키지 않을 수 있고, 질병을 유발하지 않을 수도 있다. …… 해부학적으로 동일한 외양을 가지면서도 아픈 사람이 있는가 하면 그렇지 않은 사람도 있다. …… 병변은 임상적인 질병, 즉 환자의 질병을 만들기에는 충분하지 않다. 환자의 질병은 해부 병리학자의 질병과는 다르다."[9]

이 환자는 "완전하고 구체적인 개인"[10]이자 "자신의 존재가 처한 상황이 유리한가 불리한가를 인식하고 있는 구체적인 인간"[11]이며, 의

---

8   같은 책, 110쪽.
9   같은 책, 111쪽. 이는 사실 캉길렘이 인용하는 레리슈의 문장들이다.
10   같은 책, 103쪽.
11   같은 책, 111쪽.

학은 바로 이러한 구체적인 인간의 경험이 전달되는 원초적인 관계에 기초한다.[12] 정상과 병리의 구분은 이러한 구체적이고 개별적인 인간, 주체라고 불러도 좋을 이러한 생명체의 자기 인식에 의해서 주어지는 것이다. 따라서 근대 의학의 또 다른 대표자인 베르나르가 브루세보다 더 직접적으로 의학 지식의 양화를 향해 나아갔다 하더라도, 그러한 양화는 개인이 자기와 맺는 규범적 관계, 개인이 자신의 삶 속에서 스스로 확립하는 정상과 병리의 질적이고 규범적인 구분에 의존하지 않을 수 없다. "우리는 다소간 양을 변화시켜 가며 조직에 수분을 공급할 수 있는데, 이것은 혈액 내 칼슘의 농도에서도 마찬가지이다. 만약 실험실이 이러한 결과들(칼슘의 혈중 농도 등)이 요독증이냐 아니냐, 강축증이냐 아니냐의 가치를 갖게 되는 병원이나 진료소와 아무런 관계를 맺지 않는다면, 양적으로 다른 이러한 결과들은 실험실에서 어떠한 질이나 가치도 지니지 않을 것이다."[13] 양화는 어떤 양들의 연속적 변이의 스펙트럼만을 제공할 뿐, 그 변이 스펙트럼 내에 정상과 병리의 구분이 이루어지기 위해서는 그 변이에 따른 변화를 질적으로 체험하는 구체적인 개인에게 귀 기울이는 임상의 경험이 필요하다.

결국 『정상과 병리』에서 캉길렘은 주관적이고 주체적인 생명체로서의 인간의 경험에 준거하면서 자신만의 방식으로 사르트르, 메를로 퐁티가 공유했던 당대의 '실존'적 문제의식을 구체화하고 있다.[14] 그런데 푸코의 『임상의 탄생』[15]은 바로 이 지점에 개입한다. 푸코가 이 저작

---

12   따라서 의학은 과학이라기보다는 "하나의 기술이다. 의학은 생명체의 가치에 따라 환경을 지배하고 조직하고자 하는 생명체의 자발적인 노력에 뿌리박고 있는 활동이다."(같은 책, 251쪽)

13   같은 책, 128쪽.

14   캉길렘의 이러한 시대성에 대해서는 보름스(2015), 383~398쪽을 참조. .

에서 무엇보다도 비판의 표적으로 삼는 것은 캉길렘이 준거하는 이러한 임상적 관계이기 때문이다. 푸코가 임상의 탄생이라고 일컫는 사건은 18세기 말부터 19세기 초에 이르는 기간 동안 일어난 일련의 변화들과 관련된다. 이 변화들은 그 이전의 의학으로부터 새로운 의학으로의 전환을 야기한 것들인데, 이 새로운 의학이 임상의학이라면 이전의 의학은 "종들의 의학(La médecine des espèces)"[16]이라고 통칭될 수 있다. 종들의 의학에서 임상 실천과 의학 이론은 분리되어 있었을 뿐 아니라 의학 이론이 임상 실천을 규제하는 위치에 있었다. 의학 이론은 각 질병을 마치 생명 종처럼 독자적으로 존재하는 실체로 간주하고 질병들의 거대한 분류 체계를 수립하고자 했으며, 임상에서 관찰되는 환자들의 증상이란 독립적 실체로서의 질병들이 각 환자가 갖는 신체적, 생리적 특수성에 따라 왜곡, 변형되어 나타나는 것으로 이해되었다. 본질과 현상 또는 실체와 양태의 관계가 질병의 존재와 환자의 증상 사이에 놓여 있었던 것이다. 푸코가 선호하는 표현을 사용하자면, 이 고전 의학에서 보는 것(임상의 관찰)과 말해지는 것(의학의 이론) 간에는 직접적인 관계가 없었다. 보는 것은 말해지는 것과 달랐다.

반면 근대 임상의학은 보는 것과 말해지는 것 간의 일치에서 탄생한다. 질병들의 분류 체계로서의 의학 이론은 추상적인 것으로 비판되고, 병상에서 직접 관찰하고 치료하면서 얻어진 경험들이 곧바로 의학의 이론이 되었다. 이러한 새로운 의학의 의미는 새로운 의학적 시선의 탄생으로 요약될 수 있다. 18세기 말에서 19세기 초 무렵 인간은 비로

---

15   푸코의 이 저작에 대한 전반적인 소개로는 허경(2012)을 참조.

16   Foucault(2015), p. 35.

소 거추장스럽고 추상적인 이론의 틀로 병리적 현상을 보지 않고 현상 자체에 즉해서 현상을 탐구하는 '시선'을 가지게 된 것이다. 이 시선은 더 이상 유와 종의 분류 체계로부터 각각의 환자가 갖는 개별성을 파악하지 않는다. 그 시선은 환자의 몸을 면밀히 관찰하고 증상들의 추이를 따라가며, 또 시체를 해부하고 장기를 분석함으로써 개체성을 있는 그대로 보고 또 말할 수 있게 해 주었다.[17] 의학은 이제 비로소 본 것을 이론화하고 이론이 관찰하고 있는 것을 직접 설명해 줄 수 있는 구체의 과학이 되었다.

하지만 『임상의 탄생』은 이러한 변화가 단지 직접적인 것, 사태 자체로의 회귀라는 단순한 변화가 아님을 보여 주고자 한다. 그 변화는 전통의 이론을 버리고 직접적으로 주어지는 관찰과 감각에 집중함으로써 얻어진 것이 아니다. 그러한 변화를 위해서는 사회적, 제도적, 이데올로기적인 변화(의학의 장 외부에서 또는 그 주변에서 일어나는 의학교, 병원 제도 등의 변화, 사회에 대한 전반적인 인식의 변화)가 필요했으며, 질병의 공간이 신체의 삼차원적 공간과 완전히 통합되기 위해 요구되는 일련의 인식론적 변화들 또한 필요했다. 이를 통해 푸코는 전근대 의학과 근대 의학의 차이를 현상에 대한 왜곡된 인식 또는 외재적인 인식으로부터 현상에 대한 직접적이고 그에 충실한 인식으로의 전환이라는 단순 도식으로 파악하는 것을 근본적으로 비판한다. 이 차이는 거짓되거나 불충분한 의학으로부터 보다 진리에 가까운 의학으로의 진보적 역사로 이해될 수 없다. 그는 진리의 기준과 진보적 과학사에 따라 전근

---

17   따라서 개별성이 종의 일반성이란 관점에서 포착된 특수한 차이들, 즉 일반성의 변형들이라면, 개체성은 일반성의 틀을 거치지 않고 그 자체로 포착된 차이들이다.

대 의학과 근대 의학을 구분하는 게 아니라, 단지 근대 의학이 성립하기 위해 필요했던 구체적인 조건들("역사적이고 구체적인 선험"[18])을 밝히고자 한다.

여기에서 우리는 『임상의 탄생』이 표적으로 삼는 대상이 단순히 새로운 임상의학이라는 한 분야에만 국한되지 않는다는 것을 짐작할 수 있다. 이 저작은 지성사에서 근대라는 시기 자체가 갖는 사건적 성격을 대상으로 삼는다. 여기에서 근대의 시기는 오랜 구습과 전통이 부과한 인식 틀을 넘어서 사태를 있는 그대로 접근할 수 있게 된 시기이며, 그를 통해서 지성사에서 최초로 개체가 개체로 파악될 수 있게 된 시기, 곧 아리스토텔레스의 제한을 극복하고 개체에 대한 과학이 가능해진 시기이다.[19] 하지만 그와 동시에 그러한 개체에 대한 과학의 "주체"로서 자기의식적이고 자기반성적인 인간의 개념이 등장한 시기이기도 하다.[20] 말하기와 보기의 개념 쌍이 시사하듯이, 후설이 개시한 현상학 또한 본질적으로 이러한 근대 시기에 속해 있다.[21] 푸코의 역사적 시야에서 볼 때 캉길렘의 "구체적인 개인"의 경험에 대한 준거, 정상과 병리에 대한 규범적이고 질적인 구분의 기초에 있는 생명체의 자

---

18   Foucault(2015), p. 267.

19   Ibid., p. 12. "마침내 개체에 대해서 과학적 구조를 갖춘 담론을 갖게 될 것이다."

20   "……〔임상적 관찰〕은 어떤 의식의 일반적 형태가 되는데 각 개인은 이 의식의 주체이자 대상이다. …… 하나의 지식이기 이전에, 임상은 인간이 자신과 맺는 보편적 관계였다." Ibid., pp. 84~85. 근대 의학의 역사가 근대 철학의 주체에 대한 근본적 비판이 되는 특권적 영역인 것은 이런 이유에서이다. 임상의학이란 인간이 자신의 신체를 경유하여 이루어지는 '구체적인' 자기의식의 장인 것이다.

21   역사적 선험에 대한 푸코의 탐구와 후설 현상학의 관계에 대해서는 다음을 참고하라. Courtine(2007).

기 관계도 마찬가지로 근대 시기를 벗어나지 못할 것이다. 따라서 푸코가 이러한 직접성이 역사적, 사회적으로 구성된 과정을 추적함으로써 직접성이 신화임을 폭로할 때 캉길렘이 염두에 두고 있는 생명체의 직접적이고 구체적인 자기 관계, 그러한 주체로서의 인간 생명체의 관념 역시 비판을 면치 못할 것이다. 이것이 바로 푸코가 캉길렘에게 암묵적으로, 하지만 근본적으로 가하는 비판이다.[22]

이 점은 브루세를 둘러싼 이 두 사람의 입장 차에서 극명하게 드러난다. 『정상과 병리』에서 캉길렘은 19세기 의학계에도 지대한 영향을 끼쳤던 콩트에 대한 논의로부터 역으로 브루세의 중요성을 부각시킨다. 콩트는 브루세의 원리라고 부르는 것("모든 실질적인 변형은 그것이 인위적이든 자연적이든, 그에 상응하는 현상의 강도에만 관계되어 있다."[23])을 일반화하여 자신의 철학의 근본 토대로 삼았기 때문이다. 그러므로 브루세는 바로 양화를 통해 의학을 하나의 과학으로 확립하려는 입장을 대표적으로 보여 주었을 뿐 아니라 콩트를 통해서 그러한 입장이 과학 일반을 규정하는 철학적 원리가 되는 데에 지대한 영향을 행사했다.

반면 푸코는 바로 이 브루세에 대해 다음과 같이 말한다. "흥미롭게도 우리는 다음과 같은 사실을 확인하게 된다. 즉 의학적 경험의 이러한 절대적 공간화는 정상적 해부학과 병리적 해부학의 결정적인 통합에 기인한 것이 아니라, 병적 현상의 생리학을 정의하기 위한 최초의

---

22   이 점에서 『임상의 탄생』의 "의학적 시선" 개념을 메를로퐁티의 현상학적 지각 개념과 연결하면서 이 저작의 한계를 지적하는 Han의 해석은 우리가 보기에는 설득력이 없다.(Han(2002), pp. 48~50) 실제로 그녀가 제시하는 메를로퐁티 현상학과 이 저작의 친연성은 몇몇 표현들의 표면적 유사성에 지나지 않는다.
23   캉길렘(1996), 60쪽.

노력에 기인한다."[24] 이 대목은 면밀히 분석되어야 한다. 여기에서 '의학적 경험의 절대적 공간화'는 바로 브루세의 의학사적 성취를 특징짓는 말이다. 푸코는 브루세의 의학사적 의의는 그가 의학에 양화의 방법을 도입한 게 아니라 어떤 절대적 공간화를 이뤄 냈다는 데 있다고 말한다. 이 자체가 이미 캉길렘과는 분명히 다른 이해이지만, 이러한 차이는 곧이어 보다 명시적인 대립으로 드러난다. 그 절대적 공간화는 정상과 병리를 양적 변이의 연속성 속에 통합하는 데에 기인하지 않는다고 말하고 있기 때문이다. 캉길렘의 이름을 전혀 언급하지 않은 채로 푸코는『정상과 병리』의 핵심 주장을 이렇게 한마디로 부정한다. 그럼에도 푸코는 이 암묵적이면서도 긴장감 어린 논쟁을 공동 탐구로의 초대로 전환시키는 듯 보인다. 마치 그 자신 또한 예기치 않은 사실을 발견한 듯 흥미를 표함으로써("흥미롭게도") 말이다. 여기에서 19세기 의학사를 둘러싼 두 철학자 간의 전면적인 대립은 나타나는 동시에 바로 사라진다. 캉길렘에 대한 푸코의 이러한 태도는 기억해 둘 만하다. 곧 보게 되듯이 캉길렘 또한 지적 긴장감을 우정으로 부드럽게 감싼 방식으로 푸코에게 응답할 것이기 때문이다.

그렇다면 브루세의 성취는 정확히 무엇인가? 그것은 바로 다음의 명제로 집약된다. "질병은 봄의 대상(pour la vue)이기 이전에 공간에 속한다."[25] 이 명제의 의미를 이해하기 위해서는 약간의 설명이 필요하다. 근대 의학은 임상과 유리된 질병들의 분류학적 이론에 따르지 않고, 질병을 임상에서 관찰된 증상들의 총체로 환원시키는 데에서 시작

24   Foucault(2015), pp. 260~261.

25   Ibid., p. 260.

된다. 그런데 이러한 증상학은 어떤 면에서는 토대가 없는 것이었다. 질병의 '존재'를 문제 삼지 않고 그 현상만을 고려하겠다는 이 태도가 보다 완전해지기 위해서는 질병이 환자의 신체에 존재론적으로 뿌리 박을 필요가 있었다. 우리가 곧 보게 될 것처럼, 비샤를 통해서 이뤄진 해부 병리학과 임상의학의 통합이 이러한 토대를 제공해 주었다. 해부 병리학은 질병의 '위치'를 볼 수 있게 만들어 주었고, 그리하여 이제 인간 신체의 내부 공간이 해부의 가시성에 의해 구성되었던 것이다. 증상들은 신체 내부의 장기와 조직의 손상이라는 존재에 연결되었고, 질병은 인간 신체의 공간에 완전히 통합되었다. 달리 말하자면 인간 신체는 장기와 조직의 손상의 공간인 내부에서부터 증상의 공간인 표면에 이르는 삼차원의 공간, 질병의 공간이 되었다. "의학적 경험에서, 질병의 형상(configuration)의 공간과 신체의 내부 상해의 위치 결정(localisation)이 포개어졌던 것은 짧은 기간 동안만이다. 그 기간은 19세기 의학과 일치하며 병리해부학이 특권적 지위를 부여받았다."[26] 그러나 이 신체적 공간화는 여전히 불충분했는데, 왜냐하면 해부학을 통해 병변이 발견되지 않는 듯 보이는 특수한 질병, 따라서 증상들을 통해서만 판별되는 질병이 있기 때문이다. 바로 열병이다. 열병은 특정한 장기 손상 없이 증상들이 나타나는 질병이다. 이 질병의 존재는 의학자들로 하여금 다시 분류적 질서로 돌아가게 만들었다.

　　브루세는 바로 이 열병에 대해서 그것이 조직의 과도한 자극에서 비롯되는 것이라고 주장함으로써 열병을 다시 신체 내부의 공간에 위치시키고자 했다. 조직의 과도한 자극인 한에서 병변이 신체 내부의

26　Ibid., p. 20.

특정 위치에서 관찰되지 않을 수 있는 것이다. "장기의 운동의 국소적인 흥분이 기능들의 조화에 장애를 일으키고 그 장기가 결부된 조직을 파괴할 정도로 상당하다면, 이러한 흥분은 모두 염증으로 간주되어야 한다."[27] 과도한 흥분이 기능장애를 일으키고, 그다음으로 조직 파괴와 같은 병변이 일어난다. 따라서 해부학보다 증상학적 관찰이 중요해지지만, 조직의 과도한 자극이 "국소적"인 만큼 이 증상학적 관찰은 신체 내부의 조직에 관한 지리학에 토대해 있다. 푸코가 병적 현상의 생리학이라고 부르는 것은 바로 이것이다. 신체 내부의 조직 차원에서 일어나는 생리적이면서도 병인적인 현상들에 대한 탐구는 "증상들의 관찰이 병리해부학의 언어 자체로 말하게 만드는"[28] 일이다. 브루세는 이러한 방식으로 열병을 신체적 공간 속에 통합시켜 넘으로써 의학적 경험의 절대적 공간화, 곧 질병의 공간과 신체의 공간의 완전한 합치에 이른다.

여기에서 푸코가 주목하는 것은, 브루세가 해부를 통해 장기와 조직 손상이 "관찰"될 수 있는가, 곧 볼 수 있는가에 따라 질병을 신체의 공간에 통합시킨 것이 아니라는 점이다. 브루세는 반대로 조직의 과도한 흥분이 비록 그 자체로 관찰되지 않더라도(그러한 흥분은 시체를 해부해서는 관찰될 수 없는, 살아 있는 신체에 속하는 생리학적 현상이다.) 신체 내의 특정 지점에서 일어난다고 보았다. 질병은 신체 내의 특정 장소에서 관찰될 수 있느냐에 의존하지 않고도 신체 내부에 존재한다. 그렇기 때문에 해부학적 손상이 발견되지 않는 질병에 대해서 그것이 신체와 독

27   Ibid., p. 258.
28   Ibid., p. 260.

립적인 실체로 존재한다고 가정할 필요가 없다. "그때 질병의 〔실체적, 독립적인〕 존재는 사라진다."[29]

　브루세에서 근대 의학의 완성을 보는 푸코의 해석이 갖는 함축은 이제 분명해진다. 직접적 체험과 경험에 어떤 방식으로든 준거하는 철학들이 시각에 의해 특권적으로 대표되는 지각에서부터 출발하는 반면, 푸코는 그러한 지각적 질서가 그에 선행하는 공간성의 조직화, 공간의 형성 자체에 이미 의존해 있음을 주장하는 것이기 때문이다. 사실 푸코는 『임상의 탄생』을 시작하는 서문의 유명한 첫 문장에서 이미 모든 것을 말한 셈이다. "이 책에서 문제는 공간, 언어, 죽음에 대한 것이다. 즉 이는 시선의 문제이다."[30] 시선, 지각은 현상학에서처럼, 또 캉길렘에게서마저 그렇게 보이는 것처럼 출발점이 아니다. 그것은 하나의 문제로 분석의 대상이며 공간, 언어, 죽음에 의해서 분석되어야 하는 대상이다. 우리는 공간, 언어, 죽음을 통해서만 시선이 무엇인지를 이해할 수 있다. 반대로 말하자면 고통을 직접적으로 체험하고 아픈 곳을 가리켜 보일 수 있는 환자, 환자의 호소에 따라 신체를 면밀히 관찰하고 거기에서 질병의 존재와 질병의 추이를 읽어 낼 수 있는 의사의 경험들은 그를 가능케 하는 일종의 선험적 질서들인 공간, 언어, 죽음에 의해서 비로소 가능해지는 것이다. 그렇다면 브루세는 캉길렘이 준거하는 구체적 개인의 체험을 은폐하거나 왜곡하는 객관적 과학으로서의 의학을 추구한 사람이 아니라, 그러한 체험을 가능하게 한 공간화를 성취한 사람이다.(이와 동시에 그 구체적 개인의 체험은 이제 그 직접성과 자명

29　Ibid., p. 262.
30　Ibid., p. 5.

성에 의해 얻어졌던 기원적 지위를 상실할 것이다.)

3   비샤: 죽음과 생명

그런데 공간, 언어, 죽음을 시선을 이해하기 위한 요소들로 함께 나열하는 것은 그렇게 자명하지 않다. 공간과 언어가 왜 필요한지는 알 수 있다. 새로운 근대 의학의 시선이 탄생하기 위해서는, 브루세에 이르러 성취되는 신체의 절대적 공간화(그뿐 아니라 푸코가 3차적 공간화라고 부르는 사회적, 권력적 차원의 공간화)가 필요하며, 질병을 증상들의 총체로 규정하고, 그럼으로써 하나의 증상을 하나의 질병을 지시하는 기호로, 또 질병의 정도와 향후 추이를 나타내는 다른 증상들과의 연속적 관계 속에서 읽어 낼 수 있게 만들어 주는 의학적 지식의 코드화 곧 언어화가 필요하다. 하지만 푸코는 여기에 왜 죽음 또한 덧붙이는가? 그것은 바로 죽음에 대한 새로운 고찰이 신체의 공간화를 가능하게 하는 결정적인 문턱을 이루기 때문이다. 브루세가 신체의 절대적 공간화를 완성해 냈다면, 그러한 공간화를 열어젖힌 것은 앞서 언급한 대로 병리해부학이다. 병리해부학은 증상들의 표면을 넘어서 신체의 내부를 볼 수 있게 만듦으로써 질병이 위치하는 장소를 찾아내게 만들었다. 그런데 이를 위해서는 어떤 근본적인 관점 전환이 이루어져야 한다. 시체는 환자가 아니기 때문이다. 생명의 활동이 정지한 곳에서는 질병도 사라지지 않는가? 어떻게 사물로 변해 버린 시체로부터 질병을 읽어 낼 수 있는가? 시체에서 생명의 건강한 활동과 질병의 병리적 침해는 무차별적으로 뒤섞여 버리지 않는가? 하지만 건강과 질병의 무차별성보다 더 근본적인 난점이 있다. 시체에서는 건강한 상태와 병든 상태가 구분되지 않을 뿐 아니라, 더 나아가 병들었지만 살아 있는 상태와 죽음을 향해 가는 상태, 곧 생명과 죽음도 무차별적으로 뒤섞인다. 시체에게서 어떻게 질병이 초래한 장기와 조직의 손상들을 죽음이 초래하는 신체의 해체와 구분할 수 있는가? "죽음은 그로부터 출발해서는 더 이상 삶도 죽음도 없게 되는 사실이지만, 죽음의 탈조직화는 모든 병적 현상과 같은 본성을 지녔다."[31] 시체는 건강과 질병, 삶과 죽음이 뒤얽히는 "해독 불가능한 무질서"[32]이다. 이 무질서를 풀어 헤치지 않고서는 병리해부학적 지식은 질병의 장소로서의 신체의 내적 공간화를 열어젖히는 열쇠가 될 수 없다.

푸코에 따르면, 생명에 대한 혁명적인 관점 전환을 통해 이 문제를 정면으로 돌파한 사람이 바로 비샤[33]이다. 비샤의 새로운 생명관에 할애된 "몇몇 시신을 열어라"라는 인상적인 제목의 8장은 사실 『임상의 탄생』의 정점이라 할 수 있다.[34] 시체에서 건강, 질병, 죽음은 무차별적으로 뒤섞인다. 하지만 죽음은 시체에 이르러 달성되는 순간적이고 절대적인 상태가 아니다. 죽음은 질병과 별도로 생명체가 살아 있을 때부터 이미 시작된다. 질병의 과정과 죽음에 이르는 과정은 동일하지 않다. 비샤는 죽음의 과정을 생명과 질병의 과정으로부터 구분해 내는 데 노력을 기울인다. 어떤 증상은 질병의 증상이 아니라 죽음의 전조, 죽

---

31   Ibid., p. 198.

32   Ibid., p. 198.

33   비샤에 대한 전체적인 소개로는 황수영(2014), 108~144쪽 참조.

34   오스본은 『임상의 탄생』에는 브루세와 비샤라는 "두 개의 결말 또는 두 개의 정점"이 있다고까지 말한다.(Osborne(1995), p. 258)

음으로 향하는 신체의 파괴와 탈조직화의 증상이다. 가령 근육의 물렁함은 뇌성마비나 무력성 발열을 비롯한 온갖 만성 질병에서 발견되는 증상인데, 그럼에도 이 증상은 질병의 증상이 아니라 환자가 죽음에 가까워졌음을 가리키는 죽음의 증상일 수 있다. 그런데 이러한 죽음의 과정은 생명의 과정과 구조를 역으로 보여 주는 것으로 이해될 수 있다. 죽음은 살아 있는 신체를 형성하는 구조의 매듭들을 여기저기에서 절단함으로써 그 구조를 역설적으로 드러내 보인다. 자연사(自然死)의 과정을 보자면 감각의 소멸, 뇌의 마비, 운동력의 약화, 근육 경직, 심장 정지 등 동물적인 생명이 먼저 사라진다. 그러나 그 뒤에도 장기와 조직 속에서 여전히 남아 있는 작은 생명들의 죽음이 계속 이어질 것이다. "생명의 연속적인 외피들은 자신들의 자율성과 진리를 이를 부정하는 것 자체 속에서 발화하면서, 자연스럽게 떨어져 나간다."[35] 생명의 진리는 이렇게 역설적으로 생명 안에 깊숙이 도사리고 있는 죽음에 의해 드러난다. 죽음은 생명에 대한 최상의 분석가이다. 마찬가지로 질병의 과정에서도 죽음은 언제든 질병의 과정을 중단시켜 그 내적 구조를 보여 줄 수 있는 분석가의 역할을 할 수 있게 될 것이다. 죽음은 생명과 질병 모두의 자율적 과정 및 구조의 매듭점들에 도사리고서, 언제든지 이 매듭을 절단할 수 있는 내적인 위험으로 이 매듭들을 드러내 보여 준다. "유기적 의존 관계들과 병리적 추이들을 볼 수 있고 분석할 수 있게 되는 것은 죽음의 고지(高地)에서다."[36] 비샤는 죽음을 상대화하고 살아 있는 신체의 곳곳으로 분산시켜 생명에 내재적인 것으로 만

---

35   Foucault(2015), p. 201.

36   Ibid., p. 202.

들었다.[37]

우리가 이미 본 것처럼 『정상과 병리』에서 캉길렘은 바로 이러한 비샤 해석을 두고 "경탄스럽고, 감동적"이라는 찬사를 보낸다. 하지만 그가 이 비샤의 생명-죽음주의에 대해서만 말한다는 것은 분명 의미심장하다. 그럼으로써 그는 동시에 자신과 푸코 간의 직접적인 대립과 논쟁의 대상이 될 브루세에 대해서는 침묵 속에서 지나가기 때문이다. 푸코가 그러했듯이 캉길렘은 그 자신의 방식으로 푸코의 날카로운 비판에 직접 반박하지 않고 다른 쟁점을 우정 어린 분위기 속에서 제기한다. 『임상의 탄생』에서 단 한 대목에만 주목함으로써 캉길렘은 논쟁의 지형 전체를 근본적으로 변형시키고 있다. 비샤는 푸코의 문제 설정에 따라 인간 신체를 질병의 공간으로 구성해 내는 의학적 지식의 역사속 한 계기로 국한되는 것이 아니다. 푸코가 역사적 거리가 보장해 주는 중립성의 관점에서 서술하는 비샤의 죽음-생명관[38]은 캉길렘에게

---

37   흥미롭게도 들뢰즈는 푸코의 이러한 비샤 해석을 정반대로 이해한다. "『임상의 탄생』 때부터 이미 푸코는, 생명을 죽음에 저항하는 기능들의 총체로 정의함으로써 비샤가 새로운 생명주의를 창안했다고 경의를 표했다."(Deleuze(2004), pp. 98~99) 물론 비샤는 생명을 "죽음에 저항하는 기능들의 총체"라고 정의했다. 하지만 푸코가 비샤에게서 주목하는 것은 '저항'이 아니라 죽음과 생명의 본질적 상관관계이다. 푸코가 어떤 새로운 생명주의를 제시한다면, 그것은 분명 들뢰즈가 생각했던 것과 같은 생명주의, "외부로부터 온 힘"(Deleuze(2004), p. 98)으로서의 생명주의가 아니다. 보름스 또한 들뢰즈와 푸코 사이의 이러한 차이를 명시적으로 지적한다. Worms(2016), p. 89.

38   푸코는 초기 저작들에서 자신이 하려던 바를 어느 인터뷰에서 다음과 같이 정리했다. "나는 특히 어떻게 인간이 광기, 죽음, 범죄라는 이 한계 경험들을 인식의 대상으로 변형시켰는지를 이해하는 데 노력했다."(Foucault(2001b), p. 876) 푸코에게서 한계 경험들은 단지 인식의 대상이 되는 것만이 아니라 그를 벗어나는 것이기도 하다. 하지만 『임상의 탄생』에서 죽음이 갖는 이 한계 경험적인 면모는 잘 드러나지 않는다. 우리가 보게 될 것처럼 이 측면을 보여 주는 이는 오히

서는 어떤 보편적 진릿값을 갖는 통찰이 된다.

이 미묘하지만 결정적인 변환은 푸코에 대한 인용 이후에 곧바로 이어지는 캉길렘의 문장들에서 확인된다. "『임상의 탄생』의 경탄스럽고 감동적인 페이지들에서 미셸 푸코는, 죽음에서 생명에 대한 설명을 구하기 위해 어떻게 비샤가 '의학적 시선이 자기 자신을 중심으로 삼도록' 만들었는지 보여 주었다. 우리는 생리학자가 아니기 때문에, 그와 같은 방식으로 우리가 질병에게 건강에 대한 설명을 요구했다고 믿을 자만심이 없다. 매우 분명한 사실은, 이것이 바로 우리가 하고자 했던 바라는 점이다. 우리는 그렇게 하고자 하면서 앙리 페퀴뇨 박사에게서 예전에 우리가 품었던 야심에 대한 사면을 발견했다는 점을 부인하지 않았다.(사실 기뻐했다.)"[39] 캉길렘에게 특유한 극도의 섬세함과 미묘함으로 표현된 이 문장들[40]은 그가 푸코와 맺는 관계의 복잡성을 보여 준다. 그는 우선 푸코의 비샤 해석을 일반화, 보편화한다. 비샤가 죽음에서부터 생명을 이해하려고 한 태도는 건강과 질병의 관계에도 적용될 수 있는 일반적 방법론이 된다. 캉길렘에게서 이는 부정을 통해서, 부정 안에서 부정된 것의 본질을 찾는 태도가 되는 것이다. 하지만 이러한 일반화의 행보는 이중의 미묘함으로 둘러싸여 있다. 의사이자 생리학자였던 비샤와 달리 생리학자가 아닌 캉길렘이 그와 유사한 방법론적 접근을 취한다는 것은 오만한 일("자만심")이다. 이러한 신중함은 곧바로 과감한 의도를 드러낸다. 그는 질병으로부터 건강의 본질을 파

려 캉길렘이다.

39   캉길렘(1996), 315쪽.

40   이와 같은 극도의 미묘함은 『말과 사물』에 대한 캉길렘의 서평 마지막 대목에서도 발견된다. canguilhem(2009b), p. 274를 보라.

악하는 방법의 타당성을 입증할 수는 없으나 그러한 "야심"은 부정하지 않는다. 그리고 그 야심 자체는 앙리 페리뇨의 입을 통해서 적어도 지나친 오만이 아닌 것으로("사면") 인정받는다. 물러섬과 나아감, 신중함과 과감함의 이 복잡한 놀이는 그러므로 캉길렘의 야심을 사면해 주는 페리뇨의 다음 인용에서 마무리된다. "과거에, 직접적인 소여로 간주된 병리적인 것에서 출발하여 관찰하지 않고서 정상에 대한 과학을 구축하고자 했던 모든 사람들은 곧잘 우스꽝스러운 실패들에 이르렀다."[41] 이렇게 에둘러서 캉길렘은 푸코의 작업에서 그가 끌어내고자 한 것을 페리뇨의 입을 빌려 표명하기에 이른다. 그러한 에두름 속에서 드러나는 것은 푸코와 그의 공통적인 방향성일 뿐 아니라, 이 방향성은 그 자신이 푸코의 비샤 독해가 나오기 훨씬 전인 『정상과 병리』의 초판이 나온 1943년에 이미 추구했던 것이라는 점이다.

이렇게 푸코의 작업에서 비샤를 끄집어내어 다시 자기의 작업 방향 속에 위치시킨 다음 캉길렘은 이제 푸코보다 더 나아간다. 병리적인 것과 죽음은 정상과 생명을 설명하기 위해서만 먼저 전제되는 것이 아니다. 죽음은 생명의 인식을 위한 분석적 가치만을 갖는 것이 아니다. 푸코가 읽어 낸 비샤에게서, 죽음은 생명을 분해하고 분석함으로써 생명의 구조를 '인식'할 수 있게 해 주었지만, 그렇다고 해서 죽음이 생명의 구성적 본질이 된 것은 아니었다. 죽음은 단지 생명의 숨겨진 본질을 비추어 주는 거울일 뿐이다. "살아 있는 밤은 죽음의 명료한 빛 속에서 사라진다."[42] 반면 캉길렘은 이 지점에서 푸코보다 한발 더 나아

---

41   캉길렘(1996), 315쪽.

42   Foucault(2015), p. 206. 이처럼 문맥에서 떼어 낸 채로는 이 문장의 시적인 우아함을 간직

가 다음과 같이 말한다. "질병의 위협은 건강의 구성 요소들 중 하나이다."[43] 마찬가지로 죽음은 생명을 구성하는 요소로서 생명에 내재적이라고 말할 수 있지 않을까? 보다 정확히 생명은 바로 죽음의 위협에 맞서면서만 구성된다고 말해야 하지 않을까?

캉길렘이 푸코를 인용하는 이 짧은 글을 마무리하는 논의로 "정상적인 인간의 역설적인 병리학"을 말할 때 이 점은 보다 정확하게 정식화된다. "질병과 관련하여, 정상적인 인간이란 다른 사람에게서는 끝까지 진행하게 될 것을 그 자신의 경우에는 저지할 수 있다는 확신을 경험하는 자이다. 그러므로 정상적인 인간에게는, 그가 자신을 믿고 그렇게 스스로에게 말할 수 있기 위해서, 질병의 예감이 아니라 따라다니는 질병의 그림자가 필요하다."[44] 정상, 건강이란 질병을 물리칠 수 있는 능력 외에 다른 것이 아니다. 하지만 이를 위해서 질병에 걸려야 한다는 것은 아니다. 필요한 것은 병에 걸릴 것 같다는 느낌이 아니라(이는 이미 건강을 잃어 가고 있음을 반영할 따름이므로) 어떤 부재의 형태로 존재하는 질병, 질병의 그림자, 곧 극복되고 부정된 질병이다. 이 질병의 그림자가 없는 상태를 캉길렘은 "정상적인 인간의 질병"일 것이라고 상상한다. 정상적 상태로부터 어떤 일탈의 가능성도 경험하지 못하는 사람은 이미 건강한 사람이 아니라 병든 사람이다. "병자들이 존재

하면서 이 문장의 의미를 명확히 전달할 방법이 없을 것이다. 시적인 여운 속에 머물 수 없는 주석가의 책무에 따라 부언하자면, 푸코가 이 문장에서 말하고자 하는 바는 생명의 불투명성, 불가해성이 죽음에 의해 사라진다는 것이다. 이 개념적 내용을 생명과 죽음에 대한 일반적 이미지(생명=빛, 죽음=밤 또는 어두움)의 도치를 통해 표현하는 푸코의 이 작시술을 볼 때, 우리는 캉길렘의 경탄에 공감할 수밖에 없다.

43   캉길렘(1996), 317쪽.

44   같은 책, 316쪽.

하는 세계에서 병들지 않는다는 것으로부터 종국에는 어떤 불안이 생긴다."[45] 왜냐하면 그런 사람은 자신이 정말 질병을 극복할 수 있을 만큼 강한지 확신할 수 없기 때문이다. 오히려 우연히라도 병에 걸린다면 그는 다른 사람들보다 더 약한 것으로 드러나지는 않을지 불안에 시달린다. 이러한 불안의 상황으로부터 캉길렘은 "질병에 대한 무의식적인 추구, 질병을 선동하는 일"[46]이 일어날 것이라고 상상[47]한다. 이것이 캉길렘이 정상인의 역설적 병리학이라고 부르는 것이다.[48] 건강은 질병의 위협에 맞서서, 그에 대한 극복 속에서만 증명될 뿐 아니라 심지어 구성되기까지 하기 때문에 완전히 건강한 사람이라면 그는 오히려 질병을 무의식적으로라도 추구함으로써 자신의 건강을 형성해야 할 필요에 봉착한다. 질병, 더 나아가 죽음은 건강과 생명의 인식론적 준거일 뿐 아니라 존재론적 준거이기도 하다.

캉길렘은 이렇게 해서 푸코가 『임상의 탄생』에서 제기한 전면적이면서도 암묵적인 논쟁에 답한다. 푸코의 고고학적 역사 연구로부터 비샤의 생명론을 고립시켜 끄집어내어 그 자신의 문제 속으로 옮겨 놓음으로써, 어떤 새로운 생명주의의 프로그램으로 초대하고 있는 것이다.

---

45   같은 곳.
46   같은 곳.
47   이것이 상상의 성격을 가진다는 것은 다음의 문장에서 명확하다. "이 병리학적 소모는 물론 허구이다."(캉길렘(1996), 217쪽) 이 허구는 캉길렘이 그 앞에서 시사하듯 올더스 헉슬리의 『멋진 신세계』의 세계 속에서 이루어지는 것이다.
48   마슈레는 이 관념을 흥미롭게 발전시킨 바 있다. Macherey(2014), pp. 19~50 참조.

4 유전자와 오류: 주체

물론 캉길렘은 『임상의 탄생』이 제기하는 과학사적 쟁점에 대해서도 다른 곳에서 대답한다. 그리고 우리가 보기에 캉길렘의 응수는 방금 윤곽만을 어렴풋이 살펴본 새로운 생명주의와 본질적으로 연관되어 있다. 『말과 사물』이 출간되고 인간주의를 둘러싼 시끄러운 논쟁의 와중에 발표된 캉길렘의 서평은 보름스가 잘 지적하고 있듯이, 인간주의를 주장하는 푸코의 비판자들에 맞서는 공동의 전선을 형성하는 동시에, 캉길렘 자신과 푸코 간의 근본적인 차이 또한 새겨 넣는 예기치 못한 논쟁의 성격을 갖는다. "오늘날 푸코의 철학보다 더 규범적(normative)이지 않은 철학, 정상(normal)과 병리의 구분에 그보다 더 무관한 철학도 없다. …… 그럼에도 나로서는 침묵하고 지나갈 수 없어 보이는, 반박이라기보다는 질문이 하나 있다. 이론적인 지식과 관련하여, 어떤 규범에 준거하지 않고서 그 지식 개념의 특수성 속에서 지식을 사유하는 일이 가능할까?"[49] 캉길렘은 이번에는 침묵하지 않고, 하지만 "반박"하지도 않고(따라서 여전히 지적 긴장을 공동의 탐구로 초대하는 우정으로 감싼 채) 질문을 제기한다. 그것은 일차적으로는 과학의 규범성에 관한 것이다. 『말과 사물』의 에피스테메 개념은 한 시대의 지식들 총체를 가능하게 하는 역사적 선험이다. 그런데 이에 대해서 캉길렘은 그러한 역사적 선험으로는 과학의 역사를 올바르게 포착하지 못하는 게 아니냐고 반문하고 있다. 왜냐하면 캉길렘에게 과학사는 무엇보다도 오류 속에서 진리를 찾아 나가는 과정, 오류를 극복하면서 진

49   Canguilhem(2009b), p. 267.

리의 규범을 세우는 과정이기 때문이다. 어떤 지식들은 오류로 버려지고 어떤 지식들은 연속적으로 계승되는지(바슐라르의 만료된 과학(science périmée)과 승인된 과학(science sanctionnée)의 구분에 따라서)를 푸코의 에피스테메 이론은 제대로 포착하지 못하는 것 아닐까?[50]

이 질문은 과학사 방법론이라는 좁은 영역을 넘어서는 보다 일반적인 함의를 가진다. 과학의 규범성에 대한 캉길렘의 반문 속에는 그러한 규범의 주체가 이미 자리 잡고 있기 때문이다. 캉길렘이 『정상과 병리』에서 의학의 과학주의적 양화 경향을 비판하며 내세운 구체적인 생명 주체는 푸코가 『임상의 탄생』에서 근본적으로 해체한 주체와 다른 것일 수 있다. 이 주체는 직접적 경험의 순수성과 자명성에서 출발하여 세계를 파악하는 능동적인 주체가 아니다. 오직 오류 속에서만 진리의 규범을 세워 나갈 수 있는 과학의 주체이며, 또 죽음의 그림자, 질병의 위협 속에서만 생명과 건강을 구성해 나갈 수 있는 생명적 주체이다. 푸코의 고고학적 방법이 불러온 인간의 죽음은 이 생명의 주체와는 무관하다.

푸코는 이 점을 이제 마지막으로 살펴볼 텍스트이자 논의의 출발점이었던 『정상과 병리』에 대한 서평에서 명시적으로 인정한다. 이 글은 말미에서 『정상과 병리』에 실린 마지막 글, 캉길렘이 바로 푸코 자

---

50   이러한 논쟁에 대해서 마슈레가 제시하는 해결책은 만족스럽지 못하다.(Macherey(2016)) 그는 푸코의 에피스테메가 한 시대의 지식 담론들을 가능하게 해 주는 조건이라고 해석함으로써, 그 조건에 따라 성립된 분과 학문 내에서 이루어지는 진리 추구 활동에 대한 기술(캉길렘)과 조건에 대한 탐구(푸코)가 모순 없이 결합될 수 있다고 주장한다. 하지만 이는 푸코의 "역사적 선험" 개념을 지나치게 칸트의 선험주의로 해석한 결과이다. 그보다는 에피스테메 개념을 이단점(point d'hérésie) 개념과의 연결 속에서 이해해 보고자 시도하는 발리바르의 연구가 보다 흥미롭고 중요한 통찰을 담고 있다. Balibar(2015)를 참조하라.

신의 『임상의 탄생』을 언급한 그 글을 다룬다. 그가 캉길렘의 이 텍스트에서 주목하는 것은 제목 '병리학의 새로운 개념: 오류'[51]의 표제어인 "오류" 개념이다.[52]

캉길렘이 말하듯이 오류가 새로운 병리학적 개념이라면, 이는 현대 분자생물학의 성취에서 비롯된 것이다. 현대 분자생물학에 의해 DNA의 구조와 복제 과정이 드러남으로써 생명에 대한 이해를 완전히 바꾸어야 했고, 이는 사실상 캉길렘 자신에게는 이론적 도전이었다. DNA를 통한 유전적 과정의 발견은 더 이상 생명체가 생명적 과정의 주체일 수 없음을 보여 주었기 때문이다. 생명체는 오히려 DNA의 자기 복제 과정을 위한 매개물에 불과하다. "오늘날 사람들은 연구실에서 더 이상 생명에 대해 묻지 않는다."라는 프랑수아 자코브의 유명한 문장은 생명과학이 물질성을 초월하는 형이상학적 생명 개념에 더 이상 연연하지 않는다는 선언이다. 생명과학은 부분을 초과하는 유기적 총체성으로서의 생명 개체의 생명성을 탐구하지 않는다. 물질적 과정으로 환원 불가능하다고 오랫동안 믿어 왔던 생명은 분자생물학에 의해 단지 유전자 물질의 기계적인 자기 복제 과정에 불과한 것으로 드러났다. 분자생물학의 이러한 성과는 푸코가 인간과학의 역사에 대한 연구들을 통해서 시도했던 것 이상의 급진성으로 주체에 대한 오랜 통념을 파괴한다. 분자생물학은 의식적 인간 주체의 밑바탕에 깔려 있는 근대 형이상학적 보루였던 생명적 주체로서의 생명 개체의 중심성을

---

51   이 텍스트는 캉길렘이 자신의 1943년 박사 학위 논문 이후 1966년 덧붙인 2부에 포함되어 있으며 따라서 여기에는 전기와 다른 후기 캉길렘의 사유가 담겨 있다는 점에 주의하자.

52   오류의 개념과 관련하여 푸코와 캉길렘의 관계에 대한 일반적인 고찰을 위해서는 텔컷의 훌륭한 연구(Talcott(2014))를 참조하라.

분해해 버린다. 푸코가 자코브의 『생명체의 논리』에 대한 그의 유명한 서평[53]에서 무엇보다 주목하는 것은 바로 이 지점일 것이다. 감각을 통해 세계와 직접 접촉하고 세계를 파악하고 의미를 부여하는 사유하는 의식 주체, 코기토의 주체에 대한 고고학적 전복과 해체 이상으로 급진적이고 근본적으로 분자생물학은 생명이란 디옥시리보핵산이라는 물질의 무한정한 자기 분열과 자기 복제의 메커니즘에 불과함을 폭로한다. "다윈의 이론을 근거 짓고 세계의 역사를 가로지르면서 점점 증대하는 종들의 복잡성을 설명해 주는 것은 바로 물리화학의 매우 작은 기계들이다."[54] 20세기 초 베르그손이 시도했던 것과 같이 생명 진화사로부터 생명체를 뛰어넘는 형이상학적 생명을 읽어 내는 일은 더 이상 가능하지 않은 것 같다. 생명 진화사는 그러한 생명 개념으로부터 의미를 부여받는 것이 아니라, 물리화학적인 극미시적 기계들에 해당하는 유전자 물질의 무의미한 과정인 것이다. "더 이상 생명은 개체들의 연속적이고 주의 깊은 위대한 창조라고 상상하지 말아야 한다. 생명체를 우연과 재생산의 계산 가능한 놀이로 생각해야 한다."[55]

여기에서 우리는 비샤와 유사한, 하지만 보다 급진적인 사유의 행보를 보게 되는 것 같다. 비샤가 죽음에게 생명의 본질을 물었던 것처럼, 분자생물학은 죽음의 또 다른 이름인 물질에게 생명의 본질을 묻는다. 하지만 비샤와 달리 분자생물학의 이 물음은 캉길렘에게 더 이상 경탄스럽고 감동적이지 않을 것이다. 그 물음은 새로운 생명주의, 죽음

---

53   자코브의 책이 출간된 해인 1970년, 푸코는 《르몽드》에 「성장하기와 번식하기(Croître et multiplier)」라는 제목으로 이 책에 대한 짧은 서평을 싣는다.

54   Foucault(2001a), p. 971.

55   Ibid.

의 부정성에 근거한 생명주의로 이어지는 것이 아니라, 모든 생명주의의 종말로 이어지는 것처럼 보이기 때문이다.(반대로 분자생물학의 이 성취를 열광적으로 환영하는 푸코는 의도치 않게 도킨스와 같은 유전적 환원주의자, 물리적 환원주의자가 되어 버린 것일까?[56])

그러므로 캉길렘에게 분자생물학의 진보는 분명 중대한 도전이다.[57] 생명은 환경과의 능동적 관계(그가 즐겨 인용하는 쿠르트 골트슈타인의 문구인 "환경과의 대화") 속에서 정상과 병리의 규범을 세워 나가는 주체로부터 이해될 수 없는 것 아닌가? 생명의 주체적 규범성은 유전적 소인에 의한 질병의 발견을 통해서 근본적으로 의문에 부쳐진다. 그러한 질병은 고통을 호소하는 인간 환자에 앞서서, 그와 무관하게 존재하지 않는가? 더 이상 임상의학적 지식의 기원에는 고통받는 구체적이고 총체적인 존재자로서의 개인이 있다고 말할 수 없다. 분자생물학의 발전은 캉길렘에게 푸코가 『임상의 탄생』에서 시도한 비판을 훨씬 근본적인 방식으로 제기하고, 캉길렘은 이제 침묵할 수 없다.[58]

오류 개념이 논의의 중심에 등장하는 것은 바로 이 유전적 질병이 오류 개념을 통해 이해되기 때문이다. 그러한 질병들은 유전자 정보의

---

56   탤컷 또한 이러한 연관을 지적한다.(Talcott(2014), p. 268)

57   DNA의 발견으로 인한 캉길렘의 입장 변화에 대해서는 보름스(2014), 383~398쪽. 우리 또한 이 관점을 따른다. 이와 다른 관점에서 캉길렘의 입장 변화를 고찰한 연구로는 다음을 참조하라. 황수영(2014), 209~221쪽.

58   물론 캉길렘이 밝히는 대로 유전적 질병의 존재는 이미 오래전부터 알려져 있었다. 하지만 이것이 캉길렘 자신의 철학에 심각한 도전이 된 것은 유전자의 발견에 의해서이다. 그러한 상황 변화를 그는 다음과 같이 명시적으로 밝힌다. "우리가 의학 공부를 시작할 당시에는 신진대사의 선천적 오류라는 개념이 병리학에서 통상적으로 쓰이는 개념이 아니었다. ……"(캉길렘(1996), 305쪽)

잘못된 전달에서 비롯된다. "어떤 착각의 가능성을 포함하지 않는 〔유전정보에 대한〕 해석[59]은 존재하지 않는다."[60] 그런데 사실 오류 개념은 유전 '질병'의 차원을 이중적으로 넘어선다. 우선 모든 유전적 오류가 곧바로 질병이 되는 것은 아니다. "모든 병원체가 모든 숙주와 모든 상황에서 항상 감염을 유발하지는 않는 것과 마찬가지로 모든 생화학적 오류가 곧 질병은 아니다."[61] 오류를 질병으로 만드는 것은 생명 주체와 환경의 관계 맥락 속에서이다. 유전 정보의 전달 과정에서 발생하는 우연적 일탈들은 어떤 주체, 어떤 환경에서 나타나느냐에 따라 질병이 되기도 하고 정상적 건강의 범위 안에 속하는 것이 되기도 한다. 유전적 오류에 의미와 가치를 부여하는 것은 여전히 생명적 주체인 것이다. "선천성 생화학적 장애는 유기체와 환경의 관계로부터 가능적으로 병리적 가치를 부여받는다."[62]

결국 캉길렘은 다시 한번 자신의 이전 입장을 재확인하고 재천명하는 데 이르는 것 같다. "오류가 그 원리상 어떤 공식의 혼동, 참으로 간주된 틀림(faux)에서 성립한다 하더라도, 오류가 그런 혼동과 틀림으로 인정되는 것은 어떤 누군가가 겪는 생활상의 곤란, 고통 또는 죽음

---

59   당연히 이 해석은 의미론적 해석이 아니다. 유전학은 코드, 메시지, 전달, 오류 등 정보 이론의 개념들을 동원하고 있지만, 푸코가 말하듯이 "여기에서 해석자는 반응들 자체이다. 즉 독자는 없으며, 의미도 없고, 프로그램과 생산이 있다. 언어에 대해 말하는 것은 무용한 일이다. 그것이 '자연의' 언어라고 해도 마찬가지이다".(Foucault(2001a), p. 971) 캉길렘 또한 마찬가지이다. "원고에 대한 오독이 있는 것처럼 헤모글로빈에 대한 오독도 있다. 그러나 여기에서는 어떤 입에도 귀속되지 않는 말과 어떤 손에도 귀속되지 않는 글쓰기가 문제이다."(캉길렘(1996), 308쪽)

60   캉길렘(1996), 306쪽.

61   같은 책, 311쪽.

62   같은 책, 312쪽.

에서 시작되는 탐구의 결론에서이다. 효소의 오류는 죽음, 고통, 생활의 장애에 대한 거부에 연결되어, 즉 의학의 존재 이유들에 연결되어, 행위자의 잘못 없는 행위의 잘못으로 그러한 일들을 겪는 인간에 의해 체험된다."[63]

　　분자생물학과 유전학은 생명 주체의 고유한 차원을 완전히 제거해 버리지는 않는다. 생명 주체는 더 이상 의학적 지식의 기원에 있는 체험적 주체가 아닐 것이다. 그러한 기원적이고 토대적인 주체의 지위는 분명 유전자에 의해 더 이상 가능하지 않다. 하지만 이 사실은 캉길렘의 입장을 기각하기보다는 오히려 보다 선명하게 드러내 준다. 캉길렘의 주체는 의식적이고 총체적인 체험의 주체가 아니라, 이미 주어진 조건들(곧 환경)과의 관계 속에서 언제나 뒤늦게 "죽음, 고통, 생활상의 장애에 대한 거부"로서 출현하는 주체이다. 거부는 처음에, 기원에 있는 것이 아니라 항상 사후에 오지만 그럼에도 전체를 바꾸어 놓는 주체성의 행위이다. 이 거부 속에서만 생화학적 우연은 '고통'이 되고 생화학적 변형은 장애와 죽음으로 드러난다. 저항하고 거부하는 주체의 몸짓이 없다면, 죽음마저도 물리적인 형태 변형과 분해에 불과할 것이다. 거부는 반드시 최초의 작용(action)을 전제하며 항상 나중에 오는 반응(réaction)이지만, 이 반응은 그럼에도 최초의 작용과 자신을 전혀 다른 맥락 속으로 위치시키는 근본적 변이를 일으키는 주체적 사건이다. 생명적 주체는 의식이나 직접적 체험에서 성립하는 것이 아니라, 반응으로서의 행위, 거부와 저항의 행위 속에 있다.

　　하지만 여기에서 유전자로부터 생명 주체에 대한 강조로 단순하

63　같은 책, 309쪽.

게 이동하는 것이 관건이라고 보아서는 안 된다. 유전자와 생명 주체 간의 연관 자체가 논의의 중심이기 때문이다. 이 연관 속에서, 유전자의 의미뿐 아니라 생명 주체에 대한 이해 또한 변형되어야 한다. 오류가 '질병'의 차원을 넘어서게 되는 것은 보다 근본적으로는 이런 관점 하에서이다. 오류는 이제 가능성으로서 생명 자체에 내재적이다. 모든 유전 정보의 전달과 해석이 오류의 가능성을 포함한다면, 이는 유전자의 복제 과정이 어떤 의미에서 오류의 가능성을 필요로 하는 과정임을 의미한다. 마치 건강이 질병의 가능성을 자신의 구성 요소로 필요로 하듯이, 그리고 죽음이 생명을 구성하는 요소이듯이, 이제 분자생물학적 차원에서 오류가 생명을 구성하는 요소로 드러나는 것이다. 오류는 물리화학적 차원에서 생명을 무기물질과 구분해 주는 요소로 드러난다. 생명은 물리적 관계들로 환원되지 않는 어떤 형이상학적인 실체가 아니지만, 단순한 물리화학적 과정으로 완전히 환원되지도 않을 것이다. 말하자면 유전자 복제 과정은 오류의 가능성을 체계적으로 생산하는 과정이다.

　오류의 가능성이란 물론 화학물질의 복제에서 발생할 수 있는 우연이다. 그것은 물질의 근본적인 불안정성에 기초해 있다. 하지만 유전자 복제 과정은 오류가 단순히 일시적이고 사소한 우연으로 끝나지 않고 훨씬 다양하고 광범위한 현상들로 증폭될 수 있도록 만드는 체계이다. 유전자 복제상의 사소한 오류, 일탈은 생명 개체의 다양성을 낳고 다수성을 낳으며, 진화사와 상이한 종들의 복잡성을 낳는다. 그러므로 푸코가 말했던 환원주의적 관점을 이제 완전히 뒤집어야 한다. 생명이란 유전자 복제의 극미시적인 물리화학적 과정으로 환원되지 않는다. 반대로 생명은 이 극히 작은 물리화학적 기계들의 작용을 거시적인 수준으로 확대하는 체계이다. 사소한 물리적 변형, 우연적 일탈이 예상치 못한 개체 형태로 발현되고 그 형태가 자신의 생존과 번식을 위해 환경에 능동적으로 반응하며 세계를 변형시키고 역사를 만들어 가는 것, 이것이 생명이다. 생명은 물리화학적 오류의 '증폭' 체계이다. 분자생물학의 환원주의를 있는 그대로 받아들이면서도 그 과정을 반대로 바라보게 될 때, 즉 개체로부터 유전자로 나아가는 방향, 결과에서 원인으로 나아가는 방향이 아니라 반대로 원인에서 결과로 나아가는 방향, 유전자에서 개체로 나아가는 방향을 따를 때 모든 것이 바뀐다. 어쩌면 유전자의 충실한 복제란 일탈과 오류의 범위들을 체계적으로 제한하고 유지하는 데 그 가치가 있는 것일 수도 있다. 또한 유전자가 단백질을 형성하는 과정, 개체의 형태가 조직화되는 과정, 개체가 환경 및 다른 개체들과의 관계에서 살아가는 과정에는 기원적 오류가 이전과 다른 새로운 개체로 이어지기 위해 개입하는 무수하고 이질적인 기제들이 포함되어 있다. 유전자 복제의 물리화학적 기제는 이 무수하고 다종적인 기제들의 연쇄의 시작에 있을 뿐이다.

바로 이것이 푸코가 캉길렘을 정상과 병리의 철학자, 생명의 규범성의 철학자이기 이전에 보다 근본적으로는 '오류의 철학자'라고 규정하면서 캉길렘으로부터 끌어내고자 했던 통찰이다. 오류에 대한 캉길렘의 논의로부터 푸코는 캉길렘의 생명 주체를 보다 극단화하면서 자신의 오랜 관심사와 만나는 지점을 드러낸다. 캉길렘이 그러했듯이 푸코 또한 캉길렘의 사유에서 특정한 한 부분을 강조함으로써 캉길렘 안에서 캉길렘보다 더 나아간다. 오류에 대한 캉길렘의 글은 우리가 위에서 살펴본 '정상적인 인간의 병리학'에 대한 상상적 논의에서 마무리되지만(즉 캉길렘은 오류로부터 다시 그의 정상과 병리의 규범적 구분을 통한 주체로 돌아오는 듯 보이지만), 푸코는 캉길렘에 대한 논의를 그 사고실험까지 나아가지 않고 오류에서 마무리한다. 푸코가 보기에, 생명은 병에 걸릴 수 있는 존재이기 이전에 "오류를 저지를 수 있는" 존재이다.[64] 정상과 병리의 규범적 주체성보다 근원적인 수준에서, 생명은 오류의 존재이다. 따라서 생명 주체는 거부와 저항의 행위를 통해서 유전자의 차원을 벗어나 의미와 체험의 차원으로의 이행을 수행하는 주체가 아니다. 생명 주체는 자신의 기원에 있는 생화학적 오류로부터 구성될 뿐 아니라, 그러한 오류와의 관계 속에서만 주체로서 출현한다. 고통과 장애의 고유한 체험보다는 극미시적 일탈이 개체의 수준, 그리고 개체들 간의 수준, 개체와 환경의 수준, 진화사적 수준, 하지만 또한 과학의 주체인 인간의 수준으로 변천되며 변형되는 과정 자체가 주체를 규정한다. 푸코가 고안한 용어대로 이제 주체보다는 주체화에 대해 말해야 할 것이다.

푸코가 다음과 같이 말할 때, 우리는 더 이상 이 문장들이 푸코의 것인지 캉길렘의 것인지 구별하기 어려워진다. "만약 개념이란 생명 그 자신이 이 우연에 주었던 대답임을 받아들인다면, 오류는 인간 사유와 인간의 역사를 만든 것의 근원임을 인정해야 한다. 참과 거짓의 대립, 참과 거짓에 부여된 가치들, 서로 다른 사회들과 서로 다른 제도들이 참과 거짓의 이 분할에 연결시키는 권력의 효과들, 이 모든 것은 어쩌면 생명에 내적인 이 오류 가능성에 대한 가장 뒤늦은 응답에 불과할 것이다."[65] 이 문장들은 캉길렘에게서 생명과학에 대한 연구와 과학

64   Foucault(2001b), p. 1593.
65   Ibid., pp. 1593~1594.

사에 대한 연구를 통합하는 지점이 오류의 개념임을 보여 줌으로써 캉길렘 사유의 통일성을 드러낸다. 캉길렘의 과학사는 그가 과학적 이데올로기라고 부르는 오류[66]로부터 출발해 진리와 거짓의 규범을 세워 나가는 끝없는 과정이다. 그리고 이러한 과학의 역사는 결국 과학자라는 하나의 생명체가 다른 모든 생명체와 마찬가지로 자신의 기원적 오류에 대해 내놓는 응답인 것이다. "캉길렘이라면 참-거짓의 분할 그리고 진리에 부여된 가치는 가장 독특한 삶의 방식이라고 말할 것이다. 그 방식은, 자신의 기원 깊숙한 곳에서부터 자신 안에 오류의 우발성을 품고 있던 생명이 발명할 수 있었던 가장 독특한 삶의 방식이다."[67] 푸코는 이를 통해서 캉길렘이 『말과 사물』에 대한 서평에서 제기했던 과학의 규범성에 대한 질문에 뒤늦게 대답한다. 과학의 규범성에 대해 물론 간과할 수 없다는 점에서 캉길렘은 옳다. 하지만 그것은 진리란 "생명의 광대한 달력상에서 가장 최근에 나타난 오류"[68]라는 것을 인정하는 한에서이다. 인간 과학의 역사를 생명의 역사의 "광대한 달력" 속에 위치시킴으로써, 푸코는 캉길렘의 규범성과 규범적 주체를 인정하는 동시에 이를 보다 근원적인 오류의 주체(화) 안에 포함시킨다. 그러므로 이 문장들은 또한 푸코 자신이 고고학적 탐구와 계보학적 탐구를

---

66   유전적 오류가 반드시 질병은 아닌 것처럼, 과학적 이데올로기 또한 반드시 거짓인 것은 아니다. 과학적 이데올로기는 과학이 그와의 단절을 통해 자신의 진리를 확립하기 위해서라도 자신의 출발점으로 삼아야 하는 무엇, 이미 존재하던 어떤 과학으로부터의 일탈이다. 과학적 이데올로기에 대해서는 Canguilhem(2009a), pp. 39~55 참조. 캉길렘에게서 과학의 규범성, 과학적 진리의 문제에 대해서는, 이를 과학적 이데올로기와의 관계 속에서 탐구한 발리바르의 탁월한 연구를 참조하라. Balibar(1993).

67   Foucault(2001b), p. 1594.

68   Ibid.

통해 추구했던 바가 무엇에 관한 것이었는지도 보여 준다. 진리와 거짓의 구분이 세워지는 역사적, 사회적 방식들, 그 구분에 본질적으로 연관되는 권력의 효과들은 어떤 근원적인 방황과 일탈, 예측 불가능한 우연으로부터 출발하는, 따라서 토대 없는 역사적 과정인 주체화 과정의 측면들인 것이다.

결국 캉길렘이 푸코의 비샤론에서 감탄하고 동감했던 죽음에 의해 구성되는 생명주의는 캉길렘으로부터 오류의 철학을 읽어 내는 푸코를 통해서 주체화로 나아간다. 고통과 질병, 죽음에 대한 거부와 저항을 통해 규범을 확립하는 생명적 주체는 이제 오류의 주체가 된다. 오류의 주체는 오류에 대한 규범을 세우고 오류를 교정하는 주체가 아니다. 그것은 오류를 말하자면 진리와 거짓의 규범으로 변형시키는 주체, 그러한 규범의 사회적, 집단적인 권력 효과를 통해서 자신과 타자의 삶을 조직해 나가는 주체이자 그로부터 다시 오류로 거슬러 올라가면서 저항하는 주체이며, 그러한 일련의 복잡한 과정들 자체에 다름 아닌 주체화들이다. 오류로부터 태어났지만 개념과 인식 그리고 그와 연관된 권력적 실천과 저항적 실천을 통해서 오류로 거슬러 올라가, 오류가 전해 준 삶을 다른 형태의 오류로 변형시키며 자신의 삶으로 만드는 주체, 그것이 인간이다. 인간은 "결코 완전히 자신의 자리에 있지 않는 생명체, '방황하고' '속도록' 운명 지어진 생명체",[69] 오류(erreur)를 방황(errance)으로 만드는 생명체,[70] 곧 방황하는 생명이다.

69   Ibid., p. 1593.

70   "인간의 오류는 아마도 단지 방황과 하나일 것이다."(Canguilhem(1994), p. 364)

5 나가며: 방황하는 생명주의의 전통과 프로그램

    푸코의 마지막 글이 푸코의 철학적 유언이 되는 것은 이러한 이유에서이다. 이 글을 통해서 푸코는 캉길렘으로부터 그가 이어받은 매우 독특한 생명주의의 전통을 제시한다. 그 생명주의는 경험과 의식 주체, 또는 생명의 형이상학으로부터 출발하는 것이 아니라 과학으로부터 출발한다. 그러나 이는 어떤 과학주의적인 물질 환원론이 결코 아니며, 비주체적인 객관적 생명론도 아니다. 과학 자체가 이미 생명체의 행위이며, 그래서 과학을 통해, 인식과 개념을 통해 생명체의 직접성을 매개하고 번역하는 주체화가 있다. 이 방황하는 주체화의 생명주의를 위해서는 비샤에 대한 푸코의 독해가 필요했고, 캉길렘의 규범적 생명 주체가 필요했다. 하지만 또한 푸코의 비샤론은 캉길렘에 의해 죽음이 단지 인식론적인 측면에서가 아니라 구성적 측면에서 생명의 핵심에 자리하는 데까지 나아가야 했으며, 캉길렘의 규범적 생명 주체는 푸코의 독해를 통해서 오류의 철학으로까지 근본화되어야 했다. 결국 과학사에서 어떤 독특한 생명 이해를 거쳐 주체화에 이르는, 이 두 사람의 평행하는 철학적 탐구들의 비교만이 드러내 주는 지적 여정이 필요했다. 푸코의 글이 철학적 유언인 것은, 개념의 철학이라는 통속적인 관념을 근본적으로 넘어서며 바로 이 독특한 생명주의를 캉길렘과 함께 우리에게 유산으로 물려주고 있기 때문이기도 하다.[71] 어떠한 형이상학에

---

71   이 독특한 생명주의 기획이 지닌 또 다른 측면, 그리고 보다 명시적으로 전면화되는 측면은 비판주의 또는 계몽의 기획이다. 푸코는 이 계몽 또는 비판의 관점에서 자신이 속한 개념의 철학의 계보를 "과학적 합리성에 대한 역사적 분석"의 전통으로 규정하면서(푸코(2016), 57쪽) 이를 독일의 프랑크푸르트학파의 작업들과 나란히 위치시킨다. 독일의 비판 이론 전통과 프랑스의 과

도 의존하지 않고 오히려 극단적인 유물론적 생명과학과 양립 가능한 생명주의, 그러면서도 모든 과정을 물리화학적 기술이 아니라 오류의 연속적이면서도 다종적인 변형의 과정들로 재기술하고 이를 통해 자연사와 인간의 역사를 통합하는 생명주의의 거대한 프로그램이 우리 앞에 놓여 있다. 그리고 물론 이 연구 프로그램의 이면은 생명의 광대한 달력상에서 새로운 오류로 나타날 미래의 주체화일 것이다.

학사 연구 전통을 한데 묶는 이 독특한 '비판'의 기획은 "**이성**과 **권력** 간의 문제"(푸코(2016), 56쪽)를 탐구한다. 우리의 관점에서 볼 때 이는 "생명에 내적인 이 오류 가능성에 대한 가장 뒤늦은 응답"에 대한 탐구에 해당할 것이다.

참고 문헌

보름스, 프레데릭. 2014. 주재형 옮김, 『현대 프랑스 철학』, 길.

허경. 2012. 「근대 임상의학 및 생명 담론의 변화」, 《생명연구》 23호: 24~68.

황수영. 2014. 『베르그손, 생성으로 생명을 사유하기』, 갈무리.

캉길렘, 조르주. 1996. 여인석 옮김, 『정상적인 것과 병리적인 것』, 인간사랑.

푸코, 미셸. 2016. 심세광·전혜리 옮김, 『비판이란 무엇인가? 자기 수양』, 동녘.

Agamben, G. 1999. *Potentialities*, trans. by D. Heller-Roazen, Stanford University Press.

Artières, P. et al. eds. 2009. Les Mots et les Choses *de Michel Foucault: regards critiques* 1966~1968, Presses universitaires de Caen.

Balibar, E. 1993. "Science et vérité dans la philosophie de Georges Canguilhem" In Balibar et al.(1993).

_____, et al. eds. 1993. *Georges Canguilhem: Philosophe, historien des science. Actes du colloque (6-7-8 décembre 1990)*: 58~76

_____, 2015. "Foucault's Point of Heresy: 'Quasi-Transcendentals' and the Transdisciplinary Function of the Episteme" In *Theory, Culture & Society* 32: 45~77.

Canguilhem, G. 1994(1968). *Etudes d'histoire et de philosophie des sciences concernant les vivants et la vie*, Vrin.

_____, 2009a(1977). *Idéologie et rationalité dans l'histoire des sciences de la vie*, Vrin.

_____, 2009b. "Mort de l'homme ou épuisement du *Cogito*?" In Artières et al.(2009): 249~274.

Courtine, J-F. 2007. "Foucault lecteur de Husserl: L'a priori historique et le quasi-transcendantal" In Giornale di Metafisica XXIX: 211–232.

Deleuze, G. 2004(1986). *Foucault*, Minuit.

Foucault, M. 2001a. *Dits et Ecrits* I, Gallimard.

_____, 2001b. *Dits et Ecrits* II. Gallimard.

_____, 2015(1963). *Naissance de la clinique*, PUF.

Han, B. 2002. *Foucault's Critical Project: Between the Transcendental and the Historical*, trans. by E. Pile, Stanford University Press.

Macherey, P. 2014. *Le Sujet des normes*, Amsterdam.

_____, 2016. "Subjectivité et normativité chez Canguilhem et Foucault", La philosophie au sens large, accessed Dec 4, https://philolarge. hypotheses.org/1750

Maniglier, P. ed. 2011. *Le Moment philosophique des années 1960 en France*, PUF.

Osborne, T. 1995. "Medicine and Epistemology: Michel Foucault and the Liberality of Clinical Reason" In Smart (1995): 251~179.

Roth, X. 2013. "Le jeune Canguilhem, lecteur de Bergson(1927~1939)" In *Dialogue* 52: 625~647.

Smart, B. ed. 1995. *Michel Foucault: Critical assessments*, vol. IV, Routledge.

Talcott, S. 2014. "Errant life, molecular biology, and biopower: Canguilhem, Jacob, and Foucault" In *History and Philosophy of the Life Sciences* 36: 254~279.

Worms, F. 2011. "Pouvoir, création, deuil, survie: la vie, d'un moment philosophique à un autre" In Maniglier(2011): 349~368.

_____, 2016. "Unexpected and vital controversies: Foucault's *Les Mots et les Choses* in its philosophical moment and in ours" In *History and Theory* 54: 82~92.

7장

마르크스와 알튀세르 사이의 푸코

진태원

1 머리말

알튀세르는 파리 고등사범학교 시절 푸코의 스승이었다. 그뿐 아니라 인간적·제도적·사상적으로 긴밀한 관계(이것이 반드시 우호적이거나 화목한 관계를 의미하지는 않는다.)를 맺고 있던 인물이었다. 푸코와 알튀세르는 라캉, 바르트 또는 레비스트로스와 함께 1960년대 프랑스 사상계를 풍미했던 '구조주의'의 주요 이론가로 분류되어 왔다. 하지만 알튀세르와 (후기) 푸코 사이에는 막연히 구조주의로 묶이는 것보다 더 특수하고 중요한 공통점이 존재하는데, 이는 주체의 문제와 관련되어 있다.[1] 사실 알튀세르와 푸코는 한편에서는 이데올로기에 의한, 다른

---

1   알튀세르나 푸코는 자신들을 구조주의자로 분류하는 데 반대했다. 알튀세르는 『자기비판의 요소들』에서 자신을 포함한 그의 동료 연구자들(에티엔 발리바르, 피에르 마슈레, 미셸

한편에서는 규율 권력에 의한 종속적 주체 내지 개인의 생산을 이론화하면서 주목할 만하게도 assujettissement이라는 개념, 우리말로는 예속적 주체화 내지 종속적 주체화로 번역될 수 있는 동일한 개념을 체계적으로 사용하고 있다.[2]

또한 1968년 5월 운동 이후 대학 개혁 과정에서 뱅센 실험 대학의 교과 개혁 책임자로 일했던 푸코가 철학과와 정신분석학과를 구성할 때 주로 의지했던 이들이 알튀세르와 라캉의 제자들(알랭 바디우, 자크 랑시에르, 에티엔 발리바르, 자크알랭 밀레 등)이었다. 이는 푸코가 마르크스주의 및 마르크스주의자들에 대해 심한 회의감을 갖게 만든 주요 요인 중 하나였다.[3] 1968년 이후 급진적인 변혁 운동을 추구하다가 공안 정국하에서 집중적인 탄압의 대상이 되었던 급진 좌파 집단, 특히 프롤레타리아 좌파(La Gauche prolétarienne)의 활동가들 중 상당수는 고등사범학교의 알튀세르 제자들이었으며, 68운동에 대한 알튀세르의 유보적

폐쇄 등)은 구조주의자가 아니라 **"스피노자주의자였다."**라고 밝힌 바 있으며(Louis Althusser, "Éléments d'autocritique", in *Solitude de Machiavel et autres textes*, ed. Yves Sintomer, PUF, 1998, p. 181. 강조는 원문), 푸코 역시 자신을 비롯하여 알튀세르, 라캉 모두 엄밀한 의미의 구조주의자가 아니었다고 말한 바 있다. 미셸 푸코, 이승철 옮김, 『푸코의 마르크스: 둣치오 뜨롬바도리와의 대담』, 갈무리, 2004, 60~61쪽. 이 문제에 관해서는 마지막 부분에서 다시 논의하겠다.

2   이에 관한 논의로는 특히 Warren Montag, "Althusser and Foucault: Apparatuses of Subjection", in *Althusser and His Contemporaries: Philosophy's Perpetual War*, Duke University Press, 2013 및 Pascale Gillot, "Michel Foucault et le marxisme de Louis Althusser", in Jean-François Braunstein et al. eds., *Foucault(s)*, Éditions de la Sorbonne, 2017 참조.

3   이 당시의 상황에 관해서는 디디에 에리봉, 박정자 옮김, 『미셸 푸코』, 그린비, 2011 및 Richard Wolin, *The Wind from the East: French Intellectuals, the Cultural Revolution, and the Legacy of the 1960s*, Princeton University Press, 2010 참조.

인 태도에 실망해 이후 사르트르와 푸코에게 경도되었다.[4] 이런 관점에서 보면, 알튀세르라는 매개를 고려하지 않고 푸코와 마르크스(주의)의 관계를 검토한다는 것은 불가능하며, 그렇지 않다고 해도 중요한 쟁점들을 제대로 검토하기 어렵다.

하지만 기묘한 것은 이러한 다면적인 연관성에도 불구하고 양자 사이에 상호 언급이 거의 존재하지 않는다는 점이다. 알튀세르는 『"자본"을 읽자』(1965)에서 당시까지 거의 주목을 받지 못한 채 묻혀 있던 푸코의 『광기의 역사』와 『임상의학의 탄생』을 "탁월한 저작"이라고 평가하면서 그를 가스통 바슐라르, 장 카바예스, 조르주 캉길렘의 계보를 잇는 사상가의 반열에 위치시키고 있다.[5] 반면 푸코는 『지식의 고고학』에서 불연속의 역사의 한 사례로 『마르크스를 위하여』에 나오는 과학과 이데올로기의 단절 내지 절단을 언급한 것 이외에는 생전에 출간된 저작에서 한 번도 알튀세르나 그의 저작을 거론한 적이 없다.[6] 알튀

---

4   1960년대 말에서 1970년대 초 프랑스의 급진 좌파의 운동 및 그 여파에 대해서는 Michael Scott Christofferson, *French Intellectuals Against the Left: The Antitotalitarian Moment of the 1970s*, Berghahn Books, 2004 참조.

5   Louis Althusser, "Du Capital à la philosophie de Marx", in *Lire le Capital*, PUF, 1996(3e Édition), pp, 20, 44, 46.

6   Michel Foucault, *L'archéologie du savoir*, Gallimard, 1969, p. 12; 이정우 옮김, 『지식의 고고학』, 민음사, 1992, 23쪽. 흥미로운 사실 중 하나는 『말과 사물』에서 푸코가 리카도의 정치경제학과 마르크스의 정치경제학 (비판) 사이에는 "어떠한 실질적인 절단(coupure)"도 존재하지 않는다고 지적한다는 점이다. 그가 보기에 마르크스주의는 "마치 물속에 존재하는 물고기처럼 19세기 사유 안에 존재하는" 것이다. Michel Foucault, *Les mots et les choses*, Gallimard, 1966, p. 274; 이규현 옮김, 『말과 사물』, 민음사, 2012, 364쪽. 번역은 약간 수정. 푸코가 알튀세르의 이름을 거론하고 있지 않지만, 이는 분명 『말과 사물』 이전 해에 출간된 알튀세르의 『마르크스를 위하여』, 『"자본"을 읽자』의 핵심 주장에 대한 반박으로 이해될 수 있다. 푸코 논의에 대

세르나 그의 제자들(가령 에티엔 발리바르)을 염두에 둔 비판적인 논평과 언급은 주로 68운동 이후 푸코가 급진 좌파 운동가들과 교유하면서 권력의 계보학 작업을 수행하기 시작한 이래인 1970년대 초 이후 외국 언론이나 학자들과의 인터뷰에서 제시되고 있다.

반면 알튀세르의 제자들은 여러 차례에 걸쳐 푸코에 대해 언급하고 있으며, 특히 1970년대에는 비판적 거리 두기를 시도했다.[7] 역으로 프랑스나 영미권의 푸코주의자들은 알튀세르의 제자였다가 푸코로 전향했거나 아니면 알튀세르와의 거리 두기를 위한 이론적 방편으로 푸코를 택한 바 있다. 따라서 어떤 계기들을 통해 알튀세르와 푸코가, 그리고 그의 지적 후계자들이 이론적·정치적 유대 관계에서 갈등과 적대 관계로 이행하게 되었는가 하는 질문이 제기된다.

다른 한편으로 푸코는 마르크스(주의)나 알튀세르에 대해 거의 언급한 바 없고 스스로 마르크스주의자로 자처하지 않았을뿐더러, 마르

한 비판적 고찰로는 Pascale Gillot, "Michel Foucault et le marxisme de Louis Althusser", op. cit. 참조.

7　특히 Dominique Lecourt, *Pour une critique de l'episteémologie: Bachelard, Canguilhem, Foucault*, Paris: Maspero, 1972; 도미니크 르쿠르, 박기순 옮김, 『프랑스 인식론의 계보: 바슐라르, 캉기옘, 푸코』, 새길, 1996; *Dissidence ou révolution*, Maspero, 1979; Michel Pêcheux, *Language, Semantics and Ideology*, St. Martins Press, 1982(프랑스어 원서는 1975); "Remontons de Foucault à Spinoza", in Denise Maldidier ed., *L'inquiétude du discours*, Éditions des Cendres, 1991을 참조. 또한 1980년대 이후 알튀세리엥들의 푸코에 대한 평가로는 Etienne Balibar, "Foucault et Marx: l'enjeu du nominalisme"(1988), in *La crainte des masses*, Éditions Galilée, 1997; 「푸코와 마르크스: 유명론이라는 쟁점」, 서관모·최원 옮김, 『대중들의 공포』, 도서출판 b, 2007; "L'anti-Marx de Michel Foucault", in Chrisitian Laval et al. eds., *Marx et Foucault: Lectures, usages et confrontations*, La Découverte, 2015; Pierre Macherey, *Le sujet des normes*, Éditions Amsterdam, 2015 중 3장과 4장을 각각 참조.

크스주의와 경쟁할 수 있고 더욱이 그것을 극복할 수 있는 독자적인 역사유물론을 구성하는 것을 1970년대 자신의 이론적 작업의 목표 중 하나로 삼았다. "비합리적이지 않고 우파에 기원을 두지 않으면서 마르크스주의적 교조주의로도 환원되지 않는, 분석과 사상의 형태들을 구성하는 것이 어느 정도까지 가능할 것인가의 문제 …… 변증법적 유물론의 교리와 법칙을 넘어서는, 이론적이고 합리적이며 과학적인 연구를 어느 정도까지 수행할 수 있을 것인가의 문제."[8] 또한 1970년대 이후 프랑스에서, 그리고 1980년대 이후에는 영미권(및 기타 지역)에서 푸코 및 그의 작업을 원용하는 연구는 마르크스주의에 대한 대안적인 좌파 이론이라는 맥락에서 수용되어 왔다.(대표적인 것이 이른바 '통치성 학파'라고 할 수 있다.)[9] 이 때문에 푸코의 "반-마르크스(anti-Marx)"에 대해 말할 수 있으며[10] 또는 적어도 푸코의 "대항-마르크스주의(contre-Marxisme)"를 언급할 수 있다.[11]

그런데 푸코가 반-마르크스(주의) 내지 대항-마르크스주의 연구를 스스로 추구했고 또 그것을 고무하는 데 결정적으로 기여했다면, 이

---

8   미셸 푸코, 『푸코의 마르크스: 둣치오 뜨롬바도리와의 대담』, 94쪽. 또한 진태원, 「푸코와 민주주의: 바깥의 정치, 신자유주의, 대항품행」, 서강대학교 철학연구소 편, 《철학논집》 29집, 2012, 157~159쪽의 논평도 참조.

9   물론 푸코에 대한 우파적인 수용도 없지는 않다. 푸코와 '신철학자들'의 관계가 대표적이거니와, 푸코의 조교였던 프랑수아 에발드(François Ewald)는 프랑스 경영자 연합회(MEDEF)의 부회장을 역임하기도 했다.

10   Etienne Balibar, "L'anti-Marx de Michel Foucault", op. cit. 참조.

11   François Ewald et Bernard E. Harcourt, "Situation du cours", in Michel Foucault, *Théories et institutions pénales: Cours au Collège de France, 1971~1972*, Paris: EHESS/Gallimard/Seuil, 2015 참조. 또한 같은 책에 수록된 에티엔 발리바르의 편집자에게 보내는 편지도 참조. Etienne Balibar, "Lettre d'Etienne Balibar à l'Éditeur du cours", in Ibid.

는 무엇보다 알튀세르의 작업에 대한 이론적 저항 때문이 아닌지 질문해 볼 수 있다. 실제로 푸코의 콜레주드프랑스 강의록 중 제일 마지막에 출간된(하지만 시기상으로는 제일 앞선 것들에 속하는) 1971~72년 강의록인 『형벌 이론과 제도』와 1972~73년 강의록인 『처벌 사회』[12]는 1970년대 권력의 계보학 연구의 비판적 출발점에 알튀세르의 마르크스주의, 특히 「이데올로기와 이데올로기 국가장치들」(1970)에 담긴 이데올로기론이 있음을 잘 보여 준다.[13] 그렇다면 푸코와 알튀세르는 ('구조주의'라기보다는) '철학적 구조주의'라는 공동의 문제 설정 아래 작업했으면서도[14] 그 내부에서 이론적으로 갈등했다고, 또는 이단점(point d'hérésie)을 지니고 있었다고 말할 수 있으며,[15] 이는 마르크스의 전유를 쟁점으로 삼고 있지만 더 넓게 본다면 예속화(assujetissement)와 주체

12   Michel Foucault, *Théories et institutions pénales: Cours au Collège de France, 1971~1972*, op. cit.; *La société punitive: Cours au Collège de France, 1971~1972*, Paris: EHESS/Gallimard/Seuil, 2013 참조.

13   Louis Althusser, "Idéologie et les appareils idéologiques d'État", in *Sur la reproduction*, PUF, 2011(초판은 1995); 「이데올로기와 이데올로기 국가장치」, 김동수 옮김, 『아미엥에서의 주장』, 솔, 1991.

14   "라캉, 후기 푸코, 또는 알튀세르 등 어떤 위대한 철학적 '구조주의자들'도 …… 주체를 실격시키는 데 그치지 않았다. 그들 모두는 그 반대로 고전 철학에 의해 기초의 위치에 장착된 이러한 맹목적인 노력을 해명하고자 했다. 즉 구성하는 기능에서 구성되는 위치로 주체를 이행시키고자 했다." Etienne Balibar, "L'objet d'Althusser", in Sylvain Lazarus ed., *Politique et philosophie dans l'œuvre de Louis Althusser*, PUF, 1992, p. 102; 에티엔 발리바르, 「철학의 대상: 절단과 토픽」, 윤소영 옮김, 『알튀세르와 마르크스주의의 전화』, 이론사, 1993, 213~214쪽. 강조는 발리바르의 것이고 번역은 약간 수정했다.

15   푸코의 『말과 사물』에서 유래하는 '이단점'이라는 개념의 철학적 함의에 대해서는 Etienne Balibar, "Foucault's Point of Heresy: 'Quasi-Transcendentals' and the Transdisciplinary Function of the Episteme", *Theory, Culture and Society*, vol. 32, nos. 5~6, 2015 참조.

화(subjectivation)의 관계를 둘러싼 철학적 이단점이라고 할 수 있다. 이런 관점에서 이 글에서는 푸코와 알튀세르 사이에서 제기될 수 있는 몇 가지 쟁점을 살펴보겠다.

2 알튀세르의 이데올로기론: 몇 가지 요소들[16]

우선 푸코 작업의 비판적 출발점이라고 할 수 있는 알튀세르의 이데올로기론의 논점을 간략히 살펴보는 것이 이 이론에 대한 푸코의 반작용과 이를 극복하기 위한 그의 독자적인 계보학 연구의 쟁점을 이해하는 데 도움이 될 것이다.

1) 노동력의 재생산과 이데올로기 국가장치들

「이데올로기와 이데올로기 국가장치들」은 크게 두 부분으로 나뉜다. 첫 번째 부분은, 토대와 상부구조라는 전통적인 마르크스주의적 장소론(Topik)의 한계를 넘어서기 위해 생산/재생산의 문제 설정에 입각해 생산양식과 이데올로기의 관계를 다시 사고하려고 애쓰고 있다. 두 번째 부분은 『마르크스를 위하여』에 수록된 「마르크스주의와 인간주

---

16 2장의 논의는 알튀세르 이데올로기론에 대한 그동안 나의 연구에 대한 개괄이다. 특히 진태원, 「라깡과 알튀세르: '또는' 알튀세르의 유령들 I」, 김상환·홍준기 엮음, 『라깡의 재탄생』, 창비, 2002; 「과잉결정, 이데올로기, 마주침: 알튀세르와 변증법의 문제」, 진태원 엮음, 『알튀세르 효과』, 그린비, 2011; 「스피노자와 알튀세르: 상상계와 이데올로기」, 서동욱·진태원 엮음, 『스피노자의 귀환』, 민음사, 2017을 참조.

의」에서 처음 소묘되었던 이데올로기 개념을 체계적으로 발전시키려는 노력을 기울이고 있다. 이 두 부분은 푸코와의 쟁점을 이해하는 데 모두 나름대로 중요성을 지니고 있다.

(1) 노동력의 재생산

알튀세르는 우선 생산력의 재생산이라는 문제와 관련하여 생산수단의 재생산에 대해서는 마르크스가 『자본』 2권에서 상세하게 논의를 전개했기 때문에 자신은 노동력(force de travail)의 재생산에 초점을 맞추겠다고 말한다. 노동력의 재생산은 몇 가지 측면을 지니고 있다. 첫째, 자본주의 사회에서는 노동자들이 임금으로 노동자 자신의 노동력의 생물학적 재생산 및 가족의 삶의 재생산을 수행한다. 그런데 둘째, 노동력의 재생산은 이와 동시에 노동력 자질(qualification)의 재생산을 요구한다. 노동력의 자질에는 직업적인 숙련도 이외에도 읽기·쓰기·셈하기와 같은 초보적인 지적 능력과 문학적·과학적 교양과 같은 지식들이 포함되며, 또한 자신이 맡은 과업을 성실히 수행하려는 태도와 회사의 질서 및 상사의 명령을 잘 수행하려는 질서 의식, 일반적인 사회성과 도덕성이 함축되어 있다. 따라서 노동력의 자질의 재생산은 공장 내부에서만 이루어질 수 있는 것이 아니며, 그 바깥에 존재하는 독자적인 체계, 특히 교육 체계를 요구한다. 또한 더 일반적으로는 지배 이데올로기에 대한 복종이 필요하다.

(2) 국가에 대한 재정의

그다음 알튀세르에 따르면 생산관계의 재생산이라는 문제는 "마르크스주의 생산양식 이론의 결정적인 문제"[17]인데, 이를 다루기 위해서는 우선 "사회란 무엇인가?"라는 질문, 따라서 국가 일반에 관한 질문을 전체적으로 검토해야 한다. 알튀세르는 국가를 국가권력과 국가장치의 결합으로 제시하고, 다시 국가장치를 억압적 국가장치(appareil répressif d'État, ARE)와 이데올로기적 국가장치(appareils idéologiques d'État, AIE)로 구별한다. "주로 억압에 의해 기능하는" 억압적 국가장치에는 정부, 행정부, 군대, 경찰, 치안 유지군, 법원, 감옥 등이 속하고, "주로 이데올로기에 의해 기능하는" 이데올로기 국가장치들에는 "교육, 종교, 가족, 정치, 조합, 문화 장치"가 속한다. 중요한 것은 억압적 국가장치는 단수("하나(un)")로 되어 있는 반면 이데올로기 국가장치들은 복수로 표현된다는 점이며, 전자가 "공적" 영역에 속하는 제도들로 이루어진 반면 후자는 "사적" 영역에 속하는 제도들로 이루어져 있다는 점이다. 이처럼 사적 영역에 속하는 것들로 간주되는 여러 제도들을 알튀세르가 '국가장치'라고 부르는 이유는 공적인 것과 사적인 것을 구분하는 부르주아(자유주의) 이데올로기를 넘어서기 위해서다.

자유주의적인 관점에 따르면 정치와 권력은 항상 공적인 영역에서만 작동하며, 사적인 영역은 개인들 사이의 관계가 문제되는 영역일 뿐 정치나 권력을 위한 자리는 존재하지 않고 또 그래야 마땅하다. "반면 알튀세르가 AIE라는 개념으로 보여 주려고 하는 것은 부르주아의 계급 지배는 단지 공적인 영역에서 억압적 국가장치를 장악하고 활용함으로써 안정되게 재생산될 수 없으며, 사적인 영역이라고 불리는 개인들의 생활공간까지 장악하고 지배해야 비로소 안정을 이룰 수 있다는 점

---

17   Louis Althusser, *Sur la reproduction*, p. 268; 루이 알튀세르, 『아미엥에서의 주장』, 82쪽. 강조는 알튀세르.

이다. 따라서 문제는 권력과 무관하다고 생각하는 사적인 영역의 개인들의 삶 속에서 어떻게 계급 지배가 관철되고 있고, 더 나아가 개인들의 정체성 자체가 AIE에 의해 형성되는지 설명하는 일이다."[18] 따라서 이데올로기적 국가"기구"가 아니라 국가"장치들"이다.

(3) 자본주의 사회의 지배적 AIE

또 하나 주목할 점은 봉건제에서는 가족-교회 쌍이 지배적인 AIE였으며 자본주의에서는 가족-학교 쌍이 이러한 AIE를 대체한다는 점이다. 이는 AIE에 대한 알튀세르의 주장과 연속선상에 있으며, 역사적·제도적 관점에서 구체적인 분석을 위한 지침을 제공해 준다. 가족은 우리가 인간 사회의 가장 '자연적인' 집단으로, 또한 가장 '사적인' 장소로 간주하는 제도다. 따라서 가족이 국가와 연루되어 있으며 더 나아가 이데올로기의 근본적인 장소라는 생각은 좀처럼 하기 어렵다. 하지만 AIE가 사적인 영역에서 계급 지배를 관철하기 위한 장치이며, 따라서 AIE는 우리가 이데올로기의 작용과 가장 무관한 장소라고 간주하는 바로 그곳에서 가장 효과적이고 가장 완강하게 작용할 수 있다는 점을 감안하면 가족 역시 하나의 이데올로기 장치로 간주될 수 있다. 학교 또한 우리는 보통 가장 이데올로기와 무관한 장소라고 생각하는 경향이 있다. 특히 학교를 '공화국의 성소(聖所)'로 간주하고, 학교를 모든 특수한 이데올로기나 종교, 공동체주의의 오염으로부터 보호하려고 하는 프랑스식 공화주의 관점을 염두에 둔다면 더욱더 그렇다.[19]

---

18   진태원, 「과잉결정, 이데올로기, 마주침」, 앞의 책, 89~90쪽.

19   몇 년 전 프랑스 사회에서 뜨거운 논쟁의 대상이 되었던 히잡 사건은 이러한 공화주의적 이

「프로이트와 라캉」 이래로 알튀세르는 가족을 인간이 인간으로 형성되는 가장 원초적인 장소로 간주하며, 또한 학교는 가족에서 형성된 인간이 한 사람의 자율적인 개인, 한 사람의 국민으로 형성되는 곳으로 간주한다. 흔히들 이데올로기를 보통 이미 인간으로 존재하고 이미 자율적인 개인으로 존재하는 사람들에 대해 행사된다고 생각하지만, 반대로 알튀세르는 이데올로기를 본질적으로 인간을 생물학적인 존재로부터 인간적인 존재로 형성하고 또한 자율적인 성인(우리가 근대 철학의 핵심 범주를 사용하여 '주체'라고 부르는)으로 형성하는 것이라고 간주하는 것이다. 따라서 가족과 학교가 자본주의의 핵심 AIE라는 테제는 알튀세르 이데올로기론의 특성과 함의가 가장 뚜렷하게 표현되는 주장 중 하나다.

2) 이데올로기 이론

'이데올로기' 이론의 핵심 요소는 세 가지로 구별해 볼 수 있다.

(1) 이데올로기에 대한 재정의

우선 알튀세르는 이데올로기를 상상적 관계 및 그에 대한 représentation으로 정의한다.(représentation은 '표상'이나 '재현'이라는 뜻과 더불어 또한 연극적인 의미의 '상연'이라는 뜻도 포함하고 있다.)

데올로기의 배경에서 볼 때에만 이해가 될 수 있다. 프랑스 공화주의와 이슬람의 관계에 대해서는 박단, 『프랑스의 문화전쟁: 공화국과 이슬람』, 책세상, 2005 및 양창렬·이기라 엮음, 『공존의 기술: 방리유, 프랑스 공화주의의 그늘』, 그린비, 2007을 참조.

테제 1. 이데올로기는 개인들이 자신들의 현실적인 실존 조건들과 맺고 있는 상상적 관계를 표상/재현/상연한다.(représent)[20]

알튀세르는 이를 조금 더 자세하게 다시 제시한다.

"인간들"이 이데올로기 안에서 "서로 표상/재현/상연하는(se représentent)"것은 인간들의 현실적인 실존 조건들, 그들의 현실 세계가 아니며, 이데올로기에서 그들에게 표상/재현/상연되는(représenté) 것은 그들이 이 실존 조건들과 맺고 있는 관계다.[21]

이러한 정의의 논점은 자본주의 사회, 곧 계급사회에서 개인들은 계급의 한 성원으로서 실존하지만, 이데올로기 안에서 개인들은 자신들을 상상적 관계에 따라 "서로 표상하고 재현하고 상연"한다는 것이다. 이때 개인들은 일차적으로 자신들을 '인간'으로, 곧 계급적 조건에 앞서 각각의 개인들이 체현하고 있는 또는 각각의 개인들 안에 전제되어 있는 추상적 인간으로 "서로 표상하고 재현하고 상연"한다. 이러한 상상적 표상/재현/상연은 가상적이기는 하지만, (아무런 실재성이 없다거나 아니면 사회적 관계에 대해 구성적이지 않다는 의미에서) 환상적이거나 공상적인 것은 아니다. 왜냐하면 대부분의 자본주의 사회는 법적 체계를 통해 모든 사람을 자유롭고 평등한 법적 주체로 규정하고 있으며, 자본주의 사회의 구성 및 제도적·개인적 실천은 이러한 규정을 전

---

20   L. Althusser, *Sur la reproduction*, p. 296; 『아미엥에서의 주장』, 107쪽.
21   Ibid., p. 297; 같은 책, 109쪽.

제한다. 더 나아가 개인들은 자신들을 또한 '프랑스인', '미국인', '한국인'으로, 심지어 단군의 자손인 '한민족'으로 "서로 표상하고 재현하고 상연"할 것이다.[22] 따라서 자본주의 사회에서 각 개인은 계급이라는 현실적인 존재 조건에 따라 규정됨에도 불구하고 이데올로기의 차원에서는 이러한 계급적 조건에 선행하는 추상적인 개인 X(및 '한국인', '프랑스인' 등으로)로 나타나며, 또한 물질적 조건 속에서 그렇게 규정되어 있다.

(2) 이데올로기의 물질성

이데올로기와 관련하여 알튀세르가 또한 강조하는 것은 이데올로기가 관념이나 의식, 표상이 아니라 물질성을 띠고 있다는 점이다. "이데올로기는 물질적 실존을 갖는다."[23] 이는 첫째, 이데올로기는 자생적인 관념이나 의식이 아니라 이데올로기 국가장치들을 통해 형성되고 재생산된다는 점이다. 둘째, 알튀세르가 파스칼의 유명한 단편 "무릎을 꿇어라. 기도의 말을 읊조려라. 그러면 믿게 될 것이다."를 인용하면서 강조하듯이, 가장 내밀한 생각이나 믿음, 신념 같은 것들이 사람들의 자발적인 선택이나 의지의 결과가 아니라 구체적인 제도 및 그 제도 속에서 실행되는 의례나 관행들의 결과라는 점이다. 기독교적인 신에 대한 믿음은 미사(또는 예배)라는 의례와 그것에 수반되는 설교, 합

---

22   알튀세르 자신은 이데올로기론에서 이 문제를 거의 다루지 않았으며, 대신 1980년대 이후 에티엔 발리바르가 체계적인 논의의 대상으로 삼게 된다. 이 점에 관해서는 에티엔 발리바르, 진태원 옮김, 『우리, 유럽의 시민들? 세계화와 정치의 재발명』, 후마니타스, 2010에 수록된 「용어해설」중에서 "국민, 국민형태, 민족주의, 민족체" 참조.

23   L. Althusser, *Sur la reproduction*, p. 298; 『아미엥에서의 주장』, 110쪽.

창, 기도 등과 같은 관행들(practices)과 분리될 수 없으며, 그것들로부터 생겨난 결과인 것이다. 셋째, 따라서 이데올로기를 기만적인 표상이나 가상, 또는 허위의식으로 간주하는 것, 따라서 의식이나 관념 또는 표상의 차원에서 다루어야 하는 문제라고 이해하는 것이야말로 "이데올로기에 대한 이데올로기적 표상"[24]이다.

(3) 호명

마지막으로 잘 알려져 있듯이 알튀세르는 이데올로기의 본질적인 기능을 예속적 주체를 형성하는 것으로 규정하며, 이를 '호명(interpellation)'이라는 개념으로 설명한다. 이데올로기는 개인들을 주체/신민들로 호명한다. 알튀세르의 논문에서 assujettissement이라는 단어는 항상 경제적 종속이나 정치적 복종과 구별되는 이데올로기적 예속을 가리키는 의미로 사용되고 있으며, 특히 대주체로서의 신과 모세를 비롯한 인간 주체들 사이의 호명의 거울 작용을 논의할 때 체계적으로 사용된다.

알튀세르가 『마르크스를 위하여』, 『"자본"을 읽자』에서 해명하려고 했던 것은 사회주의 혁명이 어떻게 가능한가라는 문제였다. 그는 이를 '과잉결정(surdétermination)' 개념에 입각해 설명하려고 했다. 반면 그

---

24 루이 알튀세르, 『아미엥에서의 주장』, 112쪽. 강조는 인용자. 사실 알튀세르는 이미 1964년에 저술한 「마르크스주의와 인간주의」(『마르크스를 위하여』에 수록)에서 이데올로기에 대한 이러한 관점에서 벗어나 있으며, 1966년 익명으로 발표된 「문화혁명에 대하여」에서는 한 걸음 더 나아가 이데올로기를 "관념들의 체계(좁은 의미의 **이데올로기들**)와 태도-행위(**습속**)"을 모두 포함하는 것으로 정의한 바 있다. Louis Althusser, "Sur la révolution culturelle"(1966), *Décalages*, vol. 1, no. 1, 2014, p. 15. http://scholar.oxy.edu/cgi/viewcontent.cgi?article=*1002&context*=decalages(2018. 5. 20. 접속) 강조는 원문.

가 이데올로기론으로 설명하려고 한 것은 (68운동과 같은 거대한 변혁 운동이 일어났음에도) 왜 사회주의 혁명이 일어나지 않는지, 자본주의가 어떻게 계급적인 모순과 대중들의 투쟁에도 불구하고 자신을 재생산할 수 있는가 하는 점이었다. 이는 말하자면 혁명이 일어나기 위한 조건들의 과잉결정을 묻는 것이 아니라, 역으로 혁명이 일어나지 못하게 만드는 조건들의 '과소결정(sousdétermination)'에 대해 묻는 것이었다.[25]

따라서 이데올로기에 대한 이론적 작업이 '재생산'의 문제를 중심으로 전개되는 것은 당연한 것이다. 특히 생산력 중에서 노동력의 재생산에서 이데올로기가 수행하는 작용을 해명하는 것이 중요한 과제가 되는데, 알튀세르의 독창성은 이데올로기의 문제를 노동력의 재생산의 차원에 국한시키지 않고, 마르크스주의 역사유물론의 기초를 이루는 주요 개념들, 곧 '토대와 상부구조'라는 장소론 및 '국가' 개념 자체를 재개념화하는 데까지 나아갔다는 점이다. 더욱이 그는 상상적 관계, 물질성, 호명 개념을 바탕으로 이데올로기 자체를 새롭게 정의하면서 주체라는 근대 철학의 핵심 개념을 탈구축하는 작업을 진행했다. 이에 따라 알튀세르 자신의 의도와는 무관하게, 처음에는 생산양식 또는 토대의 재생산을 가능하게 하는 기능적 역할을 부여받은, 따라서 생

---

25   이러한 테제 또는 오히려 가설에 대해서는 다음과 같은 유보 사항이 덧붙여져야 한다. 알튀세르가 68운동 이후 본격적으로 이데올로기론에 대한 연구에 몰두한 것은 직접적인 상황 속에서 본다면, 오히려 어떻게 대중들을 이데올로기적으로 반역하게 할 수 있는가, 어떻게 **대중의 이데올로기적 혁명**("Sur la révolution culturelle", *Décalages*, p. 6. 강조는 원문)이 가능한가라는 질문이었다고 볼 수 있다. 그런데 이 질문은 역으로 왜 대중들은 반역하지 않는가, 왜 대중들의 반역은 혁명으로 이행되지 못하는가, 이데올로기의 어떤 특성, 어떤 기능이 대중들을 예속적 주체로 구성하는가라는 보충적인 질문에 의해 과잉결정될 수밖에 없다. 이 두 질문 사이의 갈등이 알튀세르 이데올로기론의 동력이었다고 할 수 있다.

산양식이라는 경제적 토대에 존재론적으로 의존하는 위치에 놓여 있던 상부구조 또는 이데올로기가 마지막에 가서는 경제적 토대 자체를 가능케 하는 (하지만 그 자체 역시 경제적 토대를 전제하는) 구성적 조건으로 나타나게 된다.

3 마르크스(와 알튀세르)를 심화하기, 마르크스(와 알튀세르)를 넘어서기

1) 마르크스를 인용하기, 마르크스를 인용하지 않기

우선 한 가지 지적해 두어야 하는 것은 마르크스 및 마르크스주의 고전가들을 인용하는 두 사람 간의 두드러진 차이점이다. 알튀세르는 『마르크스를 위하여』에서부터 「이데올로기와 이데올로기 국가장치들」에 이르기까지 자신의 이론적 독창성을 거의 주장하지 않는다. 그는 자신이 주장하는 모든 것은 이미 마르크스와 엥겔스, 레닌 또는 마오 같은 마르크스주의 고전가들의 텍스트에 모두 담겨 있으며, 자신은 다만 "실천적 상태"로 또는 "묘사적 상태"로 존재하는 그 요소들을 좀더 명료하게 가다듬고 체계화할 뿐이라고 말한다. 그리고 이 과정에서 외부에서 약간의 보충적인 요소(프로이트에게 '과잉결정'이라는 개념, 스피노자에게 '상상'이라는 개념, 바슐라르에게는 '단절' 내지 '절단'이라는 개념)를 빌려 올 뿐이다. 그는 이를 보여 주기 위해 마르크스와 엥겔스, 레닌의 매우 사소한 텍스트(대개 편지, 연설문, 서문 같은 매우 주변적인 텍스트)에서 기필코 관련된 인용문을 찾아내서, 자신의 독창성의 흔적을 지우기 위해 빠짐없이 인용한다. 그는 자신의 이론적 작업의 목표를 "마르크스에게

돌아가기"로 제시하며, "프로이트에게 돌아가기"를 자신의 과업으로 내세운 라캉을 찬양한다.[26]

반대로 푸코는 이런저런 인터뷰에서 알튀세르를 거명하지 않은 채, 마르크스주의자들의 고약한 인용 관습을 맹렬하게 비난한다. 푸코가 보기에 마르크스주의자들은 마르크스와 엥겔스, 레닌 또는 스탈린의 저작에 대해 주석을 달고, 또한 그들의 저작을 인용함으로써 자신들의 충성을 표시하는 것밖에 할 줄 모르는 사람들이다.

> 제가 광기에 대해, 감금에 대해, 그리고 나중에는 의학 및 이 제도들을 지탱하고 있는 정치·경제적 구조에 관심을 갖기 시작했을 때 제가 놀랍게 여긴 것은 전통적인 좌파가 이 문제들에 대해 아무런 중요성도 부여하지 않았다는 점입니다. …… 그 이유들 중 하나는 분명 제가 좌파 사상의 전통적인 표시 중 하나를 제시하지 않았다는 사실에 기인합니다. 저는 각주에 '마르크스가 말했듯이', '엥겔스가 말한 것처럼', '스탈린이 천재적으로 말했듯이'라는 표시를 달지 않았던 겁니다.[27]

이는 교조주의적인 마르크스주의자들에게만 해당되는 비난이 아니다. 그는 1868년 이후 프랑스의 젊은 급진 좌파 지식인들에게도 신랄한 비판을 퍼붓는다. 이탈리아 언론인과의 대담에서 그는 "1968년

---

26   그리고 나중에는 라캉이 이 목표의 거대한 중요성을 망각하고 자신의 독자적인 '정신분석의 철학'을 만들어 내려 하고 있다고 그를 비난한다. 루이 알튀세르, 「프로이트 박사의 발견」, 윤소영 옮김, 『알튀세르와 라캉』, 공감, 1995 참조.

27   브라질 신문인 Jornal da Tarde와의 인터뷰. "Michel Foucault. Les réponses du philosophe", in Dits et Écrits, vol. I, "Quarto", Gallimard, 2001, p. 1675.

이후에 마르크스-레닌주의자나 또는 마오주의자가 된 사람들 ……
'반-프랑스 공산당' 마르크스주의 세대"에 속하는 이들을 "초마르크스
주의자들(hyper-Marxistes)"[28]이라고 지칭하면서, 푸코가 튀니지에서 매
료되었던 튀니지 학생들의 "도덕적 힘이자 놀라운 실존적 행위"[29]와 달
리 이들은 "서로에 대한 저주와 각종 이론들을 쏟아 내면서" 분파적인
이론 투쟁만을 일삼는 "대책 없는 담론성"에 매몰되어 있다고 비난한
다. "프랑스에서 5월의 경험은, 서로에게 비난을 퍼부으면서 마르크스
주의를 작은 교리들로 분해했던 분파적 실천들에 의해 빛을 잃었다는
데 있겠지요."[30]

    이 때문에 그는 자신이 "마르크스주의자들이 알아볼 수 없도록 마
르크스에 대한 은밀한 인용을 하는 것을 선호한다."[31]라고 말한다. 그렇
다면 푸코는 마르크스를, 그리고 또한 알튀세르를 어떻게 은밀하게 인
용한 것일까? 그리고 이를 통해 어떻게 그들을 심화하거나 정정하면서
동시에 어떻게 그들을 넘어서려고 한 것일까?

2) 알튀세르보다 더 마르크스(주의)적인 푸코?

    논의를 절약하기 위해 마르크스와 알튀세르와 관련한 푸코 작업
의 쟁점을 도식적인 몇 가지 논점으로 제시해 보자.

---

28   미셸 푸코, 『푸코의 마르크스』, 104~105쪽.
29   같은 책, 131쪽.
30   같은 책, 134, 36쪽.
31   Michel Foucault, Colin Gordon & Paul Patton, "Considerations on Marxism, Phenomenology
and Power. Interview with Michel Foucault", *Foucault Studies*, no. 14, 2012, p. 101.

(1) '억압적 국가장치/이데올로기적 국가장치' 쌍에서 '국가장치'로, 다시 규율장치로

『형벌 이론과 제도』및『처벌 사회』, 그리고『정신의학적 권력』같은 1970년대 초반 강의록들 및『감시와 처벌』같은 저작에서 가장 눈에 띄는 점은 푸코가 알튀세르와 달리 '억압적 국가장치/이데올로기적 국가장치'라는 용어를 전혀 사용하지 않고 그냥 단순히 '국가장치 (appareil d'État 또는 appareil étatique)'라는 용어를 사용한다는 점이다. 이러한 사용법은 몇 가지 함의를 지니고 있다. 첫째, 푸코가 보기에 '폭력'과 '이데올로기' 또는 '강제'와 '동의'의 구별에 따라 국가장치를 구별하는 것은 적절하지 않다. 이는 한편으로 권력의 장치가 '억압'을 특성으로 한다는 생각을 전제하는데, 권력의 실제 특성은 억압하는 것이 아니라 생산하고 구성하는 것이기 때문이다. 더욱이 푸코에 따르면 '이데올로기'라는 것은 권력의 특성을 해명하는 데 전혀 어울리지 않는 것이다. 이는 푸코가 이데올로기라는 개념을 알튀세르가 비판하는 바로 그것, 곧 그가 "이데올로기에 대한 이데올로기적 관점"이라고 부른 것으로 이해하고 있음을 함축한다. 사실 이데올로기에 대한 푸코의 언급에서 가장 놀라운 점은 그가 완강하게 이데올로기를 비-알튀세르적인 또는 전(前)-알튀세르적인 방식으로 이해한다는 점이다.[32] 그에게 권력은

---

[32] 가령 다음과 같은 진술이 전형적이다. "저는 이데올로기의 수준에서 권력의 효과들을 식별하려고 시도하는 사람 중 하나가 아닙니다. 실로 저는 이데올로기의 문제를 제기하기 이전에, 신체 및 신체에 대한 권력의 효과라는 문제를 탐구하는 것이 더 유물론적인 것이 아닌가 하고 질문하게 됩니다. 왜냐하면 이데올로기를 선호하는 분석에서 제가 거북하게 느끼는 것은 이러한 분석에서는, 고전적인 철학이 그 모델을 제시한 바 있고 권력이 점령한 의식을 부여받고 있는 인간 주체를 가정하고 있기 때문입니다." Michel Foucault, "Pouvoir et corps"(1975), in *Dits et Écrits*, vol. II, "Quarto", p. 1624.

이데올로기를 동원해서 기만하고 은폐하고 가상을 심어 주는 것이 아니라, 지식을 생산하는 것이며 또한 그것을 전제하는 것이다. 곧 이데올로기적 국가장치가 아니라 '권력-지식' 또는 '지식-권력' 장치가 권력을 해명하는 데 더 적절한 개념 쌍이다.[33]

따라서 푸코는 1972~73년 강의에서는 "국가장치"라는 개념을 사용하고 있지만, 그다음 해 강의인 『정신의학의 권력』에서는 이 개념이 단 두 차례만 등장하며, 그것도 그 무용성을 주장하기 위해 거론될 뿐이다.[34] 그 대신 푸코는 자신의 고유한 개념인 "권력장치(dispositif de pouvoir)"를 사용하기 시작한다.[35] 『감시와 처벌』에서는 '장치'의 두 가지 표현인 appareil와 dispositif가 같이 혼용되고 있는데, dispositif가 주로 규율장치 내지 파놉티콘 장치와 관련하여 쓰인다면 appareil는 주로 국가장치, 행정장치, 사법장치, 치안 장치 등과 같이 국가 및 국가 제도

33   아마도 푸코가 보기에는 이데올로기라는 낡고 부적절한 관념에 새로운 의미를 부여하려는 알튀세르의 시도가 기묘한 것으로 비쳤을 것이다. 왜냐하면 이데올로기라는 단어는 늘 기만, 조작, 왜곡, 신비화 등의 대명사로 사용되어 왔고 또 여전히 그렇게 이해되기 때문이다. 푸코에게는 이 단어를 고수해야 할 하등의 이유가 없었을 것이다. 이는 마르크스주의자이자 공산주의자였던 알튀세르와 그렇지 않았던 푸코의 또 다른 차이점의 표현이라고 할 수 있다. 하지만 과연 푸코가 이데올로기의 문제에서 벗어날 수 있었는지는 불확실하다. 이 점에 관한 상세한 토론은 Pierre Macherey, Le sujet des normes, op. cit., p. 214 이하 참조.
34   "국가장치라는 개념은 사용할 수 없다. 왜냐하면 그것은 이런 직접적이고 미세하며 모세혈관적인 권력들, 신체와 행실, 몸짓, 개인의 시간에 작용하는 권력들을 지시하기에는 너무 광범위하며 추상적이기 때문이다. 국가장치는 이러한 권력의 미시물리학을 해명하지 못한다." Michel Foucault, Le Pouvoir psychiatrique, Cours au Collège de France, 1973~1974, Gallimard/Seuil, 2003, p. 17 주); 오트르망 심세광·전혜리 옮김, 『정신의학의 권력』, 난장, 2014, 38쪽 각주 21). 번역은 수정했다.
35   Ibid., p. 14; 같은 책, 34쪽.

와 관련하여 사용된다. 푸코가 점점 더 알튀세르적인 의미의 국가장치라는 용어의 무용성을 주장하게 된 이유는 이 개념이 한편으로 권력이 국가라는 어떤 중심에 근거를 두고 있고 그로부터 파생되어 나온다고 생각하도록 만들기 때문이며, 다른 한편으로는 제도들을 권력의 중심으로 간주하도록 만들기 때문이다. 반면 푸코가 보기에 권력은 국가나 제도보다 더 하위의 수준에서, 곧 "미시물리학"의 수준에서 작동하는 것이기 때문에, 우리가 제도로서의 국가장치의 기능적 효용과 실재성을 인정한다고 하더라도 그것은 매우 제한적인 것에 불과한 것이다.

권력을 국가장치 안에 위치해 있는 것으로 적절하게 기술할 수 있다고 생각하지 않습니다. 아마도 심지어 국가장치들이 내적이거나 외적인 투쟁의 쟁점이라고 말하는 것조차 충분하지 않을 것입니다. 제가 보기에는 오히려 국가장치는 훨씬 더 심층적인 권력 체계의 집중화된 형식 또는 심지어 그것을 지탱하는 구조입니다. 이것이 실천적으로 의미하는 바는, 국가장치의 통제도 파괴도 특정한 유형의 권력, 국가장치가 그 속에서 기능했던 그 권력을 전화하거나 제거하는 데 충분하지 않을 수 있다는 점입니다.[36]

알튀세르의 국가장치에 대한 푸코의 이러한 비판이 정당한 것인가? 여기에 대해서는 이론의 여지가 있을 수 있는데, 이는 4절에서 좀 더 상세히 논의해 보겠다.

---

36   Michel Foucault, *La société punitive*, op. cit., p. 233.

(2) 마르크스의 진정한 계승자 푸코?『자본』과 규율 권력

1972~1973년 강의록인『처벌 사회』가 우리의 주제와 관련하여 흥미로운 점 중 하나는 왜 푸코가『감시와 처벌』에서 마르크스의『자본』1권에 주목하며, 또한 왜 규율 권력에 대한 자신의 연구가『자본』1권의 노선 위에 서 있다고 주장하는지 이해할 수 있는 실마리를 제공한다는 점이다. 미국 학자들과의 1978년 인터뷰에서 푸코는 자신의 작업을 마르크스의『자본』과 연속적인 것으로 위치시킨다. 단 그는 대부분의 마르크스주의자들이 경전처럼 떠받드는 "『자본』1권"이 아니라 "『자본』2권"이 자신의 작업의 출발점이며, 자신은 그것을 심화시키는 것에 관심을 두고 있다고 지적한다.

저 자신의 경우, 마르크스에서 제가 관심을 갖는 부분, 적어도 제게 영감을 주었다고 제가 말할 수 있는 부분은『자본』2권입니다. 곧 첫 번째로는 자본의 발생이 아니라 역사적으로 구체적인 자본주의의 발생에 대한 분석, 두 번째로는 자본주의 발전의 역사적 조건에 대한 분석, 특히 권력 구조 및 권력 제도의 확립과 발전에 관한 분석과 관련된 모든 것입니다. 따라서 다시 한 번 아주 도식적으로 떠올려 보면, 자본의 발생에 관한 첫 번째 책과 자본주의 역사, 계보에 관한 두 번째 책 가운데 2권을 통해, 그리고 가령 제가 규율에 관해 쓴 것에 의해 저의 작업은 모두 동일하게 마르크스가 쓴 것과 내재적으로 연결되어 있다고 말하겠습니다.[37]

37   Michel Foucault, Colin Gordon & Paul Patton, "Considerations on Marxism, Phenomenology and Power. Interview with Michel Foucault", op. cit., pp. 100~101.

여기에서 푸코가 말하는 "『자본』 2권"은 마르크스 생전에 마르크스 자신이 직접 감수한 프랑스어판 『자본』 2권, 따라서 독일어판으로 하면 『자본』 1권의 4편이라는 점을 염두에 둔다면 푸코의 논점을 더 정확히 이해할 수 있다. 실제로 『감시와 처벌』에 나오는 『자본』에 관한 몇 개의 인용문은 모두 1권 4편에 대한 것이다. 푸코가 인용문에서 자본의 논리적 발생을 다루는 1권 앞부분이 아니라 자본주의 생산양식의 역사적 발생에 관한 분석의 중요성을 강조하고 자신의 작업이 마르크스의 이 분석 위에 기초를 두고 있다고 말하는 것은 몇 가지 중요한 함의를 지닌다.

우선 푸코가 마르크스의 분석에서 주목하고 또 스스로 더 발전시키는 점은, 자본주의 생산양식 또는 경제적 구조가 성립하고 발전하기 위한 조건이 규율 기술이었다는 점이다. 이러한 규율 기술은 자본주의적 생산을 조직하고 그것이 효율적으로 작동하게 만들기 위해서는 공장을 군대 조직처럼 만들어야 한다는 사실에서 생겨난다. 푸코는 1976년 브라질에서 했던 「권력의 그물망」이라는 강연에서 이렇게 말한다. "〔규율 권력이라는〕 이 특수한 국지적 권력들은 결코 금지하고 방해하고 '너는 해서는 안 돼.'라고 말하는 의고적인 기능을 갖지 않습니다. 이 국지적이고 지역적인 권력들의 원초적이고 본질적이고 영속적인 기능은 사실은 어떤 생산물의 생산자들의 유능함과 자질의 생산자들이 되는 것입니다. 가령 마르크스는 군대와 작업장에서 규율의 문제에 대한 탁월한 분석을 수행합니다."[38] 그리고 실제로 푸코는 『감시와 처벌』의 각주에서 마르크스의 『자본』 1권 4편 11장의 한 대목을 인용

---

38 Michel Foucault, "Les mailles du pouvoir", in *Dits et Écrits*, vol. II, p. 1006. 강조는 인용자.

하면서 이를 언급한다. "기병 1개 중대의 공격력이나 보병 1개 연대의 방어력이 기병 1기와 보병 1명이 각기 발휘하는 공격력과 방어력의 합계와는 본질적으로 다른 것과 마찬가지로, 개별 노동자들의 힘의 기계적 합계는 다수 노동자들이 통합된 동일한 공정에서 동시에 함께 작업하는 경우에 발휘되는 사회적인 잠재력과는 본질적으로 다르다."[39]

푸코가『감시와 처벌』에서 마르크스의『자본』을 (앞서 본 것처럼 고의적으로) 매우 암묵적으로 그리고 피상적으로 인용한다는 점은 다른 연구자들의 작업 덕분에 이제 잘 알려져 있다.[40] 마르크스가『자본』 1권 4편에서 보여 주려고 한 것은 전자본주의적 수공업과 구별되는 자본주의적인 생산 방식이 지닌 특성이다. 그것은 "결합 노동(kombinierte Arbeit)"이라고 부를 수 있는 것이 지닌 특성인데, 이러한 결합 노동은 자본주의적인 "협업(Kooperation)"과 고대적이거나 중세적인 또는 아시아적인 협업 사이의 차이를 만들어 내는 핵심 요소다. 이전의 협업이 여러 사람들의 힘을 "기계적으로 결합"하는 것인 데 반해, "처음부터 자신의 노동력을 자본가에게 판매하는 자유로운 임노동자를 전제"[41]하는 자본주의적 협업은 "아주 많은 수의 노동자가 같은 시간에 같은 공간에서(또는 같은 작업장이라고 해도 좋다.) 같은 종류의 상품을 생산하기 위하여 같은 자본가의 지휘 아래에서 일한다."[42]라는 특성을 갖는다. 또한 이러한 협업은

39   Karl Marx, *Das Kapital*, I, in Karl Marx·Friedrich Engels Werke Bd. 23, Dietz Verlag, 1987, p. 345; 칼 마르크스, 강신준 옮김,『자본』 1-1, 길, 2013, 454쪽. 미셸 푸코,『감시와 처벌』, 258쪽 주 65.

40   특히 Rudy M. Leonelli, "Marx lecteur du *Capital*", in Christian Laval et al. eds., *Marx et Foucault: Lectures, usages et confrontations*, op. cit. 참조.

41   Karl Marx, *Das Kapital*, I, p. 354; 칼 마르크스,『자본』 1-1, 464쪽.

42   Ibid., p. 341; 같은 책, 449쪽.

노동 과정을 세부적으로 분할하며, 각각의 노동자들에게 세부적으로 분할된 특정한 작업을 부과한다. 이렇게 분해된 작업 과정에서 수많은 노동자들이 자신에게 부과된 특정한 작업을 특정한 도구, 기계와 함께 수행하면서도 이러한 세분화된 개별 작업들이 동일한 생산품을 만들어 내는 단일한 전체 과정으로 통합될 때 자본주의적 협업이 전개된다. 이러한 협업 방식 및 결합 노동 방식은 각각의 개별적인 생산자들이 따로 따로 생산하는 것보다 생산성을 훨씬 더 높여 주지만, 이러한 생산성 증대의 전제는 노동자들이 이러한 작업 방식에 순종하는 것이다. 하지만 노동자들이 작업 방식에 순종하는 것은 자연적으로 이루어지지 않는데, 왜냐하면 세분화된 개별 작업을 노동자들에게 부과하여 그것을 지속적으로 수행하게 만드는 것은 일정한 강제 내지 폭력이며, 인간 및 그 신체의 자율성을 해체하는 일이기 때문이다. 이는 노동자의 노동력을 노동자 자신, 그의 온전한 신체로부터 강제로 분리하는 일이기도 하다.

마르크스의 논점을 이해하기 위해서는 푸코 자신이 명시적으로 인용하는『자본』1권 4편의 11장「협업」이외에 4편 전체를 참조해야 한다. 마르크스에 따르면 "매뉴팩처 분업의 특징을 이루는 것은 …… 부분 노동자가 생산하는 것은 상품이 아니라는 점 바로 그것이다. 부분 노동자의 공동 생산물이 되어야만 비로소 그 생산물은 상품으로 전화한다."[43] 마르크스는 시계 공장의 사례를 든다. "일차 가공 작업공, 시계태엽 제조공, 문자판 제조공, 용수철 제조공, 돌구멍과 루비축 제조공, 시계침 제조공, 케이스 제조공, 시계테 제조공, 도금공 …… 톱니바퀴축 제조공, 시계침장치 제조공, 톱니바퀴를 축에 고정시키고 모서리

---

43   Ibid., p. 376; 같은 책, 488~89쪽.

를 연마하는 사람, 추축 제조공"[44]. 이처럼 수십 가지 부품들을 분산해서 제조하는 과정을 거쳐 이것들을 조립하는 최종 과정에 이르러서야 시계 생산이 완료된다. 이러한 작업 과정의 성격으로 인해 "똑같은 부분 기능을 수행하는 각각의 노동자 무리는 동질적인 요소들로 구성되어 전체 생산 메커니즘의 한 부속 기관이 된다. …… 매뉴팩처는, 일단 도입되고 나면, 자연히 일면적이고 특수한 기능에만 적합한 노동력을 발달시키게 된다."[45] 따라서 "매뉴팩처 분업은 자본가가 장악하고 있는 전체 메커니즘의 단지 구성원에 불과한 사람들에 대한 자본가의 무조건적인 권위를 전제로 한다".[46] 이런 측면에서 볼 때 노동 과정에 대한 자본의 지휘 또는 "감시"는 "형태상으로 보면 전제주의적(despotisch)"이다.[47]

여기에서 더 나아가 대규모 생산 기계의 도입과 더불어 본격적인 자본주의적 대공업이 시작되면 각각의 노동자들은 기계장치와 연결되며, 이러한 기계장치의 생산 활동에 자신의 작업 활동을 일치시켜야 한다. 더욱이 이제 기계의 도입으로 인해 강한 근력이 요구되지 않기 때문에 성인 남성 노동자들과 다른 미성년 노동자, 여성 노동자들이 대량으로 노동 과정 속에 들어오게 된다. 마르크스는 이를 다음과 같이 표현한다. "매뉴팩처나 수공업에서는 노동자가 도구를 자신의 수단으로 사용하지만 공장에서는 노동자가 기계의 수단으로 사용된다. …… 매뉴팩처에서 노동자들은 하나의 살아 있는 역학적 장치의

---

44 Ibid., p. 362~363; 같은 책, 474쪽.
45 같은 책, 479, 482쪽.
46 같은 책, 490쪽.
47 같은 책, 461쪽.

손발이 된다. 공장에서는 하나의 죽은 역학적 장치가 노동자들에게서 독립하여 존재하고, 그들은 살아 있는 부속물로 이 역학적 장치에 결합된다."[48]

이러한 과정은 마르크스가 엥겔스의 『영국 노동자계급의 상태』(1844)를 인용하면서 말하고 있듯이, "신경계통을 극도로 피곤하게 만들며 동시에 근육의 다양한 움직임을 억압하고 모든 자유로운 육체적·정신적 활동을 몰수해 버린다."[49] 따라서 노동자들이 이러한 작업 과정에 적응하고 이 힘겨운 조건들을 견디도록 만들기 위해서는 강력한 규율이 필수적이다.

> 노동수단의 획일적인 운동에 노동자가 기술적으로 종속되어 있고 남녀를 불문하고 매우 다양한 연령층의 개인들로 이루어져 있는 노동 단위의 독특한 구성은 군대와 같은 규율을 만들어 내고, 이 규율은 공장 체제를 완전한 형태로 발전시켜 앞에서도 이야기한 감독 노동을 발전시키며, 그리하여 노동자들을 육체노동자와 노동 감독자로(즉 보통의 산업 병사와 산업 하사관으로) 완전히 분할한다. …… 공장법전은 다만 대규모 협업이나 공동의 노동수단의 사용과 함께 필요해지는 노동 과정에 대한 사회적 규제의 자본주의적 자화상에 지나지 않는다. 노예 사역자의 채찍 대신 감독자의 징벌 장부가 등장한다. 물론 모든 징벌은 벌금과 임금 삭감으로 귀착된다.[50]

48   같은 책, 570쪽.
49   같은 곳.
50   같은 책, 572~73쪽.

이 점을 염두에 두면 푸코가 『감시와 처벌』에서 규율에 대해 다음과 같은 정의를 제시하는 이유가 더 분명히 드러난다. "신체의 활동에 대한 면밀한 통제를 가능케 하고 체력의 지속적인 복종을 확보하며 체력에 순종-효용의 관계를 강제하는 이러한 방법을 '규율(discipline)'이라고 부를 수 있다."[51] 조금 뒤에서 더 정확한 규정을 발견할 수 있다. "규율의 역사적 시기는 신체의 능력 확장이나 신체에 대한 구속의 강화를 지향할 뿐 아니라 하나의 메커니즘 속에서 신체가 유용하면 할수록 더욱 신체를 복종적인 것으로 만드는, 또는 그 반대로 복종하면 할수록 더욱 유용하게 만드는 관계의 성립을 지향하는, 신체에 대한 새로운 기술이 생겨나는 시기다."[52] 또한 다음과 같은 규정도 마찬가지이다. "말하자면 규율은, 신체의 힘을 가장 값싼 비용의 '정치적인 힘'으로 환원시키고, 또한 유용한 힘으로 극대화시키는 단일화된 기술 과정이다."[53] 따라서 푸코의 규율 권력을 단순히 강제나 통제로 이해하는 통속적인 생각과 달리, 규율의 목적은 단순한 통제나 강제가 아니라 신체를 더욱 유용하게 만드는 것이며, 이러한 목적을 위해 신체를 잘 통제하고 복종할 수 있게 하는 기술을 사용하는 것이다.

(3) 마르크스와 알튀세르를 넘어서: 생산력 개념과 규율의 기술들

푸코는 여기에서 한 걸음 더 나아가 마르크스만이 아니라 알튀세르 자신도 제대로 제기하지 못한 중요한 논점을 제기한다. 그것은 바로

---

51   미셸 푸코, 『감시와 처벌』, 216쪽.
52   같은 책, 217쪽.
53   같은 책, 339쪽.

생산력(force productive) 또는 노동력(force de travail)이라는 마르크스주의의 핵심 개념과 관련된 것이다.[54] 역사유물론의 토대를 구성하는 것은 생산양식이며, 생산양식은 생산력과 생산관계의 결합으로 이루어진다. 따라서 자본주의 생산양식은 자본주의적 생산력과 생산관계의 결합으로 이루어진다. 앞에서 본 것처럼 알튀세르는 생산수단과 노동력이 결합된 생산력에서 노동력의 재생산 조건에 관해 질문하면서 이데올로기에 대한 자신의 논의를 시작한 바 있다. 그리고 임금이라는 물리적 재생산의 조건 이외에 직업적 자질이나 숙련도, 더 나아가 지식과 도덕의식의 형성을 위해 학교라는 이데올로기적 국가장치가 필수적이라는 것이 그의 주장이었다.

반면 푸코는 자본주의 생산양식의 재생산이나 생산력 또는 노동력의 재생산을 묻기 이전에 마르크스주의적인 노동 개념의 한계를 지적한다. 푸코는 1973년 브라질 강연인 「진리와 법적 형식」에서 자본주의적 생산과 관련해 다음과 같이 말한다.

저는 우리가 순수하고 단순하게 전통적인 마르크스주의적 분석을 인정할 수 있다고 생각하지 않습니다. 이러한 분석은 노동이 인간의 구체적 본질이며, 이러한 노동을 이윤이나 초과이윤 또는 잉여가치로 전환하는 것은 자본주의 체계라고 가정합니다. 사실은 자본주의 체계는 훨씬 더 깊숙이 우리의 실존에 침투해 있습니다. …… 초과이윤(sur-profit)이 존재

---

54   이 점에 관한 좋은 논의는 Ferhat Taylan, "Une histoire 'plus profonde' du capitalisme", in Christian Laval et al. eds., *Marx et Foucault: Lectures, usages et confrontations*, op. cit. 참조.

하기 위해서는 기저 권력(sous-pouvoir)이 존재해야 합니다. 인간들을 생산 장치에 고정시키고 그들을 생산의 행위자, 노동자들로 만드는, 미시적이고 모세혈관 같은 정치권력의 그물망 조직이 인간 실존 그 자체의 수준에서 확립되어야 합니다.[55]

　흥미로운 점은 푸코가 초과이윤을 실현하기 위한 조건인 기저 권력, 미시적인 규율 권력의 사례로 '가두기(séquenstration)' 장치라는 개념을 도입하고 있다는 점이다. 같은 해 강의인 『처벌 사회』에서도 언급하고 있는 이 개념은 푸코에 따를 경우 봉건사회와 근대사회의 차이를 낳는 특징 중 하나다. 곧 봉건사회가 주로 일정한 장소에 소속된 사람들을 대상으로 하여 권력을 행사하고 따라서 장소에 대한 통제가 봉건사회에서 권력이 행사되기 위한 조건이었다면, 근대사회는 장소보다는 시간을 통제하는 것이 핵심적인 중요성을 지니게 된다. 이는 자본주의의 형성 및 발전과 깊이 관련되어 있다. 마르크스가 『자본』 1권의 「이른바 본원적 축적에 관하여」에서 말한 바 있듯이, 역사적으로 자본주의 생산양식이 형성되기 위해서는 생산수단들로부터 분리된 자유로운 노동력(곧 과거에 농민이었다가 인클로저 운동으로 인해 농토를 잃고 도시로 흘러 들어와 빈민 노동자들이 된 사람들)의 형성이 필수적이었다. 상업 자본이 이들을 임금노동자들로 고용함으로써 자본주의적인 생산이 시작될 수 있는데, 이들을 고용한다는 것은 다른 말로 하면 자본가가 이 노동자들로부터 노동력을 일정한 시간 동안 활용할 수 있도록 구매한다는 것이다.

55　Michel Foucault, "La vérité et les formes juridiques", in *Dits et Écrits*, vol. I, p. 1490.

그런데 푸코는 단순히 자본가가 노동력을 구매한다고 해서 자동적으로 자본주의적 생산이 이루어진다고 보지 않는다. 이를 위해서는 노동자들의 노동을 분할하면서 결합하여 자본주의적인 생산을 조직하는 규율 권력의 작용이 필수적인 조건으로 요구된다. 더 나아가 가두기 장치는 사람들의 일상적인 삶의 시간 자체를 규율할 필요성이라는 문제를 제기한다.

> 사람들의 시간이 생산 장치에 공급되어야 하고, 생산 장치는 삶의 시간, 인간들의 실존의 시간을 활용할 수 있어야 합니다. 이를 위해 그리고 이러한 형식 아래 통제가 행사됩니다. 산업사회가 형성되기 위해서는 두 가지가 필수적이었습니다. 첫째, 개인들의 시간이 시장에 나와 그것을 사고 싶어 하는 사람들에게 공급되고 임금과 교환되어야 합니다. 둘째, 개인들의 시간은 노동 시간으로 전환되어야 합니다. 이 때문에 우리는 일련의 제도들에서 최대한의 시간 추출이라는 문제 및 이를 위한 기술을 발견하게 됩니다. …… 아침부터 저녁까지, 저녁부터 아침까지 노동자들의 삶의 소진된 시간은 한 제도에 의해 보상 가격을 통해 단번에 구입됩니다.[56]

이러한 시간의 통제는 자본주의적 생산을 위한 고용 관계에서만 나타나는 것이 아니다. 그것은 교육 시설에서, 교정 시설에서, 감옥에서와 같이 사회 도처에서 나타나고 확산된다. 따라서 두 가지 결론이

---

56   Ibid., p. 1484. 이런 측면에서 보면, 푸코가 E. P. 톰슨을 얼마나 읽었으며 또한 그의 분석을 얼마나 변형하거나 확장하고 있는가라는 흥미로운 질문이 떠오른다.

나오게 된다. 첫째, 마르크스나 알튀세르가 당연한 것으로 전제하는 생산력 내지 노동력이라는 범주는 당연히 주어지는 것이 아니다. 그것은 자본가가 노동자로부터 구매해서 활용할 수 있도록 처음부터 주어진 것이 아니라 만들어져야 하는 어떤 것이다. 그리고 이렇게 생산력과 노동력을 형성하기 위해서는 공장 안에서나 공장 밖에서 다양한 형태의 규율 기술들이 실행되어야 한다. 따라서 규율의 기술 없이는 자본주의적 생산양식 자체가 성립할 수 없으며, 자본주의적인 생산 자체가 이루어질 수 없는 것이다. 이런 의미에서 규율 권력은 자본주의 생산양식이 가능하기 위한 역사적 · 논리적 조건이라고 할 수 있다.[57]

둘째, 규율 권력은 자본주의 생산양식의 형성과 재생산의 조건이라는 기능적 목적으로 환원되지 않는다. 18세기 이후 자본주의가 형성되고 발전되기 위해서는 16세기부터 수도원과 교정 시설, 군대, 학교 등에서 개별적으로 전개되고 사회적으로 확산되어 있던 다양한 형태의 규율 기술이 일반화되어 자본주의적 생산 자체에 적용되어야 했다. 하지만 규율 권력 그 자체는 정의상 자본주의 생산 장치나 그것의 재생산을 계급적으로 관리하는 자본주의 국가장치에 종속되는 것도 아니고 그것과 동일한 수준에 놓여 있는 것도 아니다. 일반화된 규율의 기술은 국가기구나 제도의 아래쪽에서 작동하면서 개인들 자체를 제작하는 일을 수행한다. "규율은 개인을 '제조한다(fabrique).' 곧 그것은 개

---

57   하지만 비슷한 시기에 에티엔 발리바르 역시 알튀세르의 문제 설정에 입각하여 생산력과 생산관계, 착취와 잉여가치의 역사적 · 물질적 조건에 대해 엄밀한 연구를 수행했음을 간과할 수 없다. 이런 점에서 보면 푸코의 문제 제기는 독창적이기는 하지만 다소 일방적인 것이라 할 수 있다. 에티엔 발리바르, 「잉여가치와 사회계급」, 이해민 옮김, 『역사유물론 연구』, 푸른산, 1989 참조. 2017년 프랑스철학회 가을 학술 대회 발표 당시 이 점을 일깨워 준 최원 선생께 감사드린다.

인을 권력 행사의 객체와 도구로 간주하는 권력의 특정한 기술이다."[58] 이것이 뜻하는 바는 규율 권력이 수행하는 예속적 주체화의 쟁점은 자본주의 생산양식의 철폐나 국가권력의 장악 및 국가장치의 해체만으로는 해소되지 않는다는 것이다.

푸코에게서 규율 권력을 비롯한 권력의 문제란 "광기, 의학, 감옥 등등의 문제 속에서 작동하는 권력관계들과 권력의 메커니즘을 설명하는 문제"이며, 이는 "어떠한 이론 체계도 — 역사철학도, 일반적인 사회 이론 혹은 정치 이론에서도 — 다루지 못했던 문제"였다. 달리 말하면 마르크스주의를 비롯해 보편적인 해방의 정치를 내세우는 정치 및 이론이 외면하고 주변화했던 문제였으며, 푸코가 마르크스주의에 대해 크게 실망했던 이유 중 하나는 이런 문제들의 중요성을 전혀 이해하지 못했기 때문이었다.

4 비판적 고찰

1) 국가장치의 문제

이제 결론 삼아 푸코의 분석 및 문제 제기에 대해 몇 가지 비판적인 논평을 제시해 보고 싶다. 알튀세르의 국가장치 개념에 대해 푸코가 충분히 고려하지 못하는 점은, 왜 알튀세르가 국가장치라는 단일한 개념을 사용하지 않고 ARE와 AIE로 구분했는가 하는 점이다. 푸코는

---

58   미셸 푸코, 『감시와 처벌』, 269쪽. 번역은 약간 수정했으며, 강조는 인용자가 덧붙였다.

이런 질문을 제기하지 않고 국가장치라는 단일한 용어를 사용하면서 이 개념이 권력의 복수성을 제대로 사유하게 해 주지 못할뿐더러 제도나 국가장치의 수준보다 훨씬 더 심층적인 곳에서 작동하는 미시물리학적인 권력의 작동 방식을 이해하고 그것을 전화하거나 제거하는 데도 쓸모가 없다고 비판한다. 하지만 알튀세르가 ARE와 AIE를 구별한 핵심 이유는 푸코가 국가장치라는 개념을 비판하면서 제기하는 이유들과 상당 부분 일치한다.

앞에서 말했듯이 알튀세르는 자유주의적-부르주아적 관점에서 볼 때 '공적 영역'에 속하는 제도들로 구성된 ARE의 작동만으로는 자본주의 생산양식이 왜 자신을 재생산할 수 있는지, 부르주아 계급의 지배가 왜 굳건하게 관철되는지 설명하는 데 불충분하다고 보았다. 그것을 넘어서 정치권력의 작용이나 계급적인 지배와 무관하다고 여겨지는 이른바 '사적 영역'에서도 국가장치로 여겨지지 않는(또한 법적·제도적으로 속하지도 않는) 국가장치들을 통해 예속적 주체화의 권력이 관철되어야 계급적 지배는 (상대적으로) 공고히 유지가 될 수 있는 것이다. 이것을 설명하는 것이 바로 AIE 개념의 역할이다. 따라서 ARE와 AIE 구별의 첫 번째 논점은 푸코와 마찬가지로 권력의 본질은 법적인 금지나 허가 또는 부정이나 인정에 있지 않으며, 권력은 공적 영역과 사적 영역의 법적 구별을 가로질러 작동한다는 점이다.

두 번째 논점은, 따라서 권력은 사람들이 흔히 권력의 영역이라고 생각하는 국가 제도 내지 공적 영역을 넘어서 그것보다 심층적인 영역에서 미시적으로 작동한다는 점이다. 푸코는 이를 규율 권력이라고 불렀지만, 알튀세르는 그것을 AIE를 통해 작동하는 이데올로기라고 불렀다. 따라서 알튀세르는 권력의 문제 및 지배의 문제가 결코 국가의 차원, 곧 ARE의 차원에서 설명될 수 있다고 생각하지 않았다. 이는 실천적으로도 매우 중대한 문제인데, 왜냐하면 알튀세르가 보기에 AIE 및 그것을 기반으로 하는 이데올로기적 지배의 문제는 사회주의 혁명의 성패를 좌우하는 것이었기 때문이다. 알튀세르는 「이데올로기와 이데올로기 국가장치들」 논문 속에 포함되지는 않았지만 『재생산에 대하여』에 포함된 한 대목에서 레닌의 문제를 다음과 같이 요약한다.

> 그(레닌)의 끈질긴 본질적 고심은 무엇보다도 프롤레타리아 국가의 이데올로기적 국가장치에 관련되었다. …… 억압 장치를 파괴하는 것만으로는 충분치 않다. 이데올로기적 국가장치들 또한 파괴하고 대체해야 한다. 새로운 이데올로기적 국가장치들을 긴급히 정착시켜야 한다. 그렇지 않으면 레닌이 옳았듯이, 혁명의 미래 자체가 문제된다. 왜냐하면 옛 이데올로기 국가장치들……은 교체하는 데 지극히 오래 걸리고 힘들기 때문이다. …… 각각의 새로운 이데올로기 국가장치들 속에 새로운 혁명적 정책을 적용하기 위해, 요컨대 모든 소비에트 시민들의 활동과 의식 속에 새로운 국가 이데올로기인 프롤레타리아 이데올로기를 주입하기 위해 능력 있고 혁명적으로 충성스러운 조직원들을 양성해야 한다.[59]

알튀세르는 중국의 문화혁명에서 더 거대한 규모로 제기되는 정치적, 이론적 쟁점도 바로 레닌의 이 문제의식과 연결되어 있다고 보았다. "중국공산당은 중국에서 사회주의를 강화하고 발전시키기 위해, 그 장래를 공고히 하고 모든 퇴보의 위험에 맞서 사회주의를 지속 가

---

59 루이 알튀세르, 김웅권 옮김, 『재생산에 대하여』, 동문선, 2007, 152~153쪽.

능하게 보존하기 위해서는 정치적 혁명과 경제적 혁명에 대해 제3의 혁명, 곧 대중의 이데올로기적 혁명을 추가하는 것이 필요하다고 선언한다. 이러한 대중의 이데올로기적 혁명을 중국 공산당은 프롤레타리아 문화혁명이라고 부른다."[60] 이러한 문제 설정은 푸코가 규율 기술이 수행하는 예속적 주체화는 자본주의적 생산양식의 조건을 이루기 때문에, 프롤레타리아 계급이 국가권력을 장악한다고 해서 또는 사회주의 생산관계 및 소유관계를 확립한다고 해서 해결될 수 있는 문제가 아니라고 보았던 것과 일맥상통한다고 볼 수 있다. 다만 알튀세르는 푸코와 달리 국가권력의 민주주의적 통제, 생산관계 및 소유관계의 사회주의적 재편이 이데올로기적 예속화의 문제(푸코에게는 규율 권력의 문제)를 해결하는 데 충분하지는 않지만, 그것을 민주주의적으로 또한 변혁적으로 해결하기 위한 필요조건이라고 보는 셈이다.[61] 하지만 알튀세르의 고심은 이 문제를 "새로운 국가 이데올로기인 프롤레타리아 이데올로기"의 문제로 제기할 수밖에 없다는 점, 곧 본질적으로 예속적 주체화를 수행하는 이데올로기의 작용을 이번에는 모순적이게도 해방적 주체화를 위해 작동시켜야 한다는 점이었으며, 이러한 차이를 어떻게 개념화하고 실천할 수 있는가라는 점이었다.[62]

60   Louis Althusser, "Sur la révolution culturelle", op. cit., p. 6. 강조는 원문.

61   다른 식으로 말해 거시 권력과 미시 권력 사이에 기능적 환원 관계가 성립하지 않는다면, 미시적 규율 권력의 작용이 거시적 권력관계의 변화나 생산관계의 변화로 인해 소멸되지 않듯이 규율 권력에서의 변화나 개혁이 후자의 변화나 개조를 산출하는 것은 아니다.

62   더 자세한 논의는 진태원, 「과잉결정, 이데올로기, 마주침」, 앞의 책 참조.

2) 예속적 주체화의 문제

따라서 첫 번째 쟁점은 '예속적 주체화'의 문제와 직결되어 있다. 푸코는 한 대담에서 알튀세르와 라캉 그리고 푸코 자신은 '구조주의자'가 아니며, 만약 자신들을 구조주의자로 분류할 수 있다면, 그 핵심 논점은 데카르트 이래로 (또는 더 정확히 말하면 칸트 이래로) 근대 철학의 핵심 원리로 작용해 온 주체 개념, 곧 주권적 주체 내지 구성적 주체 개념을 문제 삼고 비판했다는 점이라고 지적한 바 있다.

> 알튀세르와 라캉 그리고 나 자신은 구조주의자가 아닙니다. 그렇지만 지난 15년간 '구조주의자'라고 불려 온 우리들 사이에는 공통적인 것이 하나 있기는 합니다. 이 핵심적인 수렴 지점이 무엇이었을까요? 그것은 데카르트로부터 우리 시대까지 프랑스 철학에서 결코 단념하지 않았던 위대하고 근본적인 기본 원리인 주체의 문제에 이의를 제기했다는 점입니다. …… 이러한 분석들 모두가 1960년대에는 어느 정도 '구조주의'라는 용어로 요약되었습니다. 그러나 엄격한 의미에서 구조주의 혹은 구조주의적 방법은 훨씬 더 근본적인 것, 즉 주체의 문제를 재평가하는 것에 대한 확인이자 그러한 문제 제기의 기반으로 작동했을 뿐입니다.[63]

이는 데리다도 한 대담에서 지적했던 점이고,[64] 앞에서 본 것처럼

---

63 미셸 푸코, 『푸코의 마르크스』, 60~61쪽.
64 "이 세 담론(라캉, 알튀세르, 푸코)과 그들이 특권화하는 사상가들(프로이트, 마르크스, 니체)에서 주체는 재해석되고 복원되고 재기입될 수 있으며, 분명 '일소되지'는 않습니다." Jacques Derrida, "Manger bien ou le calclu du sujet", in *Après le sujet qui vient: Cahiers confrontation*,

발리바르 역시 "철학적 구조주의"라는 이름으로 알튀세르와 라캉, 푸코를 묶으면서 동의했던 점이다.[65] 그런데 알튀세르가 이를 쇄신된 이데올로기 개념, 특히 호명 개념을 통해 해명하려고 했다면, 푸코는 이러한 예속적 주체화의 문제를 규율 권력의 문제로 사고하고자 했다. 푸코가 여러 차례 강조하다시피 규율 권력은 정신이나 관념, 표상에 작용하거나 그것을 동원하는 권력이 아니라 오로지 신체들에 대해 작용하는 권력이다. 더욱이 푸코가 규율 권력의 복수성과 국지성, 미시성을 강조하면서 염두에 둔 점은 규율 권력에 따라 이루어지는 예속적 주체화 작용이 국가(장치)를 통해서 작동하지도 않을뿐더러 국가(장치)나 계급 권력 또는 계급 지배 같은 마르크스주의적인 관점이 해명하려고 하는 예속적 주체화보다 훨씬 다양하면서 훨씬 심층적인 곳에 뿌리를 둔 예속화의 문제를 설명할 수 있다는 점이었다.

아마도 푸코가 보기에 알튀세르가 이데올로기적 국가장치 그리고 이데올로기적 호명 같은 개념을 통해 해명하려고 했던 예속화의 문제는 단면적일뿐더러 어떤 의미에서는 도착적인 것이었을 수 있다. 이것이 단면적인 이유는, 자본주의적인 계급 지배를 정당화하고 그것을 재생산하는 예속적 주체화에만 초점을 맞추고 있기 때문이다. 더욱이 이것이 도착적일 수도 있는 이유는, 알튀세르가 이데올로기적 호명 개념을

no. 20, 1989, p. 45.

65   이런 점에서 보면, 미국 학계의 현대 프랑스 철학 수용의 맥락에서 탄생한 '구조주의−후기 구조주의' 분류법이 우리나라에서 자명한 진리처럼 통용되는 것은 문제적이다. 이러한 분류법의 발생과 용법, 그 난점에 대한 검토는 독자적으로 다뤄 볼 만한 주제다. 포스트 담론의 국내 수용에 관해서는 진태원, 「'포스트' 담론의 유령들: '애도의 애도'를 위하여」, 고려대학교 민족문화연구원 편, 《민족문화연구》 제57호, 2012 참조.

통해 해명하려고 했던 예속적 주체화는 사실 계급 지배에 대한 종속이라는 점을 제외한다면 지극히 정상적인 주체들을 만들어 내는 작용으로 비칠 수도 있기 때문이다. 따라서 호명에 의한 예속적 주체화를 예속화의 핵심으로 이해한다면, 이것은 오히려 그것보다 심층적인 차원에서 또는 그 바깥에서 비가시적으로 진행되는 더 심각하고 근본적인 예속화를 배제하거나 몰인식하게 만드는 결과를 낳을 수도 있다. 반면 푸코는 규율 권력 개념을 통해 성적 예속화, 광인들의 정신의학적 예속화, 학생들의 규범적 예속화와 같이 계급 지배로 환원되지 않는 다양한 형태의 예속화 작용을 설명하려고 시도한다. 이러한 예속화는 경제적으로 기능적인 예속화를 넘어서 그러한 예속화에서 배제된 더 근원적인 예속화 작용들을 포함하고 있다.[66] 푸코는 규율 권력의 특징 중 하나를 "여백(marges)"이나 "잔여(résidus)"를 만들어 내는 데에서 찾는다. 곧 규율화된 군대의 출현 이후 비로소 탈영병이라는 존재가 생겼으며, 학교 규율이 "정신박약"을 출현시켰고, "비행자(非行者, délinquants)"를 만들어 내는 것은 경찰의 규율이다. 그리고 "정신병자(malade mental)"는 "잔여 중의 잔여, 모든 규율의 잔여이며, 한 사회에서 발견될 수 있는 학교, 군대, 경찰 등의 모든 규율에 동화 불가능한 자"[67]라고 할 수 있다.

하지만 알튀세르는 푸코의 규율 권력이 흥미롭고 독창적이기도 하되, 인간에게 고유한 상상적인 차원을 배제하는 경향이 있다고 느꼈을 것이다. 이는 푸코의 인간은 기본적으로 신체적인 인간이라는 것을 뜻

---

66   이 점에서 보면 푸코의 대표적인 콜레주드프랑스 강의록은 『비정상인들』이다.

67   Michel Foucault, *Pouvoir psychiatrique*, p. 56; 『정신의학의 권력』, 92쪽. 번역은 약간 수정.

한다. 푸코적인 개인은 정신이나 의식만이 아니라 욕망이나 상상, 사랑과 미움 같은 것을 지니고 있지 않은 존재자들이다. 『감시와 처벌』의 유명한 한 문장에서 말하듯 정신은 '신체의 감옥'에 불과한 것이다. 따라서 권력은 신체가 더 효율적이고 유능해지도록 규범에 따라 조련하고 길들이는 기술이지, 설득하거나 위협하고 가상을 부여하거나 욕망을 자극하는 작용을 하지 않는다. 하지만 스피노자주의자이자 프로이트주의자로서 알튀세르는 인간의 상상적인 차원을 배제하고서는 인간의 실존 및 행동 방식만이 아니라 정치적 지배의 작동 방식을 설명할 수 없다고 느꼈으며, 더 나아가 정치적 행위 자체가 불가능하다고 생각했다. 스피노자적인 의미에서 상상계로서의 이데올로기[68]는 개인들만이 아니라 계급을 비롯한 집단이 집단으로서 형성되고 행위하기 위한 근본 조건인 것이다.

더 나아가 마르크스주의자로서 알튀세르에게 푸코의 권력론의 맹점은 (계급) 권력의 비대칭성이라는 문제를 심각하게 사고하지 않는다는 점으로 비쳤을 것이다. 푸코는 권력을 소유 대상으로 간주하는 관점을 비판하면서 "권력은 결코 일정한 수의 사람들에 의해 일정한 관점에서 완전히 통제되지는 않는다."라고, "권력의 중심에는 전쟁 같은 관계가 존재"하며, 따라서 "권력은 전적으로 한쪽 편에 놓여 있지는 않다."라고 말한다. 나중에 푸코가 '경합(agon)'이라고 부른 관계, 곧 대등한 위치에 있는 행위자들 사이의 전략적 갈등 관계가 푸코가 권력 관계를 이해하는 기본적인 관점이었다. 하지만 이는 부르주아와 프롤레타리아가 존재론적으로 상이한 계급이라는 것을 망각하는 것이다. 두 계

68   진태원, 「스피노자와 알튀세르: 상상계와 이데올로기」, 앞의 책 참조.

급은 역사적 형성 과정 자체가 상이하며, 권력 관계에서도 불평등할뿐
더러 각자가 수행하는 계급투쟁의 목표와 방식도 상이하다. 곧 프롤레
타리아 계급은 새로운 지배계급이 되는 것을 추구하지 않을뿐더러, 계
급 관계 자체의 철폐를 존재의 근거로 삼는 계급인 셈이다. 그리고 이
러한 비대칭성을 상정하지 않고서는, 나중에 푸코 자신이 구별했다시
피 권력과 지배를 구별할 방법도 없으며 피지배자들, 예속적인 사람들
사이의 연대나 접합도 사고하기 어려울 것이다.

3) 잔여

그런데 아마 이러한 비판적 토론에는 몇 가지 잔여들이 남게 될 것
이다. 알튀세르가 자신의 이데올로기론에서 명시적으로 비정상적인
존재자들에 관해, 그들의 예속 및 배제 양식에 대해 분석한 적이 없다
고 해도, 알튀세르는『미래는 오래 지속된다』에서 바로 광인의 이름으
로 이를테면 호명될 권리에 대해 주장하지 않았는가? 그것도 푸코의 이
름으로.

> 범죄를 저질렀다고 기소되어 면소 판결의 혜택을 입지 않은 자는, 물
> 론 중죄재판소에 공개 출두해야 하는 힘든 시련을 겪어야 했다. 그러나
> …… (그는) 무엇보다도 자기 인생에 대해, 자기가 저지른 살인과 자신의
> 앞날에 대해, 자기 이름으로 그리고 직접 자기 자신이 공개적으로 자신을 스
> 스로 설명하고 해명할 수 있는 더할 나위 없이 소중한 권리와 특권을 갖
> 게 되는 것이다. …… 그런데 유감스럽게도 면소 판결의 혜택을 입은 살
> 인자의 경우는 그렇지가 않다. …… 바로 이런 이유 때문에, 그리고 지금

까지 각자가 나를 대신해 말할 수 있었고 또 사법적 소송 절차가 내게 모든 공개적인 해명을 금지했기 때문에, 여기에서 내가 공개적으로 나 자신을 해명하기로 작정한 것이다.[69]

나는 푸코가 '저자'라는 아주 근대적인 개념에 대해 비판을 하고 나서, 마치 내가 어두운 감방의 자리로 돌아간 것처럼 푸코 역시 감옥에 갇힌 자들을 위한 투쟁 활동 속으로 사라져 버린 것이 마음에 들었다. 나는 푸코의 깊은 겸허함을 좋아했다. …… 지극히 개인적인 이 책을 독자들 손에 맡기는 지금 역시, 역설적인 방법을 통하는 것이기는 하지만 익명성 속으로 결정적으로 들어가기 위한 것이다. 즉 이제는 면소 판결의 묘석 아래 머무는 것이 아니라 나에 대해 알 수 있는 모든 사실들을 출판함으로써 말이다.[70]

다른 한편으로 푸코의 권력론에 상상적인 것이 존재하지 않는다고 해도, 푸코는 상상적인 것에 준거하지 않고서도 가능성 내지 잠재성의 차원을 권력 개념에 도입한 것은 아닌가? 푸코는 「주체와 권력」(1982)에서 권력을 "행위에 대한 행위(action sur action)"로, "가능한 행위들에 대한 행위들의 집합"[71]으로 재정의함으로써, 권력관계를 어떤 피동적

69   루이 알튀세르, 권은미 옮김, 『미래는 오래 지속된다』, 이매진, 2008, 52쪽. 강조는 알튀세르.

70   같은 책, 278~279쪽. 강조는 알튀세르. 이 문제에 관한 더 상세한 논의는 『미래는 오래 지속된다』 한국어판 서문으로 작성된 진태원, 「이것은 하나의 자서전인가」를 참조하라.

71   Michel Foucault, "Pouvoir et le sujet", in *Dits et Écrits*, vol. II, "Quarto", pp. 1055~56. 강조는 푸코.

인 사물을 대상으로 하는 도구적 기술 관계와 구별되는 일정한 능동성 또는 행위 능력을 지니고 있는 행위자들 사이의 관계로 규정할 수 있게 되었다. 이로부터 권력과 지배를 개념적으로 구별할 수 있는 여지가 존재하게 되는데, 이에 따르면 권력은 "자유들 사이의 전략적 게임"[72] 을 의미하게 되며, 지배는 관계의 두 항 사이에 존재하는 비가역적이고 불평등한 상태를 가리키게 된다. 아울러 푸코가 "완전히 다른 목표와 쟁점을 지닌 봉기와 혁명의 절차에서도 품행상의 봉기, 품행상의 반란 이라는 차원이 늘 존재했다는 것",[73] 곧 대항품행(contre-conduite)이 모든 봉기와 혁명의 조건이라는 것을 제시한 것도 바로 이러한 토대 위에 서였다.[74] 따라서 이러한 대차대조, 비판적 상호 토론은 여전히 계속 진행되어야 할 것이다.

72 Michel Foucault, "L'éthique du souci de soi comme pratique de la liberté", in *Dits et Écrits*, vol. II, "Quarto", p. 1547.
73 미셸 푸코, 오트르망(심세광·전혜리·조성은) 옮김, 『안전, 영토, 인구』, 난장, 2011, 314쪽.
74 푸코 권력론의 이러한 쟁점들에 대해서는 진태원, 「규율 권력, 통치, 주체화: 미셸 푸코와 에로스의 문제」, 《가톨릭철학》 제29호, 2017 참조.

8장

저항이 가능한 장소
상이한 바깥의 위상학들

최원

1   들어가며

　전기 『미셸 푸코: 1926~1984』의 저자인 디디에 에리봉에 따르면, 1962년 이래 시작되었고, 서로의 책이 나올 때마다 저널 등에 해설문을 써서 상대방에 대한 찬양을 아끼지 않던 들뢰즈와 푸코 사이의 지적 우정은 1977년에 갑자기 중단되었다.[1] 비록 푸코가 죽기 직전 들뢰즈와 결별한 것에 대해 후회의 말을 남겼고, 또 들뢰즈가 1986년에 『푸코』라는 책을 출판함으로써 일종의 이론적 애도를 수행한 것은 사실이지만, 살아 있는 동안 둘 사이에는 어떤 만남도 없었다.[2]

---

[1]　에리봉(2014), 432~443쪽. 이하 소개되는 전기적 사실에 대한 설명은 모두 여기에서 발췌한 것이다.

[2]　Gillles Deleuze, *Foucault*, Paris: Les Éditions de Minuit, 1986/2004. 국역: 질 들뢰즈, 허경 옮김, 『푸코』, 그린비, 2019. 이 글에서는 영역본(Deleuze(1988))에 준거하고 프랑스어본을 참고

결별의 직접적 계기는 프랑스에 망명을 요청한 클라우스 크로이 산트를 독일에 범인 인도(extradition)를 하기로 한 프랑스 정부의 결정에 대한 반대 투쟁 속에서 생겨났다. 크로이산트는 바더마인호프라는 이름으로 알려진 독일의 좌익 적군파 테러 조직의 지도자 안드레아스 바더의 변호사였는데, 바더는 베트남전의 대량 학살을 방조하는 사람들의 무관심에 항의하기 위해 프랑크푸르트의 백화점을 폭파하고 스위스로 도망쳤다가 다시 독일로 잠입해 은행을 강탈하고 건물을 폭파하는 테러를 범한 후 독일 경찰에 의해 체포된 상태였다. 하지만 변호를 맡은 크로이산트 또한 피고인에게 물질적 도움을 주어 변호사법을 위반했다는 혐의로 수배되어 프랑스로 도망쳤으며, 본국 송환 시 독일에서 유죄판결을 받을 위기에 처해 있었다. 들뢰즈와 푸코는 모두 크로이산트의 범인 인도에 반대하는 시위에 적극 가담했다. 푸코는 심지어 크로이산트가 추방되기 위해 감옥에서 끌려 나온 날 그 앞에서 상징적 바리케이드를 치고 싸우다 늑골이 부러지는 심각한 부상까지 입었다.

그러나 들뢰즈와 푸코 사이에는 분명한 입장 차가 존재했으며, 둘은 서로 다른 청원서에 서명을 함으로써 그 차이를 드러냈다. 푸코는 변호사였던 크로이산트를 지지했고 그의 고객인 바더가 변호를 받을 법률적 권리는 지지했지만, 바더의 테러 행위까지 지지할 생각은 전혀 없었다. 반면 들뢰즈는 (과타리와 함께) 서독을 경찰 독재국가로 비난하는 청원서에 서명을 함으로써 사실상 바더의 테러 행위까지 정당화하는 입장을 취했던 것이다. 클로드 모리아크가 1984년에 쓴 일기에 따르면 푸코는 들뢰즈에 대해 이렇게 말했다고 한다. "우린 서로 만나지

했으며, 인용 시엔 본문의 괄호 안에 F라고 적고 영역본의 페이지를 밝힐 것이다.

않은 지 오래됐어. …… 클라우스 크로이산트 이후부터지. 나는 테러리즘과 유혈을 받아들일 수 없었고, 바더와 그 도당을 인정할 수가 없었어……."[3]

비록 에리봉은 들뢰즈와 푸코의 이런 입장 차를 충분히 이론적으로 추적해 들어가고 있지는 않지만, 우리는 만일 그것이 단순히 크로이산트-바더 케이스에 한정된 부분적인 입장 차였다면 양자가 그 오랜 우정을 깰 필요까진 없었을 것이라고 추정해 볼 수 있다. 따라서 결별로까지 이어진 그 입장 차가 정치적인 차이일뿐더러 이론적·철학적인 차이는 아닌가 자문해 볼 필요가 있다. 이 글은 들뢰즈와 푸코를 접근시키거나 또는 쟁점이 있다 해도 얼마간 양립 가능한 관계로 만드는 데 주력하기보다는 오히려 둘 사이를 벌려 놓으려고 시도할 것이다. 그러면서 그들을 각각 다른 (어찌 보면 의외의) 철학자들과 함께 묶어 보며 적어도 세 가지 상이한 바깥의 위상학(topologies of the outside)이 있음을 확인하고 이들 간의 차이를 소묘해 보고자 한다.

주요한 검토 대상이 되는 들뢰즈의 텍스트는 둘이다. 하나는 이미 언급한 『푸코』인데, 이 책은 1986년에 출판되었지만 여기에 포함된 다섯 개의 장(여기에 부록이 추가된다.) 가운데 제1장 "새로운 고문서학자"는 『지식의 고고학』에 대한 해설로 1970년 《크리티크(Critique)》에 발표되었고, 제2장 "새로운 지도제작자"는 『감시와 처벌』에 대한 해설로 1975년 마찬가지로 《크리티크》에 "작가가 아니라 새로운 지도제작자"라는 제목으로 발표되었다. 나머지 세 장 및 부록은 단행본 출판을 위

---

3 클로드 모리아크, 『모리아크와 아들: 움직이지 않는 시간 9』, 388쪽(에리봉(2014), 438쪽에서 재인용).

해 새로 쓴 것들이다. 검토해야 할 두 번째 텍스트는 문제의 1977년에 들뢰즈가 푸코에게 보낸 서신인데, 「욕망과 쾌락」이라는 제목이 붙어 있는 이 글은 푸코에 대한 자신의 의문 내지 이견을 뚜렷하게 피력한 글이다.[4]

그러므로 시간적인 순서로 보자면 『푸코』의 첫 두 장은 들뢰즈가 아직 푸코에게 매우 우호적일 때 썼고, 1977년의 서신에서 제기한 의문을 전제로 해서 또는 그 의문을 얼마간 푸코 안에서 해결하기 위해서 그 책의 나머지 부분을 썼다고 볼 수 있다. 실제로 마지막 장인 제5장의 도입부에서 들뢰즈는 "아마도 푸코는 그 책[『성의 역사: 지식의 의지』]에 대해 약간 불편하게 느꼈던 것 같다: 권력관계라는 개념에 갇힌 것은 아닐까?"라고 적고 있는데(F, 94), 이는 마치 푸코가 스스로에 대해 가졌던 불편함처럼 기술되고 있지만 사실은 1977년 서신에서 들뢰즈 본인이 가졌던 의문을 "자유간접화법"[5]의 방식으로 표현한 것이라고 보는 것이 더 적절할 것이다. 우리는 이런 순서를 염두에 두고 들뢰즈를 읽어 볼 필요가 있다.

---

4   Deleuze(2016), pp. 223~231. 이 텍스트에서 인용 시 본문의 괄호 안에 DP라고 적고 페이지를 밝히겠다.

5   들뢰즈는 다른 철학자들을 논하면서 그들의 주장 안에 자신의 주장을 기입하기 위해, 직접화법과 간접화법 사이에 있는 애매한 자유간접화법을 즐겨 활용했다. 들뢰즈는 철학사에 대한 이런 자신의 방법을 "비역질"이라고 표현하기까지 했는데(들뢰즈(1993), 20쪽), 자유간접화법에 대한 설명은 바디우(2011), 56쪽 이하 및 고쿠분(2015), 23쪽 이하를 참조하라.(물론 바디우의 평가는 다소 부정적이고 고쿠분의 것은 긍정적이다.)

2 들뢰즈의 위상학적 독해: 『푸코』

먼저 『푸코』의 첫 두 장에서 들뢰즈는 『지식의 고고학』(1969)과 『감시와 처벌』(1975) 사이에서 일어난 푸코 사유의 전환, 그러니까 통상적으로 고고학에서 계보학으로의 이행이라고 불리는 사유의 전환을 "문서고에서 다이어그램으로"의 문제 설정의 변화라고 파악한다. 들뢰즈에 따르면 고고학은 무엇보다 언표의 분석, 더 나아가 언표로 이루어진 담론 구성체(discursive formations)의 분석을 목표로 하는바, 그것이 담론 외부에 있는 "말"이 아닌 "사물"의 영역(특히 제도들의 영역)을 부인하는 것은 아니지만 그 영역에 대한 분석을 축소하거나 생략하는 경향이 있다. 언표는 항상적인 유동성 속에 있고 그 경계가 투과적이며 불분명하지만 여전히 특정한 규칙성을 지니고 있는 (들뢰즈적 의미에서의) 다양체(multiplicities)로, 그 안에 3중의 관계(또는 공간)를 포함하고 있다. 다른 언표들과의 관계(부수적 공간(collateral space)), 언표의 주체, 대상, 개념과의 관계(상관적 공간(correlative space)), 마지막으로 언표의 외부에 있는 사물과의 관계(보완적 공간(complementary space))(F, 4~12). 그런데 『지식의 고고학』이 유난히 담론 구성체의 외부에 대해서만큼은 그것이 무엇인지 긍정적으로 규정하려고 하지 않고, 단지 "비담론 구성체(non-discursive formations)"라는 부정적 용어를 써서 지시하는 데에 그치고 있는 것은 들뢰즈에 따르면 언표를 중심 분석 대상으로 삼는 고고학의 한계에서 비롯된다.(F, 31)

그러나 『감시와 처벌』에 이르게 되면 사정이 바뀐다. 오히려 이 비담론 구성체가 전면에 등장하면서 긍정적인 방식으로 명명되는 것이다. 그것의 이름이 무엇인가? 바로 '가시성(visibility)'이다. 그것은 무엇보다도 보이는 것과 보이지 않는 것, 투명한 것과 불투명한 것의 조직화로서의 감옥의 파놉티콘(일망감시법)적 구조가 만들어 내는 가시성이지만, 이 가시성의 원리는 감옥뿐 아니라 학교, 병원, 군대, 공장 등에서 동시에 발견되는, 사회 전체에 광범위하게 퍼져 있는 미시 규율권력의 근본 메커니즘을 이룬다.[6]

　이렇게 해서 이제 푸코에게 지식(물론 권력과 긴밀하게 연결되어 있는 것으로서의 지식)은 명확히 구분되는 두 가지 층위를 갖게 된다. 한편에는 언어-존재(language-being), 가어적인 것(the articulable)의 체계, 즉 들뢰즈가 "표현의 형식(form of expression)"이라 부르는 것이 있다면, 다른 한편에는 빛-존재(light-being), 가시적인 것(the visible)의 체계, 즉 그가 "내용의 형식(form of content)"이라 부르는 것이 있게 된다.[7] 여기에서 중요한 것은 이 두 형식이 서로를 전제하면서 함께 지식이라는 "지층(strata)"을 구성하지만, 이 양자 사이에는 "어떤 공통의 형식도, [하나의 다른 하나에 대한] 순응(conformity)도, 심지어 상호 조응조차도 없다"(F, 33)는 것이다. 따라서 이 두 형식은 "이접(disjunction)"의 관계, 또는 "비관계(non-relation)"의 관계만을 가질 뿐이다.(F, 62, 64)

　일본의 들뢰즈 연구자인 고쿠분 고이치로가 잘 보여 주었듯이[8] 실

6　들뢰즈는 이런 가시성에 대한 관심이 처음부터 푸코에게 있었다는 점을 강조한다. 예컨대 『말과 사물』의 서문에 제시된 벨라스케스의 그림, 「시녀들」에 대한 분석, 심지어는 그 이전에 의학적 응시를 분석한 『임상의학의 탄생』 등을 참조할 수 있다.(F, 32, 57)

7　나는 이 글에서 'form'을 '형식'으로 일관되게 옮길 테지만 거기에는 형태 및 형상의 의미가 포함되어 있음을 밝혀 둔다. 들뢰즈가 여기에서 1975년에 발전시킨 '표현의 형식'과 '내용의 형식'이라는 구분은 1980년에 출판된 『천 개의 고원』에 실린 "도덕의 지질학(지구는 자신을 누구라고 생각하는가?)"의 논의로 발전된다. 들뢰즈·과타리(2003), 특히 92~93쪽을 보라.

8　고쿠분(2015), 190~197쪽.

제로『감시와 처벌』에서 푸코는 제1부에서 군주의 주권권력이 활용하는 잔혹한 공개 처형이라는 수단(도입부에 신랄하게 묘사되는 1757년의 다미앙의 처형이 대표적 사례다.)에 대해 논한 후 제2부에서는 인도주의적 관점이 아닌 경제성의 관점에서 이 공개 처형의 비효율성을 비판하며 발전하기 시작하는 18세기 형법 개혁학자들의 담론을 추적하는데, 그러다 갑자기, 그러나 매우 천재적인 방식으로 수수께끼 같은 다음의 역사적 사실에 주목한다. 18세기 형법 개혁학자들이 경제적 관점에서 제시했던 대안적 형벌(무기 노예형, 범죄 종류에 정확히 상응하는 갖가지 징벌의 종류 따위)은 실제로 제도화되지 못한 반면, 오히려 이들이 비난했던 감옥에의 감금형이 19세기부터 사형과 벌금형 사이의 광범위한 영역을 거의 독차지하는 "징벌의 본질적 형태"가 되었다는 점 말이다.[9] 이는 들뢰즈 식으로 바꿔 말하자면 근대 형법이라는 담론 구성체(표현의 형식)와 감옥이라는 비담론 구성체(내용의 형식)는 상이한 역사적 기원을 가질 뿐 아니라 서로 환원 불가능한 독자적 경로를 따라 발전했다는 말이 된다.

이어지는 제3부에서 푸코는 감옥의 파놉티콘적 구조를 가시성의 장의 문제로 분석하면서 그러한 구조가 어떻게 학교, 병원 등 사회 전체에 퍼져 있는지를 보여 주고, 제4부는 '비행자(delinquents)' 또는 '비행성(delinquency)'이라는 새로운 인식소를 매개로 한 형법 담론 구성체와 감옥 비담론 구성체의 상호 침투를 분석한다. 그런데 들뢰즈에 따르면, 문제는 이 상호 침투다. 상호 침투가 있다는 것은 이 두 형식이 서로 이접적인 비관계의 관계만을 갖는다고 할지라도 여전히 서로 영

---

9   푸코(2003), 185쪽.

향을 주고받는다는 말이기 때문이다. 들뢰즈는 이를 다음과 같이 묘사한다. "그 두 형식은 지속적으로 접촉하고, 서로에게 침투하고, 각각 서로에게서 선분 하나씩을 뽑아 온다. 형법은 여전히 감옥으로 향하고 수감자들을 제공하는 반면, 감옥은 지속적으로 비행성을 재생산하고, 그것을 하나의 '대상'으로 만들어, 형법이 다른 방식으로 구상했던 목표들(사회의 방어, 범죄자의 도덕적 교화, 유죄판결에 일어난 변화 및 분화)을 실현해 준다."(F, 33) 곧 두 형식을 모두 아우르는 공통의 형식은 없지만, 여전히 두 형식의 "마주침" 속에서 일어나는 양자의 "상호 침투(interpenetration)" 또는 "상호 적응(coadaptation)"이 있는 한에서 그것을 설명할 필요가 생겨난다.(F, 33, 39)

이 설명을 위해 들뢰즈는 푸코가 자신의 텍스트에서 단 두 차례밖에 사용하지 않은 "다이어그램(diagram)"이라는 용어에 주목한다. 들뢰즈는 푸코가 때로는 감옥의 파놉티콘을 광학적인 배치로 특정해서 논하기도 하지만, 때로는 그것을 가시적 질료들에만 국한되지 않는 적용 범위를 갖는 일종의 기계로 추상화해서 말하기도 한다는 점에 착안해 "따라서 파놉티콘의 추상적 공식은 더 이상 '[자신은] 보이지 않으면서 보는 것'이 아니라 하나의 특수한 인간 다양체에게 특수한 품행을 강제하는 것"이 된다고 말한다.(F, 33~34, 강조는 들뢰즈) 이 추상적 기계는 "공간 내 분배, 시간 내 배열 및 계열화, 시공간 내 합성 등"을 행하면서 언제나 "형식 없고 조직되지 않은 질료와 형식화되지 않고 완성되지 않은 기능들"을 다루는데, 들뢰즈에 따르면 이 "비형식적 차원(informal dimension)"을 푸코는 바로 다이어그램이라고 불렀다는 것이다.

그런데 바로 이 대목에서 들뢰즈는 푸코의 말을 다음과 같이 다소 편의적이고 생략적인 방식으로 인용하면서 다이어그램을 정의한다.

"그것은 다이어그램, 즉 '장애물이나 마찰로부터 추상된 기능 …… 그리고 모든 특정한 용도에서 분리되어야만 하는 기능'이다."(F, 34) 그렇지만 여기에서 우리는 푸코를 좀 더 온전히 인용해 볼 필요가 있는데, 왜냐하면 사실 푸코의 본래 문장들 안에는 들뢰즈의 해석에 저항하는 요소들이 넘쳐 나기 때문이다. 푸코는 이렇게 말한다.

> 그러나 그 〔파놉티콘〕 시설이 몽상적 건물로 이해되어서는 안 된다. 그것은 이상적 형식(form)으로 환원된 권력 메커니즘의 다이어그램이고, 장애물, 저항, 마찰로부터 추상된 그 기능이야말로 순수한 건축적이고 시각적인 체계로 표상될 수 있다. 사실 그것은 모든 특정한 용도에서 분리될 수 있고, 분리되어야만 하는 정치 기술의 형식인 것이다.[10]

여기에서 푸코는 다이어그램을 비형식적인 것이 아닌 '형식'으로 부르고 있을 뿐 아니라, 그것이 순수한 건축적이고 시각적인 체계로 표상될 수 있다고 말한다. 파놉티콘의 다이어그램이 특정한 용도로부터 분리될 수 있다는 말은 문맥상 그것이 시각성 또는 가시성 자체로부터 분리될 수 있다는 뜻이라고 보기 힘들다. 들뢰즈는 다이어그램을 "비형식적 차원"의 이름으로 만들고, 더 나아가 "추상적 기계는 비형식적인 다이어그램이다"(F, 39)라고 잘라 말하고 있는데, 이는 푸코의 본래 주장과는 동떨어진 것이다. 이런 차이는 사소한 문제가 아니다. 우리는 이 지점으로 다시 돌아올 것이다.

하지만 우선 들뢰즈의 논의를 좀 더 따라가 보자. 그에 따르면 다

10 　푸코(2003), 318쪽(번역은 수정, 강조는 인용자).

이어그램은 "미시물리적, 전략적, 다중적, 분산적"이고, "국지화될 수 없는 일차적 관계들에 의해 진행하며 매 순간에 매 지점을 통과하는 힘 간의 관계들의 지도, 목적지 또는 강렬도의 지도"이기 때문에 "어떤 초월적 이념이나 이데올로기적 상부구조와도 상관 없"는 것이지만, 그럼에도 다이어그램은 "사회적 장 전체와 외연이 같은, 비통일적인 내재적 원인으로서 작용한다."(F, 36~37) 다시 말해서 이 권력의 다이어그램은 지식의 두 층위(말과 사물, 언어와 빛, 가어적인 것과 가시적인 것, 표현의 형식과 내용의 형식)를 하나로 통일시키지는 않지만 그것들에 대한 "이접적 종합(disjunctive synthesis)"을 수행하는 것, 즉 스스로가 "지속적으로 발산하는 경로들을 취하고 이원론들로 분열하며 차이화의 선들을 따라감으로써만" 힘들의 차이에 대한 종합을 수행하는 것이다.(F, 37)

결국 다이어그램이라는 것이 점들을 잇는 선으로 이루어진 도해를 의미한다면, 다이어그램이란 말과 사물, 언표와 가시성이라는 두 층위가 서로 마주치는 점들을 잇는 양자 간의 경계선이라고 볼 수 있다. 이 경계선은 두 층위를 분리하면서도 또한 접합한다. 제2장 "새로운 지도제작자"에는 이 점이 충분히 드러나 있지 않지만, 제3장과 제4장에서 다음과 같은 구절들은 우리에게 이 점을 명확하게 보여 준다. 먼저 제4장에 다음과 같은 구절이 있다.

다른 한편 권력은 다이어그램적이다. 그것은 비지층화된 질료와 기능들을 움직이게 만들고 매우 유연한 선분성과 함께 전개된다. 사실 그것은 형식들을 통과한다기보다는 특수한 점들을 통과하는데, 그 점들은 힘의 적용, 다른 힘들에 대한 어떤 힘의 작용이나 반작용, 즉 '항상 국지적이고 불안정한 권력의 상태'와 같은 어떤 정서(affect, 정동)를 표시한다. 이것이 다이어그램의 네 번째 정의로 인도한다. 그것은 특수한 성질들의 전달(transmission)이나 분배다.(F, 73, 강조는 들뢰즈)

이미 제3장에서 그는 또 이렇게 말했다.

그러나 우리가 말과 사물을 열어 내자마자, 언표와 가시성을 발견하자마자, 말과 시각은 선험적인 상위의 실천(exercise)으로 고양되고, 그렇게 해서 각각은 서로에게서 자신을 분리시키는 고유한 독자적 경계들에 도달하게 된다. 오직 보여질 수 있는 가시적 요소, 오직 말해질 수 있는 가어적 요소. 하지만 서로를 분리시키는 그 독자적 경계는 또한 서로를 연결시키는 공통의 경계다. 보지 못하는 말과 말하지 못하는 시각이라는 두 개의 불규칙한 면들을 갖는 경계 말이다.(F, 65, 강조는 인용자)

따라서 다이어그램은 지식의 두 층위, 말과 사물, 언어적 지식과 시각적 지식을 분리하면서 연결하는 경계의 도해다.

이로써 우리는 1986년에 들뢰즈가 쓴 나머지 세 장에 대한 논의에 이미 들어섰는데, 제3장은 제2장 말미에서 언급한 언표와 가시성 사이의 비관계를 풍부하게 설명하는 데에 상당 부분을 할애하고 있지만 이는 오히려 마지막에 가서 여전히 이 "비관계가 어떻게 하나의 관계"일 수 있는지를 묻기 위함이다.(F, 65) 그리고 이를 위해 검토하는 것이 바로 '우위(primacy)'라는 문제다. 들뢰즈에 따르면 푸코는 언표와 가시성이 각각 독자성(독자적 형식)을 가지며 서로에게 환원될 수 없다는 점을 강조했지만, 그럼에도 늘 전자가 후자에 대해 우위를 갖는다고 생각했다.

이렇게 생각할 수 있는 근거는 무엇일까? 들뢰즈는 푸코 안에서 가능한 답변들을 모색하면서, 궁극적으로 푸코의 사유를 칸트의 사유(또는 푸코 안에 있는 칸트주의)에 연결시킨다. 들뢰즈에 따르면, 칸트는 지성(understanding)과 직관(intuition)이라는 인식의 양극 간의 관계를 자발성(spontaneity)과 수용성(receptivity)의 관계, 결정하는 것과 결정되는 것 사이의 관계로 파악했지만, 여전히 결정되는 것(직관)은 결정하는 것(지성)의 형식으로는 환원될 수 없는 자신만의 고유한 형식, 즉 시간과 공간이라는 선험적 형식을 갖는다고 말한 바 있다. 따라서 들뢰즈에 따르면 서로 환원 불가능한 이 두 형식 사이의 관계를 이론화하기 위해서 "칸트는 그 두 형식을 넘어가는 세 번째 작용자(agency)를 내세워야만 했는데, 그것은 본질적으로 '신비'하고 진리(Truth)로서의 그 형식들의 상호 적응을 설명할 수 있는 것이어야 했다. 이 세 번째 작인이 바로 상상의 도식(schema)이었다."(F, 68, 강조는 들뢰즈)[11]

---

11   그렇지만 칸트에 대한 들뢰즈의 이런 설명은 불충분한 것으로 보이는데, 왜냐하면 이 설명은 칸트가『순수 이성 비판』을 집필할 때 처음부터 '상상의 도식'이라는 개념을 가지고 있었음에도 불구하고 왜 첫 번째 판본(A판) 이후 두 번째 판본(B판)을 쓸 수밖에 없었는지를 설명하지 못하기 때문이다. 거기에서 정확히 쟁점은 직관에서 출발하여 지성을 설명할 것인가(A판), 아니면 지성에서 출발하여 직관을 설명할 것인가(B판)인 만큼 들뢰즈가 말하는 '우위'의 문제와 직접 연관된다고 볼 수 있지만, 상상의 도식이라는 세 번째 작인의 존재만으로 이 쟁점은 해결될 수 없다. 사실 이 문제는 현대 철학사의 거대한 쟁점으로, 1929년 다보스(Davos) 철학 대회에서 발발한 하이데거와 카시러 사이의 논쟁에서 유래하는 대논쟁, 즉 대륙철학과 분석철학의 논쟁을 야기했다. 정확히 이 논쟁의 핵심에는 A판과 B판 중 어떤 것을 옹호할 것인가라는 질문이 놓여 있다. 이 논쟁과 그 결과들에 대해서는 Cutrofello(2005)를 참조하라. 커트로펠로에 따르면, 사실 하이데거의 입장은 직관과 지성(개념)보다 오히려 상상이야말로 기원적이며 직관과 개념은 상상으로부터 파생된 결과들이라는 것이지만 하이데거에게 상상은 여전히 수용성을 근본 성격으로 갖는다. 들뢰즈에게서 권력의 다이어그램이 지식(그 두 형식 간의 우위 관계가 무엇이든 간에)에 대해 궁극적 우위를 갖는다는 점을 고려할 때, 들뢰즈는 하이데거에 상당히 가깝지만, 오히려 우리는 이 글의 마지막에 들뢰즈를 또 다른 철학자에 접근시킬 것이다.

들뢰즈는 푸코의 경우도 마찬가지라고 말한다. 언표(결정하는 것, 자발성)와 가시성(결정되는 것, 수용성)의 상호 적응을 설명하기 위해서는 푸코도 "세 번째 작인" 또는 "세 번째 비형식적 차원"이 필요하다는 것이다. 들뢰즈는 이것이 무엇인지를 "전략들 또는 비지층화된 것: 바깥의 사유(권력)"라는 제목을 갖고 있는 제4장에서 논하는데, 그것은 바로 권력의 다이어그램이다. 칸트에게 상상의 도식이 있다면 푸코에게는 권력의 다이어그램(도해)이 있는 것이다.

들뢰즈에 따르면 지식이 두 형식의 상호 적응을 통해 생산된, 단단한 선분성을 갖는 지층(strata)이라면 권력은 비지층화된 것으로서 유연한 전략(strategies)이다.(F, 73) "힘들(forces) 사이의 관계"로 정의되는 권력은 형식이 아니라 하나의 힘이 다른 하나의 힘을 변용(affect)하기 위한, 그렇게 함으로써 어떤 정서(affect)의 효과를 생산하기 위한 유동적, 가변적, 미분적인 전략들로 이루어져 있다. 변용하는 힘과 변용되는 힘이라는 쌍 안에서만 작동하는 힘은 따라서 단독적이지 않고 늘 다른 힘들과의 관계 속에 있으며, 그러므로 "모든 힘은 이미 하나의 관계, 즉 권력"이다.(F, 70~72)

그런데 이렇게 권력은 지식과 "본성상의 차이 또는 이질성"을 갖기 때문에, 권력관계는 지식의 대상이 아니며(지식의 대상은 언표와 가시성이다.), 근본적으로 지식의 바깥에 놓여 있다. 우리가 현재 칸트와의 유비 속에서 진행하고 있다는 점을 상기한다면, 들뢰즈가 말하는 권력은 칸트의 본체(noumena)의 지위를 갖고 있다고 볼 수 있다. 들뢰즈는 이렇게 말한다.

권력관계들은 그러므로 알려지지(known) 않는다. 여기에서 다시 푸코는 얼마간 칸트를 닮아 있는데, 칸트에게 순수하게 실천적인 결정은 어떤 이론적 규정이나 인식(connaissance)으로도 환원 불가능하다. 푸코에게 모든 것이 실천적이라는 것은 맞다. 그러나 권력의 실천은 어떤 지식(savoir)의 실천으로도 환원 불가능한 것으로 남아 있다. 이 본성상의 차이를 표시하기 위해 푸코는 권력이 '미시물리학'에 준거한다고 말할 것이다. 하지만 우리는 '미시'가 가시적 형식과 가어적 형식의 단순한 축소를 의미한다고 여겨선 안 된다. 그것이 아니라, '미시'는 또 다른 영역, 관계의 새로운 유형, 지식으로 환원될 수 없는 사유(thought)의 차원을 의미한다. 그러므로 '미시'는 유동적이고(mobile) 국지화되지 않는 연결들이다.(F, 74, 강조는 인용자)

이 인용문에서 우리는 지식과 사유가 날카롭게 구분되고 있다는 것을 확인할 수 있다. 칸트에게서 물자체를 비롯한 본체(여기에서는 실천적 결정이 문제인 한에서 물자체보다는 영혼이 더 문제가 될 테지만)가 알려지지는 않지만 사유될 수 있는 것처럼, 푸코에게서 권력관계는 알려지지 않고 사유되는 것이다. 여기에서 들뢰즈는 푸코의 지식-권력의 위상학적 관계를 설명하기 위한 특권적 모델로 "바깥의 사유"라는 블랑쇼적 정식화를 채택한다. 지식의 바깥으로서의 권력관계는 알려지는 것이 아니라 사유될 수 있을 뿐이다. 사실 제2장 끝에서 이미 들뢰즈는 푸코에 대해 논평하며 '바깥'에 대해 블랑쇼가 한 말("감금은 어떤 바깥에 준거하고, 감금되는 것은 정확히 바깥이다.")을 잠시 언급한 바 있다.(F, 41) 하지만 그것이 전면에 등장하게 되는 것은 권력을 본격적으로 다루는 제4장에서이다.

그런데 여기에서 '바깥'이라는 것은 지식의 두 형식(언표와 가시성)

의 '경계'로서의 권력의 다이어그램이라고 부르는 것과 같은가? 그 다이어그램적 경계가 두 형식의 상호 외부성(exteriority)이 접합되는 '공통의 경계'를 가리킨다 할지라도, 그것이 어떻게 지식이라는 지층 자체의 바깥과 등치될 수 있을까? 들뢰즈는 사유하기는 바깥에 대한 것이지만 보기와 말하기 사이, 그 "간극(interstice)"에서 일어난다고 말한다. 들뢰즈는 바깥의 사유를 "블랑쇼와 갖는 푸코의 두 번째 접촉점"이자 "푸코의 항상적 테마"였다고 하면서 본질적으로 "사유는 바깥에 속한다."라고 말하지만, 동시에 "사유하기는 가시적 요소와 가어적 요소[의] …… 간격을 먹어 들어가 내적인 것을 강제하거나 자르는 바깥의 침입 하에 수행된다."라고 말한다.(F, 87, 강조는 인용자)

따라서 바깥의 사유, 바깥에 대한 사유는 더 근본적으로는 바깥으로부터의 사유(pensée *du* dehors)이다.[12] 사유는 바깥에 의해 강제되는 것인데, 이는 분명 푸코만큼이나 들뢰즈의 항상적 테마였다.[13] 어쨌든 들뢰즈에 따르면 사유는 지식이라는 지층 내의 두 형식 사이의 경계에서 바깥에 대해 일어나지만, 그것은 바깥 자체는 아니며 오히려 바깥의 침입(intrusion)에 의해 야기된 효과다. 그런데 지식의 두 형식 사이의 간극이란 무엇인가? 우리는 앞서 그것을 권력의 다이어그램이라고 말했다. 따라서 우리는 꽤 복잡한 일련의 구분들을 갖게 된다. 권력의 다이어그램은 지식의 두 형식이 서로에 대해 외부적인 한에서 둘 사이의

---

12   발리바르는 이런 번역상의 복잡성을 지적한 바 있다. Balibar, "Pensée du dehors? Foucault avec Blanchot", in Judith Revel(ed.), *Foucault(s)*, Paris: Édition de la sorbonne, 2017. 여기에서는 국역본에 준거한다. 발리바르(2019). 우리는 발리바르의 이 글을 뒤에서 다룰 것이다.

13   고쿠분은 이 점에서 들뢰즈를 수용성(receptivity)의 철학자 하이데거와 접근시킨다. 고쿠분(2015), 98쪽 이하를 참조하라.

경계선을 추적한다. 이 다이어그램은 바깥에 대한 사유에 속해 있지만, 그것은 여전히 바깥 그 자체, 즉 권력 그 자체는 아니다. 권력은 말하자면 바깥의 바깥, 절대적 바깥인 것이다.

하지만 푸코의 권력론을 왜 이런 식으로 읽어야 하는 것일까? 우리는 들뢰즈가 취하는 이런 행보의 의도를 다음의 구절들에서 투명하게 읽을 수 있다.

> 하나의 힘(force)이 다른 힘들을 변용시키거나 다른 힘들에 의해 변용되는 것은 여전히 바깥으로부터이다. 변용하거나 변용되는 권력(power)은 그 관계에 포함된 힘들에 의존하면서 가변적인 방식으로 수행된다. 힘 간의 관계들의 규정으로서의 다이어그램은 힘을 소진시키지 못하며, 힘은 또 다른 관계들과 합성들 안으로 진입할 수 있다. 다이어그램은 바깥으로부터 유래하지만 바깥은 그 어떤 다이어그램과도 통합되지 않고, 오히려 새로운 다이어그램들을 '그리기'를 계속한다. 이런 식으로 바깥은 항상 어떤 미래로의 열림이다. 아무것도 끝나지 않는데, 왜냐하면 아무것도 시작하지 않았기 때문이지만, 모든 것은 변형된다. 이런 의미에서 힘은 자신을 담아내는 다이어그램과 관련해서 잠재성을 보여 주거나 또는 스스로를 '저항'의 가능성으로 제시하는 세 번째 권력을 소유하고 있다.(F, 89, 강조는 인용자)

권력에는 변용하는 권력(규율권력, 생명권력 등)과 변용되는 권력(신체, 인구 등)만이 아니라 세 번째로 저항하는 권력이 있다. 들뢰즈가 바깥의 바깥, 절대적 바깥을 상정하는 것은 그것을 통해 저항을 설명하려고 하기 때문이다. 그런데 권력이라는 용어가 이 절대적 바깥을 지시하는 데에 적절할까? 위 인용문에 곧바로 이어지는 부분에서 들뢰즈는 "〔권력관계보다〕저항이 먼저 온다. 권력관계들이 완전히 다이어그램 안에서 작동하는 반면 저항들은 필연적으로 바깥(다이어그램은 이것으로부터 출현한다.)과의 직접적 관계 안에서 작동하는 한에서 그렇다. …… 바깥의 사유는 저항의 사유다."(F, 89~90, 강조는 들뢰즈)라고 말한다. 그렇다면 권력관계 바깥에 있는 저항, 심지어 권력관계 없는 저항이 있다고 할 수 있다. 이 권력관계 바깥 또는 이전에 항상 이미 존재하며 모든 도래하는 권력관계들에 저항하는 힘의 이름이 무엇인가? 그것은 (대문자) 생명이다. "바깥으로부터 오는 그 힘은, 그곳에서 푸코의 사유가 정점에 이르게 되는 생명(Life)이라는 어떤 관념, 어떤 생기론(vitalism)이 아닌가?"(F, 93)

3 바깥이라는 이단점

그렇지만 이것이 들뢰즈가 주장하듯이 푸코의 입장이었을까? 우리는 이제부터 이 점을 검토해 봐야 한다. 먼저 우리는 1977년에 들뢰즈가 쓴 서신, 「욕망과 쾌락」을 살펴보고 그 연장선상에서 『푸코』의 마지막 장의 문제의식을 파악해 볼 것이다. 그리고 나서 들뢰즈의 푸코 해석에 대해 문제제기를 하는 발리바르의 최근 논의를 실마리 삼아 푸코 자신의 고유한 입장이 무엇이었는지 생각해 보고, 마지막으로 바깥을 사유하는 이단적인 세 가지 위상학들이 있다는 점을 확인해 보고자 한다.

「욕망과 쾌락」에서 들뢰즈는 자신에게는 제기되지 않는 문제를 푸코는 맞닥뜨리게 되는 것 같다고 말하면서 그것은 바로 "권력 장치들

(dispositifs of power)에 맞선 '저항'"에 대해 푸코가 어떤 지위를 부여할 수 있는가 하는 질문이라고 말한다.(DP, 226) 들뢰즈는 이 질문에 대해 푸코가 줄 수 있는 몇몇 가능한 답변을 검토하면서 그것들이 자신에게는 모두 만족스럽지 못하다고 말한다. 들뢰즈에 따르면, 푸코가 겪는 이런 곤란은 그가 권력의 문제 설정을 극단적으로 추구했기 때문이다. 반대로 "권력에 대한 욕망의 우위"(DP, 225)라는 문제 설정 속에서 작업해 온 들뢰즈 자신은 저항을 설명할 때 특별한 곤란을 겪지 않는다고 말한다.

왜 그렇다는 것일까? 들뢰즈(와 과타리)에게 욕망은 결코 "자연적"이거나 "자발적"인 결정들이 아니라, 언제나 "욕망의 배치(agencement)", 즉 "이질적인 요소들의 배치"의 문제이며, 따라서 그런 욕망의 배치 안에는 미시적 권력 장치들이 그 일부로 포함되어 있지만, 또한 거기에는 그와 구분되는 상이한 요소들이 함께 배치되어 있기 때문이라는 것이다.(DP, 224~225) 욕망 안에는 권력 장치를 생산하고 움직이는 요소뿐 아니라 권력 장치로부터 "도주"하는 이질적 요소들이 함께 "공생(symbiosis)" 속에서 기능하고 있다.

권력 장치들은 재영토화가, 심지어 추상적인 재영토화가 야기되는 곳이라면 어디서든 출현할 것이다. 권력 장치들은 그렇다면 배치들의 한 구성 요소일 것이다. 그러나 배치들은 또한 탈영토화의 지점들로도 구성되어 있다. 요컨대 배치하는 것은 권력 장치들이 아니고 그것들은 구성적이지도 않을 것이다. 오히려 배치들의 차원 중 하나를 따라가는 권력 구성체를 통해 확산되는 것이 욕망의 배치들이다. 이것이 미셸에게는 〔제기할〕 필요 없지만 나에게는 필요한 질문, 즉 어떻게 권력이 욕망될 수 있는

가에 대해 내가 답할 수 있도록 허락해 주는 것이다.(DP, 225)

　왜 권력 장치들이 생겨나고 효과적으로 작동할 수 있는가? 들뢰즈에 따르면 욕망의 배치 안에는 재영토화의 운동이 있기 때문이다. 그렇다면 왜 권력 장치들에 맞선 저항이 일어나는가? 욕망의 배치 안에는 또한 탈영토화의 운동도 있기 때문이다. 권력도 저항도 욕망된다. 왜냐하면 욕망은 이질적인 것들의 배치이기 때문이다. 물론 일차적인 것은 탈영토화의 경향이다. "도주선들(lines of flight)이 일차적 규정들이기 때문에, 욕망이 사회적 장을 배치하기 때문에, 오히려 권력 장치들이야말로 이 배치들에 의해 생산되고, 또 부서지거나 봉쇄된다."(DP, 227) 앞서 살펴본 텍스트에서 들뢰즈가 말했듯이, "저항이 먼저 온다".[14]

　우리가 들뢰즈의 이런 주장을 받아들일 만한 것이라고 판단하든 그러지 않든 간에, 들뢰즈 자신에게는 여전히 설명해야 할 또 다른 질문이 남아 있었던 것 같다. 권력관계의 '바깥'은 왜 초월적(transcendental) 또는 오히려 초재적(transcendent)이지 않은가? 또한 이런 '바깥'이 저항의 원천이라고 해도 저항은 주체들에 의해 수행될 수밖에 없는 것이라면 그러한 예속(subjection)에 대립하는 주체화(subjectivation)라는 내부성의 생산은 어떻게 가능해지는가? 이는 들뢰즈가 칸트적 구도를 활용하면서 여기까지 자신의 논의를 전개해 온 만큼 늘 내재성을 고집하는 그에게 더욱더 적절한 질문들이 아닐 수 없다. 이 질문들에 대한 해법을 제출

14　버틀러는 들뢰즈처럼 저항의 원천을 권력 이전의 어떤 것(욕망 또는 성욕 따위)에서 찾는 것에 대한 발본적인 비판을 행했는데, 버틀러에 따르면 푸코도 이런 오류에서 완전히 자유롭진 못했으나 적어도 억압 가설 비판 등을 통해 그 오류에서 벗어나는 사유의 전형을 보여 주었다. 버틀러(2008)를 참조하라.

하는 것이 『푸코』의 마지막 장, 즉 "주름화, 또는 사유의 내부(주체화)"라는 제목의 제5장이다. 이 장에서 들뢰즈가 발전시키는 "주름(pli, fold)"이라는 개념은 예를 들면 주름치마에 있는 주름과 같이 천이나 종이 등을 접어 생겨나는 주름, 접힌 줄을 지시하는 것이다. 주름이라는 개념이 어떻게 바깥과 안(내부)의 외양상 이원성을 해소하고 존재의 일의성(univocity)이라는 들뢰즈적 테제를 유지하게 만들 수 있다는 것일까? 사실 이에 관한 가장 명쾌한 설명은 바디우에 의해 제시된 바 있다.

그러나 과연 무엇이 표면의 운동임과 동시에 경계의 도선이기도 한 것일까? 정확히 말해서 그것은 주름이다. 예를 들어 우리가 한 장의 종이를 접을 경우, 우리는 접힌 곳의 도선을 보게 된다. 그런데 이 도선이 나누어진 두 구역들의 공통된 경계를 이루고 있음은 분명하지만, 그렇다고 해서 이 도선이 마치 흼 위에 자리 잡은 검정처럼 그렇게 종이 위에 자리 잡은 도선은 결코 아니다. 왜냐하면 이때의 접힌 곳은 자신의 존재 안에서 볼 때 종이 자체의 운동에 해당하는 것을 순수한 바깥으로서의 종이 위에 경계로 제시하고 있기 때문이다.

따라서 직관의 가장 심오한 순간은 경계가 주름으로 사유되는 순간, 그리하여 외부성이 내부성 안으로 스스로를 뒤집는 순간이 된다. 더 이상 경계는 바깥에 영향을 주는 것이 아니다. 그것은 바깥의 한 주름이자, 바깥(또는 힘)의 자기-촉발(auto-affection)〔또는 자기-영향〕인 것이다.[15]

---

15   바디우(2011), 193쪽.(여기에서 '외부'라는 번역어는 이 글의 용어법과의 일관성을 위해 모두 '바깥'으로 수정했다.)

들뢰즈의 '주름'에 대한 바디우의 이런 설명은 핵심을 꿰뚫는 것이지만, 약간의 보정은 필요하다. 바디우에 따르면 들뢰즈의 주름 개념은 존재와 사유의 연속성(사유 안에서 여전히 유지되는 존재의 일의성)을 해명하기 위한 것이지만, 이는 완전히 정확하지는 않기 때문이다. 앞서 살펴봤듯이 들뢰즈에게 사유는 권력의 다이어그램과 동일한 것이고, 그가 주름을 통해 설명하려고 하는 것은 오히려 그런 권력의 다이어그램으로부터 벗어나는 저항적 주체들의 바깥으로부터의(그러나 여전히 내재적인) 생성이라는 역설이다. 그는 바깥의 바깥(힘, 생명)이 있다면 내부의 내부(저항적 주체성)도 있다고 말한다.

이는 내부(the inside)가 없다는 것을 뜻하는가? 푸코는 지속적으로 내부성에 대한 급진적 비판을 행했다. 그러나 바깥이 그 어떤 외적 세계보다도 더 멀리 있는 것처럼, 그 어떤 내적 세계보다도 더 깊은 곳에 놓여 있는 내부가 있을까? 바깥은 고정된 한계가 아니라 연동운동(paristaltic movements), 주름, 주름화에 의해 움직여지는 운동하는 질료인데, 이 운동들은 함께 내부를 구성한다. 그것들은 바깥과 다른 어떤 것이 아니라 정확히 바깥의 내부(the inside *of* the outside)다. 『말과 사물』은 다음과 같은 테마를 발전시켰다. 사유가 바깥으로부터 오며 바깥에 부착되어 있다면, 왜 바깥은, 사유가 사유하지 않고 사유할 수 없는 것으로서, 내부로 넘쳐 들어오지 않는가? 그러므로 비사유(unthought)는 사유에 대해 외적인 것이 아니라 사유의 바로 한복판에 놓여 있으며, 바깥을 이중화하거나 비워 내는 사유의 불가능성으로서 거기에 놓여 있다.(F, 97, 강조는 들뢰즈)

이런 사유 내 비사유로서의 저항에 주어져야 하는 이름이 욕망인가 쾌락인가라는 1977년의 질문은 1986년에 완전히 사라지지는 않지만 좀 더 부차적인 질문으로 자리를 옮기는 것 같다.(그것은 그리스적 모델인가 기독교적 모델인가라는 쟁점으로 전위된다.) 들뢰즈는 오히려 바깥-힘-생명이 어떻게 내부-저항-주체로 생성되는지를 주름이라는 개념을 통해 설명하는 데 심혈을 기울인다. 그리하여 우리는 여기에서 이른바 '바깥'을 사유하는 모델로서, 또는 바깥과 안의 관계를 사유하는 모델로서 주름의 위상학이 확립되는 것을 보게 된다.[16]

　비록 이런 주름에 대한 들뢰즈의 논의까지 접하지는 못했지만 푸코 자신은 위와 같은 권력 및 저항에 대한 들뢰즈의 접근 방식에 전혀 동의하지 않았던 것 같다. 「주체와 권력」(1982)이라는 글에서 푸코는 들뢰즈를 겨냥한 것이 분명한 코멘트를 남겼다. 푸코는 권력을 "적수들 간의 맞대결"이나 "상호 교전(mutual engagement)"이 아닌 "통치(government)", "전쟁 같은 것(warlike)도 법적인 것"도 아닌 "통치"의 문제라고 규정하면서, 따라서 권력과 자유는 통상적으로 믿어지는 것과는 달리 대립적, 배타적 관계("권력이 행사되는 모든 곳에서 자유는 사라진다."라는 식의 관계)를 맺지 않는다고 말한다. 푸코에 따르면, 자유는 오히려 권력 행사의 전제 조건이다.("권력은 자유로운 주체들에 대해서만, 주체들이 자유로운 한에서만 행사된다.") 그리고 이렇게 권력관계가 정의상 자유를 전제로 하는 것이기에, "권력의 결정적인 문제는 자발적 예속(어떻게 우리는 노예가 되려고 애쓰는가?)이 아니"라고 말하면서, 푸코는 "어떻게 권력이 욕망될 수 있는가"라는 들뢰즈·과타리의『안티 오이디푸

16　물론 들뢰즈가『푸코』에서 발전시킨 주름 개념은 2년 후 출판되는『주름: 라이프니츠와 바로크』(들뢰즈(2012))에서의 논의로 확장된다.

스』의 중심 질문 전체를 기각한다. 이런 푸코의 입장에서 보면 "자유가 예속을 거부하는 것"으로 여겨질 수 없다. 즉 저항을 권력관계의 단순한 거부, 권력관계와의 분리, 권력관계의 바깥으로 나가기로 볼 수 없다. 푸코는 정치는 전쟁 또는 적대(antagonism)가 아니라 경합(agonism)으로 파악되어야 한다고 말하는데, 우리는 여기에서 크로이산트-바더 케이스에서 불거져 나온 들뢰즈와의 쟁점이 정확히 문제가 되고 있음을 감지할 수 있다.[17]

물론 '바깥의 사유'라는 표현은 푸코 자신의 것으로 그것은 1966년에 그가 블랑쇼에 대해 쓴 에세이의 제목이다.[18] 발리바르에 따르면, 이 텍스트는 그 무렵에 푸코가 쓴 다른 두 텍스트인 『말과 사물』(1966)[19] 그리고 '헤테로토피아'라는 관념이 등장하는 『다른 공간들』(1967)[20]과 함께 일종의 성좌를 이루고 있다.[21] 그러나 발리바르는 푸코가 1970년대 초중반에 자신의 권력 이론을 발전시키면서(『감시와 처벌』, 『성의 역사: 지식의 의지』뿐 아니라 당시 콜레주드프랑스 강의에서 전개된 통치성에 대한 논의) 일종의 "자기비판"을 수행했으며 따라서 그의 "바깥의 사유"가 사라지는 것은 아니지만 그 양상은 크게 전위된다고 말한다. 푸코의 이런 자기비판을 확인할 수 있는 것은 그가 1976년에 《폴리티크 에브도(*Politique Hebdo*)》에서 베르네르와 가졌던 인터뷰다. 푸코는 이렇게 말한다.

---

17   Foucault, "The Subject and Power", in Foucault(2000b), pp. 343~344.

18   Foucault(1987), pp. 7~58.

19   푸코(2012).

20   Foucault, "Different Spaces", in Foucault(2000a), pp. 175~185.

21   발리바르(2019). 이하 발리바르의 논의는 모두 이 텍스트에서 온 것임을 밝힌다. 인터넷 문서이므로 페이지 정보는 없다.

성급하게 좌익주의적인, 격정적으로 반정신의학적 혹은 집요하게 역사적인 담론들은 이러한 〔광기라는(보충은 발리바르)〕 작열점〔foyer incandescent, 빛나는 중심〕에 접근하기 위한 불완전한 방식들에 불과합니다. …… 광기 혹은 비행이나 범죄가 절대적 외부성으로부터 우리에게 말을 건다고 믿는 것은 허상입니다. …… 여백은 하나의 신화입니다. 바깥의 말은 우리가 끊임없이 회귀하고 마는 그러한 몽상〔일 뿐〕입니다.[22]

여기에서 우리는 푸코가 '권력'이라는 개념을 통해 지시하는 것은 명확히 전근대적인 주권적 지배(domination)와 구분되는 근대의 권력(통치성)을 종별적 대상으로 삼는 것이라는 점을 분명히 할 필요가 있다.(반면 들뢰즈는 '권력의 다이어그램'이 상이한 역사적 모델들에 따라서이기는 하지만 근대뿐 아니라 전근대, 심지어 원시사회에 이르기까지 공히 적용되는 것이라고 말함으로써 푸코의 '권력' 개념을 초역사적인 것으로 확장한다.) 그런데 발리바르 및 그가 원용하는 카르상티에 따르면, 푸코가 말하는 근대적 권력관계는 다음과 같은 양 측면 사이의 "특정한 문턱"에 정확히 위치해

---

22   Foucault, "L'extension sociale de la norme", in *Dits et Écrits II. 1976~1988*, ed. Daniel Defert & François Ewald, Paris: Gallimard, 2001, p. 77(발리바르(2019)에서 재인용). 한편 이 인터뷰는 들뢰즈가 1977년 서신에서 언급하는 것이기도 한데, 거기서 들뢰즈는 이런 푸코의 입장에 대해 다음과 같이 답한다. "나는 스스로를 여백들로 간주하는 자들에 대한 미셸의 혐오(distaste)를 공유한다. 광기, 비행성, 도착, 마약의 낭만주의는 나에게 점점 더 참을 수 없는 것이다. 그러나 나에게 도주선들, 즉 욕망의 배치들은 여백들에 의해 창조되지 않는다. 반대로 도주선들은 사회를 가로지르는 객관적 선들이고, 잠금장치(buckle), 선회(whirl), 재코드화를 창출하기 위해 여백들은 그 선들 위 여기저기에 스스로를 장착한다."(DP, 227) 다른 한편 이 인터뷰에서의 푸코의 발언은 그가 데리다의 비판을 수용했다는 것을 보여 주는 것이다. 데리다의 푸코 비판은 데리다(2001), 53~103쪽을 보라. 푸코와 데리다의 논쟁에 대한 국내의 뛰어난 연구로는 이 책의 김은주의 글을 참조하라.

있다. 한편 권력관계는 더 이상 주권적 제약(constraint)을 통해서가 아니라 효과적인 조절(regulation)을 통해 통치함으로 행위들의 효율성을 극대화하는 방식으로 조직되며, 타자들의 이질적인 행위들 또는 품행들을 단순히 배제하는 것이 아니라 자신의 내재적 평면 위에 위치시키는 방식으로 저항들을 "흡수"하여 "권력적 장치의 원동력 그 자체"로 삼는다.[23] 다른 한편 푸코는 권력관계에 의해 훼손되지 않고 완전히 흡수되거나 인도될 수 없는 대항 품행이 늘 존재해 왔다고 하면서 사람들에게 그런 대항 품행을 상상하라는 촉구를 멈추지 않았다. 이는 "자유의 비타동성"이나 "갈등의 전략적 불확실성"으로 인해 권력과 저항의 게임에 어떤 한계들과 예상 불가능성이 생겨난다고 생각했기 때문이다. 발리바르는 바로 푸코가 말한 '헤테로토피아'야 말로 더 이상 권력의 "게임을 수행하지 않"는 대항 품행, 권력관계들 내에서 "소화 불가능하거나 회수 불가능한" 대항 품행이 전개되는 장소를 의미하지 않겠느냐고 묻는다. 결국 푸코가 '바깥의 사유'에 대한 자기비판 이후 여전히 말하게 되는 바깥이란 내부에 대립된 바깥이 아니라 내재적인 바깥 또는 자기 자신에게만 관련되거나 자기 자신에게만 대립되는 그런 바깥이라는 것이다.

발리바르는 푸코에 대한 들뢰즈의 독해를 평가하면서, 푸코에게서 적어도 어떤 시기(『담론의 질서』)부터 모든 관계는 '힘들의 관계'로 사고된다는 들뢰즈의 주장은 완전히 동의할 수 있다고 본다. 그러나 그는 이런 푸코의 관념이 '관계'의 사유를 '힘'(혹은 생명의 힘)의 사유하에 포섭

---

23   Bruno Karsenti, *D'une philosophie à l'autre. Les sciences sociales et la politique des modernes*, Paris: Gallimard, 2013, p. 154(발리바르(2019)에서 재인용).

하도록 이끈다는 들뢰즈의 주장은 논박되어야 한다고 주장한다. 그러면서 주름 또는 주름화에 대한 들뢰즈의 사유는 "외부성의 내부성으로의 지양, 변형, 위치 변화로서의 주체의 생성(또는 실체의 주체로의-생성)"을 개념화하는 것인 한에서 어떤 "외부성의 헤겔주의"(비록 그것이 유심론적인 것이 아니라 생기론적인 것이기는 하지만)로 귀결되고 있다고 비판한다. 앞에서 살펴봤듯이 분명 들뢰즈는 가시성으로부터, 그리고 지식의 두 형식으로부터 비형식적인 권력의 다이어그램을 분리하고, 다시 권력의 다이어그램으로부터 권력 그 자체를 분리하고, 그것을 마침내 생명-힘으로 만들어 권력관계의 바깥에 있는 저항의 원천으로 만든다. 이로써 그는 힘들의 관계로서의 권력관계라는 푸코의 관념 내에 있는 두 항 가운데 '관계'라는 항을 '힘들'이라는 항에 희생시키고 있다고 말할 수 있을 것이다. 이는 우리가 봤듯이 들뢰즈가 "모든 힘은 이미 하나의 관계, 즉 권력"(F, 70)이라고 앞서 말했다고 할지라도 마찬가지이다.[24]

　　그렇다면 들뢰즈의 주름의 위상학과는 전혀 다른 푸코의 위상학을 우리가 '헤테로토피아의 위상학'이라고 부를 수 있을까? 사실 발리바르에 따르면 푸코의 관점은 위상학적 관점이라기보다는 위상학에 동역학의 관점을 도입함으로써 그것을 과잉결정한 것이라고 볼 수 있다. 그러나 매우 특이한 이런 위상학을 잠정적으로 헤테로토피아의 위상학(또는 다른 공간들의 위상학)이라고 명명하는 것은 내가 보기에 가능

24　이렇게 모든 관계, 모든 형식/형상으로부터 분리된 순수 질료로서의 힘 또는 생명은 들뢰즈가 "기관 없는 신체"라고 부르는 것이다. "**질료**라고 불리는 것은 고른판 또는 '기관 없는 몸체'이다."(들뢰즈·과타리(2003), 92쪽, 강조는 들뢰즈 & 과타리) 모든 것의 시작이자 끝인, 그러나 그 자신은 시작하지도 끝나지도 않는 것으로서의 기관 없는 신체를 상정하는 들뢰즈는, 이런 표현이 허락된다면, '질료주의자'라고 할 수 있을 것이다.

할 것 같다. 그런데 이렇게 놓고 보면 우리는 푸코의 이런 특이한 위상학에서 어떤 낯선 익숙함(Unheimlichkeit)을 느끼게 된다. 왜냐하면 알튀세르 또한 지배 이데올로기와 피지배 또는 저항 이데올로기 간의 관계를 설명하기 위해서, 지배 이데올로기는 이데올로기적 국가장치들에 흡수되는 이질적인 요소들(지배자들뿐 아니라 피지배자들의 상상들로서의 외부적 이데올로기들, 외부적 실천 활동들 따위)을 얼마간 자기 안에서 통합하는 데에 성공하는 한에서만 스스로를 지배적인 것으로 확립할 수 있게 된다고 말하면서도, 동시에 바로 그 외래적 요소들의 이질성으로 말미암아 국가장치들이 오작동하는 일이 일어날 수 있으며 그리하여 2차적 이데올로기(피지배 또는 저항 이데올로기)를 생산할 수 있다고 말했기 때문이다.[25] 물론 푸코는 자신의 권력 이론을 가공하는 과정에서 끊임없이 알튀세르를 의식하고 알튀세르에 맞서기 위해 작업했던 것이 사실이다. 그럼에도 불구하고 우리는 푸코와 알튀세르가 공히 저항을 사유하기 곤란하게 만들었다는 비난을 받았으며, 이것이 권력과 저항 사이의 내재적 관계를 강조했기 때문이었다는 점에 주목할 필요가 있다. 어쩌면 푸코와 알튀세르는 적어도 위상학적 차원에서만큼은 오히려 수렴하고 있다고 볼 수 있지 않을까? 왜냐하면 위상학의 가장 기초적인 생각 가운데 하나는 매우 상이한 모습을 지닌 두 사물이 완전히 동일한 위상학적 구조를 가질 수 있다는 것이기 때문이다. 들뢰즈와 헤겔이 판이하게 다른 모습을 가지고 있는 것만큼이나 푸코와 알튀세르 또한 그렇지만, 나는 이 두 철학자가 적어도 위상학적인 관점에서 보면 동일한 구조를 가지고 있는 것으로 간주될 수 있지 않은가 생각하게 된다.

25   알튀세르(2007), 143~46쪽 및 287쪽.

여기에 우리가 또 다른 위상학을 하나 더 추가할 수 있을까? 아마 그럴 수 있는 것 같다. 앞에서 우리가 잠시 도움을 구했던 바디우, 그리고 바디우가 다소 독자적이고 창조적인 방식으로 전유한 자크 라캉이 '바깥'을 사유하기 위해 활용하는 위상학 말이다. 바로 그것은 '뫼비우스의 띠의 위상학'이라고 볼 수 있는데, 주름의 위상학과 달리 이 뫼비우스의 띠의 위상학은 바깥과 안이 단 하나의 면으로 이루어져 있으면서도 매 시점마다 안과 밖이 구분되는 구조, 법칙성(필연성)과 그것의 예외라는 2원성의 구조를 가지고 있다. 이는 라캉에게는 상징(상상)과 실재의 분할된 구조로, 바디우에게는 존재와 사건의 분할된 구조로 나타나게 되는데, 이것들은 모두 주체 또는 주체성을 이론화하는 하나의 중요한 방식을 보여 준다.[26]

블랑쇼가 말한 이 세계(그것을 무엇이라 부르든)의 '바깥'[27]에 접근하고자 하는 이상과 같은 세 가지 이단적인 위상학들은 모두 우선은 높은 추상성을 가지고 있는 이론들로 나타날 테지만, 이것들은 들뢰즈와 푸코의 논쟁에서, 그리고 동시대를 살았던 또 다른 철학자들의 논쟁에서 확인할 수 있듯이 그들이 구체적인 정세 속에서 구체적인 정치적 문제들과 대결하면서 고안하고 작동시켰던 그만큼의 놀라운 사유

---

26   들뢰즈의 주름의 위상학과 라캉-바디우의 뫼비우스의 띠의 위상학은 물론 안과 밖을 하나의 위상학적 구조 속에서 파악하려고 한다는 점에서는 유사하지만, 들뢰즈의 것은 '존재의 일의성'을 보여 주기 위한 것이라면, 라캉-바디우의 것은 '존재에서의 결여(manque à être)'로서의 '욕망'이나 존재론을 넘어가는 '사건'을 파악하려고 한다는 점에서 명확한 차이를 가지고 있다. 또한 이는 특히 들뢰즈와 라캉의 욕망에 대한 상이한 이론화로 귀결된다.

27   블랑쇼의 '바깥'은 사실 들뢰즈가 말하는 것과는 달리 '생명/삶'이 아니라 오히려 '죽음'을 가리키는데, 이에 대해서는 최원, 「예술의 비판기능과 유희기능의 종합을 위한 성찰: 알뛰세르와 블랑쇼를 중심으로」, 《안과밖》 제46호, 2019, 311~351쪽을 참조하라.

의 방식들이라고 볼 수 있다. 이 사유의 방식들 사이의 논쟁은 끝없이, 저자들의 죽음을 넘어서까지 지속될 테지만, 그 논쟁을 통해 우리는 우리 자신의 정치적 실천들(저항적인 실천, 더 나아가 혁명적인 실천들)을 더욱 더 풍부한 방식으로 사고하는 법을 배울 수 있을 것이다. 언젠가 레닌이 말했듯이, 혁명적 이론 없이는 혁명적 실천도 없을 것이다. 단 혁명적 이론이 하나만 존재하는 것은 아니라는 것을 전제로.

참고 문헌

고쿠분 고이치로, 박철은 옮김,『들뢰즈 제대로 읽기』, 동아시아, 2015.

데리다, 자크, 남수인 옮김,『글쓰기와 차이』, 동문선, 2001.

들뢰즈, 질, 김종호 옮김,『대담 1972~1990』, 솔, 1993.

_____, 이찬웅 옮김,『주름: 라이프니츠와 바로크』, 문학과지성사, 2012.

_____, ·과타리, 펠릭스, 김재인 옮김,『천 개의 고원』, 새물결, 2003

바디우, 알랭, 박정태 옮김,『들뢰즈 ── 존재의 함성』, 이학사, 2011.

발리바르, 에티엔, 배세진 옮김,「바깥의 사유? 블랑쇼와 함께 푸코를」, 2019,
   https://en-movement.net/245(2020년 8월 29일 접속).

버틀러, 주디스, 조현준 옮김,『젠더 트러블』, 문학동네, 2008.

알튀세르, 루이, 김웅권 옮김,『재생산에 대하여』, 동문선, 2007.

에리봉, 디디에, 박정자 옮김,『미셸 푸코, 1926~1984』, 그린비, 2014.

최원,「예술의 비판기능과 유희기능의 종합을 위한 성찰: 알튀세르와 블랑쇼
   를 중심으로」,《안과밖》제46호, 2019, 311~351쪽.

푸코, 미셸, 오생근 옮김,『감시와 처벌: 감옥의 역사』, 나남, 2003.

Cutrofello, Andrew, *Continental Philosophy: A Contemporary Introduction*, New
   York: Routledge, 2005.

Deleuze, Gilles, *Foucault*, trans. Seán Hand, Minneapolis: University of
   Minnesota Press, 1988.

_____, "Desire and Pleasure", trans. Daniel W. Smith, in Nicolae
   Morar et al.(eds), *Between Deleuze and Foucault*, Edinburgh: Edinburgh
   University Press, 2016, 223~231.

Foucault, Michel, *Aesthetics, Method, and Epistemology: Essential Works of*

Foucault 1954–1984, vol. 2, ed. James D. Faubion, New York: The New Press, 2000a.

_____, *Power: Essential Works of Foucault 1954–1984, vol. 3*, ed. James D. Faubion, New York: The New Press, 2000b.

푸코의
윤리 계보학과
고대 철학자들

9장

자기 삶을 스캔들로 만들기
진실의 용기와 자유의 실천

심세광

1 푸코의 후기 사유와 고대 철학

1976년 푸코는 『성의 역사』 제1권 『지식의 의지』를 출간했다. 그 후 애초의 계획을 변경해 근대의 '성 현상(sexualité)'[1]으로부터 '고대 그리스, 로마, 헬레니즘 시대에 주체가 진실과 맺는 관계'로 연구의 무게

---

1   sexualité는 우리말로 '성생활'로 번역되기도 하고, sexualité의 영어 번역어인 sexuality의 발음 그대로 '섹슈얼리티'로 옮기기도 한다. 나는 sexualité가 생물의 생물학적 번식과 이러한 번식을 가능케 하는 성적 행위, 그리고 이 성적 행위와 관련된 여러 문화적 현상을 아우르는 개념이라고 판단하여 '성 현상'으로 번역한다. 어원적으로는 16세기부터 사용된 라틴어 sexualis와 그 어근인 sexus로 거슬러 올라간다. 푸코에 따르면 sexus는 원래 '분리'나 '구분'을 의미하는 낱말이었는데, 근대의 성과학이 sexus를 취하면서 성을 통한 번식의 근본적 성격이라고 할 수 있는 성의 생물학적 분리를 의미하게 되었다고 한다. 그래서 유명론자인 푸코는 sexe와 sexualité가 근대부터 오늘날 우리가 사용하는 의미의 용어가 되었다고 주장한다. 다시 말해 성과 성 현상은 근대부터 존재하기 시작했다는 것이다.

중심을 이동시켰다. 역사 속에서의 불연속과 단절을 연구하는 데 몰두해 온 푸코는, 우리가 우리 자신과 관계 맺는 윤리의 차원과 관련해서도 그 단절을 연구할 계획이었지만, 본격적인 연구를 시작하자마자 자신의 계획에 문제가 있음을 알아차렸던 것이다.

『지식의 의지』를 집필할 당시까지만 해도 푸코는 윤리가 가장 문제시되는 영역으로 성 현상을 상정하고, 그와 관련하여 초기 그리스도교 시기와 중세 그리고 오늘날 우리의 시작점을 이룬다고 간주되는 근대가 불연속적 양상을 보일 것이라 기대했다. 하지만 실상 초기 그리스도교 시기부터 오늘날에 이르기까지 도덕의 차원에서는 많은 변화가 있어 왔을지 몰라도, 적어도 윤리의 차원에서는 이렇다 할 단절 없이 상당한 연속성을 유지하고 있음을 발견했다. 윤리의 차원에서의 단절을 보기 위해서는 더 위로 거슬러 올라가야 한다는 판단하에 푸코는 고대 그리스, 로마, 헬레니즘 시대의 문헌들과 씨름하기 시작한다. 그리하여 푸코의 연구는 고대 그리스와 헬레니즘-로마 시대, 초기 그리스도교까지 아우르게 되었지만, 1984년에 출간된 『성의 역사』 제2권과 제3권 『쾌락의 활용』과 『자기 배려』에서 각각 고대 그리스와 헬레니즘-로마 시대의 윤리가 다루어진 후 초기 그리스도교 윤리에 대한 연구는 초고의 형태로만 출판사에 남겨졌고, 푸코는 그해 6월 25일에 사망하고 만다. 이 초고가 출판되기까지는 30년이 넘는 시간을 기다려야 했다.

저서에 한정하지 않는다면, 이 연구와 관련해 현재까지 많은 책이 출간되었다. 우선 1979년부터 푸코가 사망한 1984년까지 약 5년여에 걸쳐 콜레주드프랑스에서 행한 강의를 녹취하고 연구자들이 주석을 단 강의록인 『생명 존재들의 통치에 대하여』(1979~1980),[2] 『주체성과 진실』(1980~1981),[3] 『주체의 해석학』(1981~1982)[4], 『자기 통치와 타자 통치 1』(1982~1983),[5] 『자기 통치와 타자 통치 2: 진실의 용기』(1984)[6] 가 있고, 그 외에도 비슷한 방식으로 1980년 가을 캘리포니아 대학 버 클리 캠퍼스와 다트머스 대학에서 행한 강의를 기록하고 주석을 단 『자기 해석학의 기원』,[7] 1982년 상반기 캐나다 빅토리아 대학에서 행 한 강의의 기록인 『자기 자신에 관한 진실 말하기』,[8] 1982년 5월 그르 노블 대학에서 행한 강의와 1983년 10월 캘리포니아 대학 버클리 캠 퍼스 강의의 흔적인 『담론과 진실: 파레시아』[9]가 있다. 또 여러 정기 간행물에 실렸던 푸코의 논고나 인터뷰 등이 연대순으로 정리되어 수 록된 『말과 글』[10]의 1980년대 글들도 참조할 만하다. 그리고 가장 최

2   Michel Foucault, *Du Gouvernement des vivants. Cours au Collège de France (1979~1980)*, Éd. Seuil/Gallimard, 2012.

3   Michel Foucault, *Subjectivité et vérité. Cours au Collège de France (1980~1981)*, Éd. Seuil/Gallimard, 2014.

4   Michel Foucault, *L'Herméneutique du sujet: Cours au Collège de France (1981~1982)*, Éd. Seuil/Gallimard, 2001.

5   Michel Foucault, *Le Gouvernement de soi et des autres. Cours au Collège de France. 1982-1983 (1)*, Éd. Seuil/Gallimard, 2008.

6   Michel Foucault, *Le Courage de la vérité. Le gouvernement de soi et des autres. 1984 (2)*, Éd. Seuil/Gallimard, 2009.

7   Michel Foucault, *L'origine de l'herméneutique de soi: Conférences prononcées à Dartmouth College*, 1980, Librairie philosophique J. Vrin, 2013.

8   Michel Foucault, *Dire vrai sur soi-même: Conférences prononcées à l'Université Victoria de Toronto*, 1982, Librairie philosophique J. Vrin, 2017.

9   Michel Foucault, *Discours et vérité précédé de la parrêsia*, Librairie philosophique J. Vrin, 2016(오트르망 심세광·전혜리 옮김, 『담론과 진실: 파레시아』, 동녘, 2017).

10   Michel Foucault, *Dits et Écrits*, vol. I~IV, Gallimard, 1994.

근인 2018년 2월에는 푸코가 사망한 지 34년 만에 마침내 초기 그리스도교에서의 윤리를 다룬 『성의 역사』 제4권 『육욕의 고백』[11]이 출간됐다. 이 정도면 서양 고대 철학에 할애된 후기 푸코의 연구에 필요한 자료가 거의 완벽하게 갖춰졌다 해도 과언이 아닐 것이다.

그런데 1980년대에 푸코가 수행했던 연구의 주제는 지금까지 너무나 빈번하게 '윤리'와 '고대로의 회귀'라는 도식으로 설명되었다. 이는 그의 저작들을 분류하는, 다음과 같은 가장 일반적인 방식에 따른 것이다.

(1) 1960년대: 고고학과 담론의 역사 단계

『광기의 역사』, 『임상의학의 탄생』, 『말과 사물』, 『지식의 고고학』

(2) 1970년대: 권력의 계보학 및 분석학 단계

『감시와 처벌』, 『지식의 의지』

(3) 1980년대: 윤리와 고대로의 회귀 단계

『쾌락의 활용』, 『자기 배려』

물론 푸코가 80년대에 윤리를 중점적으로 이야기한 것은 사실이다. 그러나 그것은 담론의 차원이나 권력에 관해 더 이상 이야기하지 않기 위해서가 아니었다. 최근까지 출간된 강의, 강연, 세미나, 인터뷰 등 방대하고 복잡한 자료에 비추어 볼 때, 푸코의 연구 주제들을 위와 같이 배타적으로 구별되는 세 단계로 도식화하는 방식은 유효하지 않다. 푸코 만년의 사유는 '윤리'나 '고대로의 회귀'로 단순하게 요약될 수 없다. 1980년대 푸코의 사유는 1960년대와 1970년대를 거쳐 그가 연구해 온 일련의 주제들과 긴밀한 상관관계를 맺으면서 역사적이고

---

11   Michel Foucault, *Les aveux de la chair*, Éd. Gallimard, 2018.

철학적인 쟁점들을 내포하고 있기 때문이다.

1982년 출간된 푸코 소개서에 부록으로 실린 푸코의 글「주체와 권력」에는 이런 구절이 있다. "따라서 내 연구의 일반적 논제는 권력이 아니라 주체다."[12] '주체'라는 열쇠말을 가지고 푸코의 전 사유를 다시 되짚어 보면『광기의 역사』에서 푸코는 광인으로 주체화되는 인간을 연구했고,『말과 사물』에서는 인간과학의 대상이자 주체로 주체화되는 인간을 연구했으며,『감시와 처벌』과『지식의 의지』에서는 근대의 지배적 권력의 테크놀로지인 규율권력 및 생명관리정치의 대상인 개인 및 인구로 예속적으로 주체화되는 인간을 연구했다. 그리고 후기 사유에서는 자기 돌봄과 타자 돌봄, 혹은 자기 통치와 타자 통치라는 틀에서, 윤리와 정치의 교차 지점으로서의 주체 문제를 보다 본격적으로 다루게 된다.

2 주체의 문제

1) 지식, 권력, 주체

「자기 통치와 타자 통치 1」첫 강의에서 푸코는 자신이 최근 분석의 틀을 이동시켰다고 말한다. 요컨대 지식의 형성에 관한 연구로부터 진실진술(véridiction) 체제의 형성에 관한 연구로, 행동의 규범적 원형

---

12   드레피스, 라비노우,『미셸 푸코; 구조주의와 해석학을 넘어서』, 서우석 옮김, 나남출판, 1989, 298쪽.〔Dits et Ecrits IV, n° 306, p. 223(Quatro판, DE II, p. 1042.〕

에 대한 분석으로부터 통치성(gouvernementalité) 절차에 대한 분석으로, 그리고 주체 문제로부터 주체화(subjectivation) 문제로 분석의 틀을 이동시켰다는 것이다. 이후 강의에서 그는 이 세 축, 즉 진실의 축, 통치성의 축 그리고 주체화의 축이 실제로 어떤 상관관계를 맺고 있는지 분석하려 하면서, "진실을 말할 의무, 통치성 절차와 테크닉, 그리고 자기와 맺는 관계 구축이 교차하는 지점"[13]에 위치하는 것으로서의 파레시아(παρρησία, parrêsia) 개념에 대한 심도 있는 연구를 수행한다.

사실 푸코는 '인간에 대한 통치(gouvernement des hommes)', '사목 권력(pouvoir pastoral)', '인도〔품행〕(conduite)'라는 주제를 도입하는 1977~1978년 강의 「안전, 영토, 인구」[14]에서, 그리고 이 주제들을 보다 체계적으로 검토하는 1979~1980년 강의 「생명 존재들에 대한 통치」[15]에서 이미 앞서 언급한 세 축을 유기적으로 연결해 분석하기 시작했다. 그러므로 1980년대 푸코 연구의 핵심 쟁점은 "진실-말하기, 즉 통치의 여러 절차 내에서 진실을 말해야 하는 의무와 말할 가능성, 자기와 맺는 관계 및 타자와 맺는 관계 속에서 개인이 어떻게 자기 자신을 주체로 구축하는가를 어떤 방식으로 보여 줄 수 있을지 살펴보기"[16] 위해 '자기 통치와 타자 통치의 문제'를 제기하는 데 있다고 할 수 있을 것이다. 따라서 만년에 푸코가 수행한 연구를 고대 윤리에 대한 역사적 연

---

13   Michel Foucault, *Le gouvernement de soi et des autres*, pp. 44~45; *Le courage de la vérité*, p. 10.

14   Michel Foucault, *Sécurité, territoire, population*, Éd. Seuil/Gallimard, 2004, pp. 119~219(오트르망 심세광·전혜리·조성은 옮김, 『안전, 영토, 인구』, 난장, 2011, 167~312쪽).

15   Michel Foucault, *Du gouvernement des vivants*, pp. 73~81.

16   Michel Foucault, *Le gouvernement de soi et des autres*, p. 42.

구로 단순 환원해서는 안 된다.

푸코는 이 세 축이 이루는 상관관계가 고대 그리스에서 오늘날에 이르는 철학적 담론 전체의 존재를 지탱해 왔다고 주장한다. 철학적 담론은 진실의 조건을 규정하고자 하는 순수하게 학적인 담론도 아니고, 최선의 정치제도를 정의하고자 하는 순수하게 정치적인 담론도 아니며, 도덕 원리나 행동 규범을 부과하고자 하는 순수하게 도덕적인 담론도 아니기 때문이다. 달리 말해 푸코가 수행하는 지식의 고고학은 헤겔주의 철학사가들이 수행하는 표상 체계의 역사가 아니고, 푸코의 권력 분석은 마르크스주의 경제학자들이 하는 것과 같은 이데올로기 분석이 아니며, 푸코가 천착하는 주체의 역사는 아날학파 역사학자들이 시도하는 심성사가 아니다.[17]

그런데 이런 상관관계를 이야기하려면 이 세 축이 동시에 자리할 수 있는 공통의 장을 상정해야 한다. 그래서 푸코는 지식의 축과 권력의 축 그리고 주체의 축이 교차하는 지점에 '경험의 원천'이라는 개념을 도입한다. "가능한 지식의 여러 형식, 행동의 규범적 원형, 가능한 여러 주체를 위한 잠재적 존재 양태, 이 세 요소, 아니 오히려 이 세 요소의 연결을 경험의 원천이라 부를 수 있다고 생각합니다."[18] 경험의 원천은 지식과 권력과 주체의 교차 지점에 위치하면서 이들의 관계를 그때그때마다 다시 창설해 낸다. 바로 여기에서 비로소 "가능한 지식의 여러 형식"과 "행동의 규범적 원형", "가능한 여러 주체를 위한 잠재적 존재 양태"가 실제로 연결된다.

17   Ibid., p. 4.
18   Ibid., p. 5.

2) '지식-권력'에 주체의 문제를 추가하기

1970년대에 푸코는 『감시와 처벌』을 통해 권력을 어떤 실체가 아닌 관계로 바라보고자 했고, 일반적으로는 서로 무관하거나 심지어는 대립한다고 여겨지는 지식과 권력이 서로 긴밀하게 연결되어 작동함을 강조했다. 그런데 푸코가 말하는 '권력관계'는 반절만 이해되는 경우가 많았다. 권력을 실체로 여기는 다른 여러 권력론들에서 '나'는 지배자와 피지배자 중 양자택일을 해야 하는 상황에 처하기 십상이었다. 권력을 실체가 아닌 관계로 보는 푸코의 관점은 그런 연유에서 도저히 벗어날 수 없는 그물의 모습으로 펼쳐져 있는 권력이 '나'를 둘러싸고 압박하거나 덮쳐 오는 이미지로 받아들여졌던 것 같다. '나' 역시 그 그물의 일부를 이루고 있다는 것, 그 속에서 나 역시 영향을 주기도 하고 받기도 하는 중계 지점을 이루고 있다는 푸코 권력론의 핵심을 간파하지 못하는 사람들이 꽤 있었다. 푸코가 자신의 권력론에서 손에 쥘 수 있는 것으로서의 권력을 상정하지 않았기 때문에, 푸코를 읽는 사람들이 자신을 권력 행사의 주체로 상상하기 어렵도록 했는지 모른다. '나'는 권력으로부터 벗어날 수도 없고 다만 무기력한 피지배자로 있을 수밖에 없다는 절망적인 메시지를 읽은 사람들도 많았다. 권력을 '실체'로 여기는 권력론에 익숙했던 사람들이 처음 푸코의 권력론을 접하게 되면 가장 흔하게 던지는 질문이 "그래서 어떻게 하면 권력관계로부터 벗어날 수 있느냐?"인 것도 그런 까닭이다.

그런데 권력을 실체로 여기지 않고 관계로 간주하는 푸코에게 힘은 늘 유동적인 것이고 권력관계는 언제나 역전 가능한 것이기 때문에 되레 푸코는 자신 있게 "권력관계가 있는 곳에는 언제나 저항의 가능성이 있다."[19]라고 말할 수 있었다. 그리고 자신의 권력론이 쉬이 오해받을 여지가 있다는 사태에 직면하여 푸코는, 우리가 우리 자신으로 형성되는 과정에서 우리의 바깥에 있는 것, 즉 진실이나 타자들과 맺는 관계만이 아니라, 우리가 각자 자기 자신과 맺는 관계가 중요하다는 사실을 간파한다. 권력관계 속에서 찾아야 할 저항의 거점을 바로 지금, 여기에서 우리가 우리 자신과 맺는 관계를 재정립하는 데에서 찾아야 한다는 것이다.

그렇게 푸코는 1980년대에 이르러 지식과 권력이라는 두 축에 주체의 축을 추가함으로써, 권력의 테크닉을 진실의 문제와 주체의 문제의 교차 지점에 위치시킬 수 있게 되고, 이로써 '나'와 '너'의 관계를 지배/피지배라는 이분법으로부터 벗어나 바라볼 수 있는 관점을 보다 용이하게 확보할 수 있게 되었다. 권력관계를 상대화해서 보여 줄 수 있게 되었다고 할 수도 있을 텐데, 바꿔 말하면 '경험'을 '지식'으로 만드는 매개 혹은 '지식'을 '경험'의 차원으로 내보내기 위한 매개로서 권력관계를 재파악할 수 있게 된 것이다.

3) 역사 속에서 구축되는 주체

주체에 대한 푸코의 이런 관점이 만년에서야 확립된 것은 아니다. 1973년 5월 리우데자네이루에서 행한 강연 「진실과 재판 형태」[20]에서 그는 이미 이 세 축을 구별한다. 이 강연에서 푸코가 '주체의 문제'를

---

19   Michel Foucault, *La volonté de savoir*, Éd. Gallimard, 1976, p. 125(이규현 옮김, 『성의 역사 1: 앎의 의지』, 나남, 2004, 115쪽).

20   Michel Foucault, "La vérité et les formes juridiques," in *Dits et Écrits* II, pp. 538~646.

어떻게 설정하고 있는지를 보면 푸코에게서 권력론과 주체론의 관계를 파악하는 데 유익할 것이다. 푸코는 주체의 역사를 새롭게 구축하려고 시도하면서, 전통적인 주체의 역사에서는 언제나 '인식 주체'가 특권적 모델의 자리를 차지하고 있었음을 지적한다.

> 결정적으로 주어지는 것도 아니고, 진실이 역사에 도달하고자 할 때의 출발점도 아닌 이 주체, 오히려 실제로 역사 속에서 구축되는 주체, 매 순간 역사에 의해 기초되고 또 재기초되는 주체가 역사를 통해 어떻게 출현하는지를 검토하면 흥미로울 것입니다. …… 어떤 인식 주체가, 사회적 실천에 속하는 전략의 총체로 간주되는 담론을 통해, 역사적으로 구축되는 절차를 밝혀내는 것은 흥미로울 것입니다.[21]

그는 이러한 주체를 '재판 형태'라는 사회적 실천의 변화를 통해 추적해 기술하는데, 특히 소포클레스의 『오이디푸스 왕』을 예로 들면서 이러한 변화를 '시련(epreuve)'과 '조사(enquête)'의 대립과 투쟁으로서 분석하려 했다. 여기에서 관건은 '사건으로서의 진실'과 '인식으로서의 진실'의 대립이다. 그는 고대 그리스로 거슬러 올라가 진실의 역사를 문제로 제기한다.

> 저는 이 강연에서 실제로 〔인간〕 실존의 정치적, 경제적 조건이 어째서 인식 주체에게 〔이데올로기적〕 차폐물이나 장애물이 아니라, 인식 주체, 그러므로 진실의 관계를 형성하는 조건인지를 밝혀 보고자 합니다.

---

21   Ibid. p. 540.

주체, 지식의 영역, 진실과의 관계가 형성되는 토대인 정치적 조건에 입각해 인식 주체의 유형, 진실의 질서, 지식의 영역이 존재할 수 있는 것입니다.[22]

푸코가 중요하게 다루는 주체는 어디까지나 이러한 "역사 속에서 구축되는 주체, 매 순간 역사에 의해 기초되고 또 재기초되는 주체"이다. 바로 이 구축과 재구축의 운동을 동시에 파악할 수 있는 것으로서의 '경험의 원천'에 주목할 필요가 있다.

4) 사목에서 통치로

1978년 푸코는 그리스도교가 인간에 대한 통치를 발명했다고 단언했지만, 80년대에 주체론을 새로운 연구 주제로 설정하면서 이 통치 개념을 그리스도교 탄생 이전 시대에 적용한다. 애초 사목의 특수성을 밝혀내기 위한 통치성 분석이었지만 이후 보다 포괄적인 개념으로서의 통치 분석으로 나아가는 것이다.

푸코는 1977~1978년 강의 「안전, 영토, 인구」에서 새로 만들어 낸 통치성 개념을 축으로, 근대국가가 변화하고 발전하며 기능하는 원동력이 된 권력의 일반적 테크닉을 고찰한 바 있다. 이 작업을 통해 '국가'란 오늘날 우리의 눈에 자연스러워 보이는 형태로 구성된 '국가화'의 절차일 뿐이라는 사실이 밝혀졌다. 하지만 여기에서 말하는 '통치'는 좁은 의미에서의 국가 운영(행정)에 한정된 것이 아니었다.

---

22   Ibid. pp. 552~553.

gouverner라는 프랑스어 단어는 '국가와 영토 통치하기'라는 오늘날의 의미로 굳어지기 이전, 즉 16세기 이전까지 대단히 넓은 의미를 가졌다. 신체적, 공간적, 물질적인 의미, 더 나아가 윤리적인 의미에서 타인의 영혼을 영적으로 인도하는 행위, 품행의 좋고 나쁨, 또 다양한 대인관계를 지시하는 데도 사용됐다. 푸코는 통치의 대상이 개인과 집단을 막론한 '인간'이라는 점에 주목하고, 이렇게 통치의 대상을 인간으로 상정한 것이 그리스도교 고유의 사태임을 발견하며, 그리스도교의 제도화에서 '사목' 권력의 구조를 확인했다.

그런데 사실 '통치하다'의 어원에 해당하는 라틴어 gubernare나 그리스어 kubernân은 「안전, 영토, 인구」에서 설명되듯이 원래 인간을 대상으로 취하는 동사가 아니라, 관리나 경영, 배의 조타 등 일반적으로 어떤 것을 '인도하는(conduire)' 것을 지시했다. 요컨대 통치한다는 것은 인도하는 것이고 그 역사는 인간의 통치인 사목의 역사에 앞선다. 사목의 구조와 국민국가 체제가 결합된 근대의 통치성이 우리에게 대단히 중요하게 다가드는 것은 사실이지만, 역사적으로 본다면 그것은 통치가 존재하는 방식의 한 형태, 말하자면 '통치의 사건'일 뿐이다. 이제 푸코의 통치 분석은 주체라는 문제에의 본격적인 천착과 더불어 그리스도교 탄생 이전 시기로 거슬러 올라가게 된다.

한편 푸코의 이런 논의는 용법상의 문제를 야기한다. '인간의 통치'는 그리스도교가 성립된 후의 개념이고 게다가 그리스, 로마가 아닌 근동 지방에서 기원하는 것이기 때문에, 1980년대에 푸코가 고대 그리스·로마, 헬레니즘 시대를 배경으로 연구한 '자기와 타자를 인도하는 문제로서의 자기 돌봄'을 통치 실천으로 파악하는 것은 논점의 선취로 보일 수도 있는 것이다. 그러나 푸코는 이 문제에 이렇게 답할 수 있었다. 확실히 고대 세계에서는 통치나 인도의 대상이 인간으로 설정되지 않았지만 당시 사회에서는, 푸코가 후에 받아들이듯이, 그리스도교 확립 이전과는 다른 형태로 자기와 타자와의 관계, 자기와 자기와의 관계에 대한 문제 제기가 있었고, 다양한 실천이 행해져 왔다고 말이다. 이런 작업을 지탱하는 윤리나 가르침의 가장 일반화된 명칭으로 제안되는 것이 '자기 테크닉'이었다. 그러므로 통치라는 말은 그리스도교 이전 사회에서 개인이나 집단과 관련된 실천을 실제로 어떻게 불렀느냐와 관련된 사실적 문제가 아니라, 문제를 설정하는 개념으로 여겨져야 할 것이다.

5) 자기 테크닉

푸코는 『자기 해석학의 기원』에서 자기 테크닉을 다음과 같이 정의한다.

"저는 모든 사회에는 (하버마스적인 생산, 의미 작용, 지배라는 세 테크닉과는) 다른 종류의 테크닉이 존재한다는 사실을 점차적으로 깨닫게 됐습니다. 개인이 자신의 수단을 이용해 자신의 신체나 영혼, 사유, 품행에 대해 일정한 조작을 행할 수 있는 테크닉 말입니다. 이 조작은 자신을 변화시키고 변형하기 위해, 그리고 일정한 완성, 행복, 순수성, 초자연적 힘과 같은 그러한 상태에 도달하기 위해 행해집니다. 이런 종류의 테크닉을 자기 테크닉 혹은 '자기 테크놀로지'라 명명하도록 합시다."

그리고 "서구 문명 내에서 주체의 계보를 분석하려면 지배의 테크

닉만이 아니라 자기 테크닉도 고려할 필요가 있"[23]다고 덧붙인다. 푸코
는 통치 개념을 통해 양자를 결부시킨다.

"이 두 유형의 테크닉, 즉 지배 테크닉과 자기 테크닉 간의 상호 관계
를 고려할 필요가 있습니다. 개인들이 서로를 지배하는 테크놀로지는 개
인이 자기 자신에게 작용을 가하는 절차에 도움을 요청하는 그 지점들을
고려할 필요가 있습니다. 또 그 반대로 자기 테크닉들이 강제와 지배 체
제 내에서 통합되는 지점들도 고려해야 합니다. 개인이 타자에 의해 통솔
되는 방식이 개인이 자기 자신을 통솔하는 방식과 유기적으로 연결되는
지점, 저는 이것을 '통치'라 부를 수 있다고 생각합니다. 넓은 의미에서 인
간을 통치한다는 것은, 통치자가 원하는 것을 사람들에게 강요하는 방식
이 아닙니다. 강제를 확보하는 테크닉과 인간이 자기 자신을 스스로 구축
하고 변화시키는 절차 간에는, 상보성과 더불어 갈등을 수반하는 불안정
한 평형이 늘 존재합니다."[24]

이렇게 푸코는 통치 개념을 사용함으로써 자기 인도와 타자에 의
한 인도의 관계를 '자기(soi)'를 축으로 한 동적인 인도 방식으로 파악
한다.

광기나 국가가 실체로서 존재하지는 않더라도 아예 존재하지 않
는 것은 아니라고 푸코는 생각한다. 요컨대 그것들은 실체가 아닌 절
차로서 존재한다는 것이다. 자기와 타자의 인도를 통해 생겨나는 '주체

23   Michel Foucault, *L'origine de l'herméneutique de soi*, p. 38.
24   Ibid., pp. 38~39.

(sujet)' 또한 마찬가지라고 말할 수 있다. '서구 문명에서의 주체의 계보'는 보편적 주체의 틀이나 이념을 역사의 각 시대에서 발견하려는 시도도 아니고, 현재의 주체에 관한 관점을 과거에 적용해 '기원'을 찾으려는 시도도 아니라는 것이다. 그것은 인식과 실천을 규정하는 각각의 시대에서 자기와 타자의 인도 절차를 고찰하고 또 주체가 생성되는 절차를 검토하고자 하는 것이다. 그러므로 후기 푸코에게서 '주체'라는 말은 규율=훈육 권력이 행하는 예속화나 일반적인 의미에서의 지배나 복종을 통해 구축되는 것도, 자기가 자기에게 가하는 작업을 통해서만 구축되는 것도 아니다. 그것은 인도 혹은 통치의 주체라고 말해야 할 것이다.

3 자기 돌봄

1) 자기 돌봄의 복권

권력관계와 저항이 맺는 불가분의 관계에 대한 통찰, 즉 권력관계가 있는 곳에서는 언제나 저항이 가능하고, 또 저항하는 그 순간 비로소 권력관계가 작동하기 시작한다는 통찰. 그리고 미시 권력들이 우리의 주체성 형성에까지 영향을 미친다는 바로 그 이유 때문에 우리의 저항 역시 우리 자신의 '주체화'를 둘러싼 투쟁이 될 수밖에 없다는 자각. 이렇듯 푸코의 권력 분석은 결과적으로 우리가 우리 자신과 맺는 관계가 저항의 실천에서 얼마나 중요한지를 자각하고, 자기와 자기가 맺는 관계의 방식들에 주목하게 한다.

자기와 관계 맺는 방식에는 여러 가지가 있을 수 있다. 자기에 대해 궁금해하며 알고자 할 수도 있고 자기 자신을 믿지 못하거나 혐오할 수도 있으며 자기의 모습을 자기가 원하는 어떤 특정한 모습으로 만들어 가고 싶어 할 수도 있다. 그런데 푸코는 자기와 관계 맺는 이 다양한 방식들을 연구하는 과정에서 고대 그리스와 그리스·로마 문화에서 꽃피었던 자기가 자기와 관계 맺는 하나의 중요한 방식을 발견한다. 그것은 바로 자기를 어떤 예술 작품의 질료로 여기며 가꾸어 나가는 태도이다. 그러나 그 태도는 서구 역사 속에서 상당 부분 망각되었고, 자기 자신에게 가하는 작업으로서의 "자기 테크닉 대부분이 오늘날 우리〔서구〕 세계에서는 교육의 테크닉, 의료와 심리학적 테크닉에 통합되어 버렸"[25]으며, 또 그렇게 통합되면서 비교적 협소한 그 영역들에 한정되어 버렸다는 것이다.

푸코가 보기에 이런 태도가 망각된 데에는 무엇보다도 그리스도교의 금욕주의와 사목제 전통이 결정적이었다. 그리스도교 윤리에서는 자기와 맺는 관계를 포기하고 그 자리를 신과 맺는 관계들로 채우는 것이 매우 중요하기 때문이다. '자기'를 소중하게 여기는 것은, 그것이 신의 은총을 매개로 하는 것이 아닌 이상 신에 대한 오만으로 여겨졌으며, 또 자기 안에서 인간의 의지와 악마의 의지를 낱낱이 찾아내어 고백하고 비워 내는 것이 중요했다. 따라서 '자기 인식(gnôthi seauton)'과 그에 이어지는 '자기 해석(herméneutique de soi)'을 위한 테크닉은 그 어느 때보다도 풍요롭고 광범위하게 활용되었지만, 정작 그렇게 인식

---

25 Michel Foucault, *L'usage des plaisirs*, Éd. Gallimard, 1984, p. 17(문경자·신은영 옮김, 『성의 역사 2: 쾌락의 활용』, 나남, 2004, 25쪽).

한 자기를 돌보고 가꾸기는커녕 자기의 모든 의지를 신의 의지로 대체해야 한다고 여김으로써, 자기를 포기하는 방식으로만 자기와의 관계 맺기가 가능했다는 것이다. 그렇기 때문에 푸코는 그리스도교 탄생 이전 시기, 즉 고대 그리스 · 로마 시대로 되돌아가서 자기를 포기하지 않는 방식으로 자기와 관계 맺는 테크닉들을 발굴해야 했다. 그리고 그 과정에서 푸코는 과대평가된 자기 인식의 그늘에 가려 잊히고 평가 절하된 '자기 돌봄(epimeleia heautou)' 개념을 발굴한다. 푸코에 따르면 고대 그리스 · 로마 문화에서 자기 돌봄은 자기 인식보다 더 중요하게 여겨졌고, 오히려 자기 인식은 자기 돌봄이라는 목표를 위한 단계나 수단 정도로 여겨졌다는 것이다.

2) '자기'를 무엇으로 설정할 것인가?

그리스도교 윤리의 영향 아래 철학사의 흐름 속에서도 '자기'는 주로 인식의 대상으로 설정되면서, 인식되고 발견되기를 기다리는 어떤 실체로서의 '자기'가 이미 존재한다고 여겨지게 되었다. 실체로서의 '자기'를 가정한다면, '진정하고' '온전한' 자기를 잊거나 잃은 상태에서부터 그것을 상기해 내거나 되찾는 과정이 중요해지고, 한번 상기해 내거나 되찾은 자기는 더 이상 변하지 않을 그 무엇으로 여겨지는 경향이 있다. 아주 대중적인 예로 혈액형이나 별자리에 따른 자신의 성격 유형을 알려는 것도 그렇다. 그것은 이미 있는 것이고 발견되기 위한 것이지, 마음에 들지 않는다고 해서 바꿀 수는 없는 어떤 것이다. 가령 A형은 소심하다는 가장 널리 퍼진 속설의 경우, 실제로 자신이 소심하지 않다고 해도 그것은 '특이한 A형'으로 해석되거나 '사실은 소심하지만 이러저러한 이유로 성격을 숨기고 있다'거나 '성격이 제대로 발현되지 않았다'고 해석되는 등 혈액형별 성격이라는 실체 자체는 어디로도 가지 않는다는 전제하에 모든 해석이 이루어진다. 소심해질 수밖에 없는 상황에서 소심한 태도를 취한다 해도 그것은 '역시 A형'이라는 식으로 해석될 것이다. 이는 가장 대중적인 예를 든 것이지만, 진정한 나를 찾기 위한 다양한 노력들은 이 외에도 인류의 기원을 탐색하는 진화론의 차원에, 인간의 본질을 밝히고자 하는 인간 과학의 수많은 시도들 속에, 자신의 성 정체성을 규정하고자 하는 시도들 속에도 여러 가지로 존재하며, 데카르트의 방법론적 회의도 결국에는 사유 주체로서의 확고부동한 자기를 발견하기 위한 여정이었던 것이다.

진정한 자기를 발견하고자 하는 시도와 자기 자신을 예술 작품으로 만들어 나가고자 하는 시도는, 자기 자신에게 관심을 기울이고 공을 들인다는 면에서는 비슷해 보일지 모른다. 하지만 진정한 자기를 찾고자 하는 시도는, 일단 그것을 찾았다고 생각한 다음부터는 스스로의 모든 사유 방식과 품행 방식을 그 진정한 나라는 틀 안에 머무르게 하고 그 틀에서 벗어날 생각을 쉽게 하지 못하게 한다는 점이 문제이다. 진정한 자기를 '죄인'으로 규정하는 그리스도교도라면 인간의 불완전성과 신의 완전성의 대비에 입각한 사유 방식과 품행 방식에서 벗어나기 힘들고, 진정한 자기를 '사유하는 주체'로 규정하는 사람이라면 감각의 세계나 영성의 세계에 몸을 담그기가 쉽지 않을 것이다. 스스로를 '진정한 남자', 혹은 '진정한 게이', 그 외에도 갖가지 진정한 무엇으로 규정하고 있는 사람이라면, 그 진정한 무엇에 기대되거나 심지어 요구되는 것들로부터 결코 자유롭지 못할 것이다.

자기 자신을 예술 작품으로 여기고 자기를 돌보는 삶의 방식이 갖는 장점은 '나는 무엇인가?'라고 묻기보다 '나는 무엇일 수 있을까?'라고 물음으로써 그렇게 묻는 사람의 삶을 어떤 실험의 장으로 활짝 연다는 것이다. 그곳에서 우리는 '진정한 X로서의 나는 어떻게 사유하고 행동해야 하는가?'라고 묻는 대신 '나는 어떤 방식의 실천 속에서 나 자신을 어떻게 만들 것인가?'라고 물으며 다양한 실천을 실험하고 다르게 사유할 것이라고 기대해 볼 수 있다.

3) 자기 돌봄과 자기 인식

1980년대에 푸코가 통치의 도식을 고찰하며 항시 의식했던 것은 자기 돌봄과 자기 인식 간의 관계이다. 일반적으로 말해 전자는 자기를 보다 나은 단계로 이끄는 것, 후자는 자기에 관한 진정한 인식을 획득하는 것이다, 고대 철학에서는 긴밀히 연결되어 있던 이 둘의 관계가 서구 철학의 그리스도교화로 인해 변질되고 또 근대 합리주의의 등장 이래로 완전히 분리되어 버렸다고 푸코는 파악한다. 요컨대 자기 돌봄은 진실을 인식하는 조건으로서 주체의 변혁을 설정하는 영성과 결부되고, 또 자기 인식은 일정한 절차로 규칙화되기만 하면 누구라도 객관적 인식이 가능하다고 간주하는 데카르트의 코기토와 결부된다.

그런데 푸코는 자기 돌봄이 자기 인식보다 근원적이고 후자의 실천을 지탱하는 원리의 수준에 있으며 후자는 전자에 결정적으로 의존한다고 주장한다. 이것이 '자기'와 관련된 두 개념을 대비시킨 푸코 주장의 특징이다. 실제로 그리스도교는 플라톤 철학으로부터 시작해 헬레니즘 철학을 거쳐 신플라톤주의에 이르는 자기 돌봄의 계보를 교의로 이끌어 가 해석하는 한편, 교회 제도를 확립하고 최종적으로는 고해를 중심으로 한 독자적인 주체 형성 절차를 만들어 내기에 이르렀다. 푸코는 자기 돌봄과 자기 인식이라는 두 명제의 관계에서 자기와 타자의 인도라는 통치 문제의 변천을 간파한다. 푸코는 자기 돌봄의 시작을 플라톤의 초기 대화편에서 찾고 소크라테스를 자기 인식의 인간이 아닌 자기 돌봄의 인간으로 기술한다. "너 자신을 알라."라는 고대의 명제는 사실 오늘날 우리가 이해하는 것과는 완전히 다른 의미를 갖기 때문이라는 것이다. 『주체의 해석학』은 이런 사실의 확인으로 시작된다. 이 경구는 자기의 은폐된 내면을 인식하는 것과는 하등의 관계가 없으며, 신전에 가서 신탁을 얻고자 할 때 지켜야 할 일련의 규칙 혹은 진중함을 지시하는 일반적 명령으로, 신전이라는 특정 장소에 국한된 권고 사항이었다. 소크라테스가 말한 "너 자신을 알라." 역시 자기 돌봄의 대상으로서의 자기를 인식하라는 것이었다고 푸코는 말한다. 인간은 돌봐야 할 자기가 무엇인지 모르며, 그것을 모른다는 사실조차도 모른다는 것이다. 예를 들어 소크라테스는 알키비아데스에게 이렇게 말한다. "우리가 우리 자신이 무엇인지를 모르면서 자신을 향상시켜 주는 테크닉이 무엇인지 알 수 있겠는가? …… 우리가 우리 자신을 인식한다면 우리는 우리 자신을 돌볼 수 있는 방법을 아마도 알 수 있을 것이다."[26] 여기에서 볼 수 있듯이 자기 인식은 자기 돌봄을 위해 행해져야 하는 작업이고 현대에 논의되는 정체성 문제와는 완전히 다른 것이다. 이런 의미에서 소크라테스는 자기 돌봄을 서구 철학사에 도입한 존재라고 푸코는 본다.

이 자기 돌봄은 고대 그리스부터 헬레니즘 시대, 초기 제정 로마

---

26   플라톤, 김주일·정준영 옮김, 『알키비아데스 I·II』, 이제이북스, 2014, 128e~129b, 105쪽.

시대에 철학적 태도 거의 대부분을 특징짓는 원리가 되었다. 더 나아가 철학이라는 틀 안에 머무르지 않고 "일반적 의미에서의 모든 이성적 행동의 원리"가 되었으며, "헬레니즘과 로마 사상의 장구한 시대에 걸쳐 하나의 방대한 문화 현상"이 될 정도로 확장된 것을 볼 수 있다. 자기 돌봄 개념의 역사는 소크라테스 시대부터 신플라톤주의를 경유해 성 카시아누스와 기원후 5세기의 그리스도교 금욕주의에 이르기까지의 약 1000년을 아우른다는 것이 푸코의 전체적인 다이어그램이다.

4) 자기 돌봄의 변천사

푸코는 자기 돌봄을 설명하기 위해 플라톤의 대화편 『알키비아데스』를 인용한다. 거기서 젊은 알키비아데스는 장차 도시국가를 통치하고자 하지만, 옆 나라 스파르타에 비해 열악한 교육 환경 탓에 미래의 통치자로서 갖춰야 할 덕목들을 충분히 교육받지 못했고, 또 소년의 젊음과 아름다움만을 흠모할 뿐 소년을 진정으로 위하지는 않는 성인 남성들의 몰염치 때문에 긴급한 자기 돌봄이 요청되는 사례로 등장한다. 이때 자기 돌봄은 앞으로의 인생을 기획해야 하는 젊은 시기에 한정하여 필요한 것으로 여겨졌고 특히 모든 젊은이에게 해당되기보다는 장차 도시국가를 통치하게 될, 쉽게 말하자면 정치가를 꿈꾸는 명망가의 자제에게 필요한 것이었다. 타자들을 통치하기 위해서는 먼저 자기 자신을 돌봐야 하기 때문이다.

이런 자기 돌봄을 실천하기 위해서는 자기 영혼을 잘 들여다보고 "더 나아가 영혼의 현실에 해당하는 신성한 요소를 명상해야" 한다고 여겨졌다. 여기에서 자기 돌봄의 가장 중요한 목적은 젊은이의 교육이다. 따라서 자기와 제대로 관계 맺기 위해 필요한 타자와의 관계 맺기는 스승과 제자의 관계 맺기로 특징지어지며, 이 관계는 철학적 관계인 동시에 연애 관계로 형성된다. 이런 관계는 평생 이어지는 것이 아니라 제자의 자기 돌봄이 필요하다고 여겨지는 시기에 한정된다.

『진실의 용기』에서 푸코는 고대 그리스에서 자기 돌봄의 전통이 둘로 갈라지는 계기가 있었다고 지적하면서 그 분기점을 플라톤의 대화편 『알키비아데스』와 『라케스』에서 찾는다. 이 두 대화편은 자기 돌봄이라는 철학적 태도를 공통적으로 가지고 있었으면서도 '자기'를 다르게 규정함으로써 서구 철학에 중대한 분할을 발생시켰다는 것이다.

우선 『알키비아데스』에서 자기는 '영혼(psukhê)'으로 규정된다. 영혼은 존재론적으로 신체와 구별되는 현실을 지시한다. 영혼으로서의 자기를 돌본다는 것은 명상을 통해 자기 안에 있는 이 우월한 실재에 몰두한다는 것으로, 영혼 안에서 신성한 것을 성찰하는 '영혼에 의한 영혼의 명상'이라는 형태를 취하며, 영혼이 영혼의 본질적 존재 방식으로 환원되는 형태를 취한다. 영혼을 자기로 규정함으로써 이 영혼을 자신의 본질적인 존재 방식으로 되돌아가게 하는 것을 목표로 설정하는 진실진술 체제가 만들어지는 것이다. 여기에서의 자기 돌봄은 인간의 존재론적 토대를 탐구하는 형이상학의 전통에 기초하며, 영혼으로서의 자기를 잘 돌보기 위해 결국 자기 영혼을 세심하게 들여다보는 작업으로서의 형이상학적 자기 인식에 방점이 찍히게 된다. 이런 전통은 데카르트를 거쳐 칸트로 이어지며 오랜 세월 동안 철학적 실천의 주된 형태가 된다.

하지만 『라케스』에서 자기는 영혼이 아닌 '삶(bios)'으로 규정된다. 자기는 실존의 전반적 양태 즉 생활하는 방식, 처신하는 방식을 의미한다. 『라케스』의 한 대화자가 예고하듯 소크라테스 앞에서 자기 삶의 방식을 설명하는 것이 쟁점이다. 요컨대 자기 자신과 타자에 대해 어떻게 행동하고, 어떤 기준들에 따라 그 행동들을 결정하는지 설명하는 것이다. 그러므로 자기 돌봄에서 문제가 되는 것은 자기 자신의 삶과 분리된 존재론적 본질로 돌아가 그것을 명상하는 것이 아니다. 자기가 사는 방식을 점검하고, 자기 자신에게 자발적으로 시련과 수련을 부과함으로써 자신의 실존에 다른 양식을 각인하는 데 필요한 용기를 갖는 것이 중요하다. 그러므로 이 경우의 진실진술 체제는 물음을 던지고 설명을 요구하며 다시 문제를 제기하는 소크라테스의 담론이다. 소크라테스가 자신의 대화 상대자에게 "당신은 당신 자신을 올바르게 돌보고 있습니까?"라고 질문할 때 그가 변화시키고자 하는 것은 바로 대화 상대자의 실존의 양식인 것이다. 그러므로 자신의 실존 양식, 자신의 삶에 부여해야 하는 가시적인 형태, 자신의 삶을 예술 작품으로 공들여 만들어 가는 실천과 관련된 문제를 제기하는 것이 관건이다. 요컨대 문제는 다른 세계로 향하는 실천이 아니라, 다르게 사는 실천이다.

이렇게 실존의 미학 쪽으로 철학의 방향을 설정하는 것이 고대 그리스인들의 중요한 특징이다. 하지만 이런 실존의 미학은 이후 서구의 역사에서 광범위하게 망각되었다. 그 이유는 첫째로 철학이 형이상학으로, 어떤 의미에서는 축소되었기 때문이고, 둘째로 사람들이 '예술 작품'을 대부분 색채, 공간, 소리, 언어에 적용되는 미학적 형태로만 이해하지 삶의 방식이 미학적 돌봄의 주제를 구성할 수 있다거나 창조적 작업의 대상이 될 수 있다고는 잘 생각하지 않기 때문이다. 그러나 실존의 미학의 역사는 영혼의 형이상학이나 사물과 언어의 미학을 구실로 망각되어서는 안 된다.

육체와 영혼의 결합체로서의 내가 특정한 시간과 공간 속에서 자기 자신 및 자기를 둘러싼 타자들과 관계 맺으며 구체적으로 영위해야 할 삶을 돌보는 것은 당연히 실천의 차원으로 연결된다. 푸코는 이 전통을 이어받는 사람들로 헬레니즘 시대와 그리스 · 로마 시대에 활동했던 스토아주의자들을 꼽으며, 특히 견유주의자들에 대해서는 각별한 관심을 보인다. 다양한 관계 속에서, 즉 당대의 사회 속에서 살아가는 자기의 실존에 관심을 기울인다는 것은 곧 자기가 속한 시대와 공동체의 존재 방식에 관심을 기울인다는 것으로, 견유주의자들은 특히 그들의 발언만이 아니라 그들이 남에게 보이는 방식, 즉 그들의 겉모습과 다양한 기행을 통해 급진적으로 진실을 드러냄으로써 그들이 사는 시대와 공동체에 대한 관심을 아낌없이 드러냈다.

　도시국가들이 사라진 기원후 1~2세기의 그리스 · 로마 시민들에게 이제 자기 돌봄은 도시국가를 잘 통치하기 위해 젊은 시절 잠시 필요한 것이 아니라, 한 사람이 평생에 걸쳐 자기 자신과 관계 맺는 지속적인 작업이 된다. 그 방법에 있어서도 『알키비아데스』에서처럼 명상을 통한 영혼의 관조가 아니라 구체적인 삶 속에서의 다양한 실천을 활용하게 된다. 푸코는 "자기 돌봄이 성인의 실천이 되고 평생에 걸친 수련이 된 순간, 자기 돌봄의 교육적 역할은 소거되고 …… 비판적 기능이 출현"하며 항상적인 '투쟁적 기능'과 '치료적 기능'도 출현하게 된다고 말한다.[27] 잠깐의 배움이 중요한 것이 아니라, 평생에 걸쳐 참과 거짓을 지속적으로 분별해 내고 거짓에 대해 용기 있게 맞서며 비판하는 한편으로, 자기 자신의 잘못된 부분에 대해서는 철학적으로 치유받는 것이 중요하다는 것이다. 평생 동안 자기를 제대로 돌보기 위한 테크닉들도 매우 구체적인 형태로 발달한다. 일기 쓰기나 서신 교환을 통한 자기 돌봄은 매우 흔한 형태였다.

자기에 관한 글쓰기는 자기 테크닉 중에서도 가장 널리 쓰이는 중요한 테크닉이었다. 그렇지만 오늘날 우리가 자기에 관해 글을 쓴다고 할 때 떠올리는 이미지와는 상당히 다르다. 만약 오늘날의 우리라면 내가 어떤 삶을 살아왔는지, 내가 어떤 생각을 하는지에 대해 쓰기도 하고, 내 안으로 침잠해 '진짜 나'를 찾기 위한 글을 쓰기도 할 것이며, 그때그때 자기의 감정들을 주절주절 배설하듯 펼쳐 놓기도 하고, 자기의 은밀한 욕망들을 고백하는 창구로 활용하기도 할 것이다. 하지만 이 시기의 자기에 관한 글쓰기는 격언 모음집에 가까웠다고 푸코는 말한다. 자기의 감정이나 욕망을 털어놓기 위한 것이라기보다는 자기를 구축하는 수단으로 활용했다는 것이다. 지적재산권은 극히 최근에 생겨난 개념으로, 이 시기 현자들의 말은 그것을 가치 있다 여기는 모든 사람들이 자기 수첩에 적어 놓고 때로 자기 친구들에게 보내는 편지에 적어 넣기도 하면서 각자의 '자기'를 쌓아 올리거나, 때로 무너져 내리면 보수하는 데 활용하는 벽돌과 같은 것이었다. 한 번 읽고 중고로 팔아 버리는 것이 아니라 가까운 데 두고 생각날 때마다 꺼내 읽고 또 읽어서 마침내 체현하는 것이었다. 또 책 전체를 외우거나 누군가의 말을 통째로 외우면서 특정 인물의 연구자가 되기보다는 자기 실존에 도움이 되는 부분을 선별하여 실생활에 활용할 수 있는 상태로 만들어 놓는 것이 중요했다.

27 Michel Foucault, *Qu'est-ce que la critique suivi de La culture de soi*, Librairie philosophique J. Vrin, 2015, pp. 93~94(오트르망 심세광·전혜리 옮김, 『비판이란 무엇인가? 자기수양』, 동녘, 2016, 116~117쪽).

그런데 마침 이 시기는 그리스도교가 성립되기 시작하는 시기였고, 그리스 · 로마 문화권에 널리 퍼져 있던 자기 테크닉들이 그리스도교의 실천 내부로 흡수되기도 한다. 겉으로는 동일해 보이는 다양한 실천들이 존속되지만, 그 목적은 이제는 자기를 '돌보기' 위한 것이 아니라, 자기를 '포기하고 비워 내기' 위한 것이었다. 이를테면 자기에 관한 글쓰기도 이제 더는 자기를 구축하기 위한 것이 아니라, 자기의 눅눅하고 은밀한 욕망을 볕 아래 모두 꺼내 늘어놓고 잘 말려서 털어 버리기 위한 실천이 된다.

4 실존의 미학

1) '실존'과 '미학'

자기 돌봄이 목표로 삼는 실존의 미학을 좀 더 제대로 이해하기 위해 푸코에게서 '실존'과 '미학'이 각각 어떤 의미를 갖는지를 살펴보자. 우선 푸코에게 '실존' 개념은, 예를 들어 하이데거의 ek-sistence나 사르트르의 실존 개념처럼 정교한 이론을 수반하기보다는, 단순히 어떤 한 사람의 삶을 의미한다. 또 실존과 관련되는 것으로서의 미학은 넓은 범위에서 전반적인 자신의 삶을 예술 작품으로 구축하는 실천이다. 그러기 위해서는 "자신의 삶을 인식(connaissance)의 대상이자 테크네(technê, 테크닉)의 대상으로 만드는 것이 중요하다."[28] 이렇듯 미학은 인

---

28 Michel Foucault, "À propos de la généalogie de l'éthique : aperçu du travail en cours," in

식과 테크닉을 포함하는 실천이다. 하지만 여기에서의 인식은, 억압된 본래의 자아라든지 사회가 억압했으나 해방시켜 실현해야 할 정체성을 발견하는 인식이라기보다는, 자기를 대상으로 삼는 테크네에 필요한 한에서의 자기 인식으로 오히려 지각(perception)에 가깝다. 삶이 작품이 될 수 있다는 것은 그것이 타인들에 의해서 지각될 수 있다는 의미이기도 하기 때문이다. 그래서 작품으로서의 삶은 도덕률에 따라야 할 것이 아니라 선별적인 미학적 규칙에 따라야 할 것이 된다. 그럴 경우 체험된 삶의 지각을 통해 타인은 그 삶을 하나의 예로 활용할 수 있다. 물론 이 예는 받아들여질 수도 있고 거부될 수도 있으며 추종될 수도 있고 그렇지 않을 수도 있는 것이다. 예술 작품으로 정성 들여 고안된 삶의 지각은 명령을 결과하지 않는다. 이는 의무를 동반하는 규칙에 따르는 행위와 무관하다.

그런데 왜 푸코는 미학과 관련하여 테크네 개념을 끌어들이는 것일까? 미학 개념은 예술이라는 의미와 테크닉이라는 의미를 동시에 갖는 art 개념과 결부되어 있는데, 푸코는 테크닉의 측면을 좀 더 강조하기 위해 테크네 개념을 도입함으로써 오늘날에도 여전히 우리를 지배하고 있는 낭만주의적 예술 개념과 실존의 미학 사이에 거리를 두고 싶어 한다. 낭만주의적 예술 개념은 자신이 결코 의식하지 못하는 천부적 소질을 타고난 천재 예술가 모델과 결부되어 있다. 이와는 대조적으로 테크닉이라는 의미에서의 예술은 장인의 작업과 유사한 측면을 좀 더 많이 갖고 있다. 예술가의 작업이자 장인의 작업인 이러한 작업이 외부의 대상이 아니라 그 작업을 행하는 사람 자신에게 적용됐을

Dits et Écrits IV, Éd. Gallimard, 1994, p. 623.

때 푸코는 이를 자기 수련(askêsis) 혹은 자기 수양(culture de soi)이라 부른다. 모든 예술 작업은 만들어 내고 완성해야 할 일정한 덕(aretê), 즉 탁월함을 내포하고, 예술의 실천은 그 작업을 통해서 덕을 끌어내는데, 실존의 미학 역시 다른 모든 예술 작업처럼 덕을 만들어 내고 완성하는 실천이며 이때 덕은 실존의 미학과 윤리의 연결 고리를 형성한다.

2) 실존의 미학과 윤리

윤리 개념 또한 푸코에게서는 특수한 맥락에서 이해될 필요가 있다. 푸코는 윤리(éthique)와 도덕(morale)을 명확히 구분하기 때문이다. 사실 morale이라는 말은 그리스어 ethikos를 라틴어 moralis로 번역한 데에서 유래하는 것으로, 윤리와 도덕이라는 단어가 어원의 단계에서는 단지 그리스어와 라틴어의 차이만 있을 뿐 의미상의 차이는 없었다고 볼 수 있다. 세네카가 살아 있던 시절만 해도 이 용어는 본래의 의미를 간직하고 있었다. 윤리와 도덕 모두 개인의 태도, 개인의 특수하고 정합적인 행동의 근간, 개인이 자유의 실천으로서 선택하여 따르는 생활 방식을 의미했다. 그러나 중세의 법률적 사유에서 morale은 개인의 품행을 결정하는 법이나 규칙으로 부과되기 시작했다. 이때부터 윤리와 도덕이 구분되기 시작한 것이다. 푸코가 중요하게 생각하는 윤리와 도덕의 구분이 여기에서 기인한다. 그러므로 이런 용어상의 의미 차이에 유의하면서 우리는 실존의 미학을 개인의 에토스(ethos, 태도) 차원에서 윤리를 고안하는 행위로 이해할 필요가 있다. 그래서 푸코는 실존의 미학을 만인이 따라야 하는 보편적 도덕률이 아닌 자기 돌봄, 자기 윤리, 자기 수양, 자기로의 전향 등에 근거해 논하는 것이다.

보편적 도덕률이 아닌 자유의 실천에 근거하는 고대 그리스에서 실존의 미학은 따라서 윤리와 동일시되었다. 사실 그리스인들은 '아름다운 것'과 '훌륭한 것'을 애써 구분하려 하지 않았다고 한다. 그들은 고결함을 의미하는 kalokagathia라는 개념을 통해 아름다운 것과 훌륭한 것 모두를 통합적으로 표현했다. 고대의 윤리가 고결한 삶과 그것이 수반하는 행복 즉 eudaimonia를 지향했기 때문이다. 따라서 윤리는 훌륭한 삶에 도달할 수 있게 해 주는 삶의 테크닉이다. 이렇듯 윤리와 미학이 균형을 이룬다는 점이 고대 윤리의 특징이다.

첫 번째 실존의 미학은 스토아주의 현자가 예증한다. 여기에서는 자신의 말과 행동을 일치시키는 것이 문제이다. 현자는 자신의 말과 행동을 조화시키는 자이다. 그가 말하는 정의의 가치를 그는 자신의 행실을 통해 예증한다. 그가 주창하는 자기 지배를 그는 자신의 행동을 통해 보여 준다. 예를 들어 말과 행동의 일치는 음악적인 조화, 즉 협화음(consonance)을 지칭하는 sumphonein의 양태로 사유됐다. 그러니까 로고스와 프락시스의 조화로움이 그리스적 의미에서의 자연스러움과 아름다움을 현시해야 한다는 것이다.

푸코는 대화편 『라케스』에서 동명의 대화 상대자가 묘사하는 소크라테스의 초상을 길게 논평한다. "어떤 사람이 〔사람으로서의〕 탁월함(덕, aretê)에 대해서 또는 어떤 지혜에 대해서 대화하는 걸 제가 듣게 될 때, 그 사람이 진실한 사람이고 또한 자기가 하는 말들에 걸맞을 때, 말하는 사람과 하는 말이 서로 맞고 조화를 이루는 것들임을 보게 되면, 저는 굉장히 기뻐하니까요. 그리고 제게는 그런 사람이 정말로 음악적이라 여겨지는데, 이런 사람은 자신의 선법을 리라나 놀이 악기로 조율해 내는 것이 아니라, 실제로 자신의 삶을 스스로 언행일치의 상태로 조율해 내죠."[29] 표상 혹은 심상의 비판, 의식 점검, 죽음에 대한 명상 등 헬레니즘 시대의 철학에서 빈번히 발견되는 이 모든 영적 수련들은 언행일치로 집중된다. 예를 들어 세네카가 자신의 의식 점검을 행할 때, 그것은 자신이 누구인지를 알기 위한 것도 아니고, 인식의 노력을 통해 자신의 숨겨진 정체성이 갖는 기복 심한 미로를 탐색하기 위한 것도 아니다. 그것은 그리스인들이 모르는 그리스도교의 고백이다. 의식 점검은 자신이 행한 바가 스스로에게 부과한 정언과 일치하는지 아닌지, 또 자신이 사는 방식과 스스로에게 부과한 생활 규칙들 간에 조화가 이루어지고 있는지 아닌지를 파악하기 위해, 자신이 보낸 하루를 점검해 보는 행위이다. 영적 수련은 심리학적으로 주체의 내면을 파고드는 자기 해석 작업이 아니라 윤리적 행동 주체를 강고히 하기 위한 실천이다. 이것은 현실 속에서 행동의 도식들을 구현하는 데 쓰여야 한다. 그러므로 담론과 행실 간의 조화적 일치를 위해 자기관계를 공들여 만들어 내는 것이 중요하다. 스토아주의적인 실존의 미학과 관련해 우리는 진실의 차원이 도입되는 것을 볼수 있다. 이제는 후손들의 기억에 길이 남을 영웅적 행위의 수행보다는, 참된 담론의 동아줄을 던져 자신의 삶을 구조하는 것이 중요하다. 푸코는 그리스 윤리의 특징이 질서와 정합성의 추구에 있다고 본다. 그리스도교 도덕에서처럼 절대적으로 대립한다고 여겨지는 선과 악 사이에서의 선택이 문제가 아니라, 무절제하고 문란하며 가변적인 삶 그리고 담론의 엄격성 및 양식의 정합성에 의해 지탱되는 질서 있는 삶 사이에서의 선택이 문제인 것이다. 여기에는 실존의 가시적 근간

---

29 플라톤, 박종현 역주, 『플라톤의 프로타고라스/라케스/메논』, 서광사, 2010, 188d, 226쪽.

위에서 로고스, 즉 참된 담론을 형상으로 보여 주고 감각 가능하게 해 주는 실존의 미학이 존재한다. 뒤에 살펴볼 소크라테스의 파레시아는 자기 자신의 삶을 이 참된 담론의 시금석으로 만들려는 시도이다. 달리 말해서 대화 상대자는 소크라테스가 말하는 이 정의와 덕이 소크라테스의 삶에서 매 순간 소크라테스의 가시적 품행의 형태로 구현됨을 확인할 수 있다는 것이다.

두 번째 실존의 미학은 견유주의적 삶에 의해 설명된다. 푸코는 견유주의적 삶을 길게 논하는데 그 이유는 견유주의가 현대 예술의 문제와 직접적으로 연관되어 있기 때문이다. 푸코에게 견유주의는 우선적으로 참된 말과 삶을 견고한 동아줄로 엮는 방식을 의미한다. 스토아주의의 실존의 미학에서 '참된 담론(discours vrai)'은 삶에 형식을 부여하고 실존에 가시적인 정합성을 부여하는 계율, 보편적 규칙, 가치 있는 언표였지만, 견유주의에서 진실은 '참된 말(parole de vérité)'의 형태로 삶을 관통한다. 참된 말은 몇 가지 특징을 가지고 있다. 참된 말은 공격적이고 무례하며 도발적이다. 견유주의자들은 거칠고 때로는 모욕적이기까지 한 언어를 사용한다. 견유주의자의 자유로운 언어는 한계가 없다. 견유주의자들은 철저하게 관습과 관례와 예절을 무시한다. 견유주의자들은 몽둥이질하듯이 진실을 가격한다. 이것이 잘 알려져 있는 견유주의자의 '독설'이다. 견유주의자들은 이 도시 저 도시를 유랑하고 그들이 가는 도시의 광장에서 노숙하며 시민들이 사는 방식에 문제를 제기하고 독설을 퍼붓는다. 요컨대 견유주의자들은 시민들이 쾌락과 부에 대해 갖는 집착, 그들의 비겁함과 허영심에 대해 독설을 퍼붓는다. 견유주의자들의 삶은 노골적이고 당혹스러운 말을 거침없이 쏟아 대는 자유를 향유하는 삶이다.

이런 자유로운 말을 하기 위해서는 용기가 필요하다. 왜냐하면 이 거침없이 자유로운 말은 상대방의 악습, 타협, 아첨, 위선 등을 과격하게 비판하여 분노를 유발할 수 있기 때문이다. 견유주의자들은 그들의 말만큼이나 세인의 눈에 확연히 노출되는 삶을 살았다. 그들은 유랑하며 가난한 삶을 살았다. 거처도 조국도 없이 이 도시 저 도시를 떠돌며 살았다. 사람들은 겉모습만 보고도 그들을 알아보았다. 그들은 덥수룩한 구레나룻을 길렀으며 청결하지 못했다. 그들은 마디가 많은 지팡이를 짚고 담요 겸용인 누더기 외투를 입었으며 낡은 바랑을 메고 다녔다. 이것이 그들이 가진 부의 전부였다. 그들은 다 떨어진 샌들을 신고 다니거나 맨발로 다니기도 했다. 이 가난하고 검소한 삶은 진실과 이중적 관계를 맺는다. 우선 이런 삶은 진실의 조건이다. 왜냐하면 전적으로 자유롭게 말할 수 있기 위해서는 어디에도 매여서는 안 되기 때문이다. 모든 일에 대해 철저히 비판할 수 있는 권리를 갖기 위해서는 결코 타협하지 말아야 한다. 사람들을 당황하게 할 수도 있고 분노를 촉발할 수도 있는 진실을 말하기 위해서는 가정도 없어야 한다.

이렇게 견유주의의 삶은 그 자체로 진실을 표현할 수 있는 장소가 된다. 왜냐하면 견유주의자들의 검소한 삶 속에서 모든 것이 참되게 드러나기 때문이다. 불필요한 관습이나 과도한 의무로부터 해방되어 본질적인 것으로 완전히 환원된 삶에서 모든 것은 그 적나라한 진실 속에 드러난다. 『알키비아데스』에서부터 정의되는 형이상학의 입장과 정반대되는 입장을 여기에서 만나게 된다. 형이상학의 입장에서는 영혼이라는 존재를 실존의 덩어리로부터 분리해 내는 것이 관건이었다. 그러나 견유주의자들은 실존을 진실 쪽으로 이끌어 가기 위해 실존에 작업을 가한다. 그들은 실존을 환상이라고 고발하고 영혼의 본질적 존재를 인정하는 것이 아니라, 가짜 실존과 무용한 관습을 고발함으로써 실존을 그 진실로 이끌어 간다. 견유주의에서는 본질과 외관이 분리되기보다 기본적인 것과 사회적인 것이 분리된다. 지혜로운 수도자는 명상을 통해 자기 영혼의 진실과 만나고 초월적 관념 세계의 진실과 만나며 곧이어 자기 신체의 껍질을 벗고 유일신의 순수한 실존과 만나려고 노력하지만, 견유주의자는 그저 개처럼 살려고 노력한다. 그는 인고하고 짖으며 매 맞고 포효한다. 그는 충동, 쾌락, 욕구에 대해 너에게 기본이 되고 참된 것은 무엇이고 너 가운데에서 사회적 관습에 속하는 것은 무엇이냐고 질문하면서, 실존의 덩어리에 작업을 가한다. 견유주의자는 보다 본질적이고 상위에 있는 진실들로 나아간다는 명목하에 삶으로부터 벗어나려고 한다거나 하지 않는다. 반대로 견유주의자는 물질의 차원에서 삶에 작업을 가하면서 삶 자체가 가장 근본적인 진실들을 표현하게 만들려 노력했고, 또 관습들로부터 삶을 해방시키려 노력했다. 푸코가 보기에 견유주의자들은 철학적 삶의 계획을 실현하고 있다. 이 모든 연구의 일반적 틀은 솔직히 말하기, 모든 것을 말하기, 말의 자유, 진실의 용기를 의미하는 파레시아에 대한 연구임을 상기할 필요가 있다.

5 파레시아

1) 파레시아란 무엇인가?

푸코에 따르면 파레시아 개념은 기원전 5세기부터 기원후 5세기까지 긴 시기에 걸쳐 사용되었다.[30] 파레시아란 자신이 진실을 말하는 것이 타자를 위하는 동시에 자신을 위하는 것이 된다고 믿기 때문에, 또 그것이 의무라고 믿기 때문에, 자신의 생명을 위험에 처하게 할 수 있음에도 불구하고 진실을 말하는 발언 행위이다. 파레시아를 말하는 자는 자유를 행사하는 자이다. 그는 이리저리 돌려 가며 설득하기보다는 있는 그대로의 진실을 말하고, 침묵이나 거짓 대신 진실을 선택하며, 생명과 안전이 있는 쪽에 안주하기보다 죽음의 위험을 감수한다. 그는 아첨이 아닌 비판을 선택한다. 자신의 이익이나 도덕적 무관심이 아니라 도덕적 의무를 선택한다.

프레데릭 그로는 『담론과 진실: 파레시아』 서문에서, 푸코가 파레시아의 성격에 심리학적으로 접근하는 대신 다음의 세 가지 가치에 입각해 접근하여 논증한다고 말한다. 즉 푸코가 분석하는 파레시아 개념은 "첫째, 민주주의와 진실 간의 관계를 재평가할 수 있는 중요한 정치적 가치를 지니며, 둘째, 주체와 진실 간의 관계를 문제화하는 데 결정적인 윤리적 가치를 지니고, 셋째, 비판적 태도의 계보를 기술하기 위한 철학적 가치를 갖는다."[31]라는 것이다.

파레시아의 특징을 일별하기 위해서는 파레시아가 아닌 실천들과 파레시아를 비교해 보는 것이 효과적일 수 있다. 파레시아는 우선 웅변술과 비교된다. 웅변은 발언의 내용보다는 청중의 반응에 더 신경 쓰는 말하기 방식이다. 때에 따라 연사는 자신이 동의하지 않는 입장도 옹호

---

30   Michel Foucault, *Le gouvernement de soi et des autres*, p. 42~56; *Discours et vérité précédé de La parrêsia*, pp. 79~86(『담론과 진실: 파레시아』, 91~101쪽).

31   Michel Foucault, *Discours et vérité précédé de La parrêsia*, p. 12(『담론과 진실: 파레시아』, 12쪽).

할 수 있다. 그러나 파레시아를 말하는 자 즉 파레시아스트는 자신의 이름을 걸고 진실을 말한다. 파레시아스트는 대화 상대자의 마음을 상하게 할 위험을 감수하면서까지 진실을 말하지만, 웅변술사는 거짓말을 하는 한이 있더라도 청중이 등을 돌리지 않게 하려고 노력한다.

진실 말하기의 여러 형태와 파레시아를 비교할 수도 있다. 푸코는 파레시아스트를 예언자, 현자, 교육자와 비교하며 그들과 구분한다. 예언자, 현자, 교육자도 진실을 말하지만, 그들의 말하기 방식과 파레시아는 다를 수 있다는 것이다. 우선 신의 이름으로 말하는 예언자와 달리 파레시아스트는 자기의 이름으로 말하고, 미래를 예언하기보다는 현재를 설명하며, 두루뭉술하게 말하기보다는 명료하고 직설적으로 표현한다.

또 보편적 진실을 말하기보다는 구체적인 상황 및 맥락과 관련된 진실을 말한다는 점에서 파레시아스트는 현자와 구별된다. 현자는 변하지 않는 보편적 진실과 관련되는 까닭에, 굳이 위험을 감수하면서까지 나서서 말할 필요는 느끼지 못하는 경우가 많고, 현자가 보기에 진실에 도달할 능력이 없는 어리석은 자들에 대한 경멸이 더해질 경우에는 입을 다물어 버릴 수 있다. 그러나 파레시아스트는 어떤 의무와 같은 감정을 느낀다. 그것은 밖으로부터 오는 강요로서의 의무보다는, 자기가 말하고자 하는 진실의 특성으로 인해 바로 지금 여기에서, 자신이 말하고자 하는 진실이 폭발력을 가질 수 있는 바로 그 순간을 노려 말해야 한다는 조바심과 관련되어 있다. 그래서 파레시아스트는 설득되지 않는 사람 앞에서도 끈질기게 이야기하거나, 장황한 토론에 참여하기를 주저하지 않는다.

구체적인 예를 들어 보자면, 현자와 구별되는 자로서의 파레시아스트는 내부 고발자나 저널리스트에 해당한다고 할 수 있다. 내부자로서 알게 된 진실, 취재를 통해 알게 된 진실은 현자가 알고 있는 시공을 초월한 보편적 진실과는 달라서, 지금 여기에서 말하지 않으면 의미가 없어질 수도 있는 종류의 진실이다. 이들은 자신의 폭로가 가장 효과적일 수 있는 적기를 기다리는 전략을 구사하기도 하지만, 그것은 현자의 침묵과는 다를 것이다.

마지막으로 파레시아스트는 교육자와 다른데, 왜냐하면 파레시아스트는 위험을 감수하지만 교육자는 위험을 감수하지 않기 때문이다. 교육자의 진실 말하기는 전통과 사회적 합의 내에서의 말하기이고, 이들은 테크닉과 지식의 전승을 목적으로 제자들과 관계 맺기 때문에 이들에게는 감수해야 할 위험이 존재하지 않는다. 한편 파레시아스트는 자신을 보호하고 자신의 말이 들리도록 하기 위해 청중과 '파레시아 계약'을 맺을 수 있지만, 이 계약은 위험을 수반한다. 이 파레시아 계약은 '네가 나에게 진실을 말한다는 이유로 너를 해치지는 않겠다.'라는 약속을 통해 이루어지는데, 그러나 이것은 언제라도 깨질 수 있는 계약이라는 점에서 사실상 완전한 안전을 보장하지는 않는다.

이상이 파레시아스트가 예언자, 현자, 교육자와 구별되는 방식이다. 그러나 이것은 네 종류의 인물이라기보다는 네 유형의 진실 말하기 방식을 지시한다. 네 유형은 한 인물에 겹쳐 나타날 수도 있는데, 이를테면 소크라테스는 동시에 현자, 파레시아스트, 교육자, 예언자였던 셈이다. 푸코가 구분하는 네 인물은 네 형태의 사회적 기능이라기보다는 그가 '진실진술 방식'이라 부른 네 형태의 진실말하기에 각기 상응한다.

2) 파레시아의 변천사

1983년 『자기 통치와 타자 통치 1』에서 푸코는 파레시아를 주로 정치적 범주에서 논했다. 시민들이 모인 민회나 군주에게 대화 상대자의 분노를 유발시킬 위험을 감수하면서 민중 선동적이지 않은 연설을 주저 없이 하는 사람의 정치적 파레시아가 다뤄졌다.

우선 고대 그리스의 비극 작가인 에우리피데스의 작품들 속에서 파레시아가 어떤 방식으로 쓰이고 있는지 분석된다. 무엇이 진실인지를 가늠하기 위해 신에게 의지하고 도시국가나 인간들의 통치 역시 신에게 의지하는 방식으로부터, 진실을 둘러싼 인간들 간의 게임이 중요해지고 인간이 도시국가를 통치해야 하는 방식으로 사회가 변화됨에 따라 인간과 진실을 대하는 태도, 진실과 관계 맺는 방식 즉 진실을 탐색하고 말하는 방식들이 중요해진다.

그것은 민주정의 정치적 주체인 시민의 특권으로 등장한다. 고대 그리스의 민주주의는 노예가 아닌 성인 남성에게만 해당되는 것이었으며, 더 나아가 토착민성에 대한 열렬한 관심 때문에 아버지와 어머니 모두가 아테나이에서 나고 자란 사람이어야만 시민으로 인정받을 수 있었던 시기가 한동안 지속됐을 정도이다. 현대식으로 표현하자면 이민 3세대, 혹은 4세대에 이르러서야 가까스로 시민으로 인정해 주었던 것이다. 시민은 민주주의 체제의 정치적 주체를 의미하는 것으로, 국민이나 신민, 혹은 거류하는 이방인이 아닌 시민으로 인정받는다는 것은 그 땅을 지리적 기반으로 삼는 정치 공동체의 정책 결정에 참여해서 발언이나 투표를 통해 실질적인 힘을 행사할 수 있다는 의미이며, 이것은 하나의 특권일 수밖에 없었던 것이다.

특권은 그것을 잃었을 때 더 절실하게 다가온다. 자기 땅에서 추방당한 폴뤼네이케스는 더 이상 제 땅에서 정치적 주체로서 살아갈 수 없고, 제 생각을 말하지 못한 채로 이방 통치자들의 어리석음을 참고 견뎌야 하는 노예와 같은 처지에 놓인 사람으로 묘사된다. 이때 정치에 참여할 수 없는 입장이 '노예와 같은 처지'로 표현된다는 사실은 매우 주목할 만하다.

『이온』의 주인공인 이온 역시 파레시아를 하나의 특권으로 바라보고 있다. 그는 제 아비와 어미가 누군지 모르는 채 아폴론의 신전에서 길러진 아이로, 앞서 언급한 것처럼 본인은 물론이요 그의 아버지와 어머니 모두 아테나이에서 나고 자란 자만을 시민으로 인정해 주는 아테나이에서 그 정치적 주체가 되는 특권을 누리기 위해, 즉 파레시아의 특권을 누리기 위해 자기 출생의 비밀을 파헤치는 데 집착하는 모습으로 그려진다. 철저하게 핏줄을 통해 주인공이 누리는, 혹은 누리게 될 특권의 정당성을 확보하는 여느 통속 드라마들에서 출생의 비밀이 그토록 중요하게 다뤄지는 것과 마찬가지로 말이다.

흔히『오이디푸스 왕』은 '오이디푸스 콤플렉스'를 이야기한 프로이트의 방식으로 해석되곤 한다. 그러나 푸코는 이 비극을 신들에 의한 통치가 인간들에 의한 통치로 이행하는 역사적 과정 속의 한 풍경을 묘사한 극으로, 또 다양한 진실진술 체제들이 경합하는 장을 묘사한 극으로 이해한다.『오이디푸스 왕』에서 인간들은 신탁에 의지하지 않고 스스로 진실을 탐색하고자 노력한다. 물론 이런 시도는 비극으로 이어지고, 신탁으로부터 벗어나고자 했던 모든 행동 때문에 오히려 신탁이 이루어지는 일이 벌어진다. 하지만 진실을 찾아 나가는 과정에서 신탁보다는 조사와 탐문이라는 형식에 더 의지한다는 점이『오이디푸스 왕』의 특징이다. 그런데 『이온』에서는 한발 더 나아가 신이 진실에 대해 침묵하거나 심지어 거짓말을 하기 때문에 인간들은 오해에 빠지게 된다. 『오이디푸스 왕』에서는 인간들이 신의 통치에서 벗어나려는 시도가 일종의 오만으로 여겨지고 있었지만, 『이온』에서는 신을 더 이상 믿을 수 없는 존재로 묘사한다는 점에서 훨씬 더 인간들 간의 통치에 방점이 찍혀 있음을 알 수 있다.

그러나 민주주의의 약점이 드러나기 시작하면서 긍정적으로만 묘사되던 파레시아 개념에 변화가 생겨난다. '나쁜 파레시아'라는 것이 있다는 것이다. 민주주의는 모두에게 평등한 발언권을 보장하는 이세고리아(isêgoria)와 실제로 누군가가 나서서 용기 있게 발언하는 파레시아에 의존하고 있다. 그런데 모두에게 보장된 발언권 때문에 아무나 나서서 아무 말이나 하는 상황이 벌어지게 된다. 민주정은 만인이 가장 탁월한 것과 가장 형편없는 것을 모두 말할 수 있는 공간이다. 민주정은 탁월한 파레시아와 저급한 파레시아를 구분할 수 없다. 게다가 민주정은 진정한 파레시아스트를 위험에 빠뜨리기까지 한다. 파레시아스트는 자신의 대화 상대자에 의해 언제라도 처벌받을 수 있는 위험에 처해 있다. 민주정은 말하는 주체들을 구분할 수 없다. 파레시아스트를 광인과 구분할 수도 없고, 대중의 분노로부터 파레시아스트를 보호해주지도 못한다. 소크라테스의 죽음을 그 대표적인 예로 들 수 있다. 따라서 민주정을 비판할 때 나쁜 파레시아를 동시에 비판하는 고대의 글들을 다수 찾아볼 수 있다.

이렇게 '나쁜 파레시아'의 난무와 더불어 민주정이 신뢰를 잃어 가는 한편으로 파레시아는 군주제 내에서 전개된다. 군주제에서 정치적 주체는 극소수에 한정되며, 이때 파레시아는 군주와 그의 조언자 사이에서 나타난다. 플라톤은 『법률』에서 페르시아의 왕 키루스에 대해 논한다. 키루스 왕은 직언과 진언을 허용하면서, 국가를 통치하는 데 필요한 가장 현명한 자들의 조언을 받아들인다. 민주정에서는 불가능했던 일이 군주정에서는 가능하다고 플라톤이 믿었던 이유는 교육의 문제와 관련된다. 공동체 구성원 모두가 (사실상 자유인 성인 남성에만 해당하긴 하지만) 정치적 주체가 되는 민주정에서 모두를 교육하는 것은 불가능한 반면 군주 한 명을 제대로 교육하는 것은 가능할 수 있다고 생각했기 때문이다. 군주제에서의 통치는 군주 한 명의 의지에 의존하는 경우가 많으므로, 군주제라는 정치 체제에서 군주의 교육은 언제나 중요한 문제로 다뤄져 왔다. 군주는 파레시아스트를 징벌하지 않고 그의 말을 경청하는 법을 배운다. 이런 교육을 담당하는 자는 대체로 철학자다. 군주가 나쁜 성향을 지닐 수 있기 때문에 철학자가 군주를 교육하는 데 늘 성공하는 것은 아니지만, 그리고 실제로 플라톤의 『편지들』에서도 플라톤 자신이 군주를 교육하는 철학자의 역할을 담당하기 위해 시라쿠사에서 고군분투하다가 결국 실패하는 모습을 볼 수 있긴 하지만, 어쨌든 시민들 모두를 교육하는 것에 비한다면, 군주 한 명을 교육하는 것은 완전히 불가능한 일은 아니라고 플라톤은 생각했다.

이를 오늘날 우리의 맥락과 연결해서 오늘날에도 과연 플라톤이 말한 것처럼 정치적 주체로서의 시민을 교육하는 것이 불가능할지에 대해 생각해 볼 수 있을 것이다. 정치적 주체로서의 군주를 교육하는 일이 너무나 중요하게 여겨져 왔던 것과 마찬가지로, 민주주의라는 통치 체제에서 훌륭한 통치가 가능하려면 정치적 주체로서의 시민의 교육이 중요할 것이다. 플라톤이 논의의 대상으로조차 삼지 않았던 이 시민 교육의 문제는 민주주의를 지속시키고자 하는 사람들에게는 절실한 과제가 될 것이다.

　파레시아의 역할은 곧 비판이므로, 어떤 형태의 정치 체제에서건 통치자에 대한 파레시아의 행사 가능성은 좋은 통치의 가능 조건이다. 앞서 살펴본 것처럼 단 한 사람의 강력한 군주가 통치하는 통치 체제에서도 파레시아스트로서의 조언자의 역할이 늘 강조되어 왔다. 그러나 파레시아가 민주주의와 특별히 더 긴밀한 관계를 맺는 것도 사실이다. 왜냐하면 민주주의 이외의 통치 체제에서는 비판의 부재로 인해 통치행위 자체가 엉망진창으로 이뤄진다 하더라도 공포나 폭력, 은폐, 세뇌 등의 다양한 테크닉을 동원해 피통치자들의 고통에도 불구하고 통치 체제 자체는 어느 정도 유지될 수 있지만, 민주주의는 통치자와 피통치자의 일치를 그 특징으로 하는 까닭에, 비판의 통로가 막히고 우둔한 통치가 계속될 경우 민주주의 자체가 삽시간에 무너져 내리기 때문이다.

　한편 소크라테스는 정치 참여를 거부하고 타자 돌봄을 목표로 하는 윤리적 파레시아를 실천한다. 그는 자신의 대화 상대자들이 자기 자신에게 물음을 던지고 그와 더불어 그들 자신을 찾고 스스로를 돌보도록 유도한다. 그러나 이런 것이 정치 참여로부터의 비겁한 도피로 해석되어서는 안 된다. 그는 무의미하게 희생되는 것을 원치 않았고, 보다 효과적인 방식을 선택한 것이다. 그는 대화 상대방들이 자신의 삶의 방식을 변화시키고 자기를 돌보는 법을 배울 수 있도록 용기 있게, 지속적으로, 진실되게 말함으로써 결국 아테나이 도시국가의 안녕에 기여하고자 했기 때문이다. 그는 신이 주신 임무를 수행하려 했다고 말한다. 소크라테스는 파레시아와 자기 돌봄을 교차시킨다. 윤리적 목적을 갖는 파레시아의 실천은 이렇게 정치적 가치를 갖는다.

소크라테스에게서 진실 말하기의 요청과 아름답고 훌륭한 삶의 영위 방식이 서로 결부된다. 도시국가에서 자기 돌봄은 오랫동안 명성의 추구를 지향했다. 만인의 기억에 생생하게 살아남을 눈부신 삶을 사는 것이 문제였다. 하지만 소크라테스와 더불어 이제 아름다운 삶은 파레시아에 기초한 삶이 된다. 아름다운 삶은 진솔한 삶, 진실 속에 거주하는 삶, 진실을 위해 사는 삶이다. 명성이 실존의 아름다움을 만들어 내는 것이 아니라 진실의 의지가 실존의 아름다움을 만들어 내는 것이다. 푸코는 소크라테스를 통해 진실을 말하는 원리와 아름다운 삶이라는 이상이 자기 돌봄 내에서 서로 교차하게 된 시기를 재발견하고자 한다. 이러한 내용은 콜레주드프랑스 1983~1984년 강의 「진실의 용기」 전반부에서 다뤄진다.

견유주의자들에게서 삶과 진실의 관계는 한층 더 긴밀해진다. 그들에게는 삶을 모든 부차적이고 우연한 것들로부터 해방시키고 모든 사회적 관습들로부터 정화시킴으로써, 절대적으로 기본이 되고 진실하며 진정하고 적나라한 차원 속에서 삶을 현시하는 것이 관건이기 때문이다. 1984년 3월 푸코는 견유주의적 삶이 진실의 요청에 의해 관통되고 있음을 논증하기 위해 진실이 갖는 네 가지 의미의 체계를 구축했다. 첫째로 은폐되지 않은 것, 노출된 것, 완전히 가시적인 것으로서의 진실, 둘째로 그릇된 의견이나 오류에 의해 변질되지 않고 순수한 것으로서의 진실, 셋째로 곧고 규범에 맞는 것으로서의 진실, 넷째로 모든 변화에 아랑곳하지 않고 자기 동일성을 유지하며, 부동하고 불변하는 것이 진실이다. 진실이 갖는 이 네 의미는 당연히 담론에도 적용되지만 실존에도 적용된다. 푸코가 플라톤에게서 그 도식을 발견하게 되는 진실한 철학적 실존은 그러므로 우선 단순하고 곧아야 하고, 위선적이거나 기만적이거나 은폐된 삶이 아니어야 하며, 또 불필요하고 공허한 쾌락을 완전히 제거하여 영혼을 모든 우연성으로부터 해방시키려 해야 하고, 뿐만 아니라 곧음으로 충만하여 법률과 규칙에 부합해야 하고, 마지막으로 어떤 변화도 없이 자기 동일성을 유지해야 한다.

플라톤의 이 모든 주제는 이미 잘 알려져 있다. 그러나 푸코가 관심 갖는 것은 견유주의자들이 이 주제를 재연하는 방식이다. 그들은 진실을, 독특한 방식으로 삶 속에서 작동시켰다. 그들은 참된 실존을 주변부적이고 파문을 불러일으키며 참을 수 없는 실존으로 변화시키는 과격한 방식을 사용한다. 비-은닉으로서의 참된 삶을 극단으로 밀어붙이면 만인이 보는 앞에서 자위행위를 하는 디오게네스처럼, 대중이 보는 앞에서 성관계를 갖는 크라테스처럼 완전히 공개적인 삶이 된다. 왜냐하면 철학자는 은폐를 참을 수 없고 모든 것을 공표하며 그 어떤 수치심도 가져서는 안 되기 때문이다.

삶을 변질시킬 수도 있는 모든 불순물들을 제거한 순수한 삶으로서의 참된 삶은 견유주의적 극화 속에서 매우 가난한 삶이 된다. 진정한 삶은 검소와 초연을 모든 부에 대한 적극적 거부와 거의 참을 수 없을 정도의 궁핍으로까지 밀고 나간다는 것이다. 부와 쾌락에 대해 단순히 무심하고 초연한 것이 중요한 것이 아니라, 도도하게 가난을 주장하고 불결, 구걸, 추함, 모욕, 노예 상태 등, 가난의 모든 결과를 당당히 받아들이는 것이 중요하다. 그 결과 순수한 삶은 불명예스러운 실존으로 변화된다.

곧은 삶과 관련해서도 유사한 전복이 일어난다. 철학자는 곧은 삶을 통해 인간의 변덕으로 공표된 변덕스러운 명령에 따르기보다는 우주의 조화와 자연의 법칙으로부터 영감을 받은 로고스에 부합하게 하는 법을 배워야 했다. 그런데 자연의 법칙에 순응하는 철학적 삶은 동물성을 배우는 삶으로 역전되어 버린다. 돼지나 개나 쥐의 삶이 파문을 일으키는 철학적 삶의 풍자적 모델로 사용된다.

마지막으로 진실이 갖는 확고부동하고 영원한 속성은 지고하고 독립적이며 자족하는 삶의 모델에 영감을 불어넣었다. 그러나 현자의 절대적 평정으로서의 철학적 삶을 한계로 내모는 역전은 가난한 왕 견유주의자들의 적극적 주장에 잘 표현되어 있다. 세계 제국 건설이라는 영광으로 빛나는 알렉산드로스 대왕 앞에서도, 지상의 유일한 왕은 불결한 알몸 상태로 통 속에 있는 디오게네스 자신이라는 것이다. 왜냐하면 그는 가장 어려운 싸움, 즉 자기 자신과의 싸움에서 승리한 유일한 사람이기 때문이다. 견유주의자들은 냉정하고 평온한 학자의 지고한 삶을 조소의 대상이 되는 절대군주의 형상으로 변형시킨다. 넝마를 걸친 견유주의자는 히죽거리며, 자기 자신보다 더 숭고한 것은 존재하지 않는다고 주장한다.

결론적으로 푸코는 견유주의자들이 그들의 삶과 신체를 진실 상연의 극장으로 만들었다는 사실, 요컨대 그들 삶의 극화에 관심을 집중했던 것이다. 여기에서 관건은 자신의 신체 속에 진실이 거주하게끔 하는 방식이다. 그러나 이런 진실의 체현은 스토아주의의 현자의 모습에서처럼 질서와 조화, 규칙성, 규율의 형상으로 나타나지 않는다. 진실은 삶 속에 파문을 일으키며 난입한다. 요컨대 기본적 욕구로서의 성의 진실은 디오게네스의 공개 자위행위의 형태로 나타난다. 견유주의적 형태의 부의 진실은 절대적인 권능, 즉 아무것도 없기 때문에 아무것도 앗아 갈 것이 없는 상태를 주장하는 보잘것없는 왕의 모습으로 나타난다. 자연의 진실은 사회의 모든 위선을 고발하는 동물성의 형태로 나타난다. 견유주의자들은 이 모든 진실을 그들의 신체와 가장 구체적인 실존 내에서 체현한다. 그들은 그들의 실존을 이 진실들을 도발적으로 현시하는 극장으로 만들어 버린 것이다. 이 진실들은 도발의 형태로 신체를 통해 공공연하게 모습을 드러낸다.

6 정치적인 것의 회귀, 정치적인 것으로의 회귀

1) 동물적 삶과 투쟁적 활동

견유주의적 파레시아는 정치적 파레시아와 구별되면서도 결국 정치적인 문제로 되돌아간다. '진정한 삶', 가장 본질적인 것으로 환원된 삶을 살려고 하기 때문에, 기성의 가치들이 갖는 위선, 현재 세계의 가식과 기만을 비판하기 때문에, 기성 질서를 옹호하는 자들이 종용하는 자발적 예속을 비판하기 때문에 견유주의는 '다른 세계'의 지평을 여는데, 이는 다름 아닌 정치의 소임이다.

여기에서 정치적인 것은 자기 자신에게 가하는 부단한 작업과 타자에게 가하는 집요한 종용이다. 따라서 자기 돌봄은 고독한 개인의 나르시시즘적 행복 추구가 아니라, 인간들에 대한 적절한 통치의 종용으로 귀결되는 사회적 실천이다. 타자를 올바르게 돌보기 위해서는 자기 자신을 올바르게 돌봐야 하는 것이다. '자기 통치와 타자 통치'라는 강의 제목은 이 문제계에서 기인한다. '진실의 용기'는 이듬해 강의 제목이다. 견유주의의 파레시아는 타자가 보는 앞에서만 존재할 수 있다. 요컨대 백주에 등불을 들고 사람을 찾으러 돌아다니거나 낚싯대에 생선을 매달고 어슬렁거리면서 온갖 해프닝을 벌이는 디오게네스를 보는 사람들이 있어야 견유주의 철학이 작동한다. 견유주의자들은 도발하는 자로서 스스로를 구축함으로써 그들을 보는 이들 모두가 자신들의 모순에 직면하도록 만든다. 견유주의의 독창성을 이루는 자기 수련은 대중 광장에서 타자를 향해 도발적으로 행해질 때만 가치가 있다. 그러므로 자기 수련은 이미 내적으로 충만하게 정치적이다.

푸코는 무시와 조소의 대상이 되는 견유주의의 도발에 주목한다. 그러나 단순히 도발적이고 반항적인 '불명예스러운 행위'에 매료된 것은 아니다. 푸코는 견유주의에 대한 가혹한 비난 속에 해결해야 할 뭔가가 있음을 간파한다. 견유주의의 주장은 너무나 평범한 것이었다. 그들의 이론에 독창적인 것이라고는 없다. 그들이 설정한 목표는 지극히 컨센서스에 가깝다. 철학을 통해 자신의 삶을 변형시키기, 여기에 도달하기 위해 자기 자신을 돌보기, 그래서 불필요한 것으로 판명된 모든 것을 버리기, 자신의 삶과 자신의 사유를 일치시키는 실천에 매진하기. 이렇게 그리스건 로마건 당대의 철학자들이 어느 정도는 공유하는 공통의 목표를 향해 정진했음에도 불구하고 견유주의자들은 왜 그토록 기이하고 참을 수 없는 사람들로 낙인찍혀 가혹하게 비난받은 것일까?

그들이 극한으로 이행했기 때문이다. 철학적 삶을 끝까지 철저하게 실천함으로써 그 의미를 전복시켜 버렸기 때문이다. 우리를 기만하는 관습들을 파괴하는 대가를 치러야만 진정한 삶을 얻을 수 있다고 주장했기 때문이다. 만인이 보는 앞에서 모두가 동의하는 원리와 그 구체적 실천을 대면시킨 것, 우리 모두가 생각으로는 동의하는 것을 곧이곧대로 실천에 옮긴 것, 바로 이것이 참을 수 없는 파문을 불러일으킨 것이다. 철학이 일상적으로 설정해 온 목표는 변하지 않았다. 단지 이 목표에 도달하기 위해 우리가 얼마나 많은 규칙을 파괴해야 하는지, 얼마나 많은 사회적 인습들을 타파해야 하는지가 견유주의자들의 행실과 언행을 통해 적나라하게 드러난 것이다. 견유주의의 파레시아는 단순히 소크라테스의 파레시아의 절정이 아니다. 견유주의자들은 그들의 삶의 방식을 통해 기성 세계의 질서에 대한 진실을 말하는, 용기 있는 비판적 저항을 현시했다. 소크라테스의 파레시아는 그의 담론 속에 용기를 지니고 있었던 반면에, 견유주의자들의 파레시아는 삶의 현장 전반을 아우르는 영역에서 용기를 현시한다. 그들에게 진실 말하기는 진실되게 사는 것이 된다. 견유주의자들은 사유, 탐색, 조사, 비판만이 아니라 입는 방식, 먹는 방식, 처신하는 방식, 타자와 관계 맺는 방식까지를 포함하는 삶 전반에 변형을 가하면서 다른 사람들에게도 그리하라고 종용한다. 푸코가 보기에 그것은 정치와 철학의 기존 내용을 일소해 철저히 개혁하는 급진적 행위이다. '진정한 삶'은 '진정한 말'의 연장이자 철저한 적용인 것이다. 견유주의가 골몰한 가치 변화 작업, 이것은 진실의 원리를 삶에 그대로 적용하려는 결의와 항상적 노력이다. 그런데 진실이 담론의 영역을 떠나 실존 속에 구현되면 그것은 참을 수 없는 것이 되어 버린다. 이렇게 '진정한 삶'은 '다른 삶'으로 현시된다.

　고대 그리스에서 진정한 삶은 '동요, 변화, 변질 그리고 타락에서 해방된 삶, 자기 존재의 동일성이 변함없이 유지되는 삶'이다. 그런데 견유주의자들은 '다른 삶'을 주장하고 실천함으로써 '진정한 삶'의 기준을 전복시켜 버린다. "이 이타성은 세계의 변화로 귀결되어야 합니다. 다른 세계를 위한 다른 삶 말입니다." 요컨대 "세계 내에서의 세계에 대한 투쟁"[32]이라는 것이다. 견유주의는 아테네 민주제의 위기로 인해 초래된 파레시아의 위기를 극복하고 정치와 윤리 그리고 진실을 불가분의 관계로 한데 엮음으로써, 윤리적 차별성을 만들어 내지 못했던 민주제와 평등성의 무능력을 극복했다. 견유주의자들은 자기와의 관계의 문제를 고대의 사유가 상정했던 지고한 삶, 훌륭한 삶이라는 모델 바깥으로 끌고 나가 이 문제를 극화시키고 정치적 문제로 재구성한다.

서구 역사에서 이는 중대한 변동이었다. 결국 철학적 삶, 진정한 삶, 즉 곧고 완벽하며 지고하고 고결한 삶은 다른 삶, 즉 가난하고 불결하고 추하며 불명예스러운 동물적 삶으로 변한다. 철학자의 숭고한 임무는 이제 눈살을 찌푸리게 만드는 일이 되어 버린다. 견유주의자는 자신의 권능을 현시하기 위해 그 무엇도 필요로 하지 않는 유일한 왕이지만, 이 왕은 하찮고 헐벗은 존재, 불결하며 추한 존재이다. 다른 삶은 절제, 정의, 지혜라는 이상의 실현이 아니다. 이제 진정한 삶은 '잠재적 차이성'의 구현, 기성 관습으로부터의 비판적 일탈, 기성 가치 체제에 대한 강력한 문제 제기이며, 기존 세계와는 근본적으로 다른 세계의 필요성의 현시이다. 플라톤주의적 사유에서 일어나는 것과는 정반대로 그 어떤 이데아의 세계도 우리가 열망하는 완벽성에 도달하도록 도와줄 수 없다. 견유주의자들에게 중요한 것은 지금 여기에서 차이성을 작동시키고 단절을 궁리하는 것, 파레시아의 실천을 통해 스캔들이 되는 진정한 삶을 영위함으로써 철학을 전투적 행동과 도발로 재정의하는 것, 세계의 변화를 선동하는 것이며 이는 bios, 즉 자신의 삶을 저항의 거점으로 삼는 새로운 정치를 의미한다.

견유주의 철학자의 궁극적 임무는 인류 전체를 상대로 하는 직언이다. 이 철학자=개는 짖어 대고 공격하며 물어뜯는다. 그들은 파레시

---

32   Michel Foucault, *Le courage de la vérité*, p. 261.

아의 이름으로 전 인류와 전쟁을 벌이며 자기 자신과 싸우고 또 타자들과 싸운다. 이 우주의 걸인은 세계를 급진적으로 동요시키고, 기존 세계와의 철저한 단절이 진정한 삶임을 현시한다.

> "그것은 말하자면 열린 환경 내에서의 투쟁적 활동, 다시 말해 절대적으로 만인에게 호소하는 투쟁적 활동이지, 교육(paideia)이 아닙니다. 사람들을 양성하고 가르치기보다는, 강력한 수단들을 동원해 사람들을 동요시키고 변화시키려는 투쟁적 활동입니다. 이것이 열린 환경 속에서의 투쟁적 활동인 이유는 이 활동이 이러저러한 개인이 가질 수 있는 악덕이나 결함 혹은 의견을 공격하기 때문만이 아니라, 인류가 일반적으로 공유하고 있는 이 악덕, 결함, 나약함, 의견 위에 세워진 관습, 제도, 법률을 공격하기 때문입니다. 그러므로 이것은 추종자들에게 단순히 행복한 삶에 도달할 수 있는 도구를 제공하려는 투쟁적 활동이라기보다는 세계를 변혁하겠다고 주장하는 투쟁적 활동에 훨씬 가깝습니다."[33]

담론을 삶으로 대체했을 때, 삶의 방식의 실험에 담론을 통합시켰을 때 스캔들이 발생한다. 결국 세계를 변화시키려는 의지가 스캔들이다. 본질적인 것으로의 환원이라는 문제와 관련해 플라톤주의와 구조적으로 유사함에도 불구하고 견유주의는 반-플라톤주의적이다. 견유주의에 내재하는 다른 삶, 다른 세계는 플라톤 철학의 중핵을 이루는 초월적인 다른 삶(사후의 삶), 다른 세계(이데아의 세계, 순수 형식의 세계, 영원한 진리의 세계)와 대립한다.

---

33 Ibid., p. 262.

이렇듯 고대 그리스에는 덕에 이르는 두 길이 있었다. 로고스를 통한 오래 걸리지만 쉬운 길, 즉 담론의 학습을 통한 길이 있었는가 하면, 짧지만 어려운 견유주의의 길도 있었다. 견유주의의 삶은 언어와 담론을 통해서만 드러나는 것이 아니라 구체적이고 일상적인 현실 속에서 드러난다. 그러므로 그들은 로고스와 삶을 대립시키기보다는, 그 간극에 자리 잡고 생활의 방식과 제도에 문제를 제기했다. 그들에게 진정한 삶은 다른 삶이어야만 했고, 이 다른 삶은 "삶의 형태, 자기 현시, 진실에 형상을 부여하는 테크닉이며 또 담론을 통한 증명, 확신, 설득의 시도"[34]이기도 했다.

견유주의가 말하는 다른 삶, 다른 세계로의 길을 열어 주는 주체화 절차는 담론과 이성을 통해서만 이루어지는 것이 아니다. 견유주의자들은 '말하는 존재'일 뿐 아니라 뭔가를 발화하는 '신체를 가진 존재'이다. 비록 이 발화가 퍼포먼스에 가까운 것일지라도 말이다. 공개적인 식사와 배변, 자위행위와 성관계 등, 논란과 사유를 촉발하는 도발적 행위들은 다양한 기호학을 요하는 퍼포먼스적 테크닉이다. '화폐가치 변조하기(parachattein to nomisma)'라는 견유주의자들의 좌우명은 화폐의 변조와 법의 변조를 동시에 지시한다. 견유주의자들은 인정을 요구하지 않는다. 그들은 어디에 속하거나 가입되는 것을 원치 않는다. 그들은 그들 자신, 타자 그리고 세계를 실험하고 시험하면서 제도와 동시대인의 생활 방식을 비판하고 물음을 던진다. 인정이나 증명보다는 실험이 중요하다. 견유주의자들은 지팡이, 바랑, 가난, 유랑, 구걸, 맨발 등 비언어적 발화 양식으로 진실을 말한다. 몸짓, 행위, 예시, 품행,

---

34   Ibid., p. 288.

신체의 자태는 담론이 아닌 수단으로 타인에게 호소하는 실천과 표현의 기호학을 구성한다. 견유주의적 퍼포먼스에서 언어는 단순히 지시적이거나 표상적인 기능만을 갖는 것이 아니라 '실존적 기능'을 갖는다. 그들의 퍼포먼스는 윤리와 정치를 단언하면서 실존의 영토를 구축한다. 자기를 윤리적이고 정치적인 주체로 구축하는 데는 특수한 진실의 작용이 있어야 한다. 그것은 "삶과 그 사건에 대비해 갖추어야 할 참된 명제의 학습과 습득과 같은 것이 아니라 자기 자신, 자신이 할 수 있는 바, 타자에의 의존 정도, 할 수 있는 향상과 그것을 위해 해야 할 일에 기울이는 주의입니다. 이런 진실의 작용은 훈육(mathêmata)에 속하는 것이 아닙니다. 요컨대 그것은 가르친다거나 배운다거나 하는 것이 아니라, 자기 자신에게 가하는 수련입니다. 요컨대 그것은 자기 점검, 인고의 시련, 표상의 통제와 같은 것, 요컨대 자기 수련에 속하는 것입니다".[35]

랑시에르, 아감벤, 지제크 등 대부분의 현대 비판 이론에는 로고스 중심적 편견이 있는 듯하다. 이들은 아리스토텔레스를 비판하면서도, 인간은 언어를 가진 동물이기에 정치적 동물이라는 아리스토텔레스적 범주로부터 벗어나려 하지 않는다. 로고스가 설정한 인간과 동물의 분할을 비판하면서 견유주의자들은 철학의 토대를 동요시키고, 그리스 및 서구 문화에 가차 없는 비판을 가한다. 푸코에 따르면 고대 사유에서 동물성은 인간 존재와의 절대적 차별화 지점의 역할을 담당해 왔고, 인간은 혐오 지점으로서의 동물성과 자신을 구분함으로써 자신의 합리적 인간성을 단언하고 현시해 왔다.[36] 견유주의자들은 랑시에르처럼

35   Ibid., p. 309.

단지 평등과 불평등 간의 간극만을 극화하는 것이 아니라 '진정한 삶'과 그 제도 간의 간극을, "동물성 속에서의 도전과 수련"으로 현시되는 뻔뻔스럽고 도발적인 삶을 통해 극화한다.

2) 견유주의의 후예

끝으로 견유주의의 후예의 문제를 살펴보자. 1984년 2월 29일 후반부 강의에서 푸코는 견유주의가 사상이 아닌 '삶의 방식과 태도'라고 논의했다. 또 삶의 방식과 태도라는 관점에서 "고대부터 오늘날에 이르기까지의 견유주의의 역사"를 연구할 수 있다고 가정한다. 이런 가설에 입각한 푸코의 연구 계획은 다음과 같이 요약될 수 있다. 견유주의의 자기 수련이 그리스도교 금욕주의로 이행되는 절차, 그리고 그리스도교적 중세로부터 18, 19세기 혁명주의 시대에 이르는 시기에 '진정한 삶'이 '다른 삶'으로 변화되는 과정, '참된 세계'가 '다른 세계'로 변화되는 과정의 추적. 강의 후반부에서는 그리스도교가 플라톤주의의 다른 세계(저승 세계)의 요청을 필요로 하며, 예수를 영접하려는 사람은 삶의 방식의 구체적 변화를 요구받는다는 것으로부터 '다른 방식의 삶'이라는 견유주의의 요청을 그리스도교가 어떻게 자기화하는지 설명한다. 1984년 2월 29일 강의 후반부에서 이미 푸코는 견유주의가 그리스도교 금욕주의(특히 중세의 탁발 수도회)에 영향을 끼쳤다고 가정한 바 있다. 신앙은 하늘나라에 대한 소망과 속세의 지배적 관습을 버리는 삶의 방식을 가져야 하고 특히 자기 수련적 환원을 거쳐야 한다.

---

36   Ibid., p. 244.

천국에 갈 수 있기 위해서는 가능한 한 검소한 생활을 영위해야 하고, 일상생활을 통해 자신의 신앙을 검증해야 한다. 그런데 개신교와 루터가 다른 방식의 삶과 다른 세계의 관계를 절단했다. 이제는 자신의 구원을 확보하기 위해 위반적 생활 방식을 유지하지 않아도 되고 일상의 평범한 내재적 임무를 완수하는 것으로 충분해진다. "다른 세계에 도달하기 위해 동일한 삶을 영위하는 것, 바로 이것이 개신교의 방식입니다. 그리고 바로 이 순간부터 그리스도교는 근대화된 것입니다."[37] 푸코가 "삶을 통한 증언으로서의 투쟁주의"[38]라 부른 바도 언급해야 한다. 푸코는 이것을 '혁명적 삶'과 동일시한다. 물론 여기에서 분석 대상이 되는 것은 19세기와 20세기의 혁명운동이다. 다른 한편 푸코는 이 '다른 삶'의 예를 몇몇 근현대 예술가의 삶에서 발견한다. 마네에서 프랜시스 베이컨에 이르는 예술, 또 보들레르에서 베케트에 이르는 문학에서 발견할 수 있는 반-플라톤주의와 반-아리스토텔레스주의에서 말이다. 푸코는 근현대 예술이 실존 혹은 삶을 적나라하게 해체하여 가장 기본적인 요소들로 환원했다고 단언한다. 그러므로 푸코가 견유주의와 그 후예들을 분석하면서 강조하는 것은 기성 질서의 비판적 해체, 다시 말해 "기성의 모든 형식에 대한 항구적인 거부와 거절"[39]이다.

그러나 이 거부가 거부를 위한 거부에 지나지 않는다면, 삶의 방식으로서의 견유주의의 계보는 기성의 것에 대한 허무주의적 해체의 역사에 불과할 것이다. 실제로 고대의 견유주의는 빈번하게 이런 방식으

---

37   Ibid., p. 228.
38   Ibid., p. 170.
39   Ibid., p. 174.

로 해석되어 왔다. 하지만 푸코의 견유주의 해석은 이와 거리가 멀다. 요컨대 푸코는 견유주의적 도발과 거부에서 도래하게 해야 할 다른 삶의 양식이 구축되고 있음을 보며, 지금 여기에서 즉각적으로 현실에 적용할 수 있는 삶의 양식이 구축되고 있음을 목격한다. 견유주의는 파괴하는 만큼 창조하기 때문에 도발적이다. 투사는 기존의 것을 비판하고 파괴하는 자인 동시에 새로운 삶의 양식을 창조하는 자이기도 하다. 마찬가지로 예술의 현대성은 반-플라톤주의나 반-아리스토텔레스주의에 그치는 것이 아니라 무한히 새로운 세계를 창조해 내는 데 있다.

예술가들을 사랑했던 철학자이자 투쟁가, 또 사유를 위한 삶의 양식과 삶을 위한 사유의 양식의 실험자였던 푸코는 그의 생애 마지막 몇 년 동안 고대 사상을 연구했다. 여기에서 발견할 수 있는 푸코의 탁월성은 아마도 우리가 새로운 삶의 양식을 발명할 잠재력을 얼마나 잊고 살아왔는지, 또 신자유주의가 우리 삶의 양식과 주체성을 '호모 에코노미쿠스'에 예속시키면서 이 잠재력을 파괴하고 있는 오늘날 그것이 얼마나 긴급히 요청되는 것인지, 그리고 이 잠재력이 얼마나 우리 가까이에 있는지를 환기시킨다는 점에 있을 것이다. 오늘날 신자유주의 사회에서 윤리, 경제, 정치는 결코 분리될 수 없다. 사회 계급의 분화는 담론적 실천(지식), 품행에 대한 통치 테크닉(권력), 예속화의 양식(주체)으로 구성된 장치가 조합, 배치되어 발생한 결과이다. 그러나 지식, 권력, 주체라는 세 장치를 다양하게 관통하는 활동만이 이 계급 분화를 결과한 것은 아니다. 이분법적 분할을 가능하게 하는 미시적 권력관계가 이미 이 장치들을 관통하고 있다. 집단적 예속 기제를 통해 발달하게 된 남성/여성, 부모/자식, 선생/제자, 의사/환자의 관계는 계급 분할을 관통하고 구축한다. 그러므로 거시적인 것과 미시적인 것이 맺는 관계에 문제를 제기하지 않고서는 현대 자본주의와 신자유주의가 어떻게 작동하는지 이해할 수 없다. 특히 권력이 어떻게 자기와 자기가 맺는 관계, 자기 돌봄, 요컨대 윤리에 개입하는지를 이해하지 않고서는 말이다.

견유주의자들이 삶, 실존, 투쟁적 주체화를 고찰하는 방식을 성찰함으로써 우리는 호모 에코노미쿠스로서의 주체성 생산을 가장 중요한 생산으로 여기는 신자유주의의 권력에 저항할 무기를 마련할 수 있을 것이다. 푸코는 정치적 영역에서 개인의 윤리 영역으로 이동한 파레시아가 품행에 대한 통치 테크닉, 다시 말해 권력의 테크닉이 되어 버렸다고 말한다. 파레시아는 "도시국가에 덜 유용한 것이 아닙니다. 여러분 자신을 돌보도록 종용함으로써 나는 도시국가 전체에 유용한 일을 하는 것입니다. 그리고 내가 내 삶을 보호한다면 그것은 도시국가에 이득이 됩니다".[40]

그리스도교 교회의 사목 권력이 재구성하고 통합한 자기 통치와 타자 통치의 테크놀로지는 복지국가의 활동을 통해 계속해서 중요성을 갖게 됐다. 푸코가 고대 그리스 사회와 관련해 논의했던 자기 돌봄과 그것의 종용은 신자유주의 사회에서 국가가 담당하고 있다. 오늘날 자기를 돌보는 것, 자기 자신과 자신의 삶에 작업을 가하는 것은 사회적 노동 분업 속에서 우리에게 부여된 자리를 점유하는 데 필요한 말하기 방식과 처신 방식의 돌봄을 의미한다. 자기 돌봄은 신자유주의 권력 테크놀로지가 우리에게 할당한 임무의 책임자로서 자신을 주체화하라는 명령과 같다. 스스로를 '조작 가능하고' '통치 가능한' 주체, 시장 원리를 내면화한 자기 관리의 주체인 호모 에코노미쿠스로 환원하려는 것이다. 그러므로 bios, 실존, 삶 등과 같은 개념이 제기하는 문제는 생기론(vitalisme)의 문제가 아니다. 문제는 주체화와 자기가 자기와 맺는 관계, 자기가 타자가 맺는 관계를 통해 형성되는 미시적인 권력관계의 문제를 어떻게 정치화하여 예속화 장치와 단절할 수 있는가와 관련된 전략, 전술의 문제인 것이다.

견유주의의 에토스와 저항적 실존은 도덕적 담론의 아류가 아니다. 도덕률의 새로운 교수법이나 매개체도 아니다. 윤리는 '경험의 원천'이자 경험의 중심지이다. 바로 이 경험의 공간에서, 가능한 지식의 형태들(지식), 개인 행동의 여러 규범적 모태(권력), 가능 주체의 다양한 실존의 양식(자기와의 관계)이 서로 관계를 설정하는 것이다. 이 경험의 원천에 대한 문제화와 이로부터 비롯되는 단절 및 정치적 주체화의 실험은 서구의 역사를 가로질러 전승되어 19세기와 20세기의 혁명주의자들, 동시대 예술가까지 이어진다.

소크라테스는 "소홀히 말라."라고 유언했다. 이에 화답하며 푸코는 파레시아와 자기 돌봄의 교차 지점으로서의 삶을 우리에게 환기하고, 숙고된 비순응성과 저항을 통해 삶을 재창조할 것을 제안한다. 그리고 윤리, 정치, 철학, 예술의 교차 지점에서 시작되는 자유의 실천으로서의 저항운동과 해방운동을 우리에게 제안한다.

필자 소개(가나다순)

김은주

연세대 철학과 교수. 프랑스 리옹 고등사범학교에서 스피노자 연구로 박사학위를 받았다. 스피노자를 중심으로 17세기 철학과 현대프랑스철학에 대한 다수의 논문을 썼으며, 대표 역서로 스피노자의 『지성교정론』과 알렉상드르 마트롱의 『스피노자 철학에서 개인과 공동체』가 있다.

도승연

광운대 인제니움 교수. 이화여대 철학과에서 철학 공부를 시작해 뉴욕주립대학에서 푸코의 윤리학 연구로 박사학위를 받았다. 한국인터넷윤리학회 회장으로 인문교양교육 전반에 대한 기획과 평가 활동에 참여하고 있다. 주요 논문으로 「푸코와 68혁명: 사건이 아닌 경험, 신화가 아닌 비판으로서의 혁명」, 「푸코의 '문제화' 방식으로 스마트시티를 사유하기」, 「철학의 역할, 진실의 모습: 푸코의 자기-배려 논의를 중심으로」 등이 있다.

설민

성균관대 철학과 교수. 서울대 영어영문학과를 졸업하고 같은 대학교 대학원 철학과에서 석사학위를, 독일 부퍼탈대학에서 철학 박사학위를 받았다. 성공회대 교양학과, 부산대 윤리교육과에서 현대 유럽철학을 가르치며 하이데거를 중심으로 현상학 연구를 주로 해 왔고 윤리학에도 관심이 많다. 주요 논문으로 "Revising Resoluteness", "'How Can We Live in the Common World?'", "Ethical Lessons from Heidegger's Phenomenological Reading of Kant's Practical Philosophy" 등이 있고, 저서로 『하이데거와 인간실존의 본래성』, 『철학, 이해하다』, 『생명의료윤리』(공저), 역서로 하이데거의 『근본개념들』(공역)이 있다.

심세광

파리10대학에서 미셸 푸코에 관한 연구로 박사학위를 받았고 현재 성균관대, 숭실대와 대안연구공동체에서 가르치고 있다. 푸코의 강의록 『정신의학의 권력』, 『안전, 영토, 인구』, 『생명관리정치의 탄생』, 『주체의 해석학』, 『비판이란 무엇인가? 자기수양』, 『담론과 진실』, 『자기해석학의 기원』을 번역했고, 푸코에 대한 연구서 『새로운 세계합리성』을 번역했으며 『어떻게 이런 식으로 통치당하지 않을 것인가?』 등을 저술했다.

정대훈

부산대 철학과 교수. 서울대 철학과 석사과정, 프랑크푸르트대학 철학과 박사과정을 졸업했다. 서울대, 명지대, 단국대, 숭실대, 한국공학대에서 강의를 했다. 주요 논문으로 "Geschwister-Welt, Geschwister-Staat", "Spiel mit der Maske: Hegel und Schlegel zur Komödie", 「정신의 도야(Bildung): 예나 시기 헤겔 철학에서 근대적인 것으로서의 도야 개념의 형성과정 및 그 의의에 대한 고찰」 「선택의지(Willkür)의 자유란 어떻게 이해되어야 하는가?: 칸트의 『윤리형이상학』의 한 문단(MS VI 226 7)에 대한 새로운 해석의 시도」, 「표상에서 개념으로, 개념에서 표상으로: 헤겔의 학문 체계의 형성에서 표상의 위상과 기능에 대하여」 등이 있으며 『근대 사회정치철학의 테제들』(공저)을 썼다.

주재형

단국대 철학과 교수. 프랑스 파리 고등사범학교에서 앙리 베르그손의 생명 철학에 관한 연구로 박사학위를 받았다. 근현대 프랑스 철학사 및 생명 형이상학, 철학적 우주론에 관심을 갖고 연구하고 있다. 주요 논문으로 「베르그손의 순수 기억의 존재 양태에 대하여」, 「들뢰즈와 형이상학의 정초」, 「러브크래프트와 철학: 반우주로서 생명」 등이 있다. 프레데릭 보름스의 『현대 프랑스 철학』과 『가치는 어디로 가는가』(공역)를 옮겼으며, 저서로 「철학, 혁명을 말하다」(공저), 「서양근대교육철학」(공저)가 있다.

진태원

성공회대 민주자료관 연구교수.《황해문화》와《기억과 전망》편집위원으로 일하고 있다. 저서로 『을의 민주주의』, 『애도의 애도를 위하여』, 『스피노자 윤리학 수업』이 있으며, 『알튀세르 효과』, 『스피노자의 귀환』, 『포퓰리즘과 민주주의』 등을 엮었다.

최원

단국대 철학과 강사. 뉴욕주립대학 스토니브룩 캠퍼스 철학과를 졸업하고 뉴욕의 뉴스쿨대학에서 철학 석사학위를, 시카고의 로욜라대학에서 철학 박사학위를 받았다.《진보평론》과《문화과학》편집위원으로 활동했으며 프랑스철학, 현대 정치철학, 정신분석학을 중심으로 연구와 번역 활동을 하고 있다. 『라캉 또는 알튀세르』를 썼으며 『스피노자의 귀환』, 『세월호 이후의 사회과학』, 『알튀세르 효과』, 『무엇이 정의인가?』 등을 함께 썼고, 에티엔 발리바르의 『대중들의 공포: 맑스 전과 후의 정치와 철학』(공역) 등을 번역했다.

허경

철학학교 혜윰 교장. 고려대 불어불문학과를 졸업하고 같은 대학교 철학과 대학원에서 석사학위를, 프랑스 스트라스부르대학 철학과의 필립 라쿠라바르트 아래에서 박사학위를 받았다. 고려대 응용문화연구소와 철학연구소의 연구교수를 지냈다. 『미셸 푸코의 '광기의 역사' 읽기』, 『미셸 푸코의 '지식의 고고학' 읽기』, 『그때는 맞고 지금은 틀리다』, 『"나는 맞고 너는 틀리다"』, 『미술은 철학의 눈이다』(공저) 등을 썼고, 푸코의 『문학의 고고학』, 『담론의 질서』, 들뢰즈의 『푸코』 등을 옮겼다.

찾아보기

푸코와 철학자들

동반자 또는 경쟁자와 함께 읽는 푸코

1판 1쇄 찍음   2023년 2월 24일
1판 1쇄 펴냄   2023년 3월 10일

엮은이   김은주, 진태원
발행인   박근섭, 박상준
펴낸곳   ㈜민음사

출판등록   1966. 5. 19. (제16-490호)
주소   서울시 강남구 도산대로1길 62
          강남출판문화센터 5층 (06027)
대표전화   02-515-2000 팩시밀리 02-515-2007
www.minumsa.com

ISBN 978-89-374-4461-6 (93160)